VIOLAÇÕES DOS DIREITOS DE CRIANÇAS E ADOLESCENTES NA MÍDIA

PROGRAMAS POLICIALESCOS E A CLASSIFICAÇÃO INDICATIVA NO BRASIL

RÔMULO MAGALHÃES FERNANDES

VIOLAÇÕES DOS DIREITOS DE CRIANÇAS E ADOLESCENTES NA MÍDIA

PROGRAMAS POLICIALESCOS E A CLASSIFICAÇÃO INDICATIVA NO BRASIL

Belo Horizonte

2021

© 2021 Editora Fórum Ltda.

É proibida a reprodução total ou parcial desta obra, por qualquer meio eletrônico, inclusive por processos xerográficos, sem autorização expressa do Editor.

Conselho Editorial

Adilson Abreu Dallari
Alécia Paolucci Nogueira Bicalho
Alexandre Coutinho Pagliarini
André Ramos Tavares
Carlos Ayres Britto
Carlos Mário da Silva Velloso
Cármen Lúcia Antunes Rocha
Cesar Augusto Guimarães Pereira
Clovis Beznos
Cristiana Fortini
Dinorá Adelaide Musetti Grotti
Diogo de Figueiredo Moreira Neto (*in memoriam*)
Egon Bockmann Moreira
Emerson Gabardo
Fabrício Motta
Fernando Rossi
Flávio Henrique Unes Pereira
Floriano de Azevedo Marques Neto
Gustavo Justino de Oliveira
Inês Virgínia Prado Soares
Jorge Ulisses Jacoby Fernandes
Juarez Freitas
Luciano Ferraz
Lúcio Delfino
Marcia Carla Pereira Ribeiro
Márcio Cammarosano
Marcos Ehrhardt Jr.
Maria Sylvia Zanella Di Pietro
Ney José de Freitas
Oswaldo Othon de Pontes Saraiva Filho
Paulo Modesto
Romeu Felipe Bacellar Filho
Sérgio Guerra
Walber de Moura Agra

FÓRUM
CONHECIMENTO JURÍDICO

Luís Cláudio Rodrigues Ferreira
Presidente e Editor

Coordenação editorial: Leonardo Eustáquio Siqueira Araújo
Aline Sobreira de Oliveira

Av. Afonso Pena, 2770 – 15º andar – Savassi – CEP 30130-012
Belo Horizonte – Minas Gerais – Tel.: (31) 2121.4900 / 2121.4949
www.editoraforum.com.br – editoraforum@editoraforum.com.br

Técnica. Empenho. Zelo. Esses foram alguns dos cuidados aplicados na edição desta obra. No entanto, podem ocorrer erros de impressão, digitação ou mesmo restar alguma dúvida conceitual. Caso se constate algo assim, solicitamos a gentileza de nos comunicar através do *e-mail* editorial@editoraforum.com.br para que possamos esclarecer, no que couber. A sua contribuição é muito importante para mantermos a excelência editorial. A Editora Fórum agradece a sua contribuição.

Dados Internacionais de Catalogação na Publicação (CIP) de acordo com a AACR2

F363v	Fernandes, Rômulo Magalhães
	Violações dos direitos de crianças e adolescentes na mídia: programas policialescos e a classificação indicativa no Brasil / Rômulo Magalhães Fernandes.– Belo Horizonte : Fórum, 2021.
	306 p.
	ISBN: 978-65-5518-217-0
	1. Direitos Humanos. 2. Direito de Crianças e Adolescentes. 3. Direito Constitucional. I. Título.
	CDD 342.7
	CDU 342.7

Elaborado por Daniela Lopes Duarte - CRB-6/3500

Informação bibliográfica deste livro, conforme a NBR 6023:2018 da Associação Brasileira de Normas Técnicas (ABNT):

FERNANDES, Rômulo Magalhães. *Violações dos direitos de crianças e adolescentes na mídia:* programas policialescos e a classificação indicativa no Brasil. Belo Horizonte: Fórum, 2021. 306 p. ISBN 978-65-5518-217-0.

*Aos meus sobrinhos, Heitor e Maria Eduarda,
que me fazem acreditar.*

AGRADECIMENTOS

Por cinco anos, trabalhei como advogado do Programa de Proteção a Crianças e Adolescentes Ameaçados de Morte do Estado de Minas Gerais (PPCAAM), tempo suficiente para direcionar os meus estudos e ideais na defesa de uma sociedade melhor. Lembro-me do atendimento a um adolescente, com dezesseis anos à época, que procurava o PPCAAM porque estava ameaçado de morte na comunidade onde viveu a vida toda. O motivo: um grande engano! Sua foto foi veiculada em um programa policialesco de TV como se ele fosse o culpado por diversos crimes, inclusive a morte de um comerciante local. O apresentador desse programa não poupou acusações e, sem qualquer pudor, lançou ao telespectador a seguinte questão: "O que esse menor merece? Direitos Humanos que não é, porque isso não é humano".

Dois dias depois, o programa de TV reconheceu o equívoco ocorrido, ou melhor, parte dele. Em poucos segundos, o apresentador disse da troca de imagens por engano e pediu desculpas em nome da produção do programa. Apesar disso, o estrago já tinha sido feito. O adolescente foi ameaçado pelos traficantes do bairro que não permitiam o cometimento de crimes na região sem a autorização dos mesmos, tendo recebido um ultimato: mudar-se ou morrer.

O adolescente procurou ajuda, ficando sob a proteção do Estado por alguns dias em outro município. Aos poucos, a saudade da família cresceu, assim como a esperança de que seria perdoado pelos seus algozes quando soubessem do mal-entendido da exposição da foto na televisão. Quando ficar longe de casa já não era suportável, o adolescente saiu da proteção e retornou ao antigo bairro.

Por algum tempo mantive contato com o adolescente; soube que ainda tinha medo; soube que era acompanhado pelo Conselho Tutelar; soube que tentava retomar a vida de antigamente, mas nunca tive notícias de que os sentimentos de injustiça e de desrespeito de direitos foram superados por ele ou pela sua família – apenas que foram deixados de lado, como forma para seguirem em frente.

Esse relato compõe o conjunto de experiências profissionais que me motivaram a buscar a academia, em particular, o mestrado e o doutorado em Direito na PUC Minas, e, posteriormente, a publicar a presente obra. Nesses anos, a experiência da pesquisa mostrou-se uma jornada desafiadora, com alguns obstáculos no caminho, é verdade, mas sempre com a companhia e a parceria de muitas pessoas. E, nesse sentido, não posso deixar de agradecê-las.

Aos colegas do PPCAAM, da SEDPAC, do PROVITA e do IJUCI – em especial a André, Fábio, Solange, Igor, Eduardo, Anna Karla, Ana Paula, Joelma, João Paulo, Thaís, Ana Penido, Matheus, Thiago, Daniel – agradeço pelo aprendizado e pelo diálogo cotidiano.

Aos amigos da militância – em especial a Bernadete, Liliam, Wallace, Vinícius, Gladstone e Bruno – agradeço pelo companheirismo e pelos sonhos compartilhados.

Aos colegas da pós-graduação da PUC Minas, agradeço pelos debates sempre entusiasmados e oportunos.

Aos professores da PUC Minas, agradeço pelo bom debate e pelas contribuições tão preciosas para a conclusão desta obra.

Aos meus familiares – em especial a Geraldo, Angela, Rafaela, Joel, Heitor e Maria Eduarda – agradeço pelo apoio e pela compreensão da minha ausência em alguns momentos importantes da família.

À Editora Fórum e sua equipe, pelo apoio e zelo na publicação desta obra.

À Carol, agradeço pela convivência e pelo incentivo de todos os dias.

A todos vocês, muito obrigado!

Sim, digo sim pra quem diz não
E pra quem quiser ouvir, eu digo não
Não, digo não porque eles vêm
Eles vêm pra devorar meu coração
Vêm, onde quando você vê
As hienas na TV, essa visão
Sim, sei que podem devorar
Podem se matar de rir
Mas rir no fim, jamais.

(Trecho da música "Hienas na TV", do álbum "Deus é Mulher", de Elza Soares; composição de Kiko Dinucci e Clima, 2018).

LISTA DE TABELAS

TABELA 1 *Ranking* de denúncias por programa 192
TABELA 2 Horário dos programas do *ranking* de denúncias 207
TABELA 3 Dados do programa "Cidade Alerta" 288
TABELA 4 Dados do programa "Brasil Urgente" 290
TABELA 5 Dados do programa "Ronda Geral" 293

LISTA DE ABREVIATURAS E SIGLAS

ABERT	Associação Brasileira de Emissoras de Rádio e Televisão
ADPF	Arguição de Descumprimento de Preceito Fundamental
ADI	Ação Direta de Inconstitucionalidade
AI-5	Ato Institucional nº 5
ANATEL	Agência Nacional de Telecomunicações
ANCINE	Agência Nacional de Cinema
ANDI	ANDI – Comunicação e Direitos
ANJ	Associação Nacional de Jornais
ANPED	Associação Nacional de Pós-Graduação e Pesquisa em Educação
BA	Bahia
CE	Ceará
CEDECA	Centro de Defesa da Criança e do Adolescente
CEMAB	Centro de Ensino Médio Asa Branca
CF/88	Constituição da República Federativa do Brasil de 1988
CNT	Central Nacional de Televisão
CONANDA	Conselho Nacional de Direitos da Criança e do Adolescente
COORD	Coordenação
CSDC	Convenção das Nações Unidas sobre os Direitos da Criança
CBT	Código Brasileiro de Telecomunicações
DEJUS	Departamento de Justiça, Classificação, Títulos e Qualificação
DF	Distrito Federal
DUDH	Declaração Universal dos Direitos Humanos (1948)
ECA	Estatuto da Criança e do Adolescente
ES	Espírito Santo
EUA	Estados Unidos da América
FBSP	Fórum Brasileiro de Segurança Pública
FCC	*Federal Communication Commission*

GO	Goiás
IDH	Índice de Desenvolvimento Humano
IHA	Índice de Homicídios na Adolescência
INTERVOZES	Coletivo Intervozes
IPEA	Instituto de Pesquisa Econômica Aplicada
MG	Minas Gerais
MJ	Ministério da Justiça
MON	*Media Ownership Monitor*
NTIC	Novas Tecnologias de Informação e Comunicação
ONG	Organização Não Governamental
ONU	Organização das Nações Unidas
ORG	Organização
PA	Pará
PB	Paraíba
PC	Polícia Civil
PE	Pernambuco
PEC	Proposta de Emenda à Constituição
PECs	Propostas de Emendas à Constituição
PM	Polícia Militar
PNAD	Pesquisa Nacional por Amostragem de Domicílios
PNUD	Programa das Nações Unidas para o Desenvolvimento
PPCAAM	Programa de Proteção a Crianças e Adolescentes Ameaçados de Morte
PR	Paraná
PRB	Partido Republicano do Brasil
PROVITA	Programa de Proteção a Vítimas e Testemunhas Ameaçadas de Morte
PTB	Partido Trabalhista Brasileiro
PSC	Partido Social Cristão
PSL	Partido Social Liberal
PSOL	Partido Socialismo e Liberdade
RJ	Rio de Janeiro
RS	Rio Grande do Sul
SBT	Sistema Brasileiro de Televisão
SE	Sergipe
SEDPAC	Secretaria de Direitos Humanos, Participação Social e Cidadania do Estado de Minas Gerais

SENASP	Secretaria Nacional de Segurança Pública
SNJ	Secretaria Nacional de Justiça
SP	São Paulo
STF	Supremo Tribunal Federal
STJ	Superior Tribunal de Justiça
TRE	Tribunal Regional Eleitoral
TST	Tribunal Superior do Trabalho
TV	Televisão
UF	Unidade da Federação
UNESCO	Organização das Nações Unidas para a Educação, a Ciência e a Cultura
UNICEF	Fundo das Nações Unidas para a Infância

SUMÁRIO

INTRODUÇÃO 21

CAPÍTULO 1
PONTO DE PARTIDA: PENSAR O BRASIL..29
1.1 Formação do Brasil, um país em busca de sentido 29
1.2 A concentração do poder econômico como elemento central 37
1.3 Sistema político brasileiro e a herança patrimonialista e clientelista..45
1.4 A tradição autoritária e as marcas da violência 54
1.5 Um projeto de desigualdade(s) e não-cidadania 60

CAPÍTULO 2
PODER, DIREITO E OS MEIOS DE COMUNICAÇÃO SOCIAL NO BRASIL..69
2.1 Notas preliminares sobre Comunicação Social: aproximando significados e contextos 70
2.2 A questão em jogo é o processo democrático 74
2.3 Concentração da propriedade dos meios de comunicação social: menos vozes, menos democracia 81
2.4 Concessões públicas de rádio e televisão no Brasil: quando o novo já nasce velho 90
2.5 Censura: uma expressão de muitos sentidos 95
2.6 Direito à comunicação e cidadania: formas de contrapoder e pluralidade de ideias 105

CAPÍTULO 3
A CONSTITUIÇÃO DE 1988 E O PARADIGMA DA PROTEÇÃO INTEGRAL: O ESTATUTO DA CRIANÇA E DO ADOLESCENTE SOB ATAQUE! 115
3.1 A noção de infância e os muitos guris do Brasil 115
3.2 O paradigma da proteção integral em questão 122
3.3 Violência que mata os mais jovens, um registro seletivo da mídia 129

3.4 A redução da maioridade penal como "nova" alternativa de controle 134
3.5 Desigualdades: uma análise restrita à superfície do problema 141
3.6 Cidadania para quê e para quem? Diferentes enfoques para diferentes temas e sujeitos 147
3.7 A imagem e a identidade de crianças e adolescentes: uma violação diária de direitos...................153

CAPÍTULO 4
OS PROGRAMAS POLICIALESCOS E O ESPETÁCULO DA BARBÁRIE...................161
4.1 Quando a barbárie vira o espetáculo da notícia 161
4.2 Da literatura policial ao policialesco dos programas de TV 168
4.3 Entre abutres e heróis, o crime como discurso político 173
4.4 Quem é o inimigo? Para todo "cidadão de bem" existe o seu contrário...................179
4.5 Entre a informação e o entretenimento, o espetáculo do crime torna-se um grande negócio 184
4.6 Enquadramento dos mais jovens pela mídia policialesca 190
4.6.1 "Caso Mellanys" e o programa "Cidade Alerta" 194
4.6.2 "Piratas do asfalto" e o programa "Brasil Urgente"...................198
4.6.3 O flagrante do adolescente esfaqueado e o programa "Ronda Geral" 201

CAPÍTULO 5
CLASSIFICAÇÃO INDICATIVA E TV ABERTA NO BRASIL: A PROTEÇÃO INTEGRAL COLOCADA À PROVA, MAIS UMA VEZ...................205
5.1 Violência e violações de direitos na TV a qualquer hora do dia.......205
5.2 Mas, afinal de contas, quem regula a mídia? 212
5.3 A regulação de conteúdo da mídia: classificação para efeito indicativo 218
5.4 Reorientação da Classificação Indicativa em 2018: por um "horário desprotegido" na TV aberta...................227
5.5 A liberdade de informação jornalística como escudo ou lança 234

CONCLUSÃO...................245

REFERÊNCIAS...................259

APÊNDICE		287
SÍNTESE DA PESQUISA QUALITATIVA DOS PROGRAMAS POLICIALESCOS		287
1	APRESENTAÇÃO	287
2	SELEÇÃO E QUALIFICAÇÃO DAS MATÉRIAS	287
2.1	Programa "Cidade Alerta"	288
2.2	Programa "Brasil Urgente"	290
2.3	Programa "Ronda Geral"	293
3	EXEMPLOS EMBLEMÁTICOS	294
3.1	Exemplo 1: "Cidade Alerta" e o "caso Mellanys"	294
3.2	Exemplo 2: "Brasil Urgente" e os "piratas do asfalto"	297
3.3	Exemplo 3: "Ronda Geral" e o flagrante do adolescente esfaqueado	299
4	PROGRAMAS CONSULTADOS	301
4.1	Programa "Cidade Alerta"	301
4.2	Programa "Brasil Urgente"	302
4.3	Programa "Ronda Geral"	306

INTRODUÇÃO

Como forma de auxiliar o melhor entendimento do livro, esta introdução encontra-se organizada a partir de quatro eixos principais: tema-problema, objetivos, metodologia e estrutura da pesquisa.

Nessa perspectiva, revela-se que o tema proposto aborda a relação entre a proteção dos direitos de crianças e adolescentes e os meios de comunicação social a partir do contexto dos programas policialescos e da política nacional de Classificação Indicativa da TV aberta no Brasil. Apesar de toda proteção constitucional e infraconstitucional conquistada nas últimas décadas no país, notadamente com a formalização do paradigma da proteção integral do público infantojuvenil pelo artigo 227 da Constituição Federal de 1988 (CF/88), não raramente esse quadro jurídico-formal contrasta-se com a grande quantidade de notícias e ideias difundidas por veículos de comunicação que violam direitos fundamentais durante a cobertura de determinado fato.

Em diversas ocasiões, nota-se a exibição de crianças, adolescentes e jovens de maneira sensacionalista pelos programas de televisão, associados aos temas da violência ou da erotização infantil como espetáculo para gerar audiência e arrecadar mais recursos financeiros. Esse panorama da realidade brasileira tem reforçado a ideia de que os direitos à imagem e à identidade de sujeitos em condição peculiar de desenvolvimento não encontram proteção efetiva, quando são desconsideradas as possibilidades de limitação à liberdade de atividade comunicativa dentro dos parâmetros democráticos, alinhavados no texto constitucional.

No caso da TV aberta, chama atenção o papel desempenhado pelos programas de gênero policial, identificados nesta obra pelo termo policialesco.[1] Esse gênero discursivo da mídia ganha cada vez mais espaço em diferentes veículos de comunicação (rádio, TV, jornal, internet etc.), tendo como referência os programas de televisão

---

[1] Termo também utilizado nas pesquisas de Varjão (2016) e ANDI (2019) dentre outras referências.

"Brasil Urgente", do apresentador José Luiz Datena, da TV Bandeirantes, e "Cidade Alerta", do apresentador Marcelo Rezende,[2] da TV Record. São programas marcados pela exploração de uma linguagem realística[3] e pela espetacularização dos fatos narrados, os quais reforçam uma visão idealizada de agentes policiais e a defesa do uso da violência praticamente como única alternativa no combate ao crime. De modo geral, as matérias policiais seguem uma mesma "receita de bolo": a polícia é tida como fonte privilegiada da notícia, a punição do sujeito é supervalorizada e a mensagem transmitida é a de que o Estado brasileiro está em uma constante guerra contra os criminosos.

Conteúdos de mídia dessa natureza, apesar de reproduzirem recorrentes violações aos direitos das pessoas adultas ou em desenvolvimento, privilegiam-se da existência de sistemas jurídico e administrativo frágeis quanto à responsabilização dos veículos de comunicação. Por vezes, o que ocorre é um desvirtuamento daquilo que é previsto nos textos legais na medida em que o direito fundamental à informação dá lugar ao espetáculo público da barbárie, e o conteúdo do artigo 220, parágrafo 1º, da CF/88, que afirma que nenhuma lei conterá dispositivo que possa constituir embaraço à plena liberdade jornalística em qualquer veículo de comunicação social, torna-se uma espécie de escudo para a informação não jornalística e violadora de direitos.

No caso específico dos programas policialescos, mesmo possuindo características típicas de informação de entretenimento, não jornalística, aproveitam-se da proteção constitucional ao exercício amplo da atividade da imprensa para reproduzir violações sem maiores obstáculos da Lei Maior. Por conseguinte, mecanismos estatais de proteção do público infantojuvenil na relação com a comunicação tornam-se inviáveis, a exemplo da política nacional de Classificação Indicativa, isto é, a regulação da mídia que permite aos pais e responsáveis estabelecer um maior controle sobre as obras audiovisuais e os jogos eletrônicos que seus filhos consomem.

Nesse contexto, o presente livro objetiva analisar os parâmetros teóricos e normativos relativos ao paradigma da proteção integral do público infantojuvenil e aos limites da liberdade de informação dos

---

[2] O apresentador Marcelo Rezende faleceu no ano de 2017, mas continua sendo uma referência para os profissionais dos programas policialescos no país; ademais, o programa "Cidade Alerta" segue como destaque da grade de programação da TV Record, agora, sob o comando do apresentador Luiz Bacci.

[3] Aproxima-se do real, sem o uso de abstrações e privilegiando a descrição direta daquilo que é retratado.

meios de comunicação de massa, sendo as questões que conduzem este estudo expressas da seguinte forma: no Estado Democrático de Direito brasileiro, os parâmetros constitucionais e infraconstitucionais são suficientes para minimizar, ou mesmo impedir, a violação de direitos de crianças e adolescentes nos programas do gênero policialesco na TV aberta? Ou, de maneira mais específica, os programas policialescos podem ser caracterizados como informação de cunho não jornalístico e, assim, proporcionar mecanismos como a política de Classificação Indicativa que evitem situações de abusos contra os direitos de crianças e adolescentes por parte desses meios de comunicação social?

Tal problema de pesquisa da obra situa-se em um contexto analítico mais amplo, que articula os seguintes aspectos: i) os traços essenciais da formação social, política e econômica do país, que apontam para as raízes das contradições e dos impasses atuais do país; ii) a centralidade da televisão na construção de representação da realidade e na organização da vida das pessoas; iii) a relação, nem sempre explícita, entre as representações midiáticas e a tradição autoritária, violenta e de não-cidadania na qual se forjou a sociedade brasileira; iv) o percurso histórico do significado social das categoria de infância, que, desde o Brasil moderno, foi marcado por ambivalências; v) os avanços e recuos na tutela jurídica diferenciada dos sujeitos em condição peculiar de desenvolvimento; vi) o papel do Estado brasileiro, que, por meio de suas políticas públicas, deve contrapor abusos e violações de direitos presentes nas grades de programação da televisão, aqui ilustrado pelos programas de gênero policialesco e sua relação com a política nacional de Classificação Indicativa. Como se vê, o tema-problema proposto pelo livro justifica-se por contemplar fenômenos sociais complexos, relevantes à ação estatal contemporânea e que exigem um olhar específico e atual sobre o marco normativo a que estão relacionados.

Metodologicamente, o livro possui abordagem qualitativa e caráter exploratório, tendo sido estruturada sob a forma de análise bibliográfica e de estudos de casos sobre o assunto em análise. Entende-se que essa abordagem oportuniza a formulação de descrições aprofundadas de contextos, processos e mecanismos pouco conhecidos ou pouco explorados, que possibilitam, assim, um melhor entendimento sobre a atuação estatal e a produção de conhecimento aplicável ao seu aprimoramento – desafios considerados imprescindíveis quando se fala em políticas públicas contra situações de violência e violação de direitos a pessoas em condição peculiar de desenvolvimento humano.

Em um primeiro plano, foi realizada revisão bibliográfica interdisciplinar, com destaque para contribuições de Marilena Chaui, Venício A. Lima, Norberto Bobbio, Josiane Rose Petry Veronese e outros autores, tendo por foco os conceitos de simulacro, cenário de representação, poder invisível e paradigma da proteção integral de crianças e adolescentes, que conformam o contexto analítico mais amplo da obra e dos campos de estudo conexos, como o Direito, a Sociologia e a Comunicação Social. A mobilização dessas temáticas foi entendida como relevante para a compreensão dos problemas centrais do livro, bem como para consolidar um esforço teórico que não fique restrito à tradição discursiva específica da disciplina do Direito.

Em um segundo plano, após fixado o eixo teórico da pesquisa, desenvolveu-se o estudo empírico na tentativa de auxiliar a análise qualitativa da narrativa que compõe o universo dos programas policialescos na TV aberta no Brasil, em particular, do enquadramento que tal cobertura midiática faz da representação de crianças, adolescentes e jovens. Desse modo, a pesquisa se desdobrou em três vertentes principais: a delimitação do conteúdo de estudo; a sistematização dos dados coletados; e a demonstração do enquadramento proposto nesses programas de TV a partir de estudos de casos referenciais. Essas etapas encontram-se detalhadas no capítulo 4 e no apêndice deste livro.

A parte empírica do trabalho considerou três programas policialescos, selecionados entre aqueles com maior destaque no *"Ranking de Violações de Direitos Humanos na TV Aberta"* produzido pelo Intervozes no ano de 2018 – a saber, "Cidade Alerta", "Brasil Urgente" e "Ronda Geral" – sendo analisadas as matérias publicadas dos respectivos programas no intervalo de trinta dias. Desse conjunto de conteúdos, que somam 715 reportagens em formato de vídeo, quase setenta horas ininterruptas de programas, foram selecionadas 45 matérias que fazem menção direta ao público infantojuvenil. Assim, uma vez delimitadas as matérias e os casos emblemáticos, foi possível apontar os enquadramentos que se repetem na narrativa desses programas diariamente.

Além desses dois planos de estudo, bibliográfico e empírico, vale citar, ainda, a vinculação funcional do autor, que, por cinco anos, atuou como coordenador nacional do Grupo de Trabalho Mídia e Programa de Proteção a Crianças e Adolescentes Ameaçados de Morte (PPCAAM), quando se debruçou sobre problemas ligados à exposição indevida desses protegidos pela mídia, e, por outros dois anos, lecionou na Escola de Conselhos Tutelares e dos Direitos da Criança e do Adolescente. Essa percepção do autor, apesar de não ser objeto de investigação do livro, em certa medida justifica a opção pelo desenvolvimento da pesquisa, ao ponto de evidenciar limites e possibilidades na relação entre políticas públicas de crianças e adolescentes e os meios de comunicação social, contribuindo para maior oferta de análises com foco nas experiências de proteção desse público, ou, em sentido mais abrangente, da prática dos direitos humanos como uma realidade cotidiana.

Quanto à estrutura do texto, o livro apresenta seis capítulos, considerando-se o primeiro esta introdução, destinada a apresentar e delimitar o tema do livro, considerados o contexto analítico no qual ela se insere, o problema de pesquisa e os objetivos definidos, assim como a metodologia adotada.

No capítulo1, "Ponto de partida: pensar o Brasil", são apresentados traços essenciais da formação social, política e econômica do país, com intuito de servir como ponto de partida para a análise da questão dos meios de comunicação social e sua relação com a proteção integral de crianças e adolescentes. Em uma perspectiva panorâmica, neste capítulo apreendem-se as chaves-analíticas propostas por autores clássicos e contemporâneos que ajudam a entender a articulação de forças sociais que operam no desenho da sociedade e que contribuem para movê-la em determinadas direções, com destaque para a concentração do poder econômico ao longo dos anos, as relações patrimonialistas e clientelistas que conformam o sistema político nacional, a tradição autoritária e violenta desde a gênese brasileira e, por último, a conservação de um projeto de desigualdades no país. São caminhos que influenciam e são influenciados pelo sistema de comunicação social adotado no país.

Em sequência, no capítulo 2, "Poder, Direito e os meios de comunicação social no Brasil", a relação entre o poder e o exercício do direito à comunicação passa a compor a análise dos meios de comunicação social no Brasil. Em diálogo com os elementos debatidos no capítulo anterior, em particular a tradição autoritária, violenta e de não-cidadania na qual se forjou a sociedade brasileira, este capítulo aponta para a centralidade do processo democrático, quando se analisa a relação entre mídia e poder, bem como para as especificidades da realidade dos meios de comunicação social no Brasil, em grande parte, marcada por um sistema de comunicações historicamente concentrado e avesso a discussões sobre pluralismo e controle democrático.

No capítulo 3, "A Constituição de 1988 e o paradigma da proteção integral: o Estatuto da Criança e do Adolescente sob ataque!", a análise, até então inclinada às discussões mais amplas como a formação brasileira e as representações políticas consolidadas pela força da grande mídia, volta-se ao público infantojuvenil e a sua tutela diferenciada assegurada pelo Direito brasileiro. Sem perder de vista a diversidade de significados sobre o tema relacionado aos direitos de crianças, adolescentes e jovens pelos meios de comunicação de massa, este capítulo analisa a dimensão normativa da garantia de direitos, que inclui a promoção, a proteção e a defesa das pessoas em desenvolvimento, para, adiante, apontar as representações chave da mídia brasileira, que podem ajudar a elucidar, em exemplos concretos, o exercício (ou não) do paradigma da proteção integral formalizado na CF/88 e no Estatuto da Criança e do Adolescente (ECA), cada dia mais em xeque na realidade brasileira.

No capítulo 4, "Os programas policialescos e o espetáculo da barbárie", o enquadramento da mídia e as violações de direitos das pessoas mais jovens nos programas de gênero policial da TV aberta no Brasil tornam-se os pontos centrais da análise. Com isso, discute-se a atualidade midiatizada em que o espetáculo da notícia deixa em segundo plano a objetividade dos fatos para dar visibilidade ao alarde social e a novas formas de entretenimento. As crianças, os adolescentes e os jovens, ou, ainda, a representação desses sujeitos pelos meios de comunicação quando expostos sem qualquer compromisso ético ou social, são vistos como sujeitos "menores" e desprovidos de proteção diferenciada. No decorrer do capítulo, casos emblemáticos de programas policialescos da televisão ilustram esse contexto de violência e violações de direitos no qual impera um senso comum pela punição e contenção de pessoas indesejáveis como forma de responder ao medo e à sensação de insegurança da sociedade.

Por fim, no capítulo 5, "Classificação Indicativa e TV aberta no Brasil: a proteção integral colocada à prova, mais uma vez", analisa-se a tensão entre a liberdade de expressão e a proteção a crianças e adolescentes, vez que são duas normas amplamente asseguradas no texto constitucional e fazem parte do debate sobre a possibilidade de aplicação da política de Classificação Indicativa nos programas de gênero policialesco a partir do seu conteúdo recorrente: cenas de violência, linguagem ofensiva e discurso estigmatizante. Nesse ponto, discute-se o assunto da regulação de conteúdo da mídia, não tratando a liberdade de informação como um tabu, como se toda análise sobre o assunto se resumisse à censura de tempos ditatoriais.

Após esses capítulos, todos descritos acima em resumo, a obra apresenta as considerações finais, confrontando os achados da investigação com os objetivos inicialmente levantados.

CAPÍTULO 1

PONTO DE PARTIDA: PENSAR O BRASIL

> *Só o que eu quis, o tempo todo, o que eu pelejei para achar, era uma coisa só – a inteira – cujo significado e vislumbrado dela eu vejo que sempre tive. A que era: que existe uma receita, a norma dum caminho certo, estreito, de cada uma pessoa viver – e essa pauta cada um tem – mas a gente mesmo, no comum, não sabe encontrar; como é que, sozinho, por si, alguém ia poder encontrar e saber?*
>
> (ROSA, Guimarães. *Grande Sertão*: Veredas. 1986)

1.1 Formação do Brasil, um país em busca de sentido

Pensar o Brasil é o principal desafio deste capítulo inicial. Não se trata, contudo, de ignorar as potencialidades das pesquisas que percorrem outros caminhos pelo estudo comparado entre países. Ou, em sentido contrário, de propor um estudo pormenorizado sobre a evolução da economia e da política brasileira. Trata-se, aqui, de esboçar os traços essenciais do Brasil, os quais ajudarão a elucidar a formação social, política e econômica do país e, consequentemente, servir como ponto de partida para a análise da questão dos meios de comunicação social e sua relação com a proteção integral das crianças e dos adolescentes brasileiros.

Muito se tem a falar do Brasil, ou, melhor dizendo, dos contornos da sua representação social e dos elementos que constituem essa realidade de fato. Para tanto, algumas perguntas que cabem ser feitas são: existe uma crença generalizada sobre a imagem do Brasil? Qual a visão dos brasileiros sobre o seu próprio país? Quais as representações de Brasil que, dia após dia, perpetuam no senso comum da população? É um povo novo, formado pela mestiçagem de três raças e sem discriminação de raça, credo e classe? É um país de povo cordial, pacífico, ordeiro, alegre e acolhedor? O imaginário social do Brasil corresponde à sua realidade?

Talvez a música popular brasileira ajude a ilustrar esse cenário com tantas questões em aberto. Jorge Ben Jor, por exemplo, na música "País Tropical", desde o refrão apresenta o seu referencial de país: "Moro num país tropical / Abençoado por Deus / E bonito por natureza / Mas que beleza! Em fevereiro tem carnaval / (...) Sou Flamengo e tenho uma nega chamada Tereza / Mas que beleza!" (BEN JOR, 1969). Entre as canções mais conhecidas de Jorge Ben Jor, "País Tropical" enaltece as belezas naturais, a alegria do povo, as mulheres brasileiras e a paixão pelo futebol em um tom nacionalista e otimista, recorrente nas músicas da década de 1970, período da "linha dura" da Ditadura Civil-Militar[4] no país.

Quase cinquenta anos se passaram, regimes e governos foram alterados, mas, será que essa visão de Brasil foi completamente abandonada? E mais, será que tal representação contribui de alguma forma para ocultar a realidade de fato? Afinal de contas, no cotidiano brasileiro, atos de violência e violação de direitos humanos destoam desse imaginário positivo e de grande futuro, que, na prática, não se realizou.

Para aprofundar tais questões, a noção de "mito fundador", proposta por Marilena Chaui (2013), mostra-se imprescindível.

---

[4] Neste livro, a opção pelo termo Ditadura Civil-Militar busca retomar o conteúdo apresentado pela historiografia como esforço de adjetivar o Golpe de 1964 e do regime que lhe seguiu. Vale mencionar que essa nomenclatura não é consensual na doutrina, tendo autores que preferem, por exemplo, Ditadura Empresarial-Militar (DREIFUSS, 1981) ou Burocrático-Militar (LINZ, 1979), na tentativa de melhor captar os setores "civis" associados aos militares durante a tomada e manutenção do poder; ou, mesmo, autores que seguem em direção oposta, defendendo o termo Ditadura Militar, apenas, ao passo que o acréscimo de uma determinada particularidade nesse processo poderia esvaziar a responsabilidade das Forças Armadas na sua condução (POMAR, 2012).

Incialmente, a filósofa paulista amplia os sentidos do termo mito, que pode ser compreendido não apenas no seu aspecto etimológico, mas, também, nos seus aspectos antropológico – como solução imaginária para conflitos que não encontram solução no nível da realidade – e psicanalítico, como impulso à repetição de algo imaginário, que cria um bloqueio à percepção da realidade e impede que se lide com ela. Chaui afirma que o Brasil, desde suas raízes em 1500, está assentado em um "mito fundador", o qual estabelece uma narrativa vinculada ao passado, que possui a função de legitimar a origem, o destino e a configuração de uma realidade social.

Nas palavras da autora, "um mito fundador é aquele que não cessa de encontrar novos meios para exprimir-se, novas linguagens, novos valores e ideias, de tal modo que, quanto mais parecer ser outra coisa, tanto mais é a repetição de si mesmo" (CHAUI, 2013, p. 152). E sobre tal "mito fundador" erguem-se três pilares fundamentais, a saber, a sagração da natureza, da história e do governante, que são perceptíveis nas estrofes de Jorge Ben Jor em "País Tropical", quando se fala no elogio das belezas naturais, na benção divina ou na visão otimista de nação.

Nesse quadro teórico, o mito nega a realidade ao mesmo tempo que a explica e a justifica imaginariamente; refere-se ao simbólico e à representação da estrutura social, dando-lhe sentido por meio da narrativa da origem a sociedade; e assume função apaziguadora e repetidora, assegurando à sociedade sua autoconservação sob transformações históricas (CHAUI, 2006, p. 121-123). Se existe desemprego no Brasil, de pronto surge a justificativa: baixa escolaridade, pois, ao bom profissional, nunca faltará trabalho, independentemente da capacidade de absorção de mão de obra do modelo produtivo vigente. Se tem violência nos presídios brasileiros, o julgamento, miticamente diferenciador, sentencia sem pestanejar: "eles, bandidos e violentos" precisam ser contidos em prol da ordem, um direito de toda a coletividade. Se cresce o índice de homicídios em determinada região, caracteriza-se o ocorrido como um "surto", algo passageiro e acidental que em nada altera a suposta essência não-violenta da sociedade.

Vários outros exemplos poderiam ser elaborados, sempre a partir de duas contradições principais: o procedimento de exclusão ("nós contra eles") e de distinção entre essencial e acidental (a essência, quando em tensão, está submetida tão somente a uma ação momentânea e acidental, incapaz de alterar algo que lhe é fundamental).

E, nesse último ponto, guarda-se o ocultamento que se espera evitar nas discussões deste trabalho, vez que a sociedade brasileira possui contradições sociais, econômicas e políticas que não são acidentais, mas sim constitutivas de sua formação e que precisam ser desveladas. Aqui, busca-se o estudo de elementos "estruturantes" (LEONEL JÚNIOR, 2015), que alcançam, entre outros aspectos, as estruturas de poder de determinada realidade.

Diferentemente da noção de "fundação" presente na alegoria do "mito fundador" de Chaui, a análise da formação brasileira refere-se não só às determinações econômicas, sociais e políticas que produzem os acontecimentos, mas também à transformação e, portanto, à continuidade e à descontinuidade dos acontecimentos percebidos como processos temporais (CHAUI, 2013, p. 151). Desse esforço de estudo da formação nacional foi que, entre os anos de 1930 e 1960, intérpretes do pensamento social brasileiro estabeleceram os primeiros traços do que César Benjamin (2009) denominou de "uma certa ideia de Brasil".

Da Colônia à República, da sociedade pré-capitalista[5] à capitalista periférica (ou ao "Sul do globo"[6]), e, hoje, sob a égide de um neoliberalismo,[7] o pensamento social brasileiro demonstra que o Brasil

---

[5] Em terras brasileiras, não se fala em formações de feudalidade como na Europa, mas de uma formação capitalista com traços próprios, onde a colonização, apesar de inserida em relações pré-capitalistas, foi motivada por uma classe dominante luso-brasileira com bases capitalistas. Caio Prado Jr, nesse sentido, afirma: "A situação do Brasil se apresenta de forma distinta, pois na base e origem da nossa estrutura e organização agrária, não encontramos, tal como na Europa, uma economia camponesa, e sim a mesma grande exploração rural que se perpetuou desde o início da colonização brasileira até nossos dias; e se adaptou ao sistema capitalista de produção através de um processo ainda em pleno desenvolvimento e não inteiramente completado (sobretudo naquilo que mais interessa ao trabalhador), de substituição do trabalho escravo pelo trabalho juridicamente livre" (PRADO JR, 2000, p. 29-30).

[6] O Brasil compartilha características semelhantes com outros países da América Latina, notadamente, pela dependência econômica do centro do Capital. Hincapíe e Restrepo alertam, por exemplo, que a região ao "Sul do globo" sofre os efeitos da colonialidade, nos quais os mecanismos do Direito moderno encobrem outras formas de poder local (2012, p. 97). Leonel Júnior, por sua vez, adverte que, apesar das grandes diferenças entre os países latino-americanos, todos eles ainda cumprem um papel subalterno na divisão internacional do trabalho e fomentam um capitalismo dependente e periférico (2015, p. 27).

[7] Neoliberalismo, no sentido amplo do termo, pode ser compreendido como a doutrina disseminada entre os governos latino-americanos a partir do Consenso de Washington e da ação do Fundo Monetário Internacional e do Banco Mundial, que passaram a condicionar seus empréstimos à adoção de políticas de abertura econômica, de desestatização e de outro modelo de regulação econômica. Já em uma análise detalhada do termo neoliberalismo, particularmente, com a leitura de Clark, Corrêa e Nascimento (2018), três classificações ganham destaque: neoliberalismo de regulamentação (Estado intervém diretamente na economia através de empresas estatais e indiretamente, via edição de normas); neoliberalismo de regulação (Estado restringe-se a ação indireta através de

não é um país qualquer e que possui contornos próprios: expressão continental, populacional, econômica, produtiva e cultural. Porém, como alerta Benjamin *et al.* (1998), é um país desacostumado a refletir sobre si mesmo e a apontar soluções, caminhos alternativos aos obstáculos que são seus, muitas das vezes, imperceptíveis aos modelos externos.

A partir de um olhar panorâmico da história nota-se que a formação da sociedade brasileira é profundamente marcada pela condição de colônia da qual o país padeceu por mais de trezentos anos. Esse processo histórico de forjar um organismo social novo dilata-se e arrasta-se até hoje – e ainda não chegou ao seu termo. O Brasil, diferentemente de outros países, não tem na sua formação uma origem como nação ou sociedade propriamente dita, mas, sim, como uma empresa territorial voltada para fora, que, da sua gênese até a atualidade, em maior ou menor grau, convive com uma tensão profunda entre o Brasil "empresa-para-os-outros" que se é, e o Brasil "nação-para-si" que se deseja ser (PRADO JR, 2000).

Traços importantes desse processo foram identificados por Sérgio Buarque de Holanda (1995) em "Raízes do Brasil", a exemplo do caráter patrimonialista, personalista e patriarcal da constituição da sociedade e do Estado brasileiro. Outros autores, voltados a momentos históricos posteriores ao de Holanda, também se lançaram ao estudo das relações de poder e dos privilégios da classe dominante nos primeiros séculos de formação do país. Da Colônia aos primeiros anos da República, Florestan Fernandes (2006; 2008) analisou a dualidade estrutural da sociedade brasileira na consolidação de um Estado nacional. Já Victor Nunes Leal (1975), atento aos fenômenos políticos do coronelismo e do incipiente federalismo presentes na República Velha, descreveu as práticas do clientelismo como forma de organização da sociedade e de controle local pela barganha do voto.

---

normas e agências reguladoras que tão somente fiscalizam e regulam o mercado); e neoliberalismo de austeridade (Estado ainda regulador, que atua na vida econômica por meio das agências, mas se apresenta sob uma perspectiva extremada da política econômica aplicada). Considerando os objetivos deste livro, ou seja, a análise da relação entre os meios de comunicação e a proteção infantojuvenil, adotar-se-á o neoliberalismo tanto na perspectiva ampla do termo, ao tratar Estado mínimo e a radicalização da autonomia do mercado, quanto a sua forma específica, ao considerar o neoliberalismo de regulação presente no Brasil desde os anos 1990 e que ajuda a entender o esvaziamento do papel estatal no setor de comunicação, restrito à edição de normas legais e ação indireta via agências de regulação.

Com o passar dos anos, mesmo com a mudança das características do modo de produção predominante, a exploração e a exclusão fizeram parte da constituição do Brasil. Primeiramente com o indígena e depois com o negro, a essência dessas práticas se manteve em relação aos imigrantes europeus pobres que viriam a substituir os escravos nas fazendas e nas cidades. Darcy Ribeiro, autor de "O Povo Brasileiro: a formação e o sentido do Brasil", recorda essa herança de violência e uso da força: "Todos nós, brasileiros, somos carne da carne daqueles negros e índios supliciados (...). A mais terrível de nossas heranças é esta de levar sempre conosco a cicatriz de torturador impressa na alma e pronta a explodir na brutalidade racista e classista" (RIBEIRO, 1995, p. 120). Apesar desse quadro de intensa miscigenação, a forte presença do preconceito e da discriminação ainda é sentida e constitui uma marca das elites políticas e econômicas do país desde os primeiros colonizadores até hoje.

Sobre o ponto de vista da economia, autores como Celso Furtado também contribuíram para a formulação de um pensamento social brasileiro. O autor paraibano, percebendo a tendência dos países centrais em dominar as economias da periferia do globo, descreveu os ciclos que sucederam a história brasileira, sempre dependente das riquezas naturais e da influência estrangeira (BUARQUE, 2009, p. 13). Da economia colonial à industrialização brasileira, Furtado (2005) mostrou como a dependência econômica e a ausência de um mercado interno dinâmico levaram o país a manter o *status* de economia periférica e cada vez mais concentrada nas mãos de poucos e poderosos grupos econômicos.

Nesse cenário marcado por contradições é que se dá o processo de modernização capitalista do Estado brasileiro a partir do final do século XIX. Ao mesmo tempo progressista e perverso, o Brasil patriarcal e escravocrata deu lugar a um país capitalista, relativamente industrializado, associado ao capital externo e capaz de absorver novos projetos de uma classe burguesa em ascensão (SEREZA, 2014). Contudo, essa mudança sem ruptura com os meios de dominação patriarcal do passado assegurou o caráter conservador e arcaico da modernização. E, nesse ponto, Florestan Fernandes é esclarecedor ao dizer que as impossibilidades históricas formam "uma cadeia, uma espécie de círculo vicioso, que tende a repetir-se em quadros estruturais subsequentes. Como não há ruptura definitiva com o passado, a cada passo este se reapresenta na cena histórica e cobra o seu preço" (FERNANDES, 2006, p. 241).

Os autores citados acima, compreendidos como "intérpretes do Brasil" (PERICÁS; SECCO, 2014), guardam entre si um traço em comum: a percepção do Brasil como potencialidade, como um organismo social novo no quadro das nações modernas. Complexo, peculiar e, por conta disso ou, apesar disso, viável diante de si e do mundo. Acesso à terra, à cidade, ao trabalho e renda, aos bens culturais, à igualdade racial e de gênero, à democracia, ao direito de comunicar-se, enfim, à cidadania em sentido amplo, estão vinculados à resolução das grandes questões nacionais e constituem desafios atuais da sociedade brasileira, notadamente, dos grupos explorados e/ou minoritários.

O esforço de pensar o Brasil como ponto de partida e nunca como ponto final significa, ao mesmo tempo, não se prender à tese de "ideias fora do lugar"[8] (CHAUI, 2013; SCHWARCZ, 2007), isto é, importar ideias independentemente dos seus contextos históricos, como também não assumir a "obsessão pela autointerpretação" (BOTELHO; SCHWARCZ, 2009) no estudo da realidade social. Há muito o que se aprender com outros países e tradições, inclusive no que se refere ao estudo do Direito. Nesse aspecto, ao analisar o quadro teórico da liberdade de expressão no século XXI, José Adércio Leite Sampaio afirma:

> As soluções adotadas pelos países democráticos nem sempre são iguais. Sob o olhar estadunidense, por exemplo, a liberdade de expressão é quase absoluta, ou, pelo menos, é menos relativa do que o olhar europeu ou brasileiro. Que olhos precisarão de óculos? (...) Mas se pode pensar que cada lente de resposta em seu contexto seria talvez a resposta mais acertada (SAMPAIO, 2016b, p. 2).

Não há caminho fácil no estudo do Direito ou da sociedade de forma geral. Como se vê, diferentes países do globo analisam a tensão presente na teoria da liberdade de expressão segundo a sua própria cultura jurídica. Assim, em um cenário de "aumento da proteção

---

[8] Sobre noção de "ideias fora do lugar", Chaui afirma que: "Tem sido frequente a afirmação de que uma das fontes de fraqueza teórica do pensamento brasileiro e, em particular, da ideologia no Brasil, decorre da tendência a importar ideias. Estas, que possuem sua razão de ser ali onde são originalmente produzidas, quando transplantadas para o Brasil convertem-se em superfetação e ornamento grotesco" (2013, p. 25); SCHWARCZ, autor da tese sobre "ideias fora do lugar", não isenta de controvérsia ao analisar o Brasil pós-independência, que, ao mesmo tempo, pauta princípios liberais e conserva a escravidão; ele adverte: "Neste contexto, portanto, as ideologias não descrevem sequer falsamente a realidade, e não gravitam segundo uma lei que lhes seja própria (...)" (2007, p. 18).

da liberdade formal em contraste com as bases das tecnologias de transmissão de massa que reservam o exercício dessa liberdade, na prática, para poucos" (BALKIN, 2016, p. 370), cada país apontará soluções também levando em conta sua história e experiência.

Sedler (2016), por exemplo, em um estudo comparado sobre a liberdade de expressão no mundo, alerta que a forte proteção dessa liberdade nos EUA, por vezes, inclui discursos de opinião política que a maior parte do mundo democrático proíbe, ao ponto que ideias boas ou más devem ser livres para competir no "mercado de ideias";[9] na Alemanha, por outro lado, a proteção da mesma liberdade de expressão considera outras particularidades, muitas das quais estão relacionadas à sua formação histórica, não admitindo, sob o manto da proteção constitucional, discursos ofensivos sedimentados no ódio e no racismo.[10]

A presente obra, por sua vez, sem se prender a modelos fechados, tentará conhecer um pouco mais do Brasil. E, no caso da liberdade de expressão em um contexto midiatizado, existem pontos de centralidade que a realidade do país aponta, a exemplo da necessidade de se enfatizar "a radiodifusão de sons e imagens (televisão aberta), visto que esta se apresenta como o veículo de comunicação de maior penetração e influência na sociedade brasileira" (FERNANDES, 2009, p. 9). Não se ignora a importância das Novas Tecnologias de Informação e Comunicação (NTIC), principalmente com o avanço da internet, que geram questões polêmicas e de difícil solução (*fake news*,[11] ativadores e robôs nas redes sociais, eleições na internet etc.) mas, no Brasil, as características históricas específicas da formação do sistema de

---

[9] O "mercado de ideias" (*market place of ideas*) faz referência à doutrina liberal sobre liberdade de expressão, que ficou evidente na opinião do Juiz da Suprema Corte dos EUA, Holmes, quando discordou da opinião da maioria dos juízes no caso *Abrams v. United States*, ao argumentar que o melhor teste a ser aplicado relativo à verdade é o da livre troca no "mercado de ideias" (BRINK, 2016). Trata-se de uma compreensão da liberdade de expressão não consensual, marcada por argumentos favoráveis, relacionados à defesa da neutralidade do conteúdo e da proteção do discurso ofensivo (SEDLER, 2016), e dissonantes, associados à crítica da concentração dos meios e do caráter unidirecional da mídia tradicional que inviabilizam a concorrência e não coíbem a censura por particulares (BALKIN, 2016).

[10] Sobre o estudo comparado da teoria da liberdade de expressão, cita-se o artigo "Liberdade de expressão e o discurso de ódio: notas sobre a jurisprudência constitucional dos EUA, da Alemanha e do Brasil", desenvolvido pelo autor como conclusão da matéria Tópicos em Jurisprudência Constitucional Contemporânea, ministrada pelo professor José Adércio Leite Sampaio e publicado posteriormente em parceria com Azevedo na Revista de Direito do Centro Universitário Newton Paiva (Disponível em: http://npa.newtonpaiva.br/direito/?page_id=3304).

[11] Informações falsas que são noticiadas e disseminadas nas redes sociais como se fossem notícias verdadeiras.

comunicação de massa mostram que o poder das empresas de rádio e televisão aberta ainda é maior do que em outros países e também incide sobre temas atuais, como os apontados acima.

Nos tópicos a seguir, a escolha pelos temas de cada seção alinha-se com o intuito desta primeira parte do livro: analisar os elementos estruturais do cenário brasileiro, que contribuirão no estudo, nos capítulos seguintes, sobre a comunicação social no país. Em uma perspectiva panorâmica, isto é, sem o desejo de uma abordagem exaustiva sobre o tema, pretende-se aprofundar chaves-analíticas propostas por autores clássicos e contemporâneos que ajudam a entender a articulação de forças sociais que operam no desenho da sociedade e que contribuem para movê-la em determinadas direções.

Em breve síntese, recorre-se ao processo histórico brasileiro para realçar traços essenciais dessa formação, tais como a centralidade do poder econômico no decorrer dos séculos, as relações patrimonialistas e clientelistas que conformam o sistema político nacional, a tradição autoritária e violenta desde a gênese brasileira, e a conservação de um projeto de desigualdades, apesar dos rompantes de resistência e apelo por cidadania. Essas são algumas características, verdadeiras "marcas", que, no decorrer deste trabalho, serão associadas ao cenário de concentração da propriedade dos meios de comunicação, ao esvaziamento do exercício de cidadania e ao desrespeito dos direitos de crianças e adolescentes diante dos efeitos e estereótipos da comunicação de massa no país.

1.2 A concentração do poder econômico como elemento central

Os meios de comunicação social são um dos temas centrais que fazem parte da discussão desta obra e, não por acaso, abre-se o tópico com o estudo sobre a centralidade do poder econômico no desenvolvimento da formação econômica brasileira. A atividade da comunicação social, embora marcada pela presença de evidente interesse público e capacidade em materializar a livre expressão do pensamento, é, também, atividade de natureza tipicamente econômica (CAMARGO, 2013b) e, como tal, sofre os efeitos das tendências concentracionistas e monopolizantes de empresas de jornalismo e de radiodifusão.[12]

---

[12] Faz referência às atividades de rádio e televisão aberta (radiodifusão).

Antes de aprofundar a origem do empreendimento econômico da comunicação social e suas características particulares, que será detalhado no capítulo seguinte, faz-se necessário retomar os traços essenciais que marcaram (e ainda marcam) a realidade econômica da sociedade brasileira. Para tanto, busca-se na escola "histórico-estruturalista", ligada à Comissão Econômica para a América Latina (CEPAL),[13] um substrato descritivo para analisar os setores da comunicação social no Brasil a partir de sua formação econômica.

Nesse sentido, aborda-se a seguir o autor Celso Furtado, referência entre os pensadores brasileiros de tradição cepalina, bem como outros autores que também compartilham a preocupação em analisar as economias subdesenvolvidas dos países da América Latina e os seus problemas estruturais específicos, a saber: André de Godoy Fernandes, César Benjamin, Juarez Guimarães, Maria Regina Nabuco, Antônio José Avelãs Nunes, Ricardo Antônio Lucas Camargo e Giovani Clark. Aqui, como adverte Furtado, tenta-se descortinar uma perspectiva mais ampla possível, capaz de captar as inter-relações e as cadeias de causalidade que constituem os processos econômicos (FURTADO, 2005, p. 7-8).

Celso Furtado apresenta a formação econômica brasileira a partir de um "marco conceitual histórico de dimensão regional" (RODRÍGUEZ, 1983, p. 954), em particular, nas obras Formação Econômica no Brasil, de 1957, e a Formação Econômica da América Latina, de 1969. Desses textos apreende-se a "espinha dorsal" (GONÇALVEZ, 1970) proposta por Furtado, isto é, a sistematização das diferentes fases da industrialização brasileira e latino-americana.

Essa sistematização de Furtado evidencia que o país não ficou parado no tempo, tendo experimentado modernizações sucessivas e cumulativas, sem alcançar, contudo, rupturas claras (BENJAMIN et al., 1998). Desta maneira, o Brasil convive, no seu presente, com estruturas do passado ainda não superadas.

---

[13] No final dos anos de 1940, surge a Comissão Econômica para América Latina e o Caribe (CEPAL), organismo criado pela Organização das Nações Unidas (ONU). Na mesma época, também foram criados o Fundo Monetário Internacional e o Banco Mundial, que, assim como a CEPAL, visavam diagnosticar os principais problemas relativos ao atraso econômico da América Latina. A CEPAL teve entre os maiores expoentes Raúl Prebish (precursor desse pensamento), os brasileiros Celso Furtado, Ignácio Rangel, Aníbal Pinto e o francês Arguri Emmanuel. De maneira geral, a CEPAL centrava sua explicação sobre o atraso latino-americano a partir do conceito de desenvolvimento desigual, fruto de uma relação díspar entre países denominados de centro (com tecnologia estendida por todos os setores de forma similar – homogênea e diversificada) e periferia (com concentração do avanço em um setor em contraste com os demais setores – heterogênea e especializada) (TRASPADINI; STÉDILE, 2005, p. 22-23).

De forma precisa, Fernandes (2009) descreve a contribuição do pensamento analítico das estruturas produtivas propostas por Celso Furtado:

> A exposição das sucessivas estruturas produtivas existentes na evolução da formação da economia brasileira, desde o período colonial até as sucessivas fases de industrialização do país, procurará demonstrar que a concentração econômica, ou seja, o poder econômico, foi sempre um elemento central de nossa economia (FERNANDES, 2009, p. 16).

Nota-se, assim, que o ponto de partida da análise produtiva brasileira é o estatuto colonial. Diferentemente de outros países, o Brasil não foi uma nação antes de ser colônia. Em outras palavras, não representou o resultado de um processo histórico autônomo, mas tão somente de um episódio do moderno sistema mundial centrado na Europa (BENJAMIN *et al.*, 1998).

Esse contexto colonial marcado pela "não-nação" é o cenário da primeira estrutura produtiva analisada por Celso Furtado, denominada como "ciclo da cana-de-açúcar". Oriundo do Pacto Colonial, esse ciclo foi marcado pelo modelo primário-exportador, sendo a produção do açúcar o primeiro empreendimento relevante estimulado pela Metrópole. Ao contrário das Ilhas das Antilhas, onde as atividades eram desenvolvidas por pequenos engenhos, o empresário açucareiro brasileiro teve, desde o começo, que operar em escala relativamente grande (FURTADO, 2005, p. 62). Com o "sistema de sesmarias" e a consolidação de um modelo produtivo baseado no binômio grande plantação e mão de obra escrava, a propriedade da terra, antes monopólio real, passou para as mãos de um número limitado de indivíduos, proprietários privados dotados de grandes somas de capital e influência na Coroa Portuguesa.

No século XVIII, o declínio do preço do açúcar e a descoberta do ouro em Minas Gerais criaram as condições para um novo ciclo econômico, o "ciclo do ouro". Furtado (1969, p. 38) observa que o ouro de aluvião poderia ser explorado tanto ao nível artesanal quanto em grande quantidade, representando uma relativa inflexão ao modelo concentrador típico da empresa açucareira. Sem a predominância da exploração de grandes minas, a produção mineira realizada por homens livres, e de forma artesanal, acompanhada pela maior emigração de portugueses, contribuiu diretamente para o desenvolvimento da vida urbana, assim como o incremento da renda e do comércio na Colônia.

Contudo, como os resultados da produção do ouro eram voltados para fora, o Brasil não foi capaz de desenvolver uma indústria de manufaturas local, mesmo que de maneira incipiente. Ilustra tal momento o trecho da carta do Marquês de Pombal ao embaixador da França, enviada em 1776, que afirma: "Para que se prestem à utilidade desejada, as colônias não podem ter o necessário para subsistir por si, sem dependência da Metrópole" (LAPA, 1991, p. 22). Além da dependência entre Colônia e Metrópole, ressalta-se a subordinação desta última à Coroa Inglesa, uma vez que a economia da Inglaterra fora extremamente favorecida pelo modelo de trocas desiguais no comércio internacional.

Nesse ponto, vale a reflexão de Furtado sobre o papel da produção mineira no atraso do desenvolvimento econômico de Portugal naquele século, exposta nos seguintes termos: "se o ouro criou condições favoráveis ao desenvolvimento endógeno da colônia, não é menos verdade que dificultou o aproveitamento dessas condições ao entorpecer o desenvolvimento manufatureiro da Metrópole" (FURTADO, 2005, p. 99).

Com o avançar do século XVIII, a Revolução Industrial implantou no mercado mundial um sistema de divisão internacional do trabalho fundado nas vantagens relativas de cada economia. Se a Inglaterra era favorecida por sua condição de produtora e fornecedora de produtos industrializados, por outro, os países da América Latina, dentre os quais o Brasil, restringiam-se ao fornecimento de matérias-primas e produtos agrícolas. "Sendo uma grande plantação de produtos tropicais, a colônia estava intimamente integrada nas economias europeias, das quais dependia. Não construía, portanto um sistema autônomo, sendo simples prolongamento de outros maiores" (FURTADO, 2005, p. 116). Esse contexto contribuiu para manter o modelo primário-exportador como o principal polo econômico dos países latino-americanos, realidade que perdurou até o início do século XX.

Benjamin e outros autores (1998) apresentam da seguinte maneira o período colonial:

> Com baixa densidade populacional, território ocupado de forma rarefeita e fragmentada, economia organizada de fora para dentro (e voltada para fora), sociedade cindida pela escravidão e desprovidos de Estado nacional, nascemos como uma "não-nação", apenas território colonizado para abastecer de produtos os mercados de países centrais (BENJAMIN *et al.*, 1998, p. 23).

Em meados do século XIX, a maioria dessas características seguiu presente na subsequente estrutura produtiva considerada por Furtado como o "ciclo do café". Trata-se da retomada do modelo primário-exportador combinado com o modelo de trocas desiguais do comércio internacional. Apesar do relativo crescimento da economia brasileira, a empresa cafeeira permaneceu fundada na grande propriedade rural e na mão de obra escrava, que, em um segundo momento, foi substituída pelo trabalho assalariado, principalmente, de imigrantes europeus. A partir da acumulação de capital gerada pela produção cafeeira deu-se início ao desenvolvimento da indústria no Brasil, bem como aos primeiros passos do surgimento de uma burguesia tipicamente industrial.

Sobre tal período, Furtado (1969) afirma que:

> (...) a especialização na produção permitiu a elevação da produtividade e da renda, abrindo caminho para a formação de um núcleo de mercado interno de produtos manufaturados e para a construção de uma infraestrutura. Enquanto na experiência clássica a industrialização resultou da introdução de inovações no processo produtivo, as quais, através da redução dos preços, permitiu a substituição dos produtos artesanais e a formação do próprio mercado, no caso latino-americano o mercado formou-se como decorrência da elevação da produtividade causada pela especialização externa, sendo inicialmente abastecido mediante importações (FURTADO, 1969, p. 124).

Baseada na substituição de importação, como subproduto da exportação do café, a indústria brasileira provocou mudanças na economia do país, não mais exclusiva ao modelo primário-exportador. A expansão econômica do final do século XIX e início do século XX gera um incremento dos rendimentos e uma maior demanda por produtos manufaturados capazes de estimular o mercado interno e o crescimento industrial no país.

Conforme Avelãs Nunes (2005), particularmente entre 1905 e 1912 acentuou-se o crescimento industrial do Brasil como um evidente subproduto das exportações do café, ao passo que a burguesia cafeeira tornou-se a base da matriz social da burguesia industrial ainda incipiente no país. Contudo, essas alterações não foram suficientes para modificar a estrutura de concentração de poder existente na economia, que apresentou uma produção industrial com elevado grau de monopolização em determinados setores.

Ainda na primeira metade do século XX, com a Crise de 1929 e a depressão econômica que se seguiu anos adiante, considera-se, também, o papel do Estado nacional em intervir na seara econômica, precisamente no financiamento e na destruição de parte da produção cafeeira em contraposição aos efeitos da crise de superprodução. Tanto pela defesa dos interesses da elite cafeeira, quanto pelos reflexos dessa produção no emprego e na geração de renda, "praticou-se no Brasil, inconscientemente, uma política anticíclica de maior amplitude que a que se tinha sequer preconizado em qualquer dos países industrializados" (FURTADO, 2005, p. 224). Nesse ínterim, ao Estado caberia a função de promover o desenvolvimento econômico, apoiado por frações mais avançadas do capitalismo nacional e em oposição às forças externas e frações das classes proprietárias não identificadas com os objetivos desse desenvolvimento mais amplo de todas as camadas sociais (NABUCO, 2000, p. 62).

A Crise de 1929 e, posteriormente, a Segunda Guerra Mundial provocaram uma alteração do comércio internacional, ao ponto que os países europeus e os EUA reduziram a demanda por produtos primários brasileiros, ao mesmo tempo em que o Brasil passou a ter maiores dificuldades em adquirir produtos manufaturados dessas potências capitalistas. Desse modo, os países latino-americanos de maneira geral foram forçados a estimularem sua indústria nacional e a ocuparem novos mercados. De 1930 a 1950, a industrialização no Brasil resumiu-se, incialmente, pela ampliação da capacidade produtiva das indústrias tradicionais de bens de consumo já existentes no país; depois, pelo incremento da importação de bens de capital e a implantação de indústrias de base de bens de consumo de baixo valor (eletrodomésticos) e, por fim, pela produção de bens de consumo de maior valor agregado (automóveis) (AVELÃS NUNES, 2005).

Na década de 1960, o modelo de industrialização brasileira baseado na substituição de importações perde dinamismo, ao passo que os capitais estrangeiros assumem papel central na continuidade do processo de desenvolvimento da indústria do país, assim como de toda a economia nacional. Desse modo, o Estado, agora estimulado pelo incremento do capital de empresas multinacionais de países centrais, notadamente norte-americanos e europeus, retoma o incentivo à concentração da indústria nacional, mas sob características e diretrizes diversas de décadas atrás. A partir do "Pacto Autoritário-Modernizante de 1964" (BRESSER-PEREIRA, 2016), o Estado ampliou sua presença na economia e, como verdadeiro "motor de crescimento" (AVELÃS NUNES, 2005), incentivou os investimentos de capital privado no país, que, gradativamente, passou a seguir a orientação expressa do Regime Militar pela fusão de empresas e pela formação de grandes conglomerados financeiros destinados a liderar conglomerados financeiro-industriais frente à empresas transnacionais. Esse período de expansão da economia nacional, em um aparente "milagre econômico", não durou muitos anos, de modo que os planos de desenvolvimentismo do governo acentuaram ainda mais a concentração econômica da indústria e o poder pró-mercado, inaugurando um período de recessão econômica conhecido como "década perdida".

No final da década de 1980 e início de 1990, sob forte influência dos acontecimentos globais, em especial, as crises internacionais do petróleo, a queda do socialismo real e o fim da Guerra Fria, a velha máxima do liberalismo econômico do Estado mínimo também ganha força no Brasil (CLARK; OLIVEIRA, 2011). Em um país abatido pela crise política e econômica dos anos finais da Ditadura, o governo brasileiro cede às pressões de seus credores internacionais, assumindo um conjunto de compromissos de ordem neoliberal, que exigem a abertura do mercado ao capital estrangeiro, a privatização das empresas públicas e a adoção de outro modelo de regulação econômica (CLARK *et al.*, 2008). Nesse novo cenário mundial, os Estados nacionais, dentre os quais o Brasil, passam a executar o neoliberalismo de regulação, onde o Estado-empresário é substituído por um Estado-regulador com menor incidência na vida econômica do país.

Anos depois, mesmo com a redemocratização e a promulgação de uma nova Constituição em 1988, o cenário de concentração econômica persiste, principalmente, pela falta de políticas econômicas e legislações antitruste pelos órgãos de defesa da concorrência. A ordem constitucional pós-1988, em sintonia com outras Constituições de países de "capitalismo avançado", valoriza a livre iniciativa, mas também não tolera o abuso de poder econômico (CAMARGO; MENEGAT, 2012, p. 280). Isso, pelo menos em tese, na medida em que as ações estatais de fiscalizar, orientar, prevenir e apurar eventuais abusos de poder econômico nem sempre tiveram o sucesso esperado na prática, a exemplo da falta de aplicação efetiva do controle estrutural pelos órgãos de defesa da concorrência da Lei nº 8.884, de 1994,[14] que trata sobre o tema.

---

[14] Fernandes (2009, p. 34) cita um trecho do texto de Calixto Salomão Filho, publicado no jornal Folha, em 2007, que, a seguir, é reproduzido de forma ampliada pela importância que estabelece sobre o tema, em particular, quanto a fragilidade de contestação do poder econômico na vida econômica brasileira: "A partir de 1994, o poder econômico ganha legitimidade de uma fonte no mínimo surpreendente: a própria lei de defesa da concorrência

Em um quadro mais geral, Clark (2001) adverte:

> Os efeitos produzidos pela saída do Estado do domínio econômico foram desastrosos e imediatamente percebidos no Brasil e no mundo. Logicamente, os países da economia periférica e pobres sentiram mais intensamente esses efeitos do que os países ricos. Com a regulação e a tentativa de criação do Estado mínimo moderno, em nosso país, a concentração econômica aumentou assustadoramente; os grandes grupos econômicos privados passaram a controlar acintosamente a nossa economia (praticando o abuso de poder econômico) e as políticas econômicas estatais, bem como a manipular o processo político e cultural (CLARK, 2001, p. 52-53).

Após a exposição da historiografia econômica inspirada em Furtado, que aborda os ciclos da cana-de-açúcar, da mineração, do café e da industrialização, bem como a caracterização da atuação estatal na economia nas últimas décadas do século XX, é possível visualizar elementos estruturantes que persistem, mesmo após sucessivas e cumulativas fases modernizantes, diferentes, mas intocáveis na sua essência. Um desses elementos é a centralidade do poder econômico na formação do país.

Fernandes (2009), nesse sentido, afirma:

> (...) a concentração econômica apresenta-se como uma tônica no processo de industrialização brasileiro. Tudo se passa como se a concentração de poder fosse um fenômeno natural no Brasil, sendo aceita como um dado da realidade. Nessa medida, o poder econômico parece se apresentar como uma realidade objetiva, imutável, sendo incorporado sem questionamento à experiência de vida de cada um. Tal situação, como não poderia deixar de ser, dificulta sobremaneira a crítica da realidade e a formulação de alternativas para o combate à concentração de poder econômico (FERNANDES, 2009, p. 34).

(lei nº 8.884), editada naquele ano. Promissora em seus objetivos, teve efeito exatamente contrário ao esperado. A não-aplicação efetiva do controle estrutural pelos órgãos de defesa da concorrência – salvo raras exceções (a enorme maioria das concentrações entre empresas foi aprovada sem restrição expressiva) – fez com que o resultado da lei fosse, paradoxalmente, uma chancela estatal, inexistente até sua promulgação, de situações de elevadíssima concentração de poder. A constitucionalidade da posição jurídica de muitos monopólios ou oligopólios, em sua essência bastante discutível, passou a ser de difícil contestação após a aprovação do ato de concentração, por ter sido sua criação chancelada pelo órgão estatal encarregado da defesa da concorrência".

Essa aceitação, nada natural, na qual o contexto de grandes monopólios passa a ser incorporado e incentivado pela ordem vigente, revela a presença de uma engenhosa estrutura econômica, social e política na formação do país, que fora amplamente ilustrada nas obras "Formação Econômica do Brasil" (1959) e "Formação Econômica da América Latina" (1969). Nesse ponto, aos que veem Celso Furtado como alguém restrito ao fluxo de ideias econômicas, mero engano, pois, "se a angulação é econômica, a problemática é civilizatória e deriva, pois, para a sociologia (a formação social), para a política (centros de decisão e poder) e para a cultura (autonomia ou alienação)" (GUIMARÃES, 2000, p. 18). A contribuição da análise econômica de Furtado, assim, visa a prática, que contempla também os planos políticos e sociais.

De resto, outro mito revela sua verdadeira face. Trata-se do "mito econômico" (CLARK; OLIVEIRA, 2011) referente às "leis naturais" do mercado e à suposta separação entre o Estado e a sociedade, como se um fosse o oposto do outro, inexoravelmente. Contudo, em um olhar atento à historiografia econômica, nota-se que o mercado não tem nada de natural e sempre contou, em maior ou menor grau, com a intervenção (direta ou indireta) do Estado.

Tais reflexões seguem presentes nos próximos tópicos, vez que se assume como ponto de partida a análise dos elementos essenciais que, em alguma medida, conformam o sistema político brasileiro, para, em um segundo momento, avançar nas proposições jurídicas sobre os problemas e particularidades do Brasil, notadamente quanto à relação entre a comunicação social e os direitos de crianças e adolescentes.

1.3 Sistema político brasileiro e a herança patrimonialista e clientelista

Quais as "heranças" que conformam o sistema político brasileiro? Existe uma herança patrimonialista no país que impede a dissociação do patrimônio estatal de interesses privados de governantes, funcionários ou elites tradicionais? Existem práticas clientelistas que perduram por gerações e em contextos democráticos? Antes de analisar tais questões, vale esclarecer o que se entende por "herança", que, por si só, já guarda sentidos controversos.

A "herança", aqui, é compreendida como uma articulação entre o presente e o passado, na qual determinada formação sociopolítico é "construída historicamente, e não pressuposta teleologicamente" (NICODEMO, 2014, p. 151). Tal entendimento vincula-se à leitura da obra "Raízes do Brasil", de Sérgio Buarque de Holanda, que, não por acaso, assume, como linha mestra de sua narrativa, que a identificação das raízes arcaicas brasileiras representa o passo fundamental para superá-las e, desse modo, tornar possível a criação de novas condições para que o Brasil construa sociedade e cultura próprias.

Nesse sentido, a seguir busca-se abordar três categorias-chave analisadas a fundo pelo pensamento social brasileiro – a saber, a cultura do personalismo, o patrimonialismo e o clientelismo – identificadas como práticas sociais que fizerem e em certa medida ainda fazem parte do processo histórico que conforma o sistema político do país. Para tanto, destacam-se os autores clássicos como Sérgio Buarque de Holanda, Florestan Fernandes e Vitor Nunes Leal, bem como outros autores contemporâneos que discutem tais categorias de análise seja para aceitá-las ou rejeitá-las.

Em "Raízes do Brasil", Sérgio Buarque de Holanda descreve e analisa a "cultura do personalismo" presente na formação ibérica e que, por conta da colonização, desenvolveu-se também na América espanhola e portuguesa, cada qual à sua maneira. Por personalismo, o historiador paulista considera ser a personalidade individual compreendida como valor próprio, superior às contingências (HOLANDA, 1995, p. 157). A consequência disso é que a relação baseada na pessoalidade não estabelece fronteiras entre os diferentes papéis que são desempenhados pela pessoa (BEZERRA, 1995, p. 37).

Holanda (1995) identifica o domínio rural e a família patriarcal como marcas da sociedade e da vida pública no Brasil, o que resultou na hipertrofia da vida privada. Conforme o autor, nas sociedades ibéricas e naquelas colonizadas por estas, "o quadro familiar torna-se tão poderoso e exigente, que sua sombra persegue os indivíduos mesmo fora do recinto doméstico; a entidade privada precede sempre, neles, a entidade pública" (HOLANDA, 1995, p. 82).

Esse domínio rural em que a autoridade dos proprietários de terras não sofria qualquer tipo de réplica também foi retratado por Caio Prado Jr. (2000), quando afirma que o clã patriarcal é algo específico da organização econômica brasileira do período, pois ele advém do regime de produção colonial, isto é, do domínio que absorve a maior parte das riquezas e que sobre ele se organiza a população, neste caso, de escravos e trabalhadores livres severamente explorados. Cenário que necessariamente se reflete na relação entre público e privado.

A autoridade pública é fraca, distante; não só não pode contrabalancear o poder de fato que encontra já estabelecido pela frente, mas precisa contar com ele se quiser agir na maior parte do território de sua jurisdição, onde só com suas forças chega já muito apagada, se não nula. Quem realmente possui aí autoridade e prestígio, é o senhor rural, o grande proprietário. A administração é obrigada a reconhecê-lo e, de fato, como veremos o reconhece (PRADO JR, 2000, p. 280).

Nesse contexto, emerge a prática social de que "quando se quer alguma coisa de alguém, o meio mais certo de consegui-lo é fazer desse alguém um amigo" (HOLANDA, 1995, p. 134), perspectiva que se mantém, inclusive, em relação àqueles que exercem funções públicas e quando os favores requeridos referem-se ao exercício dessa função. Do domínio do privado sobre o público desdobra-se a noção de patrimonialismo nas funções do Estado brasileiro, em contrariedade à concepção de burocracia, tal qual definido por Max Weber[15] (HOLANDA, 1995, p. 145-146).

Nas palavras de Sérgio Buarque de Holanda:

> Para o funcionário "patrimonial", a própria gestão política apresenta-se como assunto de seu interesse particular; as funções, os empregos e os benefícios que deles aufere relacionam-se a direitos pessoais do funcionário e não a interesses objetivos, como sucede no verdadeiro Estado burocrático, em que prevalecem a especialização das funções e o esforço para se assegurarem garantias jurídicas aos cidadãos. A escolha dos homens que irão exercer funções públicas faz-se de acordo com a confiança pessoal que mereçam os candidatos, e muito menos de acordo com as suas capacidades próprias. Falta a tudo a ordenação impessoal que caracteriza a vida no Estado burocrático. O funcionalismo patrimonial pode, com a progressiva divisão das funções e com a

---

[15] Max Weber (1991, p. 172-177), ao analisar as formas pelas quais a dominação (autoridade) se justifica, distingue três princípios básicos de legitimidade, a saber, a racional, a tradicional e a carismática. A primeira forma de "dominação" é a racional-legal, na qual a burocracia moderna funcionava segundo as normas e regras universais, buscando eficiência em um Estado em que seus membros estão separados dos "meios de administração". A segunda, por sua vez, a tradicional, na qual o patrimonialismo torna-se a variante fundamental. Nela não há separação entre público e privado, meios de administração e funcionários ou governantes, beneficiando-se estes livremente da exploração de suas posições e cargos. Ademais, essa dominação tradicional, como o próprio nome indica, volta-se ao passado, legitimando-se pela repetição e não pela eficiência da transformação. A terceira, e derradeira, a carismática depende do reconhecimento das qualidades extraordinárias de um indivíduo, líder que possui seguidores dedicados, caracterizando-se esta forma por sua instabilidade.

racionalização, adquirir traços burocráticos. Mas em sua essência ele é tanto mais diferente do burocrático, quanto mais caracterizados estejam os dois (HOLANDA, 1995, p. 146).

No prefácio de "Raízes do Brasil", Antônio Cândido destaca que Sérgio Buarque de Holanda foi quem empregou, pela primeira vez, os conceitos de patrimonialismo e burocracia weberianos, a fim de caracterizar o construto sociológico do homem cordial (1995, p. 17). A cordialidade, traço característico do "caráter brasileiro", forja-se a partir dos padrões de convívio informados no meio rural e patriarcal (HOLANDA, 1995, p. 147). O homem cordial, tipo ideal utilizado para explicar o brasileiro, tem sua constituição social estruturada sobre a afetividade, a familiarização e o desejo de intimidade em relação ao outro, em contraposição à polidez e à reverência marcantes em outros povos (HOLANDA, 1995, p. 147-148). O homem cordial é, então, um ser que "vive nos outros" e que desconhece qualquer forma de convívio que não seja ditada por uma ética de fundo emotivo (HOLANDA, 1995, p. 148).

Dado o predomínio de comportamentos de caráter afetivo, quer de apreço, quer de desapreço, o homem cordial apresenta-se inadequado às relações impessoais e contrasta com a ideia liberal-democrática traduzida por Jeremy Bentham como "a maior felicidade para o maior número" (HOLANDA, 1995, p. 185). A mentalidade cordial, que se manifesta, por exemplo, na sociabilidade apenas aparente e no individualismo, Holanda atribui ao "liberalismo ornamental" e à "ausência de verdadeiro espírito democrático" na sociedade brasileira (1995, p. 17-18). Desse cenário resulta a recorrência de movimentos políticos "de cima para baixo" e reformadores somente na aparência, razão pela qual a democracia no Brasil era, para Holanda, um lamentável mal entendido (1995, p. 18).

Como desafio central da sociedade brasileira, Sérgio Buarque de Holanda visualizava o rompimento com o predomínio das oligarquias a partir do advento de novas camadas sociais urbanas formadas pelos oprimidos, únicas com capacidade de revitalizar a sociedade e dar novo sentido à vida política nacional. Sem desconsiderar as tensões inerentes a esse processo, o autor de "Raízes do Brasil" advogava a existência de condições que permitiriam o desenvolvimento da democracia no país, desde que fossem liquidados os fundamentos personalistas e aristocráticos da vida social em um processo de "despersonalização democrática" (HOLANDA, 1995, p. 179-180).

Essas teses clássicas sobre personalismo e patrimonialismo propostas por Holanda não estão isentas de crítica. Jessé Souza, por exemplo, inclui as interpretações da realidade brasileira de Holanda como representações de uma "sociologia da inautenticidade", já que tal tradição teórica vê a modernidade do país como "superficial, epidérmica e de fachada" (2000, p. 12). Da leitura de "Raízes do Brasil", Souza considera equivocada a tese de que a herança ibérica foi o traço fundamental do desenvolvimento brasileiro, na medida em que ele discorda dessa visão teórica polarizada da sociedade ("atrasados" *versus* "modernos"), homogeneizante e de excessiva carga valorativa sugerida por Holanda. Esse tipo de dualidade simplificada, questionada por Souza, também se reflete na comparação do Brasil com outros países, notadamente no modelo norte-americano de nação, vez que este último estaria imune às amarguras da alteridade atrasada e patrimonialista de terras brasileiras.

Apesar disso, Souza (2015) reconhece que a noção de patrimonialismo, certa ou errada, foi (e continua sendo) um objeto de discussão relevante para a compreensão que brasileiros possuem de si e da sociedade em que estão inseridos, tendo Holanda como um dos autores mais influentes na academia do país sobre tal tema.[16] Contudo, Souza também adverte sobre o papel da sociologia em questionar os pressupostos dominantes, por vezes, naturalizados ou sequer tematizados, demonstrando, assim, que a necessidade da interpretação da formação política brasileira ainda não foi superada e, desse modo, deve lançar questões sobre o tema, por vezes, críticas a autores consagrados do pensamento social brasileiro.

Este livro, ao mesmo tempo em que valoriza a contribuição de Sérgio Buarque de Holanda na descrição do entrelaçamento entre o privado e o público, na estruturação da família patriarcal e, principalmente, da constatação de práticas de patrimonialismo e personalismo como marcas profundas da formação do país, também se aproxima da leitura de Jessé Souza, no qual se percebe a necessidade de considerar outras perspectivas sobre a ideia de patrimonialismo. Dito isso, agrega-se à discussão o pensamento de Florestan Fernandes, ao passo que esse autor abre outras possibilidades analíticas ao tema, em

---

[16] Sobre a influência das teorias clássicas como de Sérgio Buarque de Holanda e outros, Jessé Souza afirma: "é o Estado dominado pelo homem cordial e particularista que se tornará o conceito mais importante da vida intelectual e política brasileira até hoje: o 'patrimonialismo' do Estado e da 'elite' corrupta" (SOUZA, 2015, p. 20).

particular, o caráter não monolítico do Estado brasileiro, que questiona leituras do Estado reduzidas à sua dimensão patrimonialista (SOUZA, 2009; PORTELA JÚNIOR, 2012).

A ideia de patrimonialismo de Florestan Fernandes, assim como em Holanda, também tem como ponto de partida a referência teórica de Weber e a análise do colonialismo brasileiro, todavia, segue uma exposição conceitual diversa, mais descritiva e dispersa no decorrer das suas obras, sendo, decididamente, voltada à compreender as singularidades do processo histórico brasileiro de formação de uma sociedade nacional. Dentre essas singularidades, destaca-se a conformação de uma dualidade estrutural do Estado nacional em "gestação", onde as formas de dominação tradicional da Colônia e as formas de poder criadas pela ordem legal pós-Independência não se excluem necessariamente.

Para Fernandes (2010), com a colonização os portugueses transplantaram para as terras brasileiras a ordem social vigente no Estado português da época, em uma tentativa deliberada de "preservação e de adaptação de todo um corpo de instituições e de padrões organizatórios-chaves, com vistas à criação de um 'novo Portugal' (...) que deveria emergir das condições sociais de vida de uma colônia de exploração" (FERNANDES, 2010, p. 64). E continua Fernandes, agora sob o claro referencial teórico de Max Weber em seu estudo comparado do patrimonialismo e do feudalismo: "o império colonial português da época dos descobrimentos, da expansão marítima e da conquista organizava-se como um complexo Estado patrimonial" (FERNANDES, 2010, p. 67).

Na medida em que o sociólogo paulista dá profundidade ao estudo da realidade brasileira, a noção de patrimonialismo também ganha complexidade, mesmo quando não é tratada de forma explícita como na passagem citada anteriormente. A transferência da ordem social portuguesa vigente para o Brasil compreende um quadro administrativo pessoal do rei, mas também um Estado cujas funções e cujos benefícios são apropriados de forma privada pelo rei e seus quadros, possibilitando, ao longo do processo colonial, o desenvolvimento de relações patrimoniais entre a Coroa portuguesa e determinados setores da sociedade que serão amplamente favorecidos seja pela distribuição de terras via concessão de sesmarias, seja pela exclusão da população livre do controle do poder local e do direito de ter vínculos diretos com o Estado (PORTELA JÚNIOR, 2012).

No Brasil Colônia, portanto, a terra erigiu-se "na base material da transferência e da perpetuação de uma arraigada estrutura de privilégios e da própria dominação patrimonialista" (FERNANDES, 2010). Se, nesse momento, as relações patrimoniais eram estabelecidas em torno do domínio dos "senhores de terras", praticamente autônomos e espalhados em grandes lavouras pelo território do país, quando o estatuto colonial é modificado e gradativamente se consolida em um poder central na sociedade brasileira, a dominação patrimonial passa a assumir outras características:

> Enquanto perdurou o estatuto colonial, o poder do senhor ficou confinado a unidades sociais estreitas, isoladas e fechadas. A dominação senhorial traduzia um estilo de pensamento e de ação, mas não integrava a visão de mundo e a organização do poder dos seus agentes, como e enquanto membros de estamentos dominantes. Ao romper-se aquele estatuto e, especialmente, ao projetar-se o senhor nos papéis relacionados com a implantação de um Estado nacional, sua capacidade de entender a significação política dos privilégios sociais comuns aumentou. Ao mesmo tempo, descobriu que a proteção e a expansão dos mesmos privilégios dependiam da extensão da dominação senhorial aos outros planos da vida social, principalmente àqueles em que qualquer senhor se tornava um aliado natural de outro senhor (FERNANDES, 2006, p. 60-61).

Foi exatamente com o advento do Estado nacional que os estamentos dominantes de outrora passaram a construir mecanismos de solidariedade de interesses e propósitos, ao passo que as elites do Brasil Colônia mostravam-se mais preocupadas em se inserir nos novos centros de poder constituídos pós-Independência do que defender a manutenção de um estatuto colonial em pleno declínio. Não por acaso, a formação do Estado brasileiro guarda características tão conservadoras, pois as mudanças materiais, sociais e morais que acompanharam a formação da sociedade nacional não representaram uma ruptura profunda com o passado, preservando, por exemplo, elementos patriarcais e patrimonialistas típicos de períodos anteriores.

Assim, no caso da dominação patrimonial, esta deixava de se restringir à esfera do domínio dos senhores de terra para passar a influenciar os destinos da sociedade como um todo, assumindo característica de uma dominação estamental propriamente dita, ou, como nomeia Fernandes (2006), uma "burocratização da dominação patrimonialista". Essa relação, não isenta de conflitos e contradições, compelia "as camadas senhoriais a organizar sua dominação especificamente política através da ordem legal, ao mesmo tempo em que conferia ao poder central meios para impor-se e para superar, gradualmente, o impacto sufocante do patrimonialismo" (FERNANDES, 2006, p. 56). O que estava em jogo era a adaptação das elites das camadas dominantes sob novas condições estruturais do país.

Por último, aborda-se o autor Victor Nunes Leal para trazer à baila a noção de clientelismo presente na sua obra "Coronelismo, Enxada e Voto: o Município e o Regime Representativo no Brasil". Em uma visão panorâmica da obra, dois temas principais ficam evidentes: a apropriação privada da coisa pública e a barganha do voto da população submetida a determinadas relações de poder local, sendo a análise do fenômeno político do coronelismo no Brasil do Segundo Império (1840-1889) e, principalmente, da República Velha (1889-1930), o percurso analítico escolhido pelo autor.

Para Leal, o coronelismo no Brasil é caracterizado como um produto que converge em único processo a estrutura local de poder controlada pelo chefe municipal e a necessidade do governo, estadual ou federal, de angariar a maior quantidade de votos em razão do regime representativo que, progressivamente, vai alargando a amplitude do sufrágio e do corpo eleitoral (LEAL, 1975, p. 23-24). Mais do que a figura do "coronel", Leal preocupa-se em analisar o sistema, a estrutura e a maneira pela qual as relações de poder se desenvolviam a partir do município (LEAL, 1983, p. 13). É uma análise datada, inserida em um cenário político e econômico de mudança no qual federalismo da República substitui o centralismo do Império.

Em um contexto de país predominantemente rural, o município torna-se a peça-chave das campanhas eleitorais daquele período, uma vez que os habitantes do interior (mais de 80% da população à época) estão mais subordinados ao município em comparação aos estados ou à União, dada a vinculação política das autoridades estaduais e federais com os dirigentes municipais; e, ainda, por nenhuma parcela do eleitorado do interior estar subtraída ao regime municipal, que cobre todo o território do país (LEAL, 1975, p. 132).

Ao "coronel", na maioria das vezes representado pela figura do grande proprietário de terras, caberia a articulação entre as grandes oligarquias e o poder político local a partir do controle do eleitorado pelo "voto de cabresto" e do estímulo ao sistema de relações sociais marcado pela reciprocidade:

> (...) de um lado, os chefes municipais e os coronéis, que conduzem magotes de eleitores como quem toca tropa de burros; de outro lado,

a situação política dominante no Estado, que dispõe do erário, dos empregos, dos favores e da força policial, que possui, em suma, o cofre das graças e o poder da desgraça (LEAL, p. 43).

Nesse ponto, chama atenção o "compromisso coronelista" que, da parte dos chefes locais, apoia de forma incondicional os candidatos do oficialismo nas eleições estaduais e federais e, da parte da situação estadual, dá carta-branca ao chefe local governista (de preferência líder da facção local majoritária) em todos os assuntos relativos ao município, inclusive na nomeação de funcionários estaduais do lugar (LEAL, 1975, p. 49-50). Desse compromisso resultam as características secundárias do sistema coronelista, como "o mandonismo, o filhotismo, o falseamento do voto, a desorganização dos serviços públicos locais" (LEAL, 1975, p. 20).

Diante dessas práticas imperam "os favores pessoais de toda ordem, desde arranjar emprego público até os mínimos obséquios", assegurando o *status* do "coronel" como chefe local. Em contrapartida, "aos amigos, o chefe local resvala muitas vezes para a zona confusa que medeia entre o legal e o ilícito, ou penetra em cheio no domínio da delinqüência, mas a solidariedade partidária passa sobre todos os pecados uma esponja regeneradora" (LEAL, 1975, p. 39).

Com o avanço das estruturas "burocráticas" do Estado brasileiro, as práticas clientelistas presentes no coronelismo persistem no avançar do tempo, prevalecendo esse "tipo de relação entre atores políticos que envolve concessão de benefícios públicos, na forma de empregos, vantagens fiscais, isenções, em troca de apoio político sobretudo na forma de voto" (CARVALHO, 1998, p. 134).

Após essa exposição das categorias analisadas por Holanda, Fernandes e Leal, retoma-se as questões que abriram este tópico, visando, principalmente, apontar possíveis influências na conformação do sistema político do país. Das discussões sobre patrimonialismo e clientelismo, por exemplo, nota-se um problema de reflexão geral: a separação entre o público e o privado desde a formação do Estado moderno.

Tanto o patrimonialismo da referência clássica de homem cordial (HOLANDA, 1995) ou de um dualismo estrutural presente na formação da sociedade nacional brasileira (FERNANDES, 2006), quanto o clientelismo como organização social (LEAL, 1975), quando analisados à luz do contexto brasileiro, mostram uma extensa teia de relações sociais baseadas no personalismo, de modo que a tradição política convive com a confusão entre o patrimônio privado e o estatal, as práticas de nepotismo e a apropriação da riqueza social em proveito de uma elite.

Mesmo após mudanças significativas do perfil social e econômico do país, tais práticas perduram, inclusive, compatibilizadas em cenários de Estado Democrático de Direito, como é o caso do Brasil atualmente. Contudo, o patrimonialismo e o personalismo assumem novas formas políticas, algumas delas, que merecem atenção especial desta obra, pois envolvem o uso e o controle dos meios de comunicação de massa por poderosos conglomerados de radiodifusão – assunto que será abordado com detalhes no capítulo seguinte, ao se analisar coronelismo eletrônico e as concessões públicas de TV e rádio.

Ainda no esforço de apresentar um cenário estrutural do Brasil capaz de contribuir na análise sobre a realidade do setor de comunicação social no país, aborda-se, a seguir, a tradição de autoritarismo e de violência que marcam a formação social brasileira.

1.4 A tradição autoritária e as marcas da violência

Em entrevista realizada no ano de 2010, Marilena Chaui foi questionada da seguinte maneira: "A mídia brasileira é uma das mais autoritárias do mundo?" Sobre a qual respondeu: "Se deixarmos de lado o caso óbvio das ditaduras e considerarmos apenas as repúblicas democráticas, concordo" (CARTA MAIOR, 2010). A consideração de Chaui ajuda a ampliar o horizonte desta obra, na medida em que o estudo do autoritarismo e da violência não se resume aos "tempos sombrios" pós-golpe de 1964, já que tais práticas apresentam-se como modo de ser da própria sociedade brasileira.

Antes de analisar os aspectos atuais do autoritarismo e da violência no Brasil, é preciso dar um passo atrás e apontar quais são os traços que constituem a formação dessa realidade. Contudo, para além da descrição dos fatos históricos, é necessário perceber as determinações materiais de exploração, discriminação e dominação presentes na sociedade, tanto na forma do visível, quanto aquela que se apresenta de maneira dissimulada.

Nesse ponto, encontra-se referência em Karl Marx, para quem "as relações jurídicas, bem como as formas de Estado, não podem ser explicadas por si mesmas, nem pela chamada evolução geral do espírito humano; estas relações têm, ao contrário, suas raízes nas condições materiais de existência" (2008, p. 47). Para Marx, a sociedade moderna, apesar de constituída por uma divisão interna e conflituosa, apresenta-se de forma una, indivisível, com o intuito de recompor-se como sociedade. E exatamente desse cenário, no qual se relacionam o real e a sua abstração, é que se olha para a história.

Em cinco eixos, Marilena Chaui (2013, p. 226-229) aponta os seguintes traços que estruturam o Brasil como uma sociedade autoritária e marcada pela violência: 1) a matriz senhorial da Colônia na qual decorre o princípio liberal da igualdade formal dos indivíduos perante a lei, onde alguns são mais iguais do que outros; 2) as relações privadas fundadas no mando e na obediência, contexto pelo qual prevalece a dificuldade de lutar contra formas de opressão social e econômica, valendo a máxima que, para os grandes, a lei é privilégio, para as camadas populares, repressão; 3) a indistinção entre o público e o privado, não como falha, atraso ou ausência do Estado, mas sim como forma de realização da política e de organização do aparelho do Estado em que os governantes e parlamentares "são donos do poder", mantendo com os cidadãos relações pessoais de favor, clientela e tutela; 4) a imagem indivisa, pacífica e ordeira da sociedade que, desenvolvida pela força da ideologia, dá outro sentido aos conflitos e às contradições sociais, econômicas e políticas, representando um perigo a ser reprimido; e 5) o fascínio pelos signos de prestígio e de poder, vez que a sociedade brasileira, desde sua gênese histórica, foi marcada pela "cultura senhorial" e estamental que preza a fidalguia e o privilégio e que usa o consumo de luxo como instrumento de demarcação da distância social entre as classes.

Questiona-se, assim, a naturalização da divisão social em que as desigualdades e diferenças são postas como inferioridades naturais, meros desvios da norma ou casos de perversão e monstruosidade. Nessa perspectiva, por exemplo, o pai é, "naturalmente", o chefe da família; os índios, por "serem preguiçosos", desviam-se da norma do trabalho assalariado; o homossexual, em condição de "perversão", precisa de tratamento, de cura. Ademais, essas "assimetrias", em um contexto de confusão público-privado e de relações de mando-obediência, reforçam o não reconhecimento do "Outro" como sujeito de direitos e alteridade. Como diz o refrão da música dos Engenheiros do Hawaii, "Ninguém = Ninguém", "(...) todos iguais / Mas uns mais iguais que os outros" (1992), aos que se julgam "iguais" se estabelece uma relação de cumplicidade, ao passo que aos "outros" prevalece uma relação de favor, clientela, tutela e cooptação.

Se do ponto de vista dos direitos há um encolhimento do espaço público como representação do interesse geral, do ponto de vista dos interesses econômicos há um alargamento do espaço privado, de cunho particular. Contudo, essa tensão, considerada perigosa aos detentores de privilégios e ao "bom" funcionamento do mercado, exige do Estado, também garantidor de particularidades,[17] o bloqueio da esfera pública sobre ações sociais e as opiniões de grupos e classes sociais diferenciados ou antagônicos. É nesse processo de naturalização de práticas autoritárias que reside a violência.

Segundo Carlos Bauer (2012, p. 118-119), em uma sociedade que se desenvolveu reapropriando as velhas formas de dominação, recicladas e adaptadas às novas, o elemento-chave é a coerção, e não o consenso.

Na formação brasileira, quando se fala em autoritarismo e violência, duas marcas históricas são, recorrentemente, abordadas pelo imaginário social: a herança colonial da escravidão e o caráter antidemocrático do regime militar de 1964 a 1985. Em tal perspectiva, a escravidão no Brasil figura como o maior regime de trabalhos forçados que a humanidade já conheceu: "escravizamos mais e por mais tempo" (FLAUZINA, 2008, p. 57) do que qualquer nação.

O Brasil conheceu a escravidão dos indígenas, que persistiu da "invasão" portuguesa às reformas pombalinas do século XVII, e dos negros, que perdurou por, aproximadamente, três séculos e meio. Às vésperas da abolição da escravatura, em 1888, o Brasil possuía mais de sete milhões de pessoas, entre descendentes de africanos escravizados

---

[17] Aqui, novamente, recorre-se à Marx para esclarecer essa tensão no seio do Estado capitalista. Apesar de não possuir uma obra sistematizada sobre o assunto, nos textos escritos de 1843 e 1844, quando estabelece um contraponto ao pensamento de Hegel e sua visão de Estado como realização do interesse geral, Marx aponta como a ideia de que o Estado tem o dever de garantir o "interesse geral" contra os "interesses particulares", na verdade, esconde uma realidade diametralmente oposta, na medida em que o Estado garante os "interesses particulares" da classe capitalista contra a maioria da população, quando as bases que pressupõem a desigualdade são questionadas. Vale a citação: "O Estado elimina, à sua maneira, as distinções estabelecidas por nascimento, posição social, educação e profissão, ao decretar que o nascimento, a posição social, a educação e a profissão são distinções não políticas; ao proclamar, sem olhar a tais distinções, que todo o membro do povo é igual parceiro na soberania popular e ao tratar do ponto de vista do Estado todos os elementos que compõem a vida real da nação. No entanto, o Estado permite que a propriedade privada, a educação e a profissão atuem à sua maneira, isto é, como propriedade privada, como educação e profissão, e manifestem a sua natureza particular. Longe de abolir essas diferenças efetivas, ele só existe na medida em que as pressupõe; entende-se como Estado político e revela a sua universalidade apenas em oposição a tais elementos" (MARX, 2005, p. 21).

e libertos, que estavam submetidos à indisposição das elites em renegociar os termos do "pacto social" vigente, baseado na violência e na desigualdade. Pós-abolição, o medo das elites brancas de perder o controle sobre a população negra incentivou "novas" formas de dominação, como os aparelhos repressivos do Estado e a organização de um sistema legal punitivo desenvolvido desde o período republicano. Não por acaso, o ditado popular "se quiseres conhecer o vilão, põe-lhe uma vara na mão" fez sentido por tanto tempo, vez que autoritarismo e violência estão imbricados ao longo tempo.

Por sua vez, a Ditadura Civil-Militar representou a militarização do Estado brasileiro, com as Forças Armadas assumindo durante vinte e um anos (1964-1985) o papel de partido político (BAUER, 2012). Baseada na doutrina da "segurança nacional" e da guerra permanente ao "inimigo interno", o Brasil do "ame-o ou deixe-o!" representou a instalação de uma guerra civil permanente, onde a violência policial tornou-se aceitável como forma de se garantir a ordem e coibir seus transgressores: subversivos, questionadores, grevistas, enfim, todos aqueles opostos à pátria e à nação.

Com a aparência de legalidade dos Atos Institucionais, "estava montado o cenário para os crimes da Ditadura" (GASPARI, 2002, p. 342), marcado por restrições políticas, suspensão de garantias constitucionais e legalização da prisão de presos políticos. Mas, assim como alertou Marilena Chaui na entrevista citada no início desse tópico, as práticas autoritárias e de violência não se resumem aos contextos totalitários.

Nesse contexto, mesmo sob a égide do paradigma de Estado Democrático de Direito, cabe levantar apontamentos de contradição e de crítica, por exemplo, a "limitações do sufrágio universal, as debilidades intrínsecas da democracia constitucional e representativa, o caráter opressivo e repressivo da República democrática" (FERNANDES, 1987, p. 18). Também em tom de crítica, Rubens R. R. Casara (2017, p. 15-16) alerta que, tal como governos autoritários podem apresentar aspectos democráticos – mesmo como simulacro – modelos democráticos também recorrem a dispositivos, normas, discursos e práticas típicos de Estados autoritários quando em situação de crise ou perigo. Para retratar tal perspectiva, Casara lembra a metáfora do supermercado de Rui Cunha Martins: o Estado pode ser pensado como um supermercado no qual estão, lado a lado, produtos democráticos e produtos autoritários que serão usados segundo o gosto dos detentores do poder público, em especial, diante das necessidades que se apresentem. E, desse ponto, o autor conclui: o que existiu deixa marcas (e produtos).

Mas qual noção de violência está a se problematizar? Ela é visível? É silenciosa? Quais as suas formas? É um fenômeno pessoal? Institucional? A violência, como compreendida neste livro, é ampla, histórica e constitutiva da sociedade brasileira – desde a sua formação aos dias atuais. Sua forma explícita, tal como o sentido da "banalização do mal"[18] formulado por Hanna Arendt (2013), está reproduzida nos fatos de tortura, chacinas, abuso da força e massacre. Essa representação, que aproxima ideias e imagens, articula-se para formar um núcleo definido pela presença visível e inapelável da violência (CHAUI, 2006).

No livro "Violência: seis reflexões laterais", Slavoj Zizek (2014, p. 18-20) apresenta três concepções de violência: subjetiva, objetiva e sistêmica. A violência subjetiva é a reprodução do ato de violência direta de uma pessoa contra a outra, sendo exercida de forma visível e por um agente que intimida e amedronta. A violência objetiva, por outro lado, é invisível, pois está baseada em uma aparente normalidade, que se insinua e cria um ambiente de violência simbólico, capaz de gerar discriminações como algo naturalizado. Por último, a violência sistêmica, estrutural, que é visível e estigmatizadora da maioria da população, vez que é produto das contradições do próprio sistema econômico e político da sociedade marcado por desigualdades e injustiças das mais diversas. Com essas três concepções, o autor húngaro alerta sobre a amplitude da violência contemporânea, que vai além de uma forma de violência vulgar (subjetiva) na medida em que se convive também com as violências objetiva e sistêmica – de maneira isolada ou articuladas entre si.

Práticas autoritárias e violentas, como demonstradas até aqui, relacionam-se mutuamente, uma vez que a violência, que faz parte do Brasil tradicional e permanece atual, guarda em si raízes fincadas em um passado de "autoritarismo socialmente implantado" (PINHEIRO, 1997) e reproduz, ao longo do tempo, "novas" formas de dominação. Dentre os exemplos dessa expressão de violência na atualidade, cita-se a presença, cada vez maior, do (neo)fascismo[19] na sociedade brasileira,

---

[18] Na obra "Eichmann em Jerusalém: um relato sobre a banalidade do mal", Arendt (2013) relata a cobertura do julgamento de Adolf Eichmann, acusado por sua participação no extermínio de judeus, fato pelo qual foi condenado à morte em 1962. A reflexão da autora, aos poucos, transcende o julgamento do acusado para alcançar a história moderna e as ações desumanizantes que esta sociedade pode padecer, ou, não isenta de obstáculos, resistir.

[19] A título de exemplo, cita-se a obra "Como conversar com um fascista: reflexões sobre o cotidiano autoritário brasileiro", de Marcia Tiburi (2015), que não se preocupa em simplesmente antecipar discursos fascistas presentes nas eleições dos anos seguintes à

pelo qual indivíduos ou grupos expressam suas convicções e valores com clara tendência antidemocrática.

Nesse contexto, Rubens R. R. Casara alerta:

> Vive-se uma quadra histórica que conjuga o empobrecimento tanto da linguagem, típico de momentos de fascitização (que se caracterizam pela ode à ignorância, o medo da liberdade e aposta em soluções de força para os mais variados problemas), quanto o imaginário (instaurou-se o modelo do pensamento simplificador, incapaz de compreender a complexidade dos fenômenos) como um processo de mutação do simbólico, com a perda da importância dos limites, em proveito do regime valorativo dos mercadores, de modo que nada passa ser tido como mais importante do que a livre circulação das mercadorias, o desenvolvimento do espetáculo e a satisfação dos desejos/perversões da parcela da sociedade que detém o poder econômico e/ou político (CASARA, 2017, p. 211-212).

Apontam-se, assim, duas características na relação entre práticas autoritárias e de violências em cenários de (neo)fascismo: o "encerramento" do diálogo e a simplificação da realidade, que refletem, entre outros aspectos, a compreensão de uma sociabilidade democrática que valoriza e, contraditoriamente, também persegue a liberdade. Mesmo em uma sociedade como a brasileira, que em pleno século XXI sequer concretizou os princípios básicos do liberalismo e do republicanismo, não significa que o "valor liberdade", inclusive, fruto de um árduo processo histórico de lutas sociais, deva ser abandonado ou ainda mais restringido.

Em igual sentido, Norberto Bobbio (2015, p. 110) reforça a defesa da liberdade: "que os burgueses hoje estejam dispostos (...) a deixá-la cair a fim de salvar os seus privilégios, significa simplesmente que os burgueses não são mais liberais, não significa absolutamente que a liberdade individual não seja mais um valor para o homem".

---

publicação do livro, mas sim retomar o fascismo como um fenômeno já conhecido na história do país e do mundo e que insiste em se reinventar como um traço da subjetividade contemporânea que fica cada vez mais evidente. Ações e discursos atuais, por vezes, sem contraponto intelectual e de crítica, retomam sinais de configuração subjetiva da personalidade de outros tempos, típicos do fascismo. Ao homem comum, identificado com a noção fascista, impera, assim, o discurso recheado de estereótipos, no qual estão presentes, ao mesmo tempo, um vazio de reflexão, bem como um excesso de preconceito e ódio. Nas palavras da autora: "O que chamo de fascista é um psicopolítico bastante comum. Sua característica é ser politicamente pobre. O empobrecimento do qual ele é portador se deu pela perda da dimensão do diálogo. O diálogo se torna impossível quando se perde a dimensão do outro (...) (TIBURI, 2015, p. 23-24).

Sem desconsiderar os limites da noção de liberdade restrita ao espectro do "Estado de Direito", é preciso contrapor práticas autoritárias e de violência que, em grande medida, flertam com a barbárie, império do despótico e da submissão pela força. O que, sem sombra de dúvida, não acontece em águas calmas, tranquilas.

Para retratar esse desafio, a alegoria da fábula oriental do "homem que comeu a serpente" é esclarecedora. Casara (2017) e Tiburi (2015), a partir da leitura de Franco Basaglia, resgatam a história de um homem que, enquanto dormia, teve a boca invadida por uma serpente. A serpente alojou-se no estômago, de onde passou a controlar a vontade do homem. A liberdade do homem desapareceu, tendo ele ficado à mercê da serpente: já não se pertencia – era a serpente a responsável por todos os seus atos. Certo dia, o homem acorda e percebe que o animal havia partido e que, novamente, estava livre. Deu-se conta, então, de que não sabia mais o que fazer com sua liberdade, que havia perdido a capacidade de desejar, de agir de maneira autônoma. A partir dessa narrativa lendária, Basaglia alerta como é desafiadora a realidade, vez que, nesta realidade, somos todos escravos da serpente, e se não tentarmos destruí-la ou vomitá-la, nunca veremos o tempo da reconquista do conteúdo humano da nossa vida.

Foi nessa manifestação explícita de resistência, que, historicamente, lutas políticas e sociais passaram a reivindicar liberdade, representação política, participação e justiça social, na tentativa de abalar as bases estruturais de uma sociedade autoritária e violenta como a brasileira. O próximo passo, então, é analisar a questão da cidadania e o projeto de desigualdades que marcaram a formação do país.

1.5 Um projeto de desigualdade(s) e não-cidadania

Da "invasão" portuguesa de 1500 até hoje, a sociedade brasileira conserva, como uma de suas características mais marcantes, a desigualdade, ou melhor, um insistente projeto de desigualdades. O estudo dessa realidade começa, necessariamente, a partir do levantamento de questões que relacionam o processo de formação e a conjuntura do país, tais como: o Brasil sempre foi desigual? O contexto de desigualdade social no Brasil afeta todos os grupos da mesma forma? Existem demandas específicas dos segmentos mais vulneráveis? Como se relacionam as condições que produzem e reproduzem a desigualdade social no país? É possível apontar saídas e novos desafios que levem à superação desse cenário de desigualdade? A desigualdade é um traço exclusivo do Brasil?

Partindo desta última questão, vale destacar a contribuição de Thomas Piketty (2014), em "O Capital no século XXI", na demonstração de que o Brasil não é uma "ilha" quando se fala em desigualdade. Nessa obra, o autor francês, centrado no estudo empírico dos oito países mais desenvolvidos do globo (Estados Unidos, Japão, Alemanha, França, Grã-Bretanha, Itália, Canadá e Austrália), analisa a desigualdade de riqueza e de renda ao longo do processo histórico que consolidou tais sociedades de mercado capitalista.

Nesse cenário, Piketty (2014) alerta que, durante o século XX, a busca por igualdade foi um ponto fora da curva do capitalismo mundial, restrita, basicamente, aos momentos de guerra e de ampla reinvindicação social. A desigualdade, por outro lado, apresenta-se como traço comum entre as nações capitalistas e segue uma tendência de crescimento desde a década de 1970. Conforme o autor, hoje, em países como França, Alemanha, Grã-Bretanha e Itália, os 10% mais ricos detêm aproximadamente 60% da riqueza nacional; já os 50% mais pobres possuem menos de 10% da riqueza nacional. No caso dos EUA, os números são ainda mais expressivos, vez que os 10% mais ricos detêm 72% da riqueza nacional, enquanto os 50% mais pobres possuem apenas 2%. Portanto, o que se apreende desse quadro geral é que o Brasil, apesar de ter vivenciado curtos períodos de redução de desigualdade social na sua história recente, não foge à regra da desigualdade dos outros países do capitalismo mundial.

Mas como explicar o quadro de extrema desigualdade social presente no Brasil? Se comparado a países vizinhos na América do Sul, o Brasil mostra um grau de desigualdade muito elevado. A título de exemplo, cita-se o Índice de Desenvolvimento Humano (IDH) que, conforme o Relatório de Desenvolvimento Humano de 2016, lançado em março de 2017 pelo Programa das Nações Unidas para o Desenvolvimento (PNUD), países como Argentina, Chile e Uruguai apresentam indicadores melhores do que o brasileiro.[20]

---

[20] Segundo o Relatório de Desenvolvimento Humano, a partir da medida do IDH, composta por dados de expectativa de vida no nascimento, educação e PIB *per capita* em nível nacional de um país, na qual é atribuído a cada país um índice que vai de 0 (desenvolvimento humano muito baixo) a 100 (desenvolvimento humano muito alto), verifica-se que o Brasil está em posição de 79 no *ranking* proposto do relatório (IDH 0,754), ao passo que, o Chile de 38 (IDH 0,847), Argentina de 45 (IDH 0,827) e o Uruguai de 54 (IDH 0,795) (PNUD, 2017).

No decorrer dos anos, diferentes teóricos propuseram hipóteses com o objetivo de desvendar tal contexto de desigualdade social, muitas das quais se mostram como mero simulacro, isto é, representação artificial da realidade. Nesse sentido, Valério Arcary (2017) identifica cinco hipóteses hegemônicas sobre a desigualdade e que tentam explicar o cenário de pobreza no país:

> (a) a mais antiga, e mais conservadora, ou diretamente reacionária, afirma que a desigualdade se explicaria pela **diversidade, ou inferioridade de diferentes povos** (ou raças em versão extrema) ou, em versão "cientificista", se compreenderia pela **pressão demográfica**, afinal os mais pobres e menos escolarizados têm mais filhos; (b) a hipótese libertária ou liberal extremada, que defende que a desigualdade é o **preço da liberdade**, e não é um mal em si; (c) a hipótese liberal clássica que explica a desigualdade pela **corrupção política** que impede que haja investimentos e crescimento, ou pela ausência de equidade, que impede que se premie a meritocracia; (d) as duas fórmulas nacional desenvolvimentistas: aquela que explica a injustiça pelo **atraso do país**: somos desiguais porque o país é pobre, seria necessário estimular que o bolo cresça para que possa ser dividido, ou aquela que, em versão simétrica, explica que **não crescemos porque somos desiguais**, e a estagnação do PIB *per capita* resulta da ausência de demanda privada e pública; (e) finalmente, outra versão do desenvolvimentismo, de inspiração neokeynesiana, defende que a desigualdade persiste pelo papel do Estado que premia o **rentismo e monopólios, e inibe a produção e a competição** entre as empresas (ARCARY, 2017, p. 4, grifo nosso).

Essas cinco hipóteses descritas acima afastam pontos centrais do debate mesmo quando apontam para pistas sobre os problemas reais da desigualdade, como é o caso da última hipótese apresentada. A desigualdade social, que promove o cenário de extrema pobreza no Brasil, é formada por fenômenos complexos e de múltiplas determinações, nos quais a tarefa da redução da pobreza não se confunde com redução da desigualdade, apesar de estarem relacionadas mutuamente.[21]

---

[21] Neste ponto, Karl Marx, no livro "O Capital", Vol. 1, é esclarecedor, pois aponta sobre o contexto de exploração: "Segue portanto que, à medida que se acumula capital, a situação do trabalhador, qualquer que seja seu pagamento, alto ou baixo, tem de piorar. Finalmente, a lei que mantém a superpopulação relativa ou exército industrial de reserva sempre em equilíbrio com o volume e a energia da acumulação prende o trabalhador mais firmemente ao capital do que as correntes de Hefesto agrilhoaram Prometeu ao rochedo. Ela ocasiona uma acumulação de miséria correspondente à acumulação de capital.

Diferentemente de outros países do "centro" do globo que, mesmo com níveis elevados de desigualdade de renda entre os mais ricos e os mais pobres, alcançaram um piso salarial razoável para a maioria dos trabalhadores,[22] o Brasil, em seu processo histórico de exploração e não-cidadania de grande parte da população, aproximou decisivamente esses dois fenômenos: desigualdade social e pobreza. Nota-se, desse modo, que as cinco hipóteses descritas acima, quando muito, apontam apenas uma parte do cenário, na medida em que não se dedicam a analisar os mecanismos de reprodução das desigualdades a partir das contradições nas quais a sociedade está imersa ao longo do tempo.

Assim, o contexto brasileiro de desigualdades, por si só, não constitui uma identidade do Brasil. Pelo contrário, trata-se de um conjunto de condições, resultado de um processo complexo e histórico da formação social, econômica, política e cultural da sociedade. Do olhar global e atento sobre o vasto pensamento crítico produzido no país, vê-se que os problemas enfrentados na atualidade não são problemas de conjuntura, mas sim problemas estruturais, com raízes no passado colonial, que dizem respeito à forma como se consolidaram o Estado e a República brasileiros.

Diante dessa reflexão sobre a desigualdade do país, percebe-se que a posse da terra, o acesso ao trabalho decente, as formas de produção e distribuição das riquezas associados a outros fatores como a violência, a educação de qualidade, o acesso à saúde pública etc., acabam por gerar mais ou menos desigualdade em determinado contexto. Tal entendimento revela, inclusive, que esse quadro de desigualdades do país possui múltiplas dimensões e aspectos, que acabam por se articular entre si. Mais do que detalhar as faces dessa desigualdade, torna-se urgente entender o processo de naturalização dessa realidade, que se mantém "opaca" e "intransparente" (SOUZA, 2015).

O Brasil, dessa forma, é um país historicamente desigual, exposto ao desafio de enfrentar uma herança de injustiça social. Nesse quadro

---

A acumulação da riqueza num polo é, portanto, ao mesmo tempo, a acumulação de miséria, tormento de trabalho, escravidão, ignorância, brutalização e degradação moral no polo oposto, isto é, do lado da classe que produz seu próprio produto como capital" (2014, p. 23).

[22] Na obra "O Capital no século XXI", de Thomas Piketty, por exemplo, apresenta-se um conjunto de dados que apontam para a tendência de concentração de renda e da riqueza a partir de 1980, com destaque para o crescimento exponencial da participação de 1% mais rico e 0,1% dos mais ricos dos EUA (2014, p. 286-290).

de desigualdades, a pergunta que se torna urgente é: o que impede a maior parte da população de questionar esse contexto de naturalização das desigualdades e propor alternativas? Necessariamente, entre os argumentos que permeiam a resposta, chama atenção a exclusão da população do acesso às condições mínimas de dignidade e cidadania.

A cidadania, assim como a noção de desigualdade exposta anteriormente, é fruto de uma construção histórica e social que comporta dimensões diversas em uma categoria conceitual. Mais do que destrinchar os diferentes planos teóricos em torno do conceito de cidadania, para o objetivo deste trabalho, compreende-se que a cidadania é um processo e não um estado, substância ou matéria (MATOS, 2014). Trata-se de um construto dinâmico, resultado de lutas sociais por direitos, onde as pessoas são os sujeitos que agem politicamente para efetivar suas demandas na forma da consolidação do Direito. E, desse ponto de análise, a cidadania no Brasil, ou, mais precisamente, o processo de exclusão da cidadania de grande parte da população brasileira, não pode perder de vista as raízes de sua formação como país, entre as quais, aquelas que envolvem o que aqui foi denominado "projeto de desigualdades".

Nessa perspectiva, desde já é preciso superar as justificativas de exclusão da cidadania baseadas na tese da "imaturidade política do povo" ou na pretensa promessa de um direito à participação condicionado ao povo que mostrasse ter "aprendido a ser cidadão consciente, racional e socializado" (ARROYO, 2017). E, para tanto, mais uma vez retoma-se a importância de pensar a questão a partir do Brasil, pois a construção de cidadania depende, necessariamente, da formação sociopolítica de cada país.

Sem desconsiderar as contribuições de formulações tradicionais sobre o desenvolvimento da cidadania moderna, tais como T. H. Marshall[23] (1967) e Norberto Bobbio[24] (1992), opta-se, neste estudo,

---

[23] O autor T. H. Marshall (1967), na obra "Cidadania, classe social e *status*", é considerado uma referência no estudo da gênese e desenvolvimento do conceito de cidadania na sociedade ocidental moderna. Marshall analisa o impacto da cidadania sobre as classes sociais e como tal cidadania poderia conferir a oportunidade para que todos fossem igualmente admitidos na sociedade. Nesse cenário, Marshall argumentou que a cidadania é composta por três elementos: civil, político e social. Nas palavras do autor, o elemento civil "é composto dos direitos necessários à liberdade individual (...), o elemento político [consta do] direito de participar no exercício do poder político (...), o elemento social se refere a tudo o que vai desde o direito a um mínimo de bem estar econômico e segurança ao direito de participar, por completo, da herança social e levar a vida de um ser civilizado de acordo com os padrões que prevalecem na sociedade" (1967, p, 62). A conquista de tais direitos, por sua vez, ocorreu em três fases distintas da história, a tal ponto que foi possível

por priorizar as formulações sociológicas brasileiras, principalmente as da década de 1980, que destacaram aspectos histórico-estruturais da sociedade e cunharam o conceito de "cidadania regulada" (SANTOS, 1979), marcado pela crítica à não-cidadania do processo de formação do país e pela necessidade de se expandir o sentido de cidadania de maneira contextualizada.

No Brasil, o percurso da conquista de direitos ligados ao exercício da cidadania não seguiu, por exemplo, a mesma evolução dos direitos civis, políticos e sociais da Inglaterra, como aquela descrita por T. H. Marshall. O Brasil seguiu o caminho inverso, começando pelos direitos sociais, depois os direitos políticos e, finalmente, os direitos civis que, de todos, seriam os que apresentam maiores deficiências em termos de seu conhecimento, extensão e garantias (CARVALHO, 2009). Esse cenário foi objeto de estudos de cientistas sociais brasileiros, que apresentam os obstáculos que são próprios ao país.

No livro "Cidadania e Justiça: a política social na ordem brasileira", Wanderley Guilherme dos Santos (1979), a partir de uma abordagem histórico-político, reconstrói a evolução do sistema de proteção social no Brasil, explicando quando e porque se modifica a política pública com relação à política social, admitidos os parâmetros da acumulação e da equidade. Atento às características particulares do país – o uso das instituições de poder público pelas elites e processos não controláveis que geraram variações na estrutura da escassez e na complexificação social, tais como o crescimento populacional, a

---

atribuir períodos distintos a cada uma delas: os direitos civis, ao século XVIII, os políticos, ao século XIX, e os sociais, ao século XX.

[24] O autor Norberto Bobbio (1992), na obra "A Era dos Direitos", a partir da análise da Declaração dos Direitos Humanos, aborda o tema da desigualdade, relacionando ao quadro histórico de nascimento dos direitos civis, políticos e sociais apresentado por Marshall. Porém, Bobbio questiona acerca de como esses direitos adquiridos pelos cidadãos têm, de fato, se aplicado em diferentes contextos e como houve uma multiplicação de direitos, mesmo que ainda existam populações específicas que não conseguem ver direitos básicos como uma realidade. Bobbio afirma que a Declaração dos Direitos do homem faz eco sobre o estado de natureza quando diz que "todos os homens nascem livres e iguais em dignidade e direitos". Essa hipótese seria apenas um eco, porque os homens não nascem de fato livres e iguais; a liberdade e a igualdade não seria verdadeiramente um fato, mas um ideal a ser perseguido. "Os direitos do homem nascem como direitos naturais universais, desenvolvem-se como direitos positivos particulares, para finalmente encontrarem sua plena realização como direitos positivos universais" (1992, p. 30). Norberto Bobbio ressalta não somente a questão da ampliação dos direitos humanos, mas a necessidade do respeito universal para que sejam direitos de fato, aqueles estabelecidos na Declaração Universal dos Direitos Humanos em 1948; ao mesmo tempo examina a importância de uma constante reelaboração dos mesmos, visando não somente sua expansão, mas também uma constante contextualização e atualização.

urbanização e a divisão social do trabalho[25] – Santos (1979) propõe o conceito de "cidadania regulada", definição chave que permite compreender a política econômica social pós-1930. Segundo o autor:

> Por cidadania regulada entendo o conceito de cidadania cujas raízes encontram-se, não em um código de valores políticos, mas em um sistema de estratificação ocupacional, e que, ademais, tal sistema de estratificação é definido por norma legal. Em outras palavras, são cidadãos todos aqueles membros da comunidade que se encontram localizados em qualquer das ocupações reconhecidas e definidas em lei (SANTOS, 1979, p. 75).

Para Santos (1979), a "cidadania regulada" está inserida na profissão, e os direitos do cidadão restringem-se aos direitos do lugar que ocupa no processo produtivo. Desse modo, tornam-se "pré-cidadãos" todos aqueles cujas ocupações não são reconhecidas pela lei. Esse conceito de "cidadania regulada" disseminou-se na cultura cívica do país, persistindo resquícios até os dias atuais. A regulamentação das profissões, a carteira profissional e a formação dos sindicatos, desta forma, são parâmetros dentro dos quais a cidadania passou a ser definida.

Segundo essa definição de cidadania, o que começou a acontecer no Brasil a partir da introdução desses elementos como parâmetros de cidadania foi exatamente que muitos se viam dela excluídos, pois nem todos possuíam uma ocupação regulamentada, ou carteira de trabalho, ou eram ligados a algum sindicato. A cidadania "regulada" era também uma cidadania altamente excludente.

Outros autores exploram como se deu a construção da cidadania no Brasil e a conceituaram de maneiras diferentes, porém, muitas das

---

[25] Wanderley Guilherme dos Santos alerta sobre a relação entre as tomadas de decisão e as elites: "são as organizações e instituições de poder que convertem seus ocupantes em uma elite destacando-os da base social ou do público a que teoricamente deveriam obediência, e não o inverso. As instituições de poder se transformam em instituições de elite não porque vêm a ser ocupadas por seres particularmente distinguidos, mas porque os distinguem (...). É pela imposição de seus planos à coletividade, sancionados pela legitimidade das instituições que controlam, e frequentemente, também justificados por critérios que elas próprias formulam que as elites se convertem em variável estratégica na determinação das políticas públicas" (1979, p. 59-70); Santos analisa, também, as tomadas de decisão e as variáveis nos processos de mudança da estrutura da escassez e da complexificação social: "Simultaneamente, contudo, enorme quantidade de decisões está sendo tomada por pessoas que não estão imediatamente interessadas nas consequências públicas do que fazem. Chamar-se-ão aqui de processos naturais as semelhantes variações, politicamente incontroláveis a nível micro, e muito precariamente controláveis a nível macro" (1979, p. 69).

vezes, complementares, contribuindo para uma melhor compreensão de como esta ideia de cidadania é uma construção que percorreu um longo caminho – e ainda se encontra em processo.

O trabalho de Santos foi escrito antes da Constituição de 1988, a qual implementou importantes avanços no campo da universalização dos chamados direitos sociais. Todavia, mesmo com a conquista de direitos historicamente aclamados pela população brasileira, ainda existe uma grande dualidade entre o país formal e o país real. Esse tipo de sistema de proteção social organizado no Brasil, denominado por Santos como "cidadania regulada", consiste basicamente na distribuição desigual e particular de direitos, que, apenas teoricamente, têm um caráter universalista.

Nesse sentido, quando se estabelece a relação entre o real e o formal, a desigualdade e a cidadania se relacionam mutuamente, ao passo que se deve propor uma pergunta final, em sentido aberto e de desafio: como construir uma sociedade de sujeitos de direitos em uma realidade profundamente desigual? Desde as leituras marxistas de séculos passados, Matos (2014) alerta sobre o ensinamento básico dos escritos da juventude de Karl Marx: o econômico é político. Mas hoje, para se compreender a relação entre desigualdade e cidadania, novas dimensões de análise devem ser agregadas, que associam o reconhecimento de identidades dos sujeitos individuais e coletivos, assim como a falta de acesso aos direitos sociais mais básicos.

Nesse ponto, a opção aqui adotada foi ter um ponto de partida: a complexa formação brasileira, especialmente seus traços de escravidão, autoritarismo e violência que permeiam suas raízes. O próximo passo deste estudo será considerar tais especificidades na análise da comunicação social no Brasil.

CAPÍTULO 2

PODER, DIREITO E OS MEIOS DE COMUNICAÇÃO SOCIAL NO BRASIL

Vocês olhem bem para o comportamento deles:
Notem que, apesar de familiar, ele é estranho
Inexplicável, apesar de comum
Incompreensível, embora sendo a regra.
Mesmo as ações mínimas, simples na aparência
Observem-nas com desconfiança! Questionem a necessidade
Sobretudo do que é habitual!
Pedimos que por favor não achem
Natural o que muito se repete!
Porque em tempos como este, de sangrenta desorientação
De arbítrio planejado, de desordem induzida
De humanidade desumanizada, nada seja dito natural
Para que nada seja dito imutável.

(BRECHT, Bertolt. *A exceção e a regra*: peça dialética. 1990)

2.1 Notas preliminares sobre Comunicação Social: aproximando significados e contextos

O capítulo que se desenvolve a seguir procura analisar a relação, nem sempre explícita, entre o poder e o exercício do direito à comunicação, indicando pontos de convergência e de divergência para contextualizar o cenário de midiatização no qual crianças e adolescentes estão inseridos, seja como representação de objetos ou, em sentido oposto, como sujeitos de direitos no exercício da prática comunicativa. Para tanto, valer-se-á de revisão da literatura sobre as características da comunicação social na atualidade em diálogo com os elementos centrais debatidos no capítulo 1, que versam sobre a tradição autoritária, violenta e de não-cidadania na qual se forjou a sociedade brasileira.

Ganha relevância, neste estudo, a contribuição de Venício A. de Lima, autor que lança luz sobre a centralidade da comunicação social na vida humana seja como fonte de entretenimento, informação ou instrumento de trabalho, com reflexos diversos no cotidiano das pessoas e nas disputas de poder que compreendem a cultura política de determinada realidade. Desse ponto de vista, em que se reconhece o papel da comunicação de massa como objeto fundamental de análise para se compreender as relações de poder, recorre-se ao conceito de "cenário da representação política" cunhado por Lima para se analisar os meios de comunicação social no Brasil.

Atento às construções simbólicas relacionadas à mídia, nas suas diferentes dimensões – representações, limites, controle, componentes cognitivos, afetivos e valorativos etc. –, Lima identifica um cenário de representação específico da política, no qual o foco para o autor é a construção pública das significações relativas à política. A partir da noção gramsciana de hegemonia, que em rápida síntese remete à ideia de "um sistema vivido – constituído e constituidor – de significados e valores que, ao serem experimentados como práticas, parecem confirmar-se reciprocamente"[26] (WILLIAMS, 1979),

---

[26] Raymond Williams (1979, p. 113), na obra "Marxismo e Literatura", afirma que a "Hegemonia é todo um conjunto de práticas e expectativas sobre a totalidade da vida: nosso senso de alocação de energia, nossa percepção de nós mesmos no mundo. É um sistema vivido – constituído e constituidor – de significados e valores que, ao serem experimentados como práticas, parecem confirmar-se reciprocamente. Constitui assim um senso da realidade para a maioria das pessoas na sociedade, um senso de realidade absoluta, porque experimentada, e além da qual é muito difícil para a maioria dos membros da sociedade movimentar-se, na maioria das áreas de sua vida". Nota-se que tal releitura marxista não coaduna com uma perspectiva mecanicista de categorização

Lima agrega elementos à discussão, ao passo que enfatiza o papel central desempenhado pelos meios de comunicação na construção do hegemônico. Assim, a noção de representações não se restringe a uma realidade apenas refletida, mimética, mas também faz parte da constituição dessa própria realidade, processo que se torna cada vez mais evidente em uma era midiatizada como a atual.

Dessa forma, o conceito de cenários de representação política, em diálogo com outras contribuições teóricas aprofundadas no tópico 2.2 deste capítulo, como as ideias de poder invisível de Bobbio (2015) e de simulacro de Chaui (2006), ambas associadas ao estudo dos meios de comunicação social do Brasil, permitirão lançar novos questionamentos que são fundamentais ao desenvolvimento desta obra, tais como: os traços que fizeram parte da formação brasileira (autoritarismo, violência, "cidadania regulada" entre outros) podem incidir na compreensão simbólica decorrente da comunicação de massa da atualidade? Os grandes conglomerados de radiodifusão são capazes de fabricar imaginários sociais, ou tão somente reproduzem as informações que representam determinada realidade política? Em um contexto de centralidade da mídia, quais os reflexos para o indivíduo ou para uma coletividade na sua tomada de decisão na cena política? É possível perceber, na grande mídia, um cenário de representação sobre as questões que envolvem o público infantojuvenil? Quando essa representação da realidade destoa do paradigma integral assegurado no texto constitucional, quais as consequências para a vida dessas pessoas em desenvolvimento?

Antes de incitar essas reflexões, vale situar algumas observações preliminares sobre o tema. A primeira delas diz respeito ao múltiplo significado das palavras, notadamente da palavra "comunicação", que alcança uma multiplicidade de sentidos (MATTELART; MATTELART, 1999), nem sempre de fácil delimitação. Historicamente, a palavra comunicação, baseada no termo latino *communicatione* (ação de tornar comum), carrega uma ambiguidade no seu significado original, que pode ser resultado tanto de uma transmissão quanto de um compartilhamento; em outros termos, essa "ambiguidade é representada, em seus extremos, por transmitir, que é um processo unidirecional, e compartilhar, que é um processo comum ou participativo" (LIMA, 2012, p. 26-27).

---

da "superestrutura" como simples reflexo da "estrutura", pelo contrário, vê a realidade e a representação dessa realidade como uma unidade material singular, e não como uma dicotomia entre realidade e algo externo a ela.

Tal amplitude conceitual será considerada neste livro. Contudo, é preciso delimitar de qual comunicação se fala, mesmo que seja sob um espectro mais geral do termo. Assim, nesta obra toma-se como prioridade o enfoque sobre a comunicação social, ou, como sinônimos, mídia, comunicação de massa,[27] isto é, "a comunicação dirigida a um grande público, relativamente numeroso, heterogêneo e anônimo" (RABAÇA; BARBOSA, 1987, p. 163). Espera-se aprofundar as mensagens voltadas ao público e que não se resumem ao processo básico da comunicação humana entre indivíduos, vez que são impulsionadas por instituições e tecnologias específicas que estruturam esse sistema de comunicações de massa.

A segunda observação é que o debate sobre os meios de comunicação de massa considera um objeto em constante transformação (LIMA, 2012), sendo necessário analisar o tema de forma contextualizada, relacionando a comunicação social de diversas maneiras e a partir de um determinado tempo e espaço. Hoje, com a convergência tecnológica e a expansão da internet, as estruturas de comunicação midiáticas propiciam dinâmicas de mediação social diferentes, inclusive na forma de assegurar interesses e poder nas mãos de pequenos grupos.

Alguns aspectos derivados da discussão sobre comunicação de massa são fundamentais para este estudo, tais como a concentração da propriedade dos meios de comunicação, o conflito "velha mídia" *versus* "nova mídia", o predomínio do interesse público na concessão de emissoras de rádio e TV, assim como o desenvolvimento das novas comunicações, marcadas pela diversidade, por outras formas de linguagens e pelas possibilidades de integração das telecomunicações, da comunicação de massa e da informática.

A terceira, e última observação preliminar, refere-se à adoção de um olhar multidisciplinar sobre o objeto de estudo. Direito, Ciência Política e Comunicação Social são apenas as principais áreas de estudo que dialogam diretamente neste livro, não sendo as únicas a abordarem o tema proposto. Como alertam Mattellart e Mattellart (1999, p. 9-10), o estudo dos meios de comunicação, em particular, sua relação com o poder e o direito, está situado "na encruzilhada de várias disciplinas", em um campo de observação científica que, historicamente, inscreveu-se em tensão.

---

[27] A noção de "comunicação de massa" é amplamente discutida na doutrina especializada e possui diferentes concepções. Para efeito deste livro, busca-se tão somente estabelecer uma diferenciação entre comunicação como "social" ("de massa") e "interindividual" ("particular"), vez que possuem reflexos jurídicos distintos.

Esse ponto de vista é explicitado a seguir, uma vez que ao olhar para a formação brasileira e a evolução da comunicação de massa no país, as relações entre poder e direito se cruzam de tal forma que se influenciam mutuamente na construção da política e da sua forma de conceber o fazer democrático. Antes de se aprofundar o estudo dos meios de comunicação e os direitos de crianças e adolescentes, em particular, no enquadramento dos programas policialescos da TV sobre assuntos relacionados a esse público, é preciso compreender a especificidade da formação do Brasil e o papel que a TV aberta desempenhou (e, ainda desempenha) nessa relação.

Conforme Fernandes (2009, p. 9), "ao se falar de comunicação social no Brasil, não há como não dar enfoque especial à radiodifusão de sons e imagens, visto que esta se apresenta como o veículo de comunicação de maior penetração e influência na sociedade brasileira". A TV aberta, mesmo que não esteja imune à tendência de expansão das "novas" mídias, em particular, da internet, ainda guarda a importância no quadro geral do debate sobre a comunicação, pois o conteúdo dos canais abertos e os aparelhos de TV continuam sendo objetos de consumo massivo da população brasileira[28] e possuem, na figura dos grupos familiares vinculados às elites locais e regionais que controlam esse setor, a representação dos principais atores políticos na definição dos rumos do modelo de comunicação social do Brasil. Além disso, deve-se considerar a TV inserida em uma sociedade multimídia como a atual, onde os meios de ontem agora são multimeios, com suas características cada vez mais integradas, contexto percebido pelos tradicionais "donos" da mídia.[29]

---

[28] A atenção especial para a televisão não acontece por acaso. Sem desconsiderar a ampliação de outras mídias, muitas pesquisas continuam a destacar a centralidade da televisão em comparação com outros meios de comunicação. A título de exemplo, cita-se a pesquisa do IBGE, publicada em 2018, no qual alerta que, das 69 milhões de casas do país, apenas 2,8% não possuem aparelho de televisão (AGÊNCIA IBGE, 2018). Em outra perspectiva de análise, cita-se, também, a pesquisa da Kantar Ibope, empresa de monitoramento e planejamento de mídia, que identificou o aumento de seis minutos do tempo diário que os brasileiros gastaram assistindo televisão no ano de 2017, se comparado com o ano anterior. Os dados levantados apontam que a população consumiu 6h23 de conteúdos na TV em 2017, sendo grande parte desse período voltado à programação dos canais abertos (FOLHA, 2018).

[29] A título de ilustração, cita-se o levantamento realizado por Bandeira e Valente (2018), que aborda a relação entre a mídia tradicional e a internet. Quando considerados os *sites* mais acessados no Brasil no intervalo do mês de julho de 2017, o Globo.com, do grupo Globo, e o Uol.com.br, do grupo Folha, aparecem, respectivamente, em sexto e sétimo lugar, atrás apenas das grandes plataformas de origem norte-americana. Mais do que *sites* de notícia, esses dois *sites* congregam um conjunto de iniciativas do modelo de multimeios. O portal

Feitas essas considerações preliminares, que visaram situar significados e contextos a serem enfrentados nesta obra, torna-se possível avançar no desenvolvimento do capítulo, primeiramente, abordando a centralidade do processo democrático quando se analisa a relação entre mídia e poder, para, em sequência, refletir sobre a realidade dos meios de comunicação social no Brasil, em grande parte marcada por um sistema de comunicações historicamente concentrado – horizontal e verticalmente – e oligopolizado, avesso a discussões sobre pluralismo e lógicas alternativas de controle externo quando em situações abusivas e de violação de direitos.

2.2 A questão em jogo é o processo democrático

Desde o início do século XX, a comunicação social amplia sua centralidade no cotidiano da vida humana. Emissoras de rádio e televisão, abertas ou pagas, jornais, revistas, cinemas e canais de internet estabelecem um processo mediante o qual transmitem mensagens, sejam ideias, valores ou sentimentos, que alcançam um número grande e indeterminado de receptores, pessoas dos mais variados grupos sociais. Mas o que compreende esse fenômeno de massa? Qual a sua capacidade de construir significados para aqueles que o recebem? Ou, a sua mensagem é uma mera transmissão de informação, sem "ruídos" ou acréscimo de novos sentidos?

Entre as principais características das sociedades modernas, destaca-se a consolidação de uma indústria cultural,[30] composta por veículos de comunicação de massa capazes de incidir na construção do conhecimento das pessoas e, consequentemente, na tomada de decisão de cada uma delas. Contudo, essa influência dos meios de comunicação social não se deu, em grande medida, pela coerção

---

Globo.com, por exemplo, é formado por cerca de duzentos *sites* que fornecem conteúdos, produtos e serviços diversos (*games*, filmes, aplicativos, vídeos, música, esporte etc.). Já o Uol.com.br possui serviços como bate-papo, jogos, educação à distância, serviço de e-mail e hospedagem de *sites*, segurança digital, assistência técnica para computadores, TVs e celulares e videogames, assinatura de *sites* de pornografia, programa de dieta e o PagSeguro, líder brasileiro de meios de pagamento *on-line*.

[30] Sem a pretensão de esmiuçar as diferentes concepções de indústria cultural, vale tão somente contextualizar a unidade estrutural (econômica e política) dessa expressão, que guarda em si um sentido paradoxal: enquanto a cultura é aquilo que surge da capacidade de suspender propósitos diretos, a indústria, baseada no conceito de trabalho sistemático, limita-se a excluir tudo que não seja propósito direto. Assim, a indústria cultural permanece, até hoje, estruturalmente atrelada a sua autopreservação (REIS, 2016; HULLOT-KENTOR, 2008).

ou imposição explícita de suas ideias, mas, em sentido oposto, pelo consenso, ou pelo menos pela aparência dele, o que tornou o processo de estruturação de uma sociedade centrada na comunicação de massa ainda mais engenhoso, particularmente em sociedades sob a égide do paradigma democrático.[31]

Considerando os meios de comunicação e o conjunto de relações de poder no qual estão inseridos, chama atenção a simbiose estabelecida entre a mídia e a política. A mídia assume, assim, funções tipicamente de atores políticos, tais como pautar a agenda política, fiscalizar governos, produzir e reproduzir informações políticas e canalizar demandas da população (LIMA, 2006), construindo cultura política tanto quanto é construída pelo conjunto de relações sociais do qual que participa.

Os jornais foram os primeiros, mesmo que de forma incipiente, a se consolidarem como veículos de comunicação de massa, seguidos pelo rádio, pela TV e, hoje, pela integração de todas essas plataformas anteriores, impulsionadas pelos avanços da informática e das telecomunicações. Apesar de possuírem semelhanças entre si, o desenvolvimento histórico desses veículos de comunicação também guarda especificidades que podem ajudar na elucidação do avanço dessa sociabilidade pautada na comunicação.

Na "era do rádio", por exemplo, foi possível, pela primeira vez, alcançar um patamar tão elevado de troca de informações à distância, que as novas condições de transmissão seriam capazes de mobilizar multidões. Para ilustrar essa situação, Chaui (2006) resgata o episódio da transmissão radiofônica do romance "A Guerra dos Mundos", de H. G. Wells, realizada em meados de 1930, na cidade de Nova York, o qual narra a invasão do planeta Terra por marcianos. Sem a preocupação de avisar ao público que se tratava de uma história de ficção, o programa de rádio apresentou o romance como se, de fato, Nova York estivesse sendo invadida por alienígenas. O pânico tomou conta da cidade, com pessoas fugindo de suas casas, procurando trens, ônibus, metrôs e automóveis para escapar da ameaça. E, na sequência, o pânico tomou conta do país, sendo necessário que o governo e o exército norte-americanos interviessem para acalmar a população.

---

[31] Noam Chomsky adverte como a mídia nas sociedades democráticas assume um papel fundamental como fundador de consensos. Diferente dos estados totalitários que pressupunham o uso da força como mediação com o público, nas sociedades democráticas ocidentais a relação contratualista entre sociedade civil e governo indispõe o uso aberto dessa força. "A propaganda política está para uma democracia, assim como o porrete está para um estado totalitário" (CHOMSKY, 2013, p. 21).

Seria um efeito isolado, fruto de um descuido dos radialistas, que encobertos pela "licença artística" não se preocuparam em avisar o público de um eventual engano? Pelo contrário, desse exemplo de confusão entre ficção e realidade presente em "A Guerra dos Mundos" aliado à popularização dos aparelhos eletrônicos de rádio e sua capacidade mobilizadora, o que se percebe é que as ondas do rádio abriram um caminho, sem volta, de novas possibilidades de uso político por seus produtores de mensagens. Na perspectiva de Santos (2006, p. 159), as técnicas e tecnologias da informação, nesse caso específico, a expansão do rádio, tornaram a informação um componente estruturante do próprio espaço geográfico, forjando um novo meio por onde as dinâmicas sociais se estabeleceriam. Anos depois, a televisão deu prosseguimento a essas mudanças, inserindo novos ingredientes ao contexto de transformação.

Com a introdução da cultura audiovisual nas relações sociais, instaurou-se a sociedade da "vídeo-política" (SARTORI, 1992), isto é, a televisão tornou-se um meio de comunicação tão importante, que transformou a política e o próprio ser humano. De fato, a televisão mudou a percepção do mundo social sobre si mesmo. A TV, seja como fonte de informação ou de entretenimento, alterou sensivelmente a vida de seus espectadores influenciando horários, rotinas, costumes, formas de lazer, espaços domésticos, prioridades de consumo, assuntos de debate e preferências políticas.

Nesse sentido, reflete-se o exemplo das telenovelas brasileiras, ou, em formatos mais atuais, das séries vistas em diferentes plataformas. Lima (2012, p. 235-240) recorda-se de três novelas em específico, que foram exibidas em sequência pela Rede Globo poucos meses antes da eleição presidencial de Fernando Collor de Melo, em 1989. São elas: "Vale Tudo", onde o país ficcional/real foi retratado como um reino da corrupção no qual prevaleceu a ética da sobrevivência; "O Salvador da Pátria", que satiriza a vida de um político desesperado, sem ideologia ou partido, e que se transforma ao chegar ao poder; e "Que Rei Sou Eu?", que retrata os políticos como todos corruptos, à exceção daqueles do Executivo, e que a salvação está no protagonista da novela, homem bonito e jovem, capaz de conquistar o poder. Será coincidência a relação entre os enredos da novela e os cenários da política? Lima adverte que não, uma vez que essas três telenovelas, além de entreterem, faziam parte de um processo mais amplo, já em curso na mídia, que visava desqualificar a política como atividade ou o político como ator profissional.

Nos dias atuais, outros exemplos também poderiam ilustrar esse contexto, inclusive, com a ampliação do papel da internet nas atividades da política, seja pelo acesso a mais canais de informação, ou, paradoxalmente, pelo efeito da desinformação via *fake news* e impulsionadores de conteúdo recorrentes na rede. Apesar desse contexto, e do relativo declínio do papel da TV, esta ainda continua a exercer centralidade entre as mídias do país, muito pela sua capilaridade e consórcio de interesses que a fortalecem, assunto que será detalhado no tópico seguinte do livro.

Por ora, o mais importante é caracterizar o potencial da televisão que persiste na atualidade como "maquinário de representações", independentemente do conteúdo e de sua programação, o que pode ser evidenciado a partir de quatro características centrais: 1) a televisão supera a necessidade de conexão entre presença física e experiência, uma vez que não é preciso estar presente para experimentar, basta assistir; 2) tornou os espectadores *homo ocular*, isto é, pessoas insensíveis ao texto escrito e/ou falado, voltadas tão somente ao que visualmente é perceptível na televisão; 3) dificulta a separação entre a ficção e o real; e 4) tornou-se um espaço privilegiado de construção da cultura mítica, fabricando e emitindo imaginários sociais (LIMA, 2012, p. 199-200).

Nota-se, assim, a força de persuasão adquirida pela comunicação de massa no decorrer dos anos. Nesse ponto, rádios, televisões e, hoje também, computadores representam muito mais do que meros eletrodomésticos para consumo das famílias. São partes de um sistema complexo no qual a comunicação é poder, não o ato de comunicar-se em si, mas a capacidade de produzir o seu conteúdo e transmiti-lo, sendo os produtores dessa informação verdadeiros centros de poder econômico (tanto porque são empresas privadas, como porque são mercadorias que transmitem e vendem outras mercadorias) e centros de poder político ou de controle social e cultural (CHAUI, 2006, p. 45).

Após essa apresentação do contexto no qual se insere a relação entre mídia e poder (no sentido amplo do termo), torna-se necessário encontrar uma base teórica que permita entendê-la. A depender do referencial teórico adotado, o entendimento pode tomar caminhos diversos, em particular, sobre como se dá a conexão entre a realidade e a sua representação pelos meios de comunicação social.

Na teoria mimética, por exemplo, mesmo em produções mais elaboradas, como é o caso de René Girard,[32] a realidade parte do

---

[32] René Girard, no texto "O Bode Expiatório e Deus" (2011, p. 65-83), desenvolve a seguinte reflexão: Deus é uma invenção humana? O que Girard responde sem hesitar: não. Essa

princípio da existência de um referencial externo no qual sempre prevalece uma separação formal ou de fato entre a realidade e a sua representação. Quando aplicado ao tema da comunicação, o referencial mimético apresenta a representação da mídia como um ato externo à realidade, uma mera reprodução, ainda que com pequenas imprecisões.

Desse entendimento teórico, dois desdobramentos principais tendem a ocorrer na prática: o primeiro é a simplificação sobre a autonomia e o papel dos aparelhos do sistema de comunicação, sejam privados ou estatais, em transmitir informações ao público sem levar em conta os diferentes interesses em jogo, sejam eles econômicos, sociais ou políticos, além da capacidade desse setor em criar, distorcer ou omitir informações com o objetivo de influenciar a opinião pública e de defender seus próprios interesses. O segundo desdobramento é a incapacidade dessa tradição mimética de explicar a origem e como se estruturam os imaginários sociais (representação global e totalizante da sociedade), pouco contribuindo para desvelar os discursos que permeiam o espaço simbólico da vida pública.

Esta obra, contudo, escolhe uma moldura conceitual diferente, que vê nas representações da mídia verdadeiros filtros da realidade, em que a realidade constitui e é constituída, ao mesmo tempo, na e pela comunicação de massa. E, nesse sentido, o conceito de "cenários de representação" elaborado por Venício A. Lima insere a comunicação social dentro do tema-problema da construção pública de significações e valores da sociedade e, portanto, como parte integrante do hegemônico. Assim, para Lima, os cenários são como espaços onde a ação se desenvolve em representação, significando não só representar a realidade, mas, necessariamente, constituí-la; em outros termos, cenários são construções de sujeitos sociais.

---

resposta-hipótese, a partir de uma epistemologia mimética, consegue estabelecer um método comparativo em um grande número de textos, mitos, romances, contos e outros tipos de narrativas nos quais é possível encontrar a inspiração de uma mesma matriz do desejo mimético, dispondo, conforme acredita o autor, de uma clara evidência para sua hipótese. Assim, para René Girard, os deuses são a personificação do sagrado, sendo um processo social e religioso encontrado em todas as culturas. Com isso, as culturas detêm o processo de autodestruição das sociedades, uma vez que o homem é motivado pelo que o outro deseja e, consequentemente, passa a ser conduzido ao exercício da vingança. O bode expiatório seria como se os homens cometessem um assassinato coletivo como ápice da sua autodestruição. A teoria mimética, nesse caso, retira da história da humanidade um referencial externo presente, de forma mimética, com uma estrutura comum e recorrente que demonstra a existência de um Deus. Diferente dos deuses arcaicos, a presença dessa "pedra angular" de um bode expiatório na figura de Jesus Cristo possibilita unificação do linchamento e da reconciliação com a comunidade como um único ato de divindade.

No estudo da mídia, mais especificamente sob o recorte do processo político eleitoral, Lima lembra que dificilmente um candidato poderá vencer as eleições se não ajustar sua imagem pública ao cenário de representação político dominante, ou, pelo menos, construir um cenário de representação contra-hegemônico eficiente. O cenário de representação política é, nas palavras do autor:

> (...) o espaço específico de representação da política nas "democracias representativas" contemporâneas, constituído e constituidor, lugar e objeto da articulação hegemônica total, construído em processos de longo prazo, na mídia e pela mídia, sobretudo na televisão (LIMA, 2012, p. 186-187).

A hegemonia, desse modo, realiza-se em espaços de representação, inclusive, do processo de eleição e de decisão política. A partir de três pressupostos principais, a saber, a existência de uma sociedade centralizada na mídia, o exercício de uma hegemonia e a existência da televisão como mediação midiática dominante, Lima enfatiza que os meios de comunicação eletrônicos transformaram a mídia, seja em âmbito privado ou estatal, no aparelho de hegemonia mais eficaz na articulação hegemônica, na medida em que é capaz de construir e definir limites da realidade dentro dos quais ocorre a disputa política.

O conceito "cenários de representação", conforme as características descritas acima, também considera outros aspectos que integram o hegemônico, os quais, apesar de não abordarem diretamente o tema do processo político, fazem parte do espectro mais amplo que compreende o poder. Assim, a partir da análise de programas televisivos é possível estudar cenários de representação, hegemônicos e contra-hegemônicos, que dizem respeito a questões de gênero, de etnias, de gerações, de violência, de estética, de modernidade e de infância, este último, de interesse especial neste livro, motivo pelo qual será abordado nos capítulos seguintes, que analisarão o paradigma da proteção integral e a violação de direitos do público infantojuvenil.

Por todos esses reflexos que permeiam a discussão dos cenários de representação é que a análise da mídia não pode se restringir a mera descrição do fenômeno social no qual a comunicação de massa está inserido, sendo necessário refletir, também, sobre o papel daqueles que controlam a produção e a transmissão de mensagens, pois isso incide decisivamente nas disputas de poder presentes na sociedade. Nessa perspectiva, Lima (2006) adverte que "acima de tudo, é preciso lembrar sempre: o que está realmente em jogo quando se trata das relações entre mídia e política é o processo democrático" (LIMA, 2006, p. 63).

Mas de qual ideia de democracia está se falando? Aquela na qual prevalece a "democracia dos espectadores", isto é, produtora de consensos e que vê no "rebanho desorientado" um mero espectador, que, de vez em quando, possui a permissão de transferir seu apoio a um outro membro da classe especializada? (CHOMSKY, 2013) Ou, em sentido oposto, uma democracia em que indivíduos participem, ativamente, inclusive, no exercício de ser bem informado, assim como de informar? Nessa segunda perspectiva, a predominância de não-temas da agenda pública, como é o caso da concentração dos meios de comunicação social, sugere dois problemas fundamentais: a invisibilidade e o simulacro das questões relativas ao poder.

Norberto Bobbio, no livro "Democracia e Segredo" (2015), afirma que a democracia, idealmente, é o poder do visível, isto é, do governo cujos atos se desenrolam em público e sob controle da opinião pública, em oposição ao poder autocrático, invisível. Do que é secreto, o poder invisível se forma e se organiza não somente para se combater o público quando lhe interessa, mas também para tirar benefícios ilícitos e extrair vantagens que não lhe seriam permitidas à luz do dia. Nota-se, assim, a importância do aspecto de democracia advertido por Bobbio, vez que considera o imbricar de duas ideias-chave: o poder público como coisa pública, de Estado, e como publicidade, relativos às coisas públicas, do Estado.

Mas a questão em jogo vai muito além de revelar segredos escondidos. Na sociedade contemporânea, centrada na informação mediada pelos meios de comunicação, o espetáculo midiático se constitui, em grande medida, por força do simulacro (CHAUI, 2006), reproduções imperfeitas da realidade. O telespectador comum não se identifica mais como uma pessoa comum, parte da massa, mas como um público especialista, detentor de um acesso a uma gama de informações sem precedentes na história da humanidade. Nesse ponto, o simulacro mostra sua engenhosidade, pois a pessoa comum, convencida de seu papel de especialista e, por vezes, também de formadora de opinião em suas novas ferramentas de interação com os meios, passa a acreditar, fielmente, que é bem informada. Assim, quando se fala que o que está em jogo é o processo democrático, espera-se redirecionar a atenção para o tema do poder, ou em um sentido mais extremo, para a capacidade de se criar (ou não) a realidade.

Se transportado esse entendimento para o debate dos meios de comunicação social, é possível perceber que os setores altamente concentrados da mídia acabam por influenciar a transmutação do espaço público em espaços de interesses privados. Não por acaso, o quadro de distribuição de concessões públicas de rádio e televisão no Brasil, historicamente, prevalece sob a base de critérios de favoritismo e moeda de barganha política, articulando elementos econômicos e políticos como base da manutenção de um *status quo*. Esses e outros aspectos serão o tema principal dos tópicos a seguir.

2.3 Concentração da propriedade dos meios de comunicação social: menos vozes, menos democracia

Em 1981, Chico Buarque lançava a música "A voz do dono e o dono da voz": um esforço do artista em suscitar vários assuntos – como poder, indústria cultural, censura e oligopólio da mídia – por vezes tratados como não-temas no debate público, principalmente naquele período. Conforme a letra – "O dono prensa a voz / A voz resulta um prato / Que gira para todos nós / O dono andava com outras doses / A voz era de um dono só / Deus deu ao dono os dentes / Deus deu ao dono as nozes / Às vozes Deus só deu seu dó" –, o músico, assim como um trabalhador comum, também está sob o olhar do empregador e sujeito às mazelas da exploração de uma indústria cultural cada vez mais forte.

Com a ironia habitual, Chico Buarque associa dois elementos da época, o lema *"His master's voice"*, da gravadora RCA Victor, que exibia a figura de um cachorro observando atentamente um gramofone, bem como a paráfrase de "O que é bom para os Estados Unidos é bom para o Brasil", frase cunhada por Juracy Magalhães, Ministro das Relações Exteriores entre 1965 e 1967, que refletia o alinhamento automático da Ditadura com os interesses norte-americanos (HOMEM, 2009, p. 203). De "A voz do dono e o dono da voz" muitas ideias podem ser extraídas, como a forma de controle sob a qual a produção e a transmissão das mensagens estruturam-se historicamente no sistema de comunicações no Brasil, referência que se torna fundamental no próximo passo de reflexão deste livro.

Sem perder de vista o que foi discutido no capítulo 1, em particular, a concentração do poder como elemento central da economia e as contradições que integraram a formação do sistema político do país, é preciso compreender a discussão dos meios de comunicação social articulando os elementos da economia e da política, pois, diferentemente de outras tradições teóricas que identificam a questão do poder dos meios como um poder próprio, ou um poder em si mesmo, sujeito a vários usos (FRANÇA, 2000), o referencial teórico aqui adotado vê a questão do poder da mídia como algo vinculado à própria estrutura da sociedade contemporânea.

Nesse ponto, o desenvolvimento do sistema de comunicações de massa do Brasil torna-se um dos exemplos mais esclarecedores para demonstrar tal cenário, uma vez que une, em um mesmo projeto, os interesses da "velha" e da "nova" política,[33] associados aos grandes conglomerados do capitalismo nacional e mundial. Mas, antes de se falar do quadro atual de concentração da imprensa e da radiodifusão no país, faz-se necessário resgatar os elementos que antecederam sua formação e, parta tanto, duas experiências são decisivas: o grupo Diários e Emissoras Associados, de Assis Chateaubriand (1892-1968), e a Rede Globo, de Roberto Marinho (1904-2003).

Assis Chateaubriand foi o pioneiro na produção televisiva no país. Originário de famílias agrárias tradicionais, exportadoras de produtos primários, Chatô, como fora conhecido, sempre apresentou uma posição ambígua com relação aos movimentos político-partidários do seu período. Em 1929, ele se opôs à candidatura de Júlio Prestes, representante da oligarquia de São Paulo, estimulando uma participação mais ativa de políticos como Getúlio Vargas na defesa da candidatura de Antônio Carlos, de Minas Gerais. Contudo, já em 1931, as divergências relacionadas às estratégias de manutenção do poder levaram-no ao rompimento com Vargas, utilizando de seus jornais no apoio à rebelião paulista de 1932, o que acabou por provocar o seu exílio. Essa relação de disputa com Getúlio Vargas se repetiu anos depois, quando Chateaubriand se opôs à continuidade do nacionalismo econômico defendido no segundo mandato de Vargas, na década de 1950, e passou a assumir abertamente a ideia que apenas o capital internacional poderia desenvolver e integrar as regiões do país (WANDERLEY, 2005). Não se tratava apenas de uma disputa com o governo central; Chatô também buscava uma frente de polarização com o seu principal concorrente à época, Mário Wallace Simonsen, proprietário da TV Excelsior.

---

[33] Trata-se da relação entre as práticas que fizeram (e ainda fazem) parte da conformação do sistema político brasileiro e os meios de comunicação social, que retratam conflitos de interesses entre diferentes grupos na busca de influir no Estado, assunto que será aprofundado no tópico 2.4.

Em 18 de setembro de 1950, realizou-se a primeira transmissão audiovisual no Brasil com a TV Tupi, emissora do grupo Diários e Emissoras Associados de Chateaubriand que começou a transmitir para cerca de quinhentos aparelhos receptores na cidade de São Paulo, mas, três meses depois, já havia mais de dois mil aparelhos funcionando nessa cidade (JAMBEIRO, 2002). Ano após ano, a televisão amplia sua audiência nas cidades brasileiras superando o rádio, que por décadas figurou entre os veículos de comunicação de maior popularidade. Mais do que a introdução de uma nova mídia, o empreendimento do Diários e Emissoras Associados representou um marco para a comunicação no país, pois inaugurou a estruturação dos veículos de comunicação em cadeia, isto é, em uma rede complexa de emissoras de rádio e TV, revistas, jornais e outros negócios de áreas diversas à comunicação, submetida ao controle de um único proprietário ou de um conjunto reduzido de proprietários.

Executado por um sistema misto de serviço público e de inciativa privada, no empreendimento monopolista de Chateaubriand predominou o forte caráter comercial e publicitário da radiodifusão, favorecido pela expansão urbano-industrial das grandes cidades e pela capacidade da televisão em atuar na mediação entre as diferentes classes do país (SILVA, 2006, p. 51). Nota-se, assim, que a organização dos sistemas de comunicação relaciona-se com o cenário econômico e político, adquirindo semelhanças, sobretudo, com o próprio desenvolvimento do setor produtivo de sua época. As empresas de comunicação, tal como as de produção industrial, organizam-se em torno da busca incessante por lucros, da implementação de novas tecnologias, da redução de custos, da ampliação de mercados e da padronização de seus produtos. Esse paralelismo entre comunicação comercial e produção, com o decorrer dos anos, ganha outros contornos, influenciados, principalmente, pela ordem neoliberal que passou a hegemonizar a economia e a política dos países latino-americanos pós-1970.

Já nesse novo cenário, cita-se outra experiência importante na formação das megaempresas de comunicação no país: o surgimento da TV Globo, de Roberto Marinho, que foi ao ar pela primeira vez em 1965, um ano após ao golpe militar e o início da Ditadura. "A mão que apedrejava também afagava" (GASPARI, 2014, p. 219-220), essa era a postura dúbia do Regime Militar na área de comunicação: enquanto de um lado impunha a censura, de outro concedia isenções de impostos em benefício das empresas de radiodifusão. E, no caso específico das empresas Marinho, o benefício foi duplo, tanto tecnicamente, pois permitiu que ela se modernizasse, transformando-se na primeira rede nacional de televisão, quanto financeiramente, já que, além de reequipá-la com custo reduzido, permitiu, à revelia das leis brasileiras,[34] vultosos investimentos oferecidos pelo grupo norte-americano do mercado de comunicações denominado *Time-Life*. Favorecida por assistência técnica, infraestrutura e financiamentos, a empresa de TV Globo tornou-se o Sistema Globo de Comunicações, desbancando sua principal concorrente, a TV Tupi, e ampliando sua rede de atuação. Se em 1969 a Rede Globo possuía três emissoras nas capitais dos estados de São Paulo, Rio de Janeiro e Minas Gerais, em 1973 já ultrapassava uma dezena de emissoras espalhadas pelo território nacional.

Diferentemente do período de oligopólio liderado por Chateaubriand, no qual o magnata figurava como capitão da indústria, dono de uma empresa administrada segundo o seu comando pessoal, no período da Rede Globo o modelo de oligopólio de Roberto Marinho desponta como uma corporação dirigida por executivos profissionais que se esforçam por incrementar o poder econômico e político de suas empresas (CAPARELLI, 2004, p. 48). Na esteira do processo de modernização produtiva, e com o apoio do bloco de poder[35] emergente com o golpe de 1964, a Rede Globo e outras empresas de televisão de menor expressão consolidaram o quadro de concentração midiática do país com características que perduram até hoje. Sinteticamente, citam-se alguns fatores que foram decisivos para o desenvolvimento de tal contexto: o salto tecnológico obtido pela convergência de suportes e mecanismos de distribuição na esfera da informação e da comunicação, a deterioração das empresas públicas, as estratégias de mundialização dos grandes grupos empresariais e a expansão da publicidade como mecanismo privilegiado do financiamento dessas atividades (MASTRINI; BECERRA, 2003).

Os exemplos da TV Tupi e da Rede Globo demonstram como as megaempresas de comunicação aproximam-se da realidade econômica

---

[34] O caso *Time-Life* trata-se de um episódio importante da história da mídia brasileira, pois relata a relação entre o grupo financeiro norte-americano e a criação da Rede Globo. Em 1966, foi instaurada uma CPI para investigar esse acordo, que identificou o descumprimento do artigo 160 da Constituição, no qual uma empresa estrangeira não poderia participar da orientação intelectual e administrativa de uma sociedade concessionária de canal de televisão. Apesar das irregularidades, Roberto Marinho foi inocentado pelos Generais que comandavam o país à época. Em 1971, o acordo entre as empresas foi encerrado. Muitos detalhes desse acordo permanecem obscuros até hoje.

[35] Bloco de poder compreende as instituições do Estado, do poder econômico e da sociedade civil que se constituem como fração hegemônica da sociedade.

de outras empresas privadas, pois possuem escopo eminentemente lucrativo, ao passo que também se distanciam, ao refutarem algumas das regras do regime jurídico-político geral que organizam essas atividades econômicas em sentido estrito (CAMARGO, 2013b). O negócio de bens simbólicos, sejam quantitativos ou qualitativos da atividade econômica da comunicação social, por se relacionar de forma evidente com o potencial "interesse público" da informação para os indivíduos e a coletividade, atua sob um manto protetor que, por vezes, afugenta do debate a necessidade de medidas outras que apontem para os abusos e "falhas de mercado" que ocorrem nesse ramo.[36] Assim, quando se fala em concentração privada dos meios de comunicação social no Brasil, além de dominação de mercados, eliminação de concorrência e aumento arbitrário de preços, deve-se considerar, ainda, a falta de um efetivo pluralismo de espaços nos quais diferentes ideias possam se manifestar. Contudo, na história dos regramentos específicos da mídia, as legislações pouco contribuíram para estabelecer parâmetros pelos quais se possa construir processos comunicacionais plurais, o que adquire aspectos ainda mais complexos quando se analisa tal quadro concentrador inserido em um sistema de concessões públicas de emissoras de rádio e televisão.

A partir de diversos estudos sobre o tema[37] pode-se apontar alguns traços que mostram o retrato da concentração privada da comunicação social brasileira, marcada pela integração vertical, horizontal e cruzada da cadeia de radiodifusão do país. A integração é vertical, pois ocorre em diferentes níveis da cadeia de produção de um determinado produto ou serviço, a exemplo da possibilidade de uma mesma empresa de TV integrar atividades de produção, programação e distribuição de programas sem grandes obstáculos jurídicos. A integração é horizontal, porque acontece entre empresas situadas na mesma posição da cadeia produtiva, caso notório do grupo NET-SKY, da Rede Globo, que chegou a controlar cerca de 95% da TV por satélite. E, por último, a integração é cruzada, uma vez que um mesmo grupo exerce atividades em diferentes setores econômicos, a exemplo do grupo SBT associado ao Baú da Felicidade.

---

[36] Camargo (2013a) examina o uso e o abuso do poder econômico na atividade de radiodifusão, que, enquanto exploração de um bem público (espectro eletromagnético), produz externalidades como qualquer espécie de atividade econômica. O foco do autor são as "falhas de mercado", isto é, a produção de externalidades, sob a atividade econômica da comunicação social.

[37] Destaca-se, nesse sentido, os autores Lima (2012, 2006), Heiz (1987), Vicente (2009) e Fernandes (2009).

Conforme o levantamento feito pela *Media Ownership Monitor* (MOM)[38] sobre quem são os grupos de mídia no Brasil, fica evidente o cenário concentrador abordado acima. Se considerados os canais de TV com maior audiência, a saber, Rede Globo, SBT e Record, respectivamente, nota-se que por trás de cada um deles existe um grupo de proprietários (empresários e acionistas) que investem em diversas áreas ligadas à comunicação (produção cinematográfica, editoras de livros, agências publicitárias, TV por assinatura, plataformas *on-line* etc.), bem como a outros setores estratégicos da economia (educação, saúde, imobiliário, agropecuária etc.). Para se ter uma ideia, além da propriedade de canais de televisão, o Grupo Globo também é proprietário do Globo.com, da Som Livre, da rádio CBN, do jornal Extra etc.; já o Grupo Silvio Santos é proprietário do Baú da Felicidade, da empresa de cosméticos Jequiti, dos empreendimentos imobiliários Sisan etc.; e o Grupo Record, por sua vez, é proprietário do banco Renner, do jornal Correio do Povo, do portal R7, de empreendimentos ligados à Igreja Universal entre outros. Como se vê, o canal de televisão representa, em grande medida, a porta de entrada para um universo muito maior de empreendimentos econômicos que se fortalecem quando combinados com os interesses políticos de um setor de comunicação notadamente concentrado.

Lima (2003) acrescenta, ainda, a integração em "cruz", isto é, aquela que serve para identificar o oligopólio de reprodução, em nível local e regional, estabelecendo uma lógica em duplo sentido, presente em todos os estados do país:

> (...) os sistemas regionais de comunicação são constituídas por dois "braços" principais, geralmente ligados à Organizações Globo – existe um canal de televisão, largamente prioritário, quase sempre integrante da Rede Globo; e dois jornais diários, um dos quais – o de maior circulação – está sempre ligado a um canal de TV; e – quase sempre – ao canal de televisão afiliado à Rede Globo; e sempre, paralelamente, ligado a uma rede de emissoras de rádio, com canais AM e FM. Cada um desses jornais, em quase todas as capitais, reproduz as principais seções de "O Globo" e seu noticiário é alimentado, predominante, pela Agência de Notícias Globo (LIMA, 2003).

---

[38] O levantamento sobre os 26 grupos econômicos que controlam a mídia no Brasil está disponível no *site*: http://brazil.mom-rsf.org/br/proprietarios/.

Essa integração em cruz facilitou o oligopólio no setor de comunicação, uma vez que, no Brasil, não há proibição à propriedade cruzada de diferentes tipos de emissora, como o *cross ownership* nos Estados Unidos.[39] Com a organização da comunicação social a partir de redes de radiodifusão, isto é, da verticalização da programação entre empresas de comunicação, possibilita-se o estabelecimento de uma relação assimétrica entre as cabeças-de-rede (produtoras, distribuidoras e direções político-administrativas do conjunto) e as afiliadas (distribuidoras), na qual as últimas ficam subordinas às primeiras (MARIONI, 2005). Com isso, o oligopólio nacional se disfarça através de mediadores locais, esquivando-se do que assevera o artigo 12 do Decreto-Lei nº 236, de 28 de fevereiro de 1967, que determina o número máximo de outorgas por entidade na tentativa de limitar os processos de concentração e centralização da propriedade privada. Na prática, o que se percebe é a pouca efetividade dessa lei na medida em que apenas seis redes nacionais de TV aberta (Globo, Record, SBT, Bandeirantes, Rede TV e CNT) estruturam a quase totalidade do mercado de mídia nessa área.[40]

É preciso destacar que esse modelo concentrador não se deu pela omissão ou pela mera liberalidade de práticas empresariais na área de comunicação, pelo contrário, para que essa engenharia acontecesse foi preciso conciliar interesses políticos dos mais diversos em torno de um projeto similar. Assim como em tempos totalitários pós-golpe de 1964, a democracia dos dias atuais reproduz mecanismos de controle e de concentração de poder nas mãos de poucos, mas agora, sob formas mais complexas, "quase invisíveis", que atuam na "encenação do jogo

---

[39] A *Federal Communication Commission (FFC)*, agência reguladora das comunicações nos EUA, revê a cada quatro anos suas políticas de restrição à propriedade de diferentes meios de comunicação em uma mesma localidade, a chamada propriedade cruzada, ou *cross ownership*. Trata-se de uma regulação econômica e da criação de regras antitruste, ou seja, de normas que inviabilizem a concentração desse mercado nas mãos de poucas empresas (INTERVOZES, 2012).

[40] Conforme Daniel Heiz: "As seis redes privadas nacionais aglutinam 140 grupos afiliados, os principais de cada região, e abrangem um total de 667 veículos, entre emissoras de TV e de rádio e jornais. Os grupos cabeça-de-rede, que geram a programação de televisão, buscam nos grupos afiliados sustentação nas regiões e amplitude de presença no mercado. Em troca, dão fôlego econômico e uma face institucional a projetos empresariais e políticos regionais. Por meio dos grupos afiliados, as redes geram um vasto campo de influência, em escala de massas, que se capilariza por 294 emissoras de TV em VHF (90% do total de emissoras do país), 15 em UHF, 122 emissoras de rádio AM, 184 de FM e 2 de rádio em Onda Tropical (OT), além de 50 jornais. Os 667 veículos ligados às seis redes privadas nacionais são a base de um sistema de poder econômico e político que se ramifica por todo o Brasil e se enraíza fortemente nas regiões" (HEIZ, 2002, p. 17).

político" e na afirmação da ideia única de supervalorização da economia de mercado, sendo que a grande mídia ajuda a propagandear a cultura de "antimudança" ou de suposto caos diante de propostas de mudanças das bases socioeconômicas da atualidade.

Esse cenário, abordado por Clark (2008a; 2008b), relaciona-se com as ideias de Bobbio (2015) e Chaui (2006) na medida em que o poder invisível, também compreendido na sua dimensão de poder econômico, é apresentado como representação imperfeita da realidade, isto é, um simulacro no qual interesses privados se confundem com públicos, e o peso do poder econômico, como "calcanhar de Aquiles" das democracias capitalistas, passa a ser relativizado.

De acordo com Bagdikian:

> Poucas são as corporações de mídia que negam seu próprio poder, embora insistam que jamais o utilizariam com fins egoístas. Entretanto, nenhuma corporação, de mídia ou de qualquer outro ramo, deixará de usar seu poder caso se sinta ameaçada em seu futuro ou em seus lucros. A ameaça pode ser um movimento político nacional que lhe desagrada, como foi o *New Deal* para a maioria dos jornais durante a Grande Depressão. Ou pode ser ainda uma ameaça aos lucros, o que os leva a solicitar uma insistência a criação de brechas na lei, como a *Newspaper Preservation Act* (Lei de Proteção aos Jornais) (BAGDIKIAN, 1993, p. 122).

Essa citação encontra consonância no sentido presente na entrevista do empresário Roberto Marinho, que associa o fazer comunicativo da Rede Globo como uma verdadeira missão a serviço do país, distante da sua prática do empreendimento negocial. Em entrevista ao *New York Times*, no ano de 1987, Marinho afirmou que: "Sim, eu uso o poder [da Rede Globo], mas eu sempre faço isso patrioticamente, buscando o melhor caminho para o país e seus estados" (RIDING, 1987, tradução nossa). Essa missão "a serviço do país", conveniente ao bloco de poder hegemônico à época, adapta-se ao melhor interesse político do momento utilizando de *slogans* de fácil aceitação, tais como: a defesa da liberdade de imprensa, do jornalismo com responsabilidade social e ética, da tolerância e o respeito às diferenças, do combate a todas as formas de censura etc.

De fato, a Rede Globo, como exemplo mais emblemático da mídia tradicional do país, não chegou onde está sem jogar, e muito bem, o jogo da política. Em um universo de barganhas e troca de favores, os membros da família Marinho se destacaram como porta-vozes dos militares e, posteriormente, como arquitetos do atual modelo de concessões públicas e organização em rede da radiodifusão, no qual a Globo permanece em uma posição extremamente favorável. Mas isso não explica todo o processo que marca a liderança da Rede Globo no setor; há também, nessa história, uma emissora que, incialmente apoiada pela política de Segurança Nacional preocupada em barrar influências externas, tornou-se a primeiro rede de comunicação de abrangência nacional e, aos poucos, consolidou-se como referência mundial de capacidade técnica, notadamente na área de produção de conteúdo audiovisual. Desde 1969, seja pela língua, por costumes ou comportamentos, praticamente todo o território nacional passou a ter um mesmo universo comum na sua casa, onde a televisão igualou o imaginário de um país constituído por realidade de enormes contrastes, conflitos e contradições violentas (BUCCI; KEHL, 2004). Em números, esse domínio da Globo reflete na sua capacidade técnica, mais de 80% de sua grade de programação é de produção própria, e no tamanho do seu alcance, seja nacional, com cobertura em 5.498 municípios por meio de 120 emissoras em rede, e internacional, com reprodução de conteúdo em mais de 100 países de diferentes continentes (BIP, 2015; 2016; 2018).

É nesse contexto que se articulam o poder econômico e o poder político, ou, mais especificamente, a lógica comercial e a tradição autoritária que estiveram presentes desde a origem do modelo concentrador da mídia do país. Quando essa análise se estende à ordem jurídica vigente, o que se vê é uma relativização dos argumentos a depender de quais são os interesses em disputa.

> Valores como "liberdade", "igualdade", "segurança", "legalidade", "moralidade" passam a ter deslocado o referencial do ordenamento jurídico vigente para a doutrina econômica hegemônica. Um exemplo evidente, no caso brasileiro, é a sobrevalorização da propriedade privada e a grita provocada no combate à monopolização e à oligopolização dos meios de comunicação de massa, como se ambos não estivessem albergados no mesmo texto Constitucional, promulgada em 5 de outubro de 1998 – a propriedade privada está protegida nos incisos XXII do art. 5º e II do art. 170; o combate à monopolização e à oligopolização dos meios de comunicação de massa está previsto no §5º do art. 220. Em nome do "flexível" – adjetivo que se emprega quando a indeterminação é simpática; quando antipática, o que se emprega é "vago" – parâmetro da "eficiência", um vale mais que o outro (CAMARGO, 2018, p. 15).

Nesse mesmo cenário de pretensões conflitantes é que se insere o tema das concessões e renovações de outorgas de rádio e TV a particulares. A concessão de radiodifusão, assim, representa também uma oportunidade de uso político em benefício de determinados grupos, capaz de acomodar interesses por intermédio de barganhas e clientelismos, enraizados na cultura política brasileira, ao ponto que o Direito significa mais um elemento dessa complexa relação que busca influir no Estado brasileiro. Se na Ditadura a decisão era pessoal, seja do General ou dos seus indicados, na redemocratização esse arranjo institucional dá lugar à "moeda de troca" entre o Executivo e o Legislativo, que, desde os anos de 1980, passou a ditar grande parte das decisões sobre outorgas e renovações de concessões públicas de rádio e televisão no Brasil.

2.4 Concessões públicas de rádio e televisão no Brasil: quando o novo já nasce velho

Autoritarismo, patrimonialismo, clientelismo e coronelismo são alguns dos conceitos abordados no capítulo 1 e que são retomados no presente capítulo, agora, como "pano de fundo" do tema principal: a comunicação eletrônica das sociedades contemporâneas, em particular, o modelo de comunicação baseado na concessão de outorgas de radiodifusão a particulares. Mesmo com todo o desenvolvimento tecnológico e das novas práticas políticas pós-redemocratização, o exercício da cidadania ainda guarda obstáculos no Brasil, muitos deles que perduram por décadas. Com uma nova "roupagem", o coronelismo da República Velha (1989-1930) dá espaço ao "coronelismo eletrônico" ou "coronelismo de novo tipo", que subsiste a partir do apadrinhamento político, da troca de favores, da hereditariedade e do comando de famílias tradicionais nos rumos da grande mídia, onde interesses locais e regionais alinham-se aos ditames nacionais e internacionais dos conglomerados da indústria da comunicação.

De início, é preciso compreender como se desenvolveu o modelo brasileiro de outorgas na área da radiodifusão e, nesse ponto, vale o alerta de Carvalho (2013, p. 248): "foi o autoritarismo, e não a democracia, que esteve, desde os primórdios, na base do sistema jurídico e político das concessões de rádio e TV no Brasil". Ampla discricionariedade administrativa, falta de transparência, ausência de critérios isonômicos, resistência a canais de participação social, predominância da atividade privada na prestação de serviços em detrimento de outras modalidades (pública ou estatal) e, principalmente, um conjunto de leis e decretos que estabelecem uma estrutura administrativa hierárquica e centralizada na qual se definem os processos decisórios na política pública de rádio e televisão aberta. Essas são as características que sobressaem do desenvolvimento desse modelo comunicacional, que fica evidente, por exemplo, quando se analisa o percurso da legislação específica sobre o tema.

Desde a origem da regulação da radiodifusão, com a promulgação dos Decretos nº 20.047, de 1931, e nº 21.111, de 1932, ambos no governo Getúlio Vargas, até a aprovação do Código Brasileiro de Telecomunicações (CBT), Lei nº 4.117, de 27 de agosto de 1962, mesmo que ainda conflitante e dispersa sobre alguns aspectos, em geral a estrutura jurídica brasileira baseou-se na centralização das atribuições de outorga e de renovação de outorgas nas mãos do Poder Executivo Federal. Esse aspecto alcançou seu ápice nos anos seguintes, com as alterações do CBT propostas pela Ditadura no ano de 1967 na perspectiva de inserir, na legislação de comunicações, preceitos considerados estratégicos para a política de Segurança Nacional do país.

Dessas mudanças, chamam atenção as regras sobre as outorgas de rádio e TV aberta, com imposição de limites da propriedade, criação da modalidade educativa e maior rigidez nas regras de transferência direta e indireta da propriedade, bem como a alteração da estrutura administrativa na área, com a criação do Ministério das Comunicações que, sob olhar do Regime, seria a autoridade responsável por consultas, orientações e elaborações da política nacional de telecomunicações do país. Trata-se de um contexto propício à confusão entre interesses públicos e privados, vez que imperava o personalismo nas decisões (seja do General ou de alguém indicado por ele) e um ambiente político submetido à força da Ditadura, sem liberdade partidária ou outra forma de controle externo.

Para ilustrar tal cenário, Lima (2011) aponta como as outorgas e renovações de outorgas de concessões de radiodifusão tornaram-se uma verdadeira "moeda de barganha política" gerenciada pelo bloco de poder dirigido pelo Regime Militar. No artigo 38, parágrafo único, do CBT, por exemplo, determina-se que aquele que estiver no gozo de imunidade parlamentar não pode exercer a função de diretor ou gerente de empresa concessionária de rádio ou televisão.[41] Contudo, em 1980 havia registros da utilização dessas concessões por políticos no exercício do mandato eletivo em benefício pessoal.

---

[41] Trata-se de uma discussão na pauta do Supremo Tribunal Federal (STF), tendo em vista as Arguições de Descumprimento de Preceito Fundamental nº 246 e nº 379, ajuizadas pelo Partido PSOL, respectivamente, em 2011 e 2015, que questionam as concessões autorizadas a pessoas com cargos políticos.

Nesse período, o caso do ex-senador Atílio Fontana tornou-se emblemático. Conforme o relato da matéria do Jornal do Brasil intitulada "No ar, a voz do dono" e datada em 07 de dezembro de 1980, ao ser entrevistado pela Rádio Rural, de Concórdia/SC, o repórter abriu a entrevista dizendo: "Senador, o microfone é todo seu"; o político, ciente das suas posses, externava: "Não só o microfone, meu rapaz, mas a rádio toda". Além do episódio da rádio de Santa Catarina, o Jornal também denunciava o uso eleitoreiro de 104 estações de rádio e televisão, espalhadas por 16 estados, de propriedade de deputados, governadores, senadores ou ministros (JORNAL DO BRASIL, 1980). Anos depois, mesmo com a redemocratização esse modelo, no qual se opera a troca de favores, permanece, mas sob outros artifícios e estratagemas jurídicos e políticos.

Em 1988, com a nova Constituição Federal, as regras sobre outorgas e renovações de outorgas de rádio e TV, por um lado, reafirmaram a competência da União na exploração dos serviços de radiodifusão, diretamente ou por intermédio de outorga a terceiros, e as previsões relativas às obrigações educativas e culturais dos meios de comunicação. Por outro lado, inovaram ao mitigar a histórica centralização da competência do Poder Executivo para outorga de radiodifusão, incluindo o Congresso Nacional também como parte da avaliação desses processos, segundo determina o inciso XII do artigo 49 combinado com os parágrafos 1º, 2º e 3º do artigo 223 do texto constitucional. Desde então, e até o ano de 2009, mais de 6 mil processos desse tipo foram analisados pela Câmara e pelo Senado Federal (LOPES, 2009).

A mudança que, em um primeiro momento, parecia capaz de alterar o uso das outorgas como "moeda de troca" do Poder Executivo, ao longo dos anos mostrou-se como um novo rearranjo institucional preso a antigas formas de interesse político, fazendo valer o ditado popular: "o novo já nasce velho". Assim, o Brasil segue a pensar os rumos da política de comunicação a partir de caminhos que lhe são muito peculiares, tais como a reprodução de práticas clientelistas onde outorgas de radiodifusão viram objeto de barganha do poder federal, a predominância de interesses privados em detrimento do público, a associação da política regional em oposição à concorrência internacional do poder econômico vinculado à mídia e o uso de modelos regulatórios considerados ultrapassados em comparação a outros países. Por tudo isso, o que se percebe é que a forma de estruturação do setor da radiodifusão, ontem e hoje, guarda relação direta com o processo político, econômico, cultural e social do país.

Não por acaso, após o período de redemocratização, teóricos resgatam o conceito clássico de "coronelismo" de Victor Nunes Leal para analisar o fenômeno comunicacional, que passa assumir a derivação conceitual de "coronelismo eletrônico". Entre os autores, cita-se Santos (2006; 2008), que conceitua o "coronelismo eletrônico" como o sistema organizacional da estrutura brasileira de comunicações pós-1988 baseado no compromisso recíproco entre poder nacional e poder local, configurando uma complexa rede de influências entre o poder público e o poder privado dos chefes locais, proprietários de meios de comunicação.

A noção em tela vai além da mera associação entre os coronéis da República Velha e as lideranças locais e regionais da atualidade, como os deputados e senadores; trata-se de entender essas relações sociais como parte fundamental no controle de produção e reprodução da comunicação de massas no país, que, entre outros desdobramentos, incide na concessão de outorgas e renovação de outorgas de radiodifusão.

O coronelismo clássico e o eletrônico, mesmo que inseridos em contextos históricos diferentes e não sequenciais, aproximam-se pela presença de relações clientelistas com alto grau de reciprocidade. Assim, quando se fala em uma relação clientelista no contexto das outorgas de radiodifusão, não basta considerar o ambiente propício para troca de favores, mas a rede de relações que se consolida em torno da promessa de vantagens futuras para determinados grupos, que, em grande medida, acontecem em detrimento do interesse geral.

Na relação com o sistema político brasileiro, chama atenção a simbiose entre os "coronéis da mídia" e o empresariado nacional na área de comunicações, que, por vezes, unem-se com o objetivo comum de autopreservação dos seus interesses – seja na busca de benefícios da máquina pública ou de estabelecer oposição à sanha de empresas internacionais que tentam disputar o mercado interno do país. E, nesse ponto, é ilustrativa a presença da chamada "bancada da comunicação" no Congresso Nacional (LIMA, 2006), isto é, um significativo grupo de políticos eleitos que estão direta ou indiretamente ligados aos radiodifusores, fazendo com que prevaleça na condução das políticas de comunicação o famoso "legislar em causa própria", impedindo que qualquer reforma na regulação da mídia seja aprovada no país.

Em 2016, segundo dados da pesquisa *Media Ownership Monitor* (MOM),[42] o Congresso Nacional contava com 32 deputados federais e 8 senadores proprietários de emissoras.[43]

Posteriormente à promulgação da Constituição de 1988, destacam-se três tentativas de revisão legislativa nessa área (LOPES, 2009). A primeira, talvez a mais esdrúxula, foi a criação, em 1995, de uma nova legislação de radiodifusão, que, contrariando toda a tendência global de convergência tecnológica, acompanhou o entendimento constitucional que separa telecomunicações e radiodifusão (Emenda Constitucional nº 8). No período, havia um interesse hegemônico de privatizar o sistema Telebrás e de reformular a legislação de telecomunicações, porém, o mesmo não se podia falar em relação à radiodifusão. No fim, o *lobby* dos radiodifusores e os interesses de parte do governo e de parlamentares apartaram da nova Lei Geral de Telecomunicações qualquer assunto relativo à mudança dos preceitos sobre rádio e TV aberta, que permanecem sobre a regulamentação do CBT de 1967.

Já no segundo mandato do governo Fernando Henrique Cardoso, a segunda tentativa de reforma retomou a discussão sobre um novo projeto de lei, agora, restrito ao foco da radiodifusão. Após muitas discussões, em 2001 elaborou-se o texto do que poderia vir a ser a "Lei Geral de Comunicação Eletrônica de Massa". No entanto, mais uma vez pôs-se em movimento toda a força dos interesses do "coronelismo de novo tipo", que engavetaram o anteprojeto ainda no seu nascedouro.

No mandato presidencial seguinte, o governo Lula propôs a terceira tentativa de mudança, partindo das discussões sobre a lei de comunicação eletrônica do governo anterior. Além da modernização do aparato normativo, a lei geral também visava criar mecanismos que permitissem uma melhor fiscalização do conteúdo difundido pela comunicação eletrônica. Com forte oposição da mídia, a proposta provocou um grande conflito intraestatal acerca da definição de responsabilidades no que concerne ao controle governamental sobre a TV aberta, não saindo do papel.

A partir desse resgate histórico, particularmente sobre momentos chave da regulamentação da mídia no país, evidencia-se como a

---

[42] Faz referência ao monitoramento da propriedade dos meios de comunicação de massa.
[43] Lista de políticos disponível no *site*: http://brazil.mom-rsf.org/br/destaques/afiliacoes-politicas/, trata-se dos desdobramentos da pesquisa "Raio X da ilegalidade: políticos donos da mídia no Brasil", elaborada em 2016.

radiodifusão pode ser utilizada como instrumento para manutenção de interesses de grupos no poder, sendo um fenômeno tão antigo quanto a consolidação do rádio e da TV no Brasil. Então, não causa espanto o empenho de certos setores em manter o velho modelo no qual a "espinha dorsal" da legislação de comunicação eletrônica de massa permanece, basicamente, a mesma criada na década de 1960, sendo utilizados os mais variados tipos de bloqueios institucionais,[44] isto é, obstruções políticas e econômicas que imobilizam as estratégias de materialização da Constituição brasileira (CLARK et al., 2018), inclusive naquilo que se refere ao pluralismo comunicacional.

Além dessa incidência no sistema político em que a comunicação é utilizada como "moeda de troca", outras estratégias também asseguram o cenário de concentração e desregulamentação dos meios; uma delas é tachar toda forma de controle e fiscalização como uma inciativa de censura e, nesse ponto, a narrativa da imprensa escrita e falada no Brasil atua, de forma recorrente e intensa, na construção de uma espécie de "consenso", que por efeito afasta da agenda pública e da reflexão cotidiana das pessoas o papel do Estado de cunho democrático na defesa da comunicação plural. O controle sob essa narrativa garante àqueles que detém grande poder, como é o caso dos "coronéis da mídia", bloquear discursos que contestem ou contrariem o que se apresenta como hegemônico; em outros termos, dá visibilidade ao que interessa e esconde todo o resto.

2.5 Censura: uma expressão de muitos sentidos

Cada vez mais, é preciso se perguntar: como regulamentar a comunicação social? Quando a liberdade de comunicação é assegurada? Qual a sua extensão? Quando se configura a censura? A ausência de participação e de voz pode ser considerada censura? Quem são os

---

[44] Clark, Corrêa e Nascimento apresentam três bloqueios institucionais no sentido de explicar as causas da baixa efetividade da Constituição em temas sensíveis à ordem econômica hegemônica, a saber: o bloqueio institucional via supressão do texto constitucional; o bloqueio institucional via omissão da regulamentação constitucional; e o bloqueio institucional via implementação da economia política da austeridade (2018, p. 96-103). Esses bloqueios institucionais também estão presentes na seara da comunicação social, por exemplo, quando retira de garantias constitucionais em benefício de setores do capital internacional (Emenda Constitucional nº 8, de 1995); o legislador se omite e não impede a concentração cruzada dos meios de comunicação de massa (Decreto-Lei nº 236, de 28 de fevereiro de 1967) ou faltam investimentos do poder público em práticas comunicacionais diferentes da lógica em rede dos grandes canais de TV.

censores? De onde a censura parte? Afinal de contas, o que é censura? Essas questões não devem ser deixadas de lado, uma vez que refletem problemas complexos da realidade social e, como tal, não possuem respostas fáceis.

Como lembra Camargo (2013b, p. 25), "pode-se, sem risco de erro, indicar a relação entre o direito e a atividade de comunicação social como um dos mais antigos exemplos de muitas superposições de monólogos e escassos diálogos". Essa relação deve ser retomada como ponto central dos debates da sociedade atual, midiatizada, sendo esse o passo que se pretende dar a seguir, sem perder de vista a dimensão de poder presente nas relações entre a cidadania e a comunicação de massa.

Para ilustrar esse contexto, inicia-se a discussão a partir do exemplo da campanha publicitária da Associação Nacional de Jornais (ANJ) que foi publicada em vários jornais por ocasião de seus 30 anos de existência em agosto de 2009. Abaixo o texto completo do anúncio:

> Título: Sem liberdade de imprensa esta seria a única testemunha. [A imagem é de um rato que assiste a uma suposta cena de corrupção sendo praticada por dois homens iluminados por faróis de automóveis].
>
> Texto: Nos últimos 30 anos, o país passou por mudanças decisivas. E os jornais foram os olhos e os ouvidos de milhões de pessoas durante o processo. Graças ao trabalho da imprensa, o cidadão teve acesso a informações preciosas que se tornaram o que mais interessa numa democracia: opinião.
>
> Assinatura: ANJ. Há 30 anos lutando pelo que a sociedade tem de mais valioso: a liberdade de expressão (ANJ, 2009 *apud* LIMA, 2013, p. 102).

Desse exemplo, pode-se ter uma ideia de como o discurso narrativo da grande mídia insere o tema da censura no seu sentido estritamente negativo, apresentando como reprovável qualquer forma de limitação ao fazer comunicativo, sob o pressuposto de que a imprensa representa "os olhos e os ouvidos de milhões de pessoas", incapazes de constituírem a informação por elas mesmas e, assim, conceberem sua opinião. Não se propõe, com essa percepção, desconsiderar o papel da liberdade de imprensa na formação democrática do país, que, de fato, é direito fundamental à democracia. Propõe-se, em outro sentido, chamar atenção para uma estratégia discursiva que nega, ou que pelo menos esconde, outras possibilidades de se compreender o problema da censura, que nem sempre figuram no maniqueísmo: comunicação livre da mídia *versus* censura.

Dessa narrativa restritiva sobre a censura, presente em veículos de comunicação de massa, autorreferenciada neles mesmos, identifica-se quatro ideias-chaves que asseguram a reprodução de um discurso padrão sobre tal tema. A primeira delas é que toda forma de censura é ruim. Como afirma Mathiesen (2016, p. 5), "ninguém quer ser um censor, ou, mais precisamente, ninguém quer ser chamado de censor. Descrever uma pessoa como um censor, ou um ato como censura, é condenar a pessoa ou a ação".

Quando se restringe a reflexão a formas de combate à censura, pouco se aprofunda sobre os desdobramentos do seu conceito, prevalecendo somente o argumento de que a censura é errada, e que nada além disso interessa. Nesse ponto, partindo da campanha da ANJ e acrescentando outros elementos à discussão, será que a imprensa, no seu papel de "testemunha" de condutas reprováveis, quando se utiliza de meios ilegais para obter suas informações, não estará sujeita a algum tipo de parâmetro ou responsabilização posterior? Esse é um tipo de situação-problema, real e controversa no âmbito do Direito e das relações de poder, que não pode passar despercebida em um país com pretensões democráticas.

Essa visão simplificada da censura, por vezes, acaba proporcionando um argumento "silenciador", no qual todo entendimento da política de comunicação diferente da narrativa predominante, isto é, baseada na autorregulação e na livre concorrência de mercado, torna-se um ato de censura.[45] Isso não significa que determinados segmentos, como é o caso dos grandes jornais associados à ANJ, não possam defender abertamente suas posições, mas isso se converte em um problema quando a perspectiva narrativa torna-se tão forte e recorrente no debate público, que passa a ser apresentada como a única

---

[45] Conforme matéria da Agência Câmara de Notícias (2013), em audiência pública da Comissão de Ciência e Tecnologia, Comunicação e Informática, representantes da ANJ e da Federação Nacional de Jornalistas divergiram sobre a questão da regulação da mídia. Para o primeiro, prevaleceu a defesa da autorregulação e da livre concorrência de mercado: "Não há quem possa definir o que é melhor para uma pessoa ler e assistir. Então, em relação aos veículos de comunicação, cabe a eles definirem junto aos seus leitores e junto a suas audiências qual é a melhor forma de se relacionar com eles no sentido de corrigir erros e de prestar esclarecimentos. E, junto com isso, a livre concorrência é o que vai elevar o nível de cada um dos veículos"; por outro lado, para o segundo, o principal objetivo de um novo marco regulatório era combater a formação de oligopólios: "Nunca se falou em regular conteúdos. O que nós precisamos regular é o negócio das comunicações, é a diversidade das comunicações, que hoje está concentrada em poucos grupos econômicos. É isso o que nós estamos querendo: uma democratização do setor de comunicações, com diversidade, com produção regional. Coisa que não acontece".

forma de se evitar as distorções e os abusos. O mesmo acontece com a noção de censura, na medida em que ela é reduzida a uma expressão de algo ruim, e nada mais que isso. Problemas reais, como são os casos que envolvem conflitos entre direitos fundamentais (direito à honra e direito à informação, por exemplo), dificilmente serão solucionados pela força de discursos uníssonos.

A segunda ideia-chave é que a censura, em grande parte, resume-se a uma forma de oposição à liberdade de imprensa. Muitas pessoas possivelmente duvidariam da afirmação de que a censura não se originou com a criação da imprensa. A noção de censura como restrição à palavra, por exemplo, antecede a máquina de prensa de Gutemberg ou a empresa de comunicação de massa dos tempos atuais, sendo um passo importante, na ampliação dos sentidos da expressão censura, considerá-la, também, a partir de uma perspectiva histórica.

Nesse sentido, Melo (2010) fala em "censura sistêmica", que se instaurou no Brasil em 1500, como resultado do obscurantismo praticado pelos colonizadores lusitanos. Desde a sua formação, o Brasil conviveu com um tipo de "síndrome da mordaça", que relaciona, ao mesmo tempo, a inibição de emissores dos espaços de produção e difusão do ato comunicativo, assim como a pouca capacidade receptiva das pessoas em acessar e compreender criticamente os códigos transmitidos. Integravam esse contexto, por exemplo, a censura prévia como política de estado e o quadro de analfabetismo da maior parte da população.

Com o decorrer dos anos, avanços ocorreram, em particular, no que se refere à proteção constitucional da liberdade da atividade jornalística (emissão) e à ampliação de uma cultura letrada (recepção), mas o percurso histórico do país também guardou pontos de tensão, que repercutem negativamente até hoje. Entre eles, tem-se a exclusão comunicacional da população, que esvazia o processo articulado entre emissão e recepção como direito de informar e de ser informado, bem como os momentos traumáticos à sociedade brasileira que fizeram parte da história recente do país, como foi o caso da Ditadura Civil-Militar (1964-1985). Quanto ao último aspecto, o alto grau de violência utilizado pelo Regime Militar contra seus opositores, servindo-se de práticas de tortura, perseguição política e encarceramento, constituíram verdadeiras marcas que passaram a compor o imaginário coletivo do país, que se refletem, inclusive, nos entendimentos da própria noção de censura da atualidade.

Não por acaso, a ANJ, ciente dessas cicatrizes do imaginário coletivo, avoca para si a legitimidade de "luta" em nome de toda uma sociedade, ao passo que às pessoas comuns resta uma posição passiva – com "olhos" e "ouvidos", mas, ainda, sem "boca" ou "voz". Tanto pelo trauma da "mordaça", quanto pela persistente exclusão comunicacional da maioria da população no processo de emissão-recepção, é que o debate sobre a censura não suscita perguntas mais amplas, como esta, proposta por Lima (2013, p. 90): "não seria a cultura do silêncio uma forma histórica de censura em que sonega de boa parte da população (...) a liberdade fundamental de se expressar e participar do debate público democrático?".

A terceira ideia-chave é a frequente utilização do termo liberdade de imprensa como equivalente à liberdade de expressão, o que foi reproduzido de forma implícita na campanha publicitária da ANJ. No anúncio, o sujeito da liberdade de expressão deixa de ser o indivíduo e passa a ser uma difusa "sociedade", ao passo que os jornais são genericamente identificados como "os olhos e os ouvidos de milhões de pessoas", e a imprensa, como formadora desinteressada da opinião, "o que mais interessa na democracia" (LIMA, 2013). Apesar da conexão entre as noções de liberdade de expressão e de liberdade imprensa, especialmente na consolidação de declarações e leis sobre o tema, essas liberdades também possuem sentidos próprios que as diferenciam.

O tema guarda pontos polêmicos, muitos dos quais permanecem em aberto mesmo após o julgamento do Recurso Extraordinário nº 511.961/SP, em 2009, no qual o STF decidiu pela não obrigatoriedade do diploma de jornalismo para o exercício de tal atividade. Nos votos desse julgamento, a análise da relação entre a liberdade de expressão e a liberdade de imprensa foi recorrente, sendo ilustrativa a passagem: "o jornalismo e a liberdade de expressão, portanto, são atividades que estão imbricadas por sua própria natureza e não podem ser pensadas e tratadas de forma separada" (STF, 2009). De fato, não há dúvida sobre a óbvia relação entre as liberdades em estudo, mas o que se questiona é a confusão total entre os dois significados, como se, por exemplo, a liberdade dos meios de comunicação social não se apresentasse como um bem público e de toda coletividade dos cidadãos, que guarda deveres e responsabilidades específicas no exercício da sua atividade de formação da opinião pública e de circulação das informações.[46]

---

[46] Vale citar os autores Carvalho (1999), Araújo e Nunes Júnior (2008), que compartilham a ideia de diferenciação entre a liberdade de imprensa/informação e a liberdade de expressão, bem como agregam outros argumentos sobre o tema, tais como o compromisso com a veracidade na divulgação de informações pelos veículos de comunicação social.

Serrano (2013), por exemplo, adverte que a atualidade amplia essas diferenças entre liberdade de expressão e liberdade de imprensa. Em um país crescentemente inserido no sistema de mercado, no qual os meios de comunicação requerem grandes investimentos e um alto grau de industrialização, a imprensa se afasta da ideia de ser um meio de comunicação como resultado da organização de cidadãos com objetivo de se expressarem publicamente, para se constituir como uma empresa de comunicação conduzida por um setor social determinado. "Portanto, confundir liberdade de imprensa com liberdade de expressão é como igualar o direito à saúde ao direito de se criar um hospital e colocá-lo em funcionamento" (SERRANO, 2013, p. 71). Não se trata de ser contra ou a favor da possibilidade da criação de um jornal como resultado de um empreendimento empresarial, mas sim de lançar a reflexão de que a imprensa, nos moldes atuais, pouco alcança a dimensão da liberdade de expressão como cidadania geral. Assim, nesse cenário Lima (2012a) fala em uma espécie de "censura disfarçada".

Também nesse contexto, cabe refletir sobre a dimensão da censura que se dá no âmbito das relações entre jornalistas profissionais e as direções dos veículos de comunicação de que fazem parte. Trata-se de uma "censura interna" (PIERANTI, 2008) praticada, principalmente, nas redações dos grandes jornais. No Brasil, não existem mecanismos específicos, tais como a cláusula de consciência, que asseguram ao repórter o direito de se opor à divulgação de determinado conteúdo que não esteja em consonância com o que foi apurado, sem risco de sofrer punições por parte do empregador.

Apesar de não estar assegurada legalmente, a cláusula de consciência já foi objeto de análise dos tribunais, a exemplo do dissídio envolvendo os funcionários da Empresa Brasil de Comunicação no Tribunal Superior do Trabalho (TST), em 2016. Na oportunidade, o presidente da audiência de conciliação, Ministro Emmanoel Pereira, opôs-se nos debates à cláusula de consciência argumentando que, se fosse proprietário de um jornal e decidisse criticar um prefeito, ordenaria a um de seus jornalistas que fizesse reportagem crítica ao administrador público, e ele, como empregado, teria a obrigação de obedecer (ZOCCHI, 2018; TST, 2016). Na prática, as redações dos jornais não são muito diferentes de direções de outras empresas, uma vez que entre empregado e empregador prevalece a relação de subordinação, de forma que a pauta externa da liberdade de imprensa nem sempre ganha a mesma ênfase internamente, no local de trabalho.

Interesses econômicos e políticos, seja de governos ou de setores privados, influenciam o cotidiano do fazer comunicativo nas empresas de comunicação, materializados nos manuais das redações, nas obrigações contratuais e na precarização do profissional do jornalismo. Nesse ambiente, muitas vezes impera o que Kucinski (1998) chama de "autocensura",[47] situação na qual o silêncio do jornalista torna-se uma estratégia, consciente ou não, de sobrevivência nas redações e, para tanto, deixa de revelar parte das informações que tem em suas mãos, de forma a iludir ou privar o leitor, ouvinte ou telespectador de dados importantes. Depois da decisão tomada sobre qual fato não é considerado jornalístico, dificilmente o receptor da mensagem saberá o que lhe foi privado de conhecer.

Por último, a quarta ideia-chave refere-se ao Estado como inimigo natural da liberdade de imprensa. Essa noção é recorrente no campo de significações da narrativa midiática e está presente na campanha da ANJ, mesmo que em uma abordagem indireta sobre tal questão. Sutilmente, a ANJ destaca seus "30 anos" de luta em defesa da liberdade de imprensa, ou seja, desde a sua origem, em oposição ao Estado totalitário da Ditadura, até os tempos atuais, quando mantém sua defesa pelo bem mais valioso do Estado democrático: "a opinião". É inegável que, historicamente, o Estado desempenhou o papel de censor da imprensa, mas, hoje, não se pode identificá-lo como o único ator de censura. Por isso, são pertinentes perguntas que reflitam sobre os diferentes tipos de censura e de censores. Em tempos de Estado Constitucional, muito se fala sobre o papel disciplinador do Direito nessa relação.

Existem inúmeras situações em que os tribunais praticam censura, principalmente em cenários como o do Brasil atual, onde discursos conservadores e antidemocráticos ganham maior notoriedade, muitas vezes, defendendo um modelo de censura encoberto por um

---

[47] Kucinski (1998), com o objetivo de analisar a "autocensura", citou o episódio conhecido como "síndrome da antena parabólica". Em 1994, Rubens Ricúpero, Ministro da Fazenda à época, confidenciou ao jornalista Carlos Monforte, da TV Globo, que estava aproveitando o cargo de Ministro para promover a candidatura de Fernando Henrique Cardoso. Sem perceberem, a conversa foi captada por antenas parabólicas e revelada imediatamente em rede nacional, gerando grande repercussão. Enquanto ao Ministro coube a demissão, ao jornalista nada aconteceu. O comentário dito "às escuras", que, provavelmente, antes do vazamento não seria divulgado pelo jornalista envolvido por não considerá-lo uma informação de relevância jornalística, não mereceu uma crítica sequer da grande mídia, afinal de contas, para a mídia, a autocensura não foi um episódio de desvio de conduta, mas sim uma norma a ser seguida.

véu de proteção aos valores religiosos,[48] à transparência eleitoral,[49] à sexualidade infantil[50] entre outros. Nesse ponto, torna-se oportuna a observação de Braga Netto (2016), o qual alerta sobre a intensa concentração de poderes na cúpula do Poder Judiciário brasileiro e a postura "salvacionista" adotada por alguns de seus membros, que, de forma consciente ou não, propõem uma jurisdicionalização exagerada de inúmeras situações da vida em sociedade. Para o autor, o ativismo judicial é, em muitos casos, conservador, na medida em que a tentativa de proteger determinado direito também pode levar à violação de outro direito igualmente relevante.

Contudo, há também decisões do Poder Judiciário em contraposição a excessos e desvios da mídia, dentro dos limites da lei constitucional e infraconstitucional, as quais suscitam, por vezes, críticas por parte da imprensa e acusações de se tratar de uma censura injustificada. Serrano (2013) destaca a matéria do Jornal El País que trouxe o título "Juízes ameaçam o direito de imprensa na América Latina", sugerindo que existe uma articulação latino-americana de juízes que estabeleceu um grande acordo contra a liberdade de imprensa, o que seria, segundo a expressão utilizada no editorial da Folha (2018), uma espécie de "censura de toga", sistêmica e articulada entre diferentes países. Essa ideia, que não deve ser uníssona e acrítica aos elementos de fundo da discussão, também levanta contrapontos, como é o caso da posição

---

[48] Em 15/08/2017, o juiz Luiz Antônio de Campos Júnior, da 1ª Vara Cível da cidade de Jundiaí/SP, decidiu pela proibição da peça de teatro "O Evangelho segundo Jesus, rainha do céu", exibida no SESC. A peça retratava Jesus Cristo como uma mulher transgênero nos dias atuais. Entre os fundamentos da decisão, o juiz disse que as figuras religiosas e sagradas não podem ser ridicularizadas, caso contrário, gerariam uma agressão ao cidadão comum (TJSP, 2017). Meses depois, tal decisão foi derrubada pelo Tribunal de Justiça do estado de São Paulo.

[49] Em 28/09/2018, o Ministro do STF, Luiz Fux, deferiu liminar para determinar que o ex-presidente Lula não realizasse entrevista ou declaração a qualquer meio de comunicação, até que o Supremo apreciasse a matéria de forma definitiva. O Ministro afirmou que há elevado risco de que a divulgação de entrevista com o ex-presidente causasse desinformação na véspera das eleições, restando suspenso os efeitos da decisão anterior do também Ministro do STF Ricardo Lewandowski. Proibia, ainda, a divulgação de conteúdo dessa natureza, caso qualquer entrevista ou declaração já tivesse sido realizada por parte da imprensa (STF, 2018). Sete meses depois, o presidente do STF decidiu pela extinção da referida ação.

[50] Em 07/09/2019, o presidente do Tribunal de Justiça do Rio de Janeiro, desembargador Cláudio de Mello Tavares, atendeu ao pedido da Prefeitura do Rio de Janeiro e decidiu pelo recolhimento de obras da Bienal que tratassem da temática LGBT (TJRJ, 2019). Neste caso, o livro de história em quadrinhos com uma ilustração de dois homens se beijando foi o estopim da desavença judicial. Dias depois, o STF suspendeu a decisão que permitia a apreensão de livros na Bienal (STF, 2019).

do ex-Ministro Eros Grau que, em julgamento do STF, afirmou: "O juiz está limitado pela lei. O censor não. É descabido falar em censura judicial. Não há censura. Há aplicação da lei. A imprensa precisa da lei" (STF *apud* LIMA, 2013). O tema é complexo e, como tal, diverso em argumentos e ideias.

Em clara referência ao modelo teórico estadunidense da Primeira Emenda,[51] existe na doutrina jurídica uma firme corrente que advoga contra a restrição de qualquer forma de expressão, por pior que ela represente. Nessa perspectiva, a censura é vista como uma ladeira escorregadia[52] onde um passo em falso pode levar a consequências negativas para o futuro de um país realmente democrático, livre. Mathiesen (2016), por exemplo, lista três argumentos que apontam, cada qual à sua maneira, para o viés inadequado da prática de censura, entendida aqui no sentido amplo do termo. Primeiro, as pessoas não são receptoras passivas da informação, elas trazem consigo seus próprios valores, conhecimentos e perspectivas da informação; assim, simplesmente porque alguém lê livros que descrevem como construir uma bomba, isso não significa que tal pessoa construirá um artefato explosivo; segundo, mesmo que determinado acesso à informação possa ocasionar algum tipo de dano a alguém, ele nunca poderá ser restringido, na medida em que isso representaria, em última análise, a negação da autonomia do próprio indivíduo e da sua capacidade de formar um juízo particular de valores; terceiro, a restrição do discurso pode gerar mais consequências ruins do que o seu livre acesso, no fim, mesmo que a restrição ou a proteção do discurso ofereçam danos, o benefício do livre acesso à informação na busca pela verdade compensaria eventuais prejuízos causados por tal acesso (MATHIESEN, 2016, p. 19-24).

Esses argumentos também estão sujeitos a contrarrazões, tais como a ofensividade de certas informações em mãos erradas, a visão excessivamente individualista ao negar que um receptor, sozinho, poderia estar propenso a errar ou a atuar de maneira imprecisa, bem

---

[51] "O Congresso não fará nenhuma lei a respeito do estabelecimento da religião, ou que proíba o seu livre exercício, ou cerceie a liberdade de expressão, ou da imprensa, ou o direito do povo de se reunir pacificamente e a solicitar do governo uma reparação por ofensa" (ESTADOS UNIDOS, 1971, tradução nossa).

[52] Trata-se de uma referência livre ao argumento da ladeira escorregadia (*slippery slope*), método pelo qual se adverte alguém que está acompanhando uma sequência de eventos de que "dar o primeiro passo pode (presumidamente) conduzir a uma cadeia de consequências que culminarão num desastre, um desfecho ruim que a pessoa advertida não aceitaria" (WALTON, 1996, p. 95 *apud* PEREIRA, 2014b, p. 32).

como o consequencialismo precipitado, no qual toda regulação estatal seria o primeiro passo para uma sucessão de práticas que poderiam levar a ações totalitárias. No fundo, o que se propõe discutir são as diferentes concepções de Estado Democrático e as formas pelas quais o Direito pode contribuir para que mais grupos e pessoas comuns participem da construção de uma "cultura democrática" (BALKIN, 2016). Assim, o sistema constitucional de liberdade de expressão, no qual se compreende a liberdade de imprensa e outros direitos correlacionados, não se limita à mera ausência de censura do Estado, mas inclui a promoção de condições e oportunidades que assegurem o exercício individual e/ou coletivo de conhecer, produzir e compartilhar informações.

Ao Estado não cabe apenas a desconfiança de "ameaçar" a liberdade de imprensa. Muito se tem a refletir, por exemplo, sobre o papel estatal no processo de concessões de outorgas de rádio e TV, e de como esses serviços devem fortalecer o interesse público, que nem sempre é o mesmo das empresas beneficiadas. Nesse ponto, mais uma vez impera o "não debate" na agenda pública, sendo ilustrativa a acalorada campanha eleitoral de 2018. Nos debates da TV, em mais de uma ocasião os presidenciáveis lançaram luz ao assunto da comunicação, seja como serviço público, como mecanismo de participação política ou como padronização de notícias; contudo, a reação dos âncoras de determinada emissora foi imediata, deixando explicitamente o seu incômodo e desconforto em se pautar naquele espaço o tema da regulação da mídia como ponto central.[53] Mas não seria o debate eleitoral o momento propício para se dizer o que pensam os candidatos sobre um assunto tão relevante como é o caso da comunicação? Para a grande mídia, aparentemente, não.

Mais do que chegar a um denominador comum sobre o conceito de censura, as reflexões realizadas nesse tópico demonstram o sentido aberto de tal expressão, dotado de múltiplas perspectivas: estatal, empresarial, autocensura, disfarçada, sistêmica e judicial. A censura, assim, possui múltiplos sentidos que passam, necessariamente, pelo conjunto de relações políticas, econômicas e jurídicas que asseguram, ou não, o alicerce a determinadas formas de poder. Por óbvio, não

---

[53] Ver entrevista dos candidatos presidenciáveis Fernando Haddad, no Jornal Nacional (G1, 2018), que destaca a Globo como concessão pública e também sujeita a investigações, e Jair Bolsonaro, no canal Globonews (FORUM, 2018), que fala do posicionamento da TV Globo no período da Ditadura entre 1964-1985.

existe censura sem censores munidos de poder e de mecanismos que o assegurem. Adiante, ainda nessa linha de discussão, os temas do poder e do Direito também serão analisados do ponto de vista do potencial da comunicação como práticas de cidadania e pluralidade de ideias, possibilitando, assim, a organização de algumas formas de contrapoder, tão necessárias diante do modelo concentrador do sistema de comunicações da atualidade.

2.6 Direito à comunicação e cidadania: formas de contrapoder e pluralidade de ideias

Pelo exposto até aqui, percebe-se como, historicamente, a relação entre emissão e recepção de mensagens desenvolveu-se no Brasil: pautada no distanciamento abissal entre as duas ações e pela diferença de conteúdo entre elas, sendo, a primeira, ativa e concentrada nas mãos de determinados grupos, ao passo que a segunda, passiva e voltada ao público em geral. Existiram exceções, como os jornais populares, rádios comunitárias, mídias alternativas etc., mas nada que perturbasse o predomínio do modelo de comunicação de massa, em especial aquele constituído após o período da industrialização.[54]

Nos dias atuais, com a convergência tecnológica dos meios de comunicação associada à crescente "popularização" da internet, novas reflexões têm sido propostas ao tema da exclusão comunicacional e à possibilidade de dar maior pluralidade aos meios de comunicação social. Algumas perguntas, contudo, permanecem presentes no debate, a exemplo da seguinte: hoje, a sociedade centrada na informação aponta para uma tendência de superação do quadro histórico de exclusão comunicacional do país?

O exemplo da comunicação em rede, que considera a interação com a TV aberta, a TV por assinatura e a rádio, segue como ponto de partida para outras reflexões sobre o processo democrático e o fazer

---

[54] Neste ponto, vale citar a advertência de Marcondes Filho (1987) na obra "Quem manipula quem?": na sociedade existe um movimento de resistência no qual o cidadão almeja participar ativamente do processo de formação da comunicação; desse modo, a relação entre o cidadão e a comunicação de massa não se resume a apatia, há também, no binômio receptor-emissor da mensagem, formas de manifestação de expressão e de vontade que podem ser protagonizadas por essa mesma massa de pessoas. Entendimento que não diminui ou que por si só modifica o cenário de relações de poder amplamente desiguais da sociedade capitalista, inclusive, no âmbito da comunicação, mas alerta sobre o potencial crítico que as pessoas podem desempenhar no contato com a mídia.

comunicativo lançando luz sobre questões referentes ao direito à comunicação e à cidadania, identificados como possíveis espaços de contrapoder e pluralismo de informações na sociedade, elementos que são fundamentais para a construção de cenários de representação alternativos à realidade hegemônica. Muitas dessas questões, tratadas separadamente no início, mas que se conectam com o todo ao final, estão entre os desafios principais deste tópico, em um esforço de ligeira síntese das ideias-base do capítulo 2.

Conforme Ramonet (2013b; 2002), sociólogo e jornalista do *Le Monde Diplomatique*, as sociedades democráticas vivem um momento de "crise" dos meios de comunicação, em que a própria noção do que é informação[55] está mudando. A convergência tecnológica, com destaque para a internet, proporciona um *boom* de mensagens que agudizam tendências anteriores, bem como apontam para novas realidades. Prevalece a força da imagem, do "ao vivo", em que a informação que interessa é aquela em tempo real.

Desse modo, a ideia de "furo" ou exclusividade jornalística gradativamente assume a forma do imediatismo, ambiente propício para a baixa qualidade das notícias, *fake news*, erros, não verificação das fontes e manipulações, na medida em que se deixa em segundo plano perguntas fundamentais à construção da informação: quem fez o quê, com que meios, onde, por que e quais as consequências. Em um simulacro, isto é, uma aparente visão da realidade, a abundância de informações indica um sistema democrático mais sólido e representativo, mas, em sentido oposto, as relações de poder (no sentido amplo do termo) reproduzem as mesmas versões e imagens da comunicação de massa de antes. Hoje, um "cidadão das redes", que comunica e se informa pelo Facebook, por exemplo, emite e recebe mensagens ao mesmo tempo em que é estimulado a reproduzir práticas amplamente conhecidas desde a formação dos conglomerados de mídia, tais como: a repetição, o plágio, a imitação e as padronizações do discurso. O que, à primeira vista, sugere uma "revolução" do ato comunicativo pelos meios, guarda em si muitos elementos de mudança apenas aparente.

Assim, atualmente a exclusão comunicacional ganha contornos mais profundos e sutis. Nos tópicos anteriores, foram abordados os traços de um discurso padrão, hegemônico, que faz parte da narrativa dos grandes meios de comunicação de massa. Na era digital, isso

---

[55] Explica-se que Ramonet tem sua atenção voltada à perspectiva da informação, e não do entretenimento.

também acontece, mas de maneira diversa, na medida em que se articula a participação do receptor na emissão e um ambiente de sobrecarga de informações, algumas delas produzidas (ou reproduzidas) pela mesma pessoa. Nota-se que não é o modelo antigo de censura, no qual se interdita a palavra, mas uma forma mais sofisticada de abundância de informações. Gera-se, desse modo, uma sobrecarga de respostas que pacifica e sacia a curiosidade, sem, necessariamente, revelar o que está escondido. Nesse sentido, qual o nível de confiabilidade dessas informações? E como elas funcionam?

> Para a maioria das pessoas, uma informação é verdadeira quando todos os meios de comunicação afirmam como ela o é; se a rádio, o jornal, a internet divulgam a mesma coisa, nós a aceitamos porque, intuitivamente, a repetição serve como prova de veracidade. Mas repetição não é uma demonstração, ela é uma repetição; e houve muitos casos em que uma informação foi repetida várias vezes sendo que, na verdade, era falsa. Consequentemente, a repetição não faz a informação, mas o conceito que há por trás dela, que é uma das ideias básicas da propaganda, consegue convencer. E hoje a informação, não de maneira voluntária, mas inconsciente, trabalha bastante sobre esse registro (RAMONET, 2013, p. 60).

De fato, as possibilidades da internet são potencialmente transformadoras, mas para isso ela precisa estar acompanhada de uma percepção crítica da realidade; caso contrário, é mais do mesmo no campo comunicacional: muitas "vozes", poucas ideias. Esse cenário também se aplica aos bens e serviços do "infoentretenimento" (MORAES, 2013b), que se tornaram ainda mais evidentes com a digitalização dos conteúdos midiáticos. Eventos esportivos, culturais, artísticos e até religiosos são transmitidos como grandes espetáculos pelos sistemas de mídia, nos quais, de maneira recorrente, a busca pela rentabilidade é o principal definidor das ofertas simbólicas da sua programação. Com isso, limita-se a diversidade comunicacional, vez que o diverso apenas tem visibilidade nos meios quando as diferenças socioculturais caminham na direção dos interesses comerciais e assumem formatos de fácil assimilação aos consumidores dos multimeios, com pouco espaço para críticas ou abstrações.

Mesmo em um cenário de avanço tecnológico, com impactos evidentes na relação com a mídia, o binômio convergência-internet por si só não é capaz de impulsionar a dispersão do poder dos meios de comunicação tradicional (em especial a televisão) no espaço público.

Mais do que garantir acesso a novas tecnologias ou a grande quantidade de bens culturais, de entretenimento ou de informação, o desafio que continua pendente é uma mudança substancial do comportamento dos cidadãos na apropriação dos canais de mídia, que deve ser pautada na pluralidade e na possibilidade de formas alternativas de produção das informações (FRANCO, 2019). O acesso à internet, por exemplo, em muitos aspectos reproduz a lógica concentradora e unidirecional do modelo de radiodifusão tradicional, mas, agora, com questões sob outro enfoque: o Google.com ou YouTube.com.br, ambos de propriedade da Google, podem hierarquizar a informação que a pessoa busca na internet? Por que o *site* Globo.com possui milhões de acessos a mais que qualquer outra plataforma de origem nacional? Qual o limite do Facebook, uma plataforma privada de origem norte-americana, em acessar e utilizar os dados de seus 120 milhões de usuários ativos no Brasil? Qual a capacidade de um cidadão comum incidir nesse mundo de informações, repleto de *sites* caça-cliques e algoritmos que definem o conteúdo que deve ser visto primeiro?[56] Apesar deste livro não ter como objetivo analisar as novas mídias, percebe-se que nessas tecnologias de comunicação baseadas no fluxo de informações da internet há uma combinação entre velhas e novas formas de concentração, ao passo que o cidadão pouco tem a dizer fora da lógica das plataformas digitais que atuam como intermediárias desse mundo virtual.

Por isso, os atos de comunicar e de informar passam por diferenças fundamentais. Conforme Lima (2011, p. 232), "na ágora da democracia clássica, o mais importante era que o cidadão podia ser ouvido por aqueles que de fato decidiam. Era muito mais do que ter a oportunidade de falar, mas ter a oportunidade de ser ouvido". Essa é uma ideia importante, que situa o direito à comunicação um passo à frente do direito de meramente acessar informações. Mas o direito à comunicação, como parte integrante e fundamental do processo democrático, precisa dar um segundo passo: possibilitar pontos de vista alternativos à grande mídia. Em outras palavras, possibilitar a distribuição democrática do poder da comunicação (BAKER, 2017).

Nessa linha de pensamento, o direito à comunicação vai para além da liberdade de informação, de imprensa ou do proprietário do veículo de comunicação social. Desde o famoso relatório *MacBrid*,

---

[56] Dados atualizados e disponíveis nos seguintes *sites*: https://www.statista.com/statistics/268136/top-15-countries-based-on-number-of-facebook-users/; http://monopoliosdigitais.com.br/site/sites-mais-acessados/; http://brazil.mom-rsf.org/br/midia/online/.

concebido nos anos de 1970 (UNESCO, 1983), o direito à comunicação passou a ser debatido mundialmente e associado à ideia de participação dos cidadãos na esfera pública e mediada pelas comunicações sociais e eletrônicas. O texto da CF/88, mesmo sem apresentar uma delimitação específica sobre o tema, englobando a Comunicação Social, ora como direitos individuais, ora como direitos sociais, assegura o direito da coletividade à comunicação quando defende a diversidade de vozes na sociedade, limita a concentração irrestrita dos meios de comunicação de massa e se compromete com a democratização da informação.[57] Desse modo, o direito à comunicação "não é mais entendido como um mero direito de defesa, mas um direito trivalente, que reúne elementos de direitos fundamentais de liberdade, prestação e participação" (PAULINO; GOMES, 2012, p. 76-77), sendo a posse, a produção e o controle da informação dimensões da cidadania, que, em última instância, possibilitam o exercício democrático de poder em uma sociedade que se almeja plural.

Retoma-se, mais uma vez, o conceito de "cenários de representação", mas, agora, sob seu aspecto alternativo, também inspirado pelas leituras de Gramsci (1999) e, particularmente, de Lima (2012). Os meios de comunicação tiveram destaque nos escritos do autor italiano, vez que se relacionavam formação de significados e linhas de força que incidiam sobre o imaginário coletivo. Nos "Cadernos do Cárcere", redigidos por Gramsci em grande parte entre os anos 1926 e 1934, período em que esteve preso por se opor ao regime fascista na Itália, o autor aponta como a imprensa, considerada a parcela "mais dinâmica" entre as outras formas de disputa ideológica à época, contribui para unir, em um mesmo bloco, agrupamentos hegemônicos não necessariamente homogêneos, ideias e valores que exercem influência na compreensão da realidade.

Ao mesmo tempo em que atores históricos pautam a conservação ou a modificação de formas hegemônicas sobre determinada ordem política e cultural, também existem ações de contra-hegemonia que alertam sobre a importância da diversidade do discurso e da

---

[57] Para uma análise mais aprofundada sobre o tema, cita-se Wimmer (2009), que afirma que o direito à comunicação no texto constitucional está relacionado à dimensão individual, primordialmente, associado à posição subjetiva do indivíduo face ao Estado, relativo à informação e à expressão pessoal; bem como à dimensão social, que compreende normas referentes aos meios de comunicação e o direito à participação. A autora complementa, ainda, que esse direito à comunicação representa um direito básico, pressuposto para o exercício de outros direitos fundamentais e indissociavelmente ligado à democracia.

urgência em se questionar consensos, denunciando, assim, a exclusão comunicacional de setores não contemplados nos veículos que servem como principais mediadores na forma ético-política predominante. E é exatamente dessa relação dinâmica entre hegemonia e contra-hegemonia, não isenta de tensões e de mutabilidade histórica, que a produção e a difusão de conteúdos pelos veículos de comunicação de massa, mesmo quando tentam modelar a opinião pública e desagregar os que contrariam seus intentos, não conseguem em sua plenitude (MORAES, 2013a).

Lima, atento à noção de contra-hegemonia em uma sociedade centrada na comunicação eletrônica, sobretudo na força da TV como "aparelho privado" de comunicação no país, agrega ao conceito de cenários de representação a sua relação fundamental com os cenários de representação alternativos, ambos no plural, pois é dessa articulação hegemônica e contra-hegemônica que são traçados os limites entre uma ou outra compreensão da realidade. Nas palavras de Lima (2012, p. 194-195), daí que advém a "capacidade de construir/definir os limites do hegemônico (da realidade) dentro dos quais ocorre a disputa política". Mais do que analisar os cenários de representação alternativos em si, o que se espera é alertar como o olhar sob essa perspectiva deve, necessariamente, fazer parte da compreensão do discurso predominante, inclusive como indicativo daquilo que se procura controlar ou evitar na prática comunicativa dos grandes meios.

Assim, quando se considera o pluralismo como um elemento fundamental ao processo democrático de um país, deve-se compreender que o direito à comunicação também contemple aquilo que é secundarizado ou, simplesmente, silenciado no campo dos sentidos que fazem parte da representação midiática do imaginário social. Mas, como fazê-lo?

Em uma sociedade como a brasileira, em que os meios de comunicação são extremamente concentrados, certos temas (ou não-temas) dificilmente receberão o devido destaque na mídia quando contrariam os interesses de seus "donos". Ramonet (2013b) traça esse cenário a partir de dois exemplos sensíveis ao debate público: os meios de comunicação, que pertencem a grupos de alta relevância do mercado, serão críticos à globalização e ao fortalecimento de políticas pró-mercado, por exemplo, sendo que eles são atores centrais nessas dinâmicas? É evidente que a possibilidade disso acontecer é muito reduzida.

Por esse motivo, o direito à comunicação precisa contar com espaços de contrapoder que minimamente estimulem o contraditório no debate coletivo. Afinal, o sistema democrático comprometido com o pluralismo de ideias deve comportar tensões entre práticas de poder e de contrapoder, mesmo que dentro de limites predefinidos seja por regras de convívio social ou legislações constitucionais e infraconstitucionais. Nesse sentido, a tese de Baker (2007) de máxima dispersão da propriedade (*maximum dispersal of ownership*) é de suma importância, uma vez que alerta como a forma com a qual os meios de comunicação se estruturam na sociedade incide diretamente na qualidade democrática do país.

Segundo esse autor estadunidense, quanto maior o número de "controladores" dos meios, ou seja, quanto mais distribuído o poder de comunicar, melhor será a contribuição do sistema de comunicação com a democracia. A concentração desse potencial comunicativo nas mãos de poucos proprietários, seja por meio de monopólio governamental ou de oligopólio empresarial, representa um prejuízo ao interesse público e, consequentemente, ao desenvolvimento da democracia.

> (...) norma básica para a democracia seria, então, uma ampla e justa dispersão de poder e generalização de oportunidades para apresentação de preferências, entendimentos e visões. Este é o princípio democrático de distribuição de poder comunicativo – uma premissa segundo a qual democracia implica ampla dispersão de poder em termos de discurso público (BAKER, 2007, p. 7, tradução nossa).

A dispersão da propriedade tratada por Baker incentiva que existam mais "controladores" na área da comunicação, bem como fontes alternativas ao debate público, isso a partir de processos regulatórios que reflitam o exercício da liberdade de expressão como um direito a ser exercido pelo maior número possível de cidadãos, premissa fundamental de uma democracia. Trata-se de compreender o pluralismo como duas faces de uma mesma moeda: uma externa (pluralismo de fontes e de informação) e outra interna (pluralismo de ideias, opiniões e diversidades culturais) (FERNADES, 2009).

Nessa linha, os cidadãos são os principais titulares do ato de comunicar e de se expressar livremente. Além disso, com a visualização de formas de contrapoder, cria-se condições mais favoráveis para uma leitura crítica da realidade (hegemônica/contra hegemônica), afastando qualquer ideia de neutralidade do fazer comunicativo, vez que sempre é constituído por um ponto de vista interessado.

Agora, retoma-se a análise sobre a TV, por se tratar do objeto principal deste livro e por ser considerada força central na sociedade comunicacional do país, e, desse modo, o tema das outorgas e renovação de outorgas, bem como da regulação do setor de mídia, devem fazer parte dessa discussão. Se a revisão do modelo de comunicação não partirá espontaneamente da grande mídia, vez que o formato atual lhe favorece, o que o cidadão, coletivo de cidadãos ou o próprio Estado podem fazer para buscar um cenário mais plural do fazer comunicativo?

A tarefa não é simples, pois, como analisado em tópicos anteriores, a estrutura do sistema de mídia do país foi historicamente marcada pela exclusão de setores e aversão a formas de participação, mas, paradoxalmente, o contraponto pode partir de algo pouco inovador: cumprir o que já está posto no texto da Constituição de 1988,[58] em particular a regulamentação dos artigos sobre a Comunicação Social, e que há 30 anos ainda não se tornou uma realidade.

A título de exemplo, citam-se os artigos 220 e 221 da CF/88. O artigo 220 afirma que toda manifestação do pensamento, criação, expressão e informação, não sofrerão qualquer restrição, observado o disposto no texto constitucional, e acrescenta, no seu parágrafo 5º, que os meios de comunicação social não podem, direta ou indiretamente, ser objeto de monopólio ou oligopólio. A falta de regulação e a não definição legal do que é monopólio ou oligopólio[59] permitem um vácuo no qual prevalece o não cumprimento da norma constitucional. No caso brasileiro, dirigido por um número restrito de agentes econômicos particulares que compõem a grande mídia no país, as regras que disciplinam o oligopólio nesse setor são fundamentais.

Outro exemplo é o artigo 221, que determina que a produção e a programação das emissoras de rádio e televisão atenderão aos princípios

---

[58] Ver Constituição de 1988, Capítulo do Título VIII, artigos 220, 221, 222, 223 e 224, que falam sobre o tema da Comunicação Social.

[59] Conforme Fernandes (2009, p. 156): "Com efeito, especificamente para o setor de comunicação social, a Constituição Federal veda configuração estrutural da mídia que caracterize monopólio (mercado no qual um agente, detentor de parcela substancial de mercado, encontra-se em posição de força com relação aos demais) ou oligopólio (mercado composto por um número restrito de agentes econômicos). Podemos afirmar sem medo de erro que, no tocante ao setor de comunicação social, a Constituição de 1988 procurou proteger e promover uma configuração estrutural excepcional, indo além dos limites colocados pela aplicação da regra geral do art. 173, §4º, que determina a repressão do abuso do poder econômico. No setor de mídia, não só o abuso econômico é vedado, mas também a própria concentração de poder é proscrita". Nesse cenário, a grande mídia brasileira se destaca pela consolidação de oligopólios empresariais nesse setor, geralmente, vinculados a outras empresas de capital predominantemente estrangeiro.

de respeito aos valores éticos e sociais da pessoa e da família, conforme exposto no inciso IV. Esse dispositivo, de assunto imprescindível a esta obra, que busca discutir a abordagem de temas relacionados a crianças, adolescentes e jovens em programas policialescos da TV aberta, pouco avançou na prática de aplicação da lei, como se o conjunto de abusos reproduzidos diariamente pelos meios de comunicação social não fosse um problema real.

Os esforços desses dois capítulos iniciais voltaram-se a reconhecer, no Direito, um papel importante no arranjo da comunicação social do país, mas não quando encarado como uma norma meramente formal, fora de contexto ou isenta de relações de poder e interesses que se influenciam mutuamente, pelo contrário, como parte importante de um processo formado por ambiguidades e contradições que se evidenciam em relações sociais cotidianas das pessoas e das instituições. Nesse ponto, o Direito pode contribuir na definição de parâmetros essenciais ao processo democrático, visíveis e não ocultadores da realidade.

A noção de simulacro mais uma vez se faz útil, mas, agora, sob a perspectiva do Direito. Restrepo (2014), por exemplo, lembra que a democracia, quando entendida exclusivamente na dimensão liberal, fica presa à sua caverna Constitucional, como se a racionalização de valores universais e a formalização jurídica fossem suficientes para eliminar o conflito e superar o paradoxo de um sistema no qual as pessoas são incluídas e excluídas ao mesmo tempo. Assim, o simulacro se estabelece como cópia imperfeita da realidade quando, em grande medida, desrespeita as diferenças no mundo real, e os conflitos delas decorrentes são silenciados.

Considerando que o cenário Constitucional brasileiro não foge à concepção hegemônica, na qual "o direito vigente foi articulado em um horizonte liberal, onde suas instituições foram forjadas e desenvolvidas, ousando universalizar valores que sustentam este direito e suas instituições" (LEONEL JÚNIOR, 2013, p. 7), caberá ao presente estudo relacionar, também no âmbito do Direito, a relação hegemônica e contra-hegemônica que coexiste no Estado Democrático de Direito, em particular, naquilo que diz respeito aos direitos humanos de crianças, adolescentes e jovens em um contexto amplamente midiatizado. A Constituição de 1988, por sua vez, encontra-se nesse mesmo contexto, ao passo que a síntese do seu texto legal incorpora um conjunto de ideias e conceitos de ordem político-jurídica distintos e, não raramente, conflitantes entre si.

A seguir, abre-se um novo leque de reflexões direcionadas à proteção da infância e juventude tanto na perspectiva do Direito Constitucional e das leis infraconstitucionais, quanto dos cenários de representação que permeiam de significados o imaginário social sobre esse público em específico.

CAPÍTULO 3

A CONSTITUIÇÃO DE 1988 E O PARADIGMA DA PROTEÇÃO INTEGRAL: O ESTATUTO DA CRIANÇA E DO ADOLESCENTE SOB ATAQUE!

> *(...) Chega estampado, manchete, retrato / Com venda nos olhos, legenda e as iniciais / Eu não entendo essa gente, seu moço / Fazendo alvoroço demais / O guri no mato, acho que tá rindo / Acho que tá lindo de papo pro ar / Desde o começo eu não disse, seu moço! / Ele disse que chegava lá / Olha aí! Olha aí! / Olha aí! / Ai, o meu guri, olha aí! / Olha aí! / É o meu guri.*
>
> Chico Buarque, "O meu guri" (1981)

3.1 A noção de infância e os muitos guris do Brasil

Novamente, a música de Chico Buarque serve como fio condutor para aproximar o objeto deste livro dos problemas sociais que fazem parte da história e da conjuntura atual do país. Da leitura de trechos da canção "O meu guri", de 1981, a arte aponta como a noção de infância não é a mesma de antes, assim como não chegou ao seu termo final no presente, pois ainda é uma ideia em movimento. Desde as primeiras passagens, a música se insere no contexto social que a envolve e, assim, constitui e ajuda a constituir a leitura da realidade do seu tempo. No trecho "Quando, seu moço / Nasceu meu rebento / Não era o momento / Dele rebentar... / Já foi nascendo / Com cara de fome / E eu não tinha nem nome / Prá lhe dar", o pano de fundo é a ausência de proteção social, em que a família e a criança, apesar de não concretizarem seus direitos básicos, convivem com um certo grau de otimismo que impulsiona a vida adiante: "Como fui levando / Não sei lhe explicar / Fui assim levando / Ele a me levar / E na sua meninice / Ele um dia me disse / Que chegava lá".

Quando essa música foi lançada, o Brasil do período pós-golpe de 1964 resistia a uma visão da realidade idealizada pelo país do "ame-o ou deixe-o", que silenciava o processo de reivindicação de direitos que culminaria, anos depois, na Constituição de 1988 e na criação do Estatuto da Criança e do Adolescente de 1990. A música foi além do papel de resistir a "tempos sombrios", uma vez que ampliou os horizontes de significações sobre a criança, tão restritos e arraigados na cultura brasileira. "Chega suado / E veloz do batente / E traz sempre um presente / Prá me encabular", a criança, do mesmo modo que cuida da mãe, é cuidado por ela: "Eu consolo ele / Ele me consola / Boto ele no colo / Prá ele me ninar / De repente acordo / Olho pro lado / E o danado / Já foi trabalhar / Olha aí!"

No guri de Chico Buarque, em que o consolar e o ninar são uma via de mão dupla, a representação do adulto-criança e adulto-adolescente é rompida não apenas pela visão do agente do trabalho, comum desde os períodos da escravidão ou do trabalho livre precário, mas, em especial, pelo ator-criança ou ator-adolescente que compartilha a responsabilidade de organizar sua própria família. Outro aspecto que não passa despercebido a Chico Buarque é a questão da vulnerabilidade social e do crime vistos da perspectiva da mãe: "Chega no morro / Com o carregamento / Pulseira, cimento / Relógio, pneu, gravador / Rezo até ele chegar / Cá no alto / Essa onda de assaltos / Está um horror". Com o desfecho trágico, a música, que mistura o tom entre a aparente esperança e a incompreensão dos fatos, registra a visão de uma mãe sobre o seu filho quando ele alcança a capa dos jornais: "Chega estampado / Manchete, retrato / Com venda nos olhos / Legenda e as iniciais / Eu não entendo essa gente / Seu moço / Fazendo alvoroço demais / O guri no mato / Acho que tá rindo / Acho que tá lindo / De papo pro ar / Desde o começo / Eu não disse / Seu moço / Ele disse que chegava lá".

Desse esforço artístico, do qual Chico Buarque, como poucos, é capaz de "fundir harmoniosamente a maestria artística e a consciência social" (CÂNDIDO, 2004, p. 19), a infância deixa de ser tratada como uma mera idealização ("do puro", "do imaturo", "do que ainda não é", "do quase adulto", "da salvação" etc.), para assumir os traços de uma categoria social historicamente construída com diferentes significações, inclusive, sob um mesmo tempo e espaço. Assim como demonstrado no capítulo anterior sobre o estudo da mídia, a expressão artística e a realidade se conectam mutuamente, existindo, também, uma articulação incessante entre o hegemônico e o contra-hegemônico que constitui e é construído pela realidade na qual está inserido. Contudo, a arte pode ir além, seja pela força da intuição ou da sensibilidade da percepção do contexto, onde o artista, como é o caso de Chico Buarque, pode antecipar reflexões que a área jurídica, médica ou da assistência social ainda não eram capazes de racionalizar em teorias, regras ou procedimentos.

A partir da análise da música "O meu guri", a questão sobre "o que é a infância?" ganha profundidade, pois espera-se enfrentar outra pergunta, a saber: quais são os sentidos da noção de infância que foram socialmente construídos no Brasil e ainda contribuem para o seu entendimento na atualidade? Nesse ponto, os estudos da Sociologia da Infância e do Serviço Social sobre as raízes históricas da dimensão social da infância são fundamentais.

Florestan Fernandes, autor abordado no capítulo 1, também se faz presente nesta parte do livro, uma vez que foi ele o responsável por inaugurar os primeiros estudos sobre a Sociologia da Infância no país. Nos anos de 1940, o autor, sob a orientação do professor Roger Bastide, elaborou o trabalho monográfico "As 'trocinhas'[60] do Bom Retiro: contribuição ao estudo folclórico e sociológico da cultura e dos grupos infantis" (FERNANDES, 1979), no qual analisou as manifestações folclóricas a partir de um estudo etnográfico de grupos de crianças residentes nos bairros operários da cidade de São Paulo, captando, assim, os elementos constitutivos da cultura infantil em um contexto de representações das crianças sobre o mundo do lúdico, dos jogos, do brincar e das brincadeiras de rua. O texto propôs, inicalmente, uma reflexão sobre o folclore, apresentando um conjunto de brincadeiras que

---

[60] As "trocinhas" são as organizações de grupos de crianças geralmente reunidas pela condição de vizinhança, que se encontravam na rua para brincar. Lugar de análise de Florestan Fernandes que deve ser compreendido no seu devido tempo e espaço, no qual a rua representava um local público privilegiado do convívio e da brincadeira entre as crianças após o período escolar.

perduram ao longo dos anos e que podem ser identificadas na tradição oral presente nos jogos e nas rodas de brincadeira de crianças, para, posteriormente, aprofundar sobre o aspecto sociológico da análise, no qual capta a relação das brincadeiras tradicionais do folclore com os processos de formação da cultura infantil e de socialização da criança.

Desde o prefácio elaborado pelo professor orientador, nota-se a preocupação em superar a visão tradicional, desassociada do olhar da própria criança. "Há entre o mundo dos adultos e o das crianças, como que um mar tenebroso, impedindo a comunicação. Quem somos nós, para as crianças que brincam ao nosso redor, senão sombras?" (BASTIDE,1979, p. 154). Atento a tal questão, Florestan Fernandes seguiu o processo de observação das representações infantis sobre as experiências folclóricas: "através dela a criança não só aprende algo, como adquire uma experiência societária de complexa significação para o desenvolvimento da sua personalidade" (FERNANDES, 1979, p. 158). A observação das "trocinhas" destaca a cultura infantil em que crianças, participando de grupos, tornam-se protagonistas na interação e na formação de significações do mundo ao seu redor, sendo esses grupos o suporte social no qual o autor identifica a existência de elementos exclusivos ao lúdico, que se relacionam à organização social, formas de agrupamento, classes e etnias entre outros aspectos.

Nessa perspectiva de Fernandes (1979), percebe-se um dos principais avanços no campo dos estudos da infância, pois se confere à criança o caráter de ser social e histórico. Relaciona-se a isso, ainda, a percepção de uma cultura infantil não restrita à reprodução da cultura do adulto, como se a sociabilização da criança fosse limitada à absorção passiva das normas da sociedade adulta. Pelo contrário, existe um processo próprio da cultura infantil, que atualiza os padrões da cultura adulta tanto no sentido de reafirmar os valores e padrões dominantes de conduta de uma dada sociedade, quanto no sentido de elaborar elementos próprios, trazendo, dessa forma, uma inovação construída com base no patrimônio cultural a que tem acesso (BREDEL, 2015).

Da leitura de "As 'trocinhas' do Bom Retiro" apreende-se três pontos principais que reorientam novas pesquisas sobre a infância, a saber: conhecer a criança a partir do seu próprio ponto de vista, ou seja, por meio da sua própria lógica e das suas formas particulares de organização e ação sobre o mundo; estudar a criança fora do contexto institucional, a partir dela própria, não sendo usada como pretexto para pesquisar a escola e os grupos sociais que nessa se formam; e, por último, pensar a possibilidade de colocar as crianças como sujeitos das pesquisas, dando visibilidade àquilo que as crianças produzem e relatam em seu próprio tempo e espaço (BREDEL, 2015, p. 111). Nas palavras de Fernandes (1979, p. 219): "o interessante, para nós, é que se trata, exatamente, do aspecto da socialização elaborado no seio dos próprios grupos infantis, ou seja: a educação da criança, entre as crianças e pelas crianças".

Não foi apenas a sociologia tradicional a secundarizar a infância por muitos anos; as políticas públicas também o fizeram por longa data, inclusive, ao formar o complexo aparato de proteção jurídico e social sobre o tema. No livro "Século Perdido: raízes históricas das políticas públicas para a infância no Brasil", Irene Rizzini (2011) retoma o percurso histórico do significado social da infância desde a formação do Brasil moderno, que foi marcado por ambivalências onde a criança, em particular aquela originária dos segmentos mais pobres, era vista ora como problema, ora como solução. Nas palavras da autora: "problema porque embrião da viciosidade e da desordem e solução porque, ainda facilmente moldável, prestava-se a que fosse educada como elemento útil a nação" (2011, p. 150).

A infância, seguindo as transformações que marcaram a passagem entre os séculos XIX e XX, deixou de ser um objeto de interesse, preocupação e ação restrita ao âmbito privado da família e da igreja para se tornar uma questão de cunho social, de competência administrativa do Estado, o qual passaria a ditar as regras sobre o estabelecimento da obrigatoriedade do ensino, da regulamentação do trabalho infantil, da interpretação sobre o Pátrio Poder, da legislação penal entre outros exemplos. Assim, no final do século XIX a sociedade brasileira, já em processo de industrialização e urbanização, apontava suas metas jurídico-médico-assistenciais sobre a criança conforme as funções da prevenção (vigilância e controle), da educação (moldar os hábitos do trabalho e da ordem), da recuperação (tornar útil e distante da criminalidade) e da repressão (conter o menor delinquente, para que não cause danos e possa se reabilitar).

Da análise histórica da concepção de infância, percebe-se que as mudanças no seu entendimento guardam, até os dias atuais, muitos aspectos das suas concepções anteriores. A herança da cultura cristã europeia de tempos medievais, em que a criança era vista como imagem da pureza e da inocência, representada pela figura da "alma-cândida" ou do "anjinho", no decorrer dos anos passou a ser confrontada com a concepção científico-racional da época moderna, em que a família e a sociedade assumiram a tarefa de moldá-la. Ao mesmo passo, a criança ficava a salvo de eventuais descaminhos e vícios, bem como nutria uma espécie de "chave para o futuro" no qual a criança precisa ser salva para salvar o país.

A partir do século XX, esses estereótipos persistem com novas roupagens, sobretudo, no sentido moralizador do cuidar de uma infância material e moralmente abandonada. No Brasil dos anos iniciais da República, por exemplo, em que o Estado tomou a dianteira na construção de um projeto de nação, ainda incipiente, a ideia de "salvar" a criança era uma missão que ultrapassava os limites da família e da religião, vez que era preciso uma intervenção estatal capaz de defender a sociedade em nome da ordem e da paz social. Essa missão de ordem pública foi a base da formação da política de proteção de crianças, adolescentes e jovens no Brasil no início do século XX, propondo uma aliança entre os representantes da Justiça e da Assistência Social para a criação de um "sistema de proteção aos menores" composto por legislações específicas e estruturas de tutela da família e da criança pelo Estado. A figura do "menor", assim, passa a ser "entendida como uma categoria socialmente construída e oriunda daquela aliança" (RIZZINI, 2011, p. 125).

O primeiro Código de Menores do país,[61] vigente entre 1927 e 1979, ilustra bem tal cenário. Com o anseio de resolver o problema do menor, a lei deu margem a práticas arbitrárias e impositivas contra crianças, adolescentes, jovens e seus familiares, na medida em que impôs classificações e ações com reflexos na investigação da família, na imputabilidade do menor, nas políticas de internação e recolhimento de menores e na forma de atuação do Tribunal e Juizado de Menores. Desse modo, a criança, como categoria social e jurídica, diferencia-se da figura do menor: a primeira, sob os cuidados da família e propensa ao exercício da cidadania; já a segunda, representa a parcela da infância abandonada (moral ou materialmente) e delinquente.

Jesus (2006, p. 45) lembra, também, como a inclusão da expressão "ou em perigo de o ser" em diferentes artigos do Código de 1927[62]

---

[61] Trata-se do primeiro Código dos Menores brasileiro. O Decreto nº 17.943, de 12 de outubro de 1927, consolidou os esforços de especialistas da época que lutavam por uma legislação específica na área, dentre eles, o juiz José Cândido Albuquerque Mello Mattos, conhecido como "apóstolo da infância".

[62] A título de exemplo, podem ser citados o artigo 68, §2º: "Se o menor for abandonado, pervertido ou estiver em perigo de o ser, a autoridade competente proverá a sua colocação em asilo casa de educação, escola de preservação ou confiará a pessoa idônea por todo o tempo necessário à sua educação comando que não ultrapasse a idade de 21 anos", o artigo 173: "Sempre que for vítima da infração penal algum menor de 18 anos, abandonado,

ampliou essa ambivalência, pois abriu a possibilidade de enquadrar qualquer um no raio de ação de competência da lei, onde uma simples suspeita, desconfiança ou preconceito passaram a fundamentar a atuação do Tribunal e dos Juizados de Menores. Mesmo que o Código Mello Mattos não se aplique atualmente, o seu paradigma da situação irregular, no qual imperava a classificação e a diferenciação do público infantojuvenil, deixou raízes profundas na sociedade brasileira. Essas marcas, inclusive, justificam a preocupação de novos estudos nessa área, principalmente quanto à denúncia de não concretização da revisão normativa do direito de crianças, adolescentes e jovens que, no momento presente, são titulares de uma proteção diferente, fundada na integralidade dos direitos da pessoa em desenvolvimento.

Desse quadro teórico de Rizzini (2011) e, antes, de Fernandes (1979), nota-se como a noção de infância é complexa e heterogênea, exigindo um olhar mais amplo e interdisciplinar para sua análise. Tal entendimento se evidencia, também, no estudo de outras categorias que se relacionam com o tema da criança, como é o caso da adolescência e da juventude, todas compreendidas como pontos importantes de reflexão dessa obra, vez que elas compartilham uma espécie de tutela diferenciada na perspectiva do Direito brasileiro, especialmente após a Constituição de 1988 e do Estatuto da Criança e do Adolescente. Mais do que esmiuçar as diferentes dimensões que envolvem o estudo das crianças, dos adolescentes e dos jovens, o que se espera neste tópico é ressaltar como tais categorias fazem parte da formação brasileira e, dessa maneira, são marcadas por tensões e contradições, muitas das quais continuam presentes até os dias de hoje. Além disso, analisar esse público infantojuvenil sob a luz do tempo presente também levanta questões sobre como as demandas e as representações dessas pessoas em desenvolvimento, que são diversas e peculiares, são percebidas em situações de violação ou ameaça de violação.

Na tentativa de enfrentar esse problema, inclusive considerando a inserção do conjunto de significados sobre o tema dos direitos de crianças, adolescentes e jovens pelos meios de comunicação de massa, analisa-se, a seguir, a dimensão normativa de garantia de direitos, que inclui promoção, proteção e defesa das pessoas em desenvolvimento, para, adiante, apontar as representações chave da mídia brasileira que

---

pervertido ou em perigo de o ser, a autoridade policial ou o juiz da formação da culpa mandará entregá-lo no juiz de menores, para os fins de direito", entre outros (BRASIL, 1927).

podem ajudar a elucidar o exercício (ou não) do paradigma da proteção integral formalizado na CF/88 e no ECA, cada dia mais colocado em xeque na realidade política brasileira.

3.2 O paradigma da proteção integral em questão

Os dias atuais marcam tempos de mudança, o que não significa, necessariamente, o aprimoramento de experiências anteriores, na medida em que também podem representar o seu contrário: o retorno de práticas combatidas de outrora. Nesse ponto, o esvaziamento do paradigma da doutrina da proteção integral de crianças, adolescentes e jovens torna-se um caso exemplar. Em entrevista de agosto de 2018, o Presidente da República Jair Bolsonaro, à época ainda candidato, expunha sua visão sobre tal tema afirmando que, se eleito, pretendia "rasgar o Estatuto da Criança e do Adolescente (ECA) e jogá-lo na latrina", uma vez que o normativo representa "um estímulo à vagabundagem e à malandragem infantil" (GOMES, 2018).

A declaração do candidato à Presidência da República ocorria no mesmo dia em que respondia aos jornalistas sobre o fato de "ensinar" a um menino de cinco anos de idade como simular uma arma com as mãos e de defender que crianças de tenra idade poderiam aprender a atirar, a exemplo dos seus filhos, contrariando o que o ECA, de maneira expressa, trata como crime: "vender, fornecer, ainda que gratuitamente, ou entregar, de qualquer forma, a criança ou adolescente arma, munição ou explosivo"[63] (BRASIL, 1990).

Em outra passagem da entrevista, Jair Bolsonaro afirma que se um adolescente cometesse um crime contra alguém de sua família, ele "não terá outra chance" (sic.), traçando o seguinte paralelo: "cachorro de seis meses de idade não morde a gente. Como um outro animal, com 17 anos, pode dar um tiro na gente, estupra, mata, faz e acontece e tem gente achando que eles não estão devidamente formados?" (SOARES, 2018). Assim como alertava Rizzini (2011) e Jesus (2006) sobre a representação da infância perigosa ou potencialmente perigosa ("em perigo de o ser"), o apelo evocado pelo perigo, pela insegurança ou pelo medo, assim como em décadas anteriores, retoma bases do binômio repressão-punição como forma de fazer política na seara infantojuvenil.

---

[63] Artigo 242 do Estatuto da Criança e do Adolescente (ECA) afirma que: "Art. 242. Vender, fornecer ainda que gratuitamente ou entregar, de qualquer forma, a criança ou adolescente arma, munição ou explosivo: Pena -reclusão, de 3 (três) a 6 (seis) anos". (BRASIL, 1990).

Nada de novo no conteúdo dessas declarações, afinal, Jair Bolsonaro, em mais de duas décadas como Deputado Federal, é conhecido por vociferar críticas sobre o tratamento legal destinado ao público infantojuvenil no Brasil. Contudo, o que chama atenção neste caso é a naturalização da mídia e da opinião pública sobre as suas ideias, que vão muito além de uma proposta de aperfeiçoamento do espectro de direitos de crianças e adolescentes. Aponta-se, em sentido oposto, para uma alteração do núcleo de garantias que se desenvolveu no país desde a sua redemocratização, que articula o modelo de Estado social da Constituição de 1988 com a tentativa de superação das práticas dos antigos Códigos de Menores, de 1927 e de sua revisão em 1979.

Antes de se apontar quais são as tensões em choque na atual conjuntura do país, vale abordar as características que alicerçaram a arquitetura social e jurídica do paradigma da proteção integral, hoje posto em questão pelo seu principal governante. O direito da criança e do adolescente, em um processo iniciado com a Constituição de 1988, consolidou-se como ramo autônomo do Direito brasileiro, formado por uma rede de proteção com variados diplomas legais e normativos em geral, dos quais se destaca o Estatuto da Criança e do Adolescente (DUPRET, 2010, p. 21). De acordo com suas premissas, a pessoa em desenvolvimento não mais ostenta a condição de mero objeto de proteção, conforme dispunha o revogado Código de Menores de 1979, ao contrário, crianças e adolescentes são considerados sujeitos de direitos, titulares de garantias expressas a todos os brasileiros e, também, de direitos e princípios próprios (ROSSATO *et al.*, 2012, p. 45).

De forma abrangente, o Estatuto da Criança e do Adolescente engloba "um feixe de direitos" (ARANTES, 2008, p. 15) que não se limita a disciplinar os menores em situação irregular (sem pai, sem mãe ou em ato infracional), mas que se aplica a todo público infantojuvenil com o fim de assegurar-lhe proteção integral, em qualquer situação. Influenciado pelas mudanças das concepções dos direitos humanos da criança e do adolescente em ordem internacional,[64] o ECA alinhou-se à Convenção das Nações Unidas sobre os Direitos da Criança, de 1989, na medida em que estabeleceu uma nova lógica de direitos e garantias, bem como acolheu a concepção de desenvolvimento integral da criança.

---

[64] Diversas convenções internacionais podem ser citadas nesse contexto, entre as quais se destacam a Convenção das Nações Unidas sobre os Direitos da Criança (CSDC), de 1989, Diretrizes das Nações para a Prevenção de Delinquência Juvenil (Diretrizes de Riad), de 1988, e Regras Mínimas das Nações Unidas para a Prevenção da Delinquência Juvenil (Regras de Beijing), de 1985 (JESUS, 2006, p. 65).

Nessa perspectiva, o artigo 227, *caput*, da Constituição de 1988, estabelece:

> Art. 227. É dever da família, da sociedade e do Estado assegurar à criança, ao adolescente e ao jovem, com absoluta prioridade, o direito à vida, à saúde, à alimentação, à educação, ao lazer, à profissionalização, à cultura, à dignidade, ao respeito, à liberdade e à convivência familiar e comunitária, além de colocá-los a salvo de toda forma de negligência, discriminação, exploração, violência, crueldade e opressão (BRASIL, 1988).

O artigo 227 do texto constitucional atribui à criança, ao adolescente e ao jovem a condição de momentos particulares da vida do ser humano e, por isso, assegura a tal público o *status* de pessoas em situação peculiar de desenvolvimento. Confere a esses sujeitos, ainda, a titularidade de direitos fundamentais e determina que o Estado os promova por meio de políticas públicas. Assim, todos os sujeitos em desenvolvimento passam a ser reconhecidos como merecedores de direitos próprios e especiais que, em razão de sua condição específica de pessoa em desenvolvimento, necessitam de uma proteção especializada, diferenciada e integral (VERONESE, 2003, p. 439). Ainda por força do artigo 227 da Constituição de 1988, fundamenta-se o princípio da absoluta prioridade dos direitos da criança e do adolescente, sendo destinatários deste dispositivo a família, a sociedade e o Estado. Desse modo, crianças e adolescentes não devem apenas receber atenção e tratamento prioritários, mas também ter a garantia que essa prioridade seja absoluta, isto é, anterior e acima de qualquer outra (DIGIÁCOMO *et al.*, 2013, p. 6).

Quando se combina o artigo 227, *caput*, com o artigo 1º do ECA,[65] evidenciam-se as bases que sistematizam a doutrina da proteção integral, identificada no ordenamento jurídico pátrio como princípio que "consubstancia o modelo de tratamento da matéria relacionada à infância e à juventude" (ROSSATO *et al.*, 2012, p. 77). Aqui, nota-se um novo referencial para todo a sociedade, ao passo que o direito de crianças e adolescentes mostra-se como um subsistema propício a solucionar problemas processuais ou substantivos que digam respeito a esse público, estimulando, inclusive, a ressignificação de outras áreas

---

[65] Artigo 1º do Estatuto da Criança e do Adolescente (ECA) afirma que: "Esta Lei dispõe sobre a proteção integral à criança e ao adolescente" (BRASIL, 1990).

de atuação do Estado e da sociedade. Trata-se, assim, de "marco teórico-pragmático que deve servir de orientação vinculativa a todas as ações (atribuições e competências) governamentais e não-governamentais que se realizem em prol da criança e do adolescente" (RAMIDOFF, 2011, p. 26).

Com a recepção da doutrina da proteção integral pela legislação brasileira, o foco do Direito centra-se na criança e no adolescente e nas causas que os envolvem, prisma sob o qual as ações devem ser decididas (ARANTES, 2008, p. 16). Supera-se, dessa maneira, o campo restritivo do jurídico-legal para se fundamentar uma nova forma de encarar política jurídica sobre tal tema.

Outro princípio a ser considerado é o do melhor (ou superior) interesse da criança e do adolescente. Presente nos documentos internacionais sobre a matéria,[66] o princípio do melhor interesse é disposto de maneira expressa no artigo 100, inciso IV, do ECA, que determina que toda intervenção deve atender, prioritariamente, aos interesses das pessoas em desenvolvimento, sem prejuízo no âmbito da pluralidade dos interesses presentes no caso concreto (BRASIL, 1990). Mais do que um valor, o melhor interesse da criança e do adolescente é um fundamento do próprio Direito da Criança e do Adolescente, que não se restringe às medidas de proteção do artigo 10, do ECA (ROSSATO et al., 2012, p. 80). Ademais, deve-se considerar tal princípio como norma de cumprimento obrigatório em decorrência da aprovação da Convenção sobre os Direitos da Criança[67] pelo ordenamento interno.

Não se pode, contudo, conferir ao princípio do melhor interesse um alcance maior do que ele realmente possui, atribuindo à pessoa em desenvolvimento uma proteção exagerada e descontextualizada. O citado princípio deve ser interpretado como uma prescrição dirigida ao Estado-administrador, ao Estado-juiz e ao Estado-legislador na busca por alternativas mais adequadas às reais necessidades da criança e do adolescente. No mesmo sentido, a família (nuclear ou alargada) deve ater-se à observância do princípio do melhor interesse para a tomada de qualquer decisão que diga respeito aos filhos menores (MONACO, 2008, p. 58-59).

---

[66] O princípio do melhor interesse da criança está previsto em diversos artigos da Convenção sobre os Direitos da Criança (CSDC), de 1989, e nas Diretrizes de Riad, de 1988.

[67] A Convenção sobre os Direitos da Criança (CSDC), de 1989, foi aprovada internamente pelo Decreto legislativo 28/1990, e promulgada pelo Decreto de execução 99.719/1990, razão pela qual integra formalmente o Sistema de Proteção dos Direitos da Criança e do Adolescente (ROSSATO et al., 2012, p. 80).

Em situações de conflitos de normas por lacunas, omissões ou dúvidas, o Estatuto da Criança e do Adolescente aponta a solução no seu artigo 6º. Segundo esse dispositivo, a interpretação do ECA sempre deve considerar alguns critérios especiais, que são: os fins sociais a que ele se dirige, as exigências do bem coletivo, os direitos e deveres individuais e coletivos e a condição peculiar da criança e do adolescente como pessoa em desenvolvimento (CERQUEIRA, 2010, p. 33). Esse entendimento pode ser exemplificado na decisão do Superior Tribunal de Justiça, no Recurso Especial 124.621/SP, julgado em 1999, na qual se afirmou que "a legislação que dispõe sobre a proteção à criança e ao adolescente proclama enfaticamente a especial atenção que se deve dar aos seus direitos e interesses e à hermenêutica valorativa e teleológica na sua exegese" (STJ, 1999).

Das regras de interpretação do ECA, reputa-se inadmissível que qualquer disposição estatutária seja interpretada ou aplicada em prejuízo das crianças ou dos adolescentes que, em última análise, são os destinatários da norma e da integral proteção por parte do Poder Público, incluído o Poder Judiciário (DIGIÁCOMO *et al.*, 2013, p. 10). Em uma hipótese de conflito de direitos, a proteção dos interesses das crianças e dos adolescentes deve prevalecer sobre qualquer outro bem ou interesse juridicamente tutelado (FERREIRA, 2008, p. 16).

Abordado o tratamento jurídico da infância e da juventude no Brasil, que, por força da lei constitucional, infraconstitucional e dos documentos multilaterais, possui proteção especial, torna-se possível o exame específico dos direitos à imagem, à identidade, à honra, à intimidade da pessoa em desenvolvimento[68] entre outros direitos a esses conexos. No país, as crianças e os adolescentes devem ter garantida uma vida digna, livre de violência, bem como a preservação da sua integridade física e psicológica, para que possam desenvolver de forma saudável suas vidas e assim promover a dignidade da pessoa humana (CARDIN; MOCHI, 2012).

No âmbito da solução de colisão de direitos fundamentais, envolvendo, por exemplo, restrições de direitos à imagem e da

---

[68] Entre os autores que admitem a tutela específica da criança e do adolescente nos direitos à intimidade, à honra, à identidade, à imagem e outros direitos a esses conexos, destacam-se David Cury Júnior (2006, p. 82-88); Nelson Nery Júnior e Martha de Toledo Machado (2002, p. 16); e Tânia da Silva Pereira (2008, p. 18-19). Nessa perspectiva, adota-se uma visão doutrinária integrativa entre Direito Constitucional e o Direito Civil, ao passo que os direitos da personalidade específicos à pessoa em desenvolvimento visam atingir a efetiva tutela dos direitos da pessoa humana.

liberdade de imprensa, há de ser analisado o caso concreto a partir da constatação que existe uma tutela especial, peculiar às pessoas em desenvolvimento e amparado nos princípios de proteção integral e da maior vulnerabilidade (CURY JÚNIOR, 2006, p. 85). Desse exemplo, muitas situações podem receber raciocínio semelhante, pois, no caso concreto, o que se deve buscar na aplicação do Direito é uma maior harmonia com o sistema de garantias de direitos humanos infantojuvenis proposto pela CF/88 e, posteriormente, regulamentado pelo ECA.

Pelo que se apresentou até aqui, não se pretende defender que o Estatuto da Criança e do Adolescente é perfeito e está isento de críticas. Ao contrário, em quase 30 anos da sua promulgação, muito se tem a criticar sobre o tratamento legal infantojuvenil, em particular, sobre a sua incapacidade de criar instrumentos que busquem uma maior aplicabilidade do que a lei se propõe.[69] Realidade que se torna ainda mais complexa, quando se considera o quadro geral de implantação do ECA, na contramão da gestão neoliberal do Estado brasileiro desde os anos de 1980.[70]

Isso não significa negar suas bases constitucionais, que, democraticamente, consolidaram o entendimento legal da doutrina da proteção integral como um sistema de natureza trina: "diferenciada, integral e especializada" (LIBERATI, 1991, p. 2) desde a promulgação da CF/88. O ECA, por sua vez, propõe regulamentar expressamente esse sistema de proteção[71] elegendo como diretrizes o princípio da prioridade absoluta, o princípio do melhor interesse da criança e o princípio

---

[69] A título de exemplo, cita-se o relatório avaliativo do ECA, organizado pela Secretaria Nacional de Promoção dos Direitos da Criança e do Adolescente em parceria com o Conselho Nacional dos Direitos da Criança e do Adolescente. Lançado em 2016, o relatório faz um balanço sobre os 25 anos da promulgação do ECA, apontando um conjunto de desafios e críticas sobre tema (CNDCA; SNPDCA, 2016).

[70] Como alerta Aleixo (2012, p. 59-60), o surgimento do ECA sob marcos neoliberais ensejou um verdadeiro impasse para o público infantojuvenil, na medida em que tais pessoas adquiriram formalmente uma ampla gama de direitos sem que fosse viabilizada a sua correspondente efetivação. Assim, o que poderia significar um avanço sob perspectiva libertária e de promoção da criança e do adolescente restou prejudicado.

[71] Trata-se do sistema de proteção tradicionalmente conhecido como "Sistema de Garantia dos Direitos da Criança e Adolescente", que, além de considerar a prioridade absoluta, a prevalência do melhor interesse e a descentralização da política administrativa do atendimento, contempla também a manutenção dos fundos especiais, a participação popular paritária na gestão pública, a integração operacional de determinados atendimentos e a mobilização social, estabelecendo, assim, os "parâmetros-regra" (NOGUEIRA NETO, 2005) de proteção dos direitos do público infantojuvenil.

da municipalização na descentralização das políticas, com objetivo de dar concretude à doutrina da proteção integral.

Dessa maneira, não se pode perder de vista a articulação constitucional, infraconstitucional e de ordem internacional sobre os direitos das crianças e dos adolescentes no Brasil. Não se trata da escolha de um ou outro governante, deste ou daquele partido, mas sim do resultado de um longo processo de mobilizações sociais e de construção coletiva de direitos, deveres, garantias e políticas públicas que mostraram sua força na Assembleia Constituinte e, consequentemente, na Constituição de 1988 e no Estatuto da Criança e do Adolescente em 1990.

A campanha presidencial de 2018, por seu turno, não representou a primeira tentativa de rever esse quadro normativo e político, vez que outras iniciativas nesse sentido já ocorreram no passado, seja pela resistência de alguns setores do Estado e da sociedade sobre o cumprimento das leis na área infantojuvenil, seja pela revisão legal por fóruns legislativos de diferentes âmbitos da Federação.[72] Contudo, agora, em um contexto de transição de poder do representante máximo do Executivo, a forma discursiva e pragmática que se aborda o tema guarda algo novo e preocupante, a saber: o desprezo pelas bases normativas e pelos valores humanos assegurados constitucionalmente a essas novas subjetividades, crianças e adolescentes. Isso alerta que o que está em jogo não é uma mera reforma de lei infraconstitucional, mas sim uma alteração constitucional ampla, que merece reflexão e problematização.

No âmbito desta obra, a seguir apontam-se cinco situações emblemáticas de violação ou ameaça de violação dos direitos de

---

[72] Em 2018, por exemplo, a ABRINQ (2018a), que desenvolve projetos sociais para crianças em todo o Brasil, lançou a 5ª edição do Caderno Legislativo da Criança e do Adolescente. Trata-se de um material que acompanha o andamento de Projetos de Lei, Propostas de Emenda Constitucional (PEC) e outras matérias relativas à infância e adolescência no Congresso Nacional. Na prática, a publicação selecionou 25 proposições legislativas consideradas prioritárias para a proteção dos direitos do público infantojuvenil e, com base nos Objetivos de Desenvolvimento Sustentável (ODS), aponta que apenas 7 destes projetos, se aprovados, poderiam promover condições favoráveis ao cumprimento das metas da ONU para esse público. Dos projetos que são considerados um retrocesso desses direitos, destacam-se: PL nº 7.180/2014 (Implantar a Escola Sem Partido); PL nº 3.010/2011 (Eliminar o Material Didático e de Educação Sexual); PEC nº 18/2011 (Redução da Idade Mínima para o Trabalho); PLS nº 231/2015 (Trabalho Infantil Artístico e Desportivo); PLS nº 101/2017 (Serviço Militar para Adolescentes); PEC nº 115/2015 (Redução da Maioridade Penal); PL nº 6.433/2016 (Armas e Agentes Socioeducativos); PL nº 7.197/2002 (Aumento do Tempo de Internação); PLS nº 219/2013 (Corrupção de Crianças e Adolescentes), sendo alguns desses projetos de lei assunto dos tópicos deste capítulo do livro.

crianças, adolescentes e jovens que ajudam a contextualizar, histórica e conjunturalmente, os traços da formação brasileira (violência, desigualdade, não-cidadania e arbitrariedade) e a relação com os meios de comunicação de massa na construção de representações sobre tal público (seletividade, erotização e estereotipização), onde a figura do sujeito de direito, por vezes, passa a ser substituída pela representação da mídia como sujeito temível e perigoso. Fato esse que reforça a importância de um sistema de direitos e garantias fundamentais que se faça presente e atuante na vida das pessoas em desenvolvimento.

3.3 Violência que mata os mais jovens, um registro seletivo da mídia

Para muitas entidades de promoção de direitos humanos de crianças e adolescentes, a exemplo do UNICEF (2015), o Estatuto da Criança e do Adolescente representou uma das principais experiências legislativas da América Latina, uma vez que conseguiu, como poucas leis infraconstitucionais, traduzir em âmbito nacional os princípios que norteiam a Convenção sobre Direitos da Criança, de 1989, e outros tratados internacionais de direitos humanos dela correlatos. Contraditoriamente, nos últimos anos a realidade brasileira caminha à margem do que a lei se propõe quanto ao predomínio da proteção do público infantojuvenil contra a violência letal a que possa estar submetido. Nesse ponto, a publicação comemorativa dos 25 anos do ECA, lançada em 2015 pelo UNICEF, aborda o contraste que a entidade considera o mais grave: hoje, as chances de uma criança ou um adolescente morrer assassinado no Brasil mostram-se maiores do que em 1990, ano de promulgação do ECA – a indicar que algo não caminha bem.

Mas qual a extensão do problema da letalidade infantojuvenil? Na tentativa de responder tal questão, três pesquisas quantitativas e qualitativas podem ser citadas: o Mapa da Violência (WAISELFISZ, 2015), o Índice de Homicídio na Adolescência (MELO; CANO, 2017) e o Atlas da Violência (IPEA; FBSP, 2018). Tais pesquisas revelam que o Brasil é um dos países mais violentos do mundo e que tem entre os mais jovens, na maioria homens, negros e moradores de regiões periféricas das cidades, as principais vítimas dessa triste realidade. Trata-se, assim, do problema da banalização da violência, em que o extermínio físico das pessoas em desenvolvimento torna-se cotidiano e parte integrante de uma agenda política de segunda ordem pelo Estado, pela sociedade e pela grande mídia.

Conforme o Atlas da Violência (IPEA; FBSP, 2018), no ano de 2016, último ano de dados disponíveis da pesquisa, o Brasil atingiu número recorde de homicídios, alcançando um total de 62.517 mortes letais, o que proporcionalmente representa a taxa de 30,3 homicídios para cada 100 mil pessoas. A título de comparação, o número total de homicídios foi 5% maior do que no ano anterior e 14% maior do que o registrado dez anos antes. Ao longo da década de 2006 a 2016, o aumento do número de mortes foi praticamente contínuo, saindo do patamar de 49,7 mil mortes até chegar aos números mais recentes.

Nota-se, também, que esse cenário não se reproduz da mesma forma em todos os segmentos da população, pois existem aqueles, como é o caso dos mais jovens, que a proporção de assassinados é ainda mais expressiva. Das 62 mil vítimas de homicídio, 33,6 mil tinham entre 15 e 29 anos, alcançando uma taxa de homicídio, entre os jovens, de 65,5 por 100 mil pessoas. Em outros termos, entre os jovens o risco de morrer assassinado é mais do que o dobro da média da população. E, se considerados os homens jovens, a situação é ainda mais grave, na medida em que são 123 homicídios a cada grupo de 100 mil pessoas, isto é, quatro vezes a média do país.

Em uma abordagem diferente daquela do Atlas da Violência, o Índice de Homicídios na Adolescência (IHA), desenvolvido pelo Programa de Redução da Violência Letal, busca estimar o risco de mortalidade por homicídio de adolescentes que residem em um determinado território, visando exemplificar o impacto da violência letal neste grupo social e monitorar o fenômeno como forma de subsidiar as políticas públicas de prevenção na área. Na prática, o valor do IHA representa o número de adolescentes mortos por homicídio entre 12 e 18 anos para cada grupo de mil pessoas. Segundo o IHA (CANO; BORGES, 2017), estima-se que, se nada for feito para alterar as condições do ano de 2014, 43 mil adolescentes poderão ser mortos, entre 2015 e 2021, nos 300 municípios brasileiros com mais de 100 mil habitantes, representando o número mais alto já registrado pela pesquisa, elaborada desde 2005.

Em termos gerais, nesses municípios analisados, a taxa de assassinatos de jovens chegou a 3,65 por mil adolescentes, ou seja, para cada mil adolescentes que completam 12 anos, mais de três são vítimas de homicídios antes de chegar aos 19 anos. No Nordeste, região com números mais alarmantes, o índice é de 6,5 por mil adolescentes, número que representa um aumento maior que o dobro se comparado com a pesquisa do ano de 2005.

O IHA aborda, ademais, parâmetros de gênero, cor, idade e meio utilizado no homicídio, reforçando a tendência apresentada no Atlas da Violência, uma vez que no ano da pesquisa do IHA, 2014, notou-se que os adolescentes do sexo masculino têm um risco 13,52 vezes superior ao das adolescentes do sexo feminino, que os adolescentes negros apresentam um risco 2,88 vezes superior ao dos brancos e que as chances de ser morto por arma de fogo é 6,11 vezes maior do que por outros meios. Por último, do IHA também se observa que a violência letal não atinge somente os adolescentes, pois os grupos de jovens com idade entre 19 e 24 anos têm risco de morrer por homicídio quase duas vezes superior ao grupo de adolescentes.

Essas duas pesquisas ajudam a elucidar que existe um perfil da violência no país, que incide com mais força em determinados territórios e grupos de pessoas, além de privilegiar o uso de meios específicos, como é o caso da arma de fogo nos atos de homicídios. Dentre os grupos sociais "contra quem" a violência é tolerada, destaca-se a juventude oriunda das classes populares, especialmente jovens negros do sexo masculino, moradores das periferias de áreas metropolitanas das grandes cidades do país.

A partir de outros estudos, novos elementos podem ser agregados à análise anterior, na medida em que essa violência social não pode ser tratada como um fato que seja explicado e compreendido pela ação isolada dos indivíduos, seus temperamentos, irascibilidade ou ainda pelo uso de substâncias estimuladoras, como o álcool ou as demais drogas, mas sim pelo entendimento de um contexto de violência que articula, por exemplo, o racismo e a impunidade como componentes integrantes na degradação do ambiente social brasileiro (WAISELFISZ, 2015, p. 10).

> A violência torna-se uma linguagem cujo uso é validado pela sociedade, quando esta se omite na adoção de normas e políticas sabidamente capazes de oferecer alternativas de mediação para os conflitos que tencionam a vida cotidiana, aprofundam as desigualdades e promovem injustiças visíveis. A tradição de impunidade, a lentidão dos processos judiciais e o despreparo do aparato de investigação policial são fatores que se somam para sinalizar à sociedade que a violência é tolerável em determinadas condições, de acordo com quem a pratica, contra quem, de que forma e em que lugar (WAISELFISZ, 2015, p. 9).

Nota-se, assim, que a vida em sociedade apresenta uma violência com muitas faces e que age de formas diferentes. A definição de violência do dicionário, por exemplo, como substantivo feminino: "qualidade ou característica de violento; ato de crueldade; emprego de meios violentos; fúria repentina; ou, por fim, a coação que leva uma pessoa à sujeição de alguém" (MICHAELIS, 2018), por si só não é capaz de apresentar todas as dimensões desse fenômeno, muito menos articulá-las em torno de um único marco conceitual. No caso específico deste livro, que aborda a forma de violência física que compreende os assassinatos das pessoas mais jovens, não se pretende ignorar a relação dessa última com as demais dimensões da violência, que são múltiplas e que podem se articular mutuamente, a exemplo das violências institucional e simbólica.[73]

A vertente da violência institucional pode ser ilustrada, sobretudo, pelo elevado número de mortes cometidas por policiais ao longo das últimas décadas, em serviço ou fora dele. Grande parte dos casos não é sequer investigada em razão das alegações de "autos de resistência" ou "homicídio decorrente de intervenção policial". Segundo dados da Anistia Internacional (2015, p. 1), dos 220 registros de homicídios decorrentes de intervenção policial na cidade do Rio de Janeiro em 2011, apenas uma denúncia havia sido feita por parte do Ministério Público contra os policiais envolvidos, e 83% das investigações ainda não tinham sido concluídas até abril de 2015.

Vê-se, assim, que a redemocratização do país e a sua configuração como Estado Democrático de Direito não foram capazes de alterar o quadro de violência estatal e de letalidade da atuação policial. Esse cenário de violência letal articula-se com o grande arsenal de armas de fogo existente no país e produz o seguinte quadro: das 39.686 vítimas de disparo de qualquer tipo de arma de fogo, em 2012, 28.946 eram negros, e 10.632, brancos (WAISELFISZ, 2015). O elevado número de "mortes matadas por armas de fogo" é atribuído ao arbítrio das polícias, às balas perdidas entre traficantes e aos confrontos entre os próprios jovens em uma das poucas alternativas de trabalho e ocupação, que representa o tráfico de drogas.

Na dimensão da violência simbólica, destaca-se o papel da mídia sobre a leitura desse fenômeno. A percepção seletiva da violência apresenta-se na cobertura midiática e na comoção diferenciada da opinião pública, a depender da cor da pele e da origem social do jovem vítima de violência. Conforme expresso por Silvia Ramos,

---

[73] Reforça a leitura de Zizek (2014), já abordada no capítulo 1, tópico 1.4, em que a violência é um fenômeno amplo e articulado entre diferentes formas de concepção.

"na medida em que o perfil das vítimas de homicídios fica mais negro, mais pobre e mais nordestino, a tendência é que a indiferença e a naturalização aumentem" (RAMOS *apud* TREVISAN, 2014, p. 1). Na mesma perspectiva, a pesquisa realizada pela ANDI – Comunicação e Direitos aponta a propensão dos jornais impressos brasileiros em dissociar as violências físicas praticadas contra a população negra e o debate sobre seu contexto primordial de produção: a violência simbólica do racismo (2012, p. 8).

Dessa maneira, a atividade jornalística reproduz a visão hierarquizada presente no pacto social brasileiro, que coloca a pessoa negra na base da pirâmide, mediante um processo de "invisibilidade social", criando obstáculos ao progresso social e humano dos negros no Brasil (BRASIL, 2014, p. 6).

Do ponto de vista dos mais jovens, neste caso, adolescentes e jovens entre 14 e 20 anos do município do Rio de Janeiro que foram entrevistados pela pesquisa "Juventude, Violência e Cidadania" (MINAYO *et al.*, 1999), a mídia muitas vezes distorce as informações sobre violência, ora exagerando, ora omitindo determinados aspectos essenciais para a compreensão do evento em si. A maioria desses jovens considera que a cobertura dos meios de comunicação social mostra somente o que acontece nas favelas e periferias da cidade, reforçando a discriminação e exclusão vivenciadas pelos moradores dessas comunidades.

Isso fica evidente, por exemplo, no hiperdimensionamento da mídia sobre crimes cometidos por pessoas mais jovens e na diferenciação de enquadramento das notícias dos jornais sobre o tema do adolescente infrator: em uma perspectiva, prevalece o "menor delinquente", em outra, o "adolescente suspeito".[74] Essa diferença explicita a existência

---

[74] Na pesquisa "Balas Perdidas", realizada pela ANDI e outros parceiros, foi proposta a análise de 46 jornais, de 24 estados, de julho 2000 a junho 2001, considerando o comportamento da imprensa e a qualidade do tratamento dos temas relacionados à violência envolvendo crianças e adolescentes. Evidenciou-se uma tendência que permanece até os dias atuais: a cobertura crescente da mídia de crimes envolvendo adolescentes e jovens, em grande medida, exagerada, se considerado que apenas 10% dos delitos praticados no Brasil foram cometidos por adolescentes neste período (ANDI *et al.*, 2001). Em diálogo com a pesquisa "Balas Perdidas", o relatório elaborado pela Fundação ABRINQ, no contexto da Resolução da ONU, "Transformando Nosso Mundo: a Agenda 2030 para o Desenvolvimento Sustentável", em 2015, observa uma espécie de afunilamento no tratamento oferecido aos jovens de diferentes classes sociais, raça e gênero, que se reproduz, por exemplo, nas representações da mídia. Assim, convive-se com uma classificação de determinados adolescentes como "suspeitos em potencial", tão difundida na sociedade brasileira, que guarda em si uma grande violência simbólica, que impõe sua força a partir da construção de estereótipos e estigmas dessas pessoas em desenvolvimento (ABRINQ, 2015).

de representações midiáticas diferentes para sujeitos em contextos diversos, em um cenário no qual, ao mesmo tempo, o número de assassinatos das pessoas mais jovens cresce, e ganha força na agenda política do país o discurso em defesa da redução da maioridade penal.

3.4 A redução da maioridade penal como "nova" alternativa de controle

Na esteira da Constituição Federal de 1988 (artigo 227, *caput*) e da Convenção sobre os Direitos da Criança (artigo 1º), a Lei nº 8.069/1990 adotou a expressão "criança e adolescente", em clara substituição ao termo "menor". Tal termo possuía conotação discriminatória por expressar algo pequeno, parcela desprivilegiada da população, sentido incompatível com as disposições contidas na nova lei que preconiza a criança e o adolescente como seres que merecem tratamento diferenciado (FERREIRA, 2008, p. 11). Desse modo, o ECA, no seu artigo 2º, afirma que "considera-se criança, para os efeitos desta Lei, a pessoa até doze anos de idade incompletos, e adolescente aquela entre doze e dezoito anos de idade" (BRASIL, 1990). E complementa no parágrafo único do mesmo artigo: "nos casos expressos em lei, aplica-se excepcionalmente este Estatuto às pessoas entre dezoito e vinte e um anos de idade" (BRASIL, 1990).

A partir de um parâmetro cronológico absoluto, sem qualquer menção à condição psicológica ou biológica, o Estatuto estabelece o fator idade para definir quem é a criança, o adolescente ou o adulto. No caso de crianças e adolescentes, essa "divisão" entre menores de dezoito anos leva em conta, necessariamente, o desenvolvimento da personalidade e o amadurecimento intelectual das pessoas ao longo dos anos, adotando a gradação da incapacidade em razão da idade como forma de proteção à pessoa (NUNES, 2011, p. 9-10). Isso pode ser visto, por exemplo, no artigo 45, §2º, do ECA, quando se afirma que, no caso de "adotando maior de doze anos de idade, também será necessário o seu consentimento" (BRASIL, 1998).

Nos últimos anos, contudo, após seguidas propostas de emendas ao texto constitucional no que tange à redução da maioridade penal, o referencial de dezoito anos de idade como parâmetro ao tratamento diferenciado entre adolescentes e adultos tem tomado outros caminhos, primeiro, como um assunto que não se apresenta, necessariamente, articulado à doutrina da proteção integral; segundo, como uma "nova" alternativa de controle social que tentaria responder aos anseios de uma sociedade cada vez mais insegura e pautada pelo medo. Nesse contexto dominado por uma opinião pública que dá eco a propostas mais conservadoras de redução do Estado social e ampliação do Estado policial, penal e penitenciário (MUÑOZ CONDE, 2003), a ofensiva legislativa sobre a redução da maioridade penal torna-se pauta frequente no debate do Congresso Nacional brasileiro.

"Um dia, chegaremos a um estágio em que será possível determinar se um bebê, ainda no útero, tem tendências à criminalidade, e se sim, a mãe não terá permissão para dar à luz", o que parece um trecho de alguma obra de ficção científica, a exemplo do filme *"Minority Report – A nova lei"*,[75] de Spielberg, como bem lembra Yarochewsky (2015), na verdade foi a afirmação do Deputado Federal Laerte Bessa (PR/DF) em entrevista ao jornal *The Guardian*, em julho de 2015, sobre a Proposta de Emenda à Constituição (PEC) nº 171/93 da redução da maioridade penal, da qual o parlamentar é relator. Nessa entrevista, Bessa afirmou que, mesmo com a aprovação de tal PEC, não se contentaria com a redução de 18 para 16 anos em casos de cometimentos de crimes hediondos, homicídio doloso e lesão com morte, pois ele acredita que a legislação deveria alcançar um leque muito maior de crimes e reduzir de maneira progressiva a referência de idade penal, ao ponto de não se ter mais uma variação na responsabilização penal entre as pessoas baseada na idade.

Nas palavras do referido parlamentar, "daqui 20 anos, vamos reduzir [a maioridade penal] para 14 anos. Porque o menino de 14 anos de hoje, daqui 20 anos já vai estar esclarecido o suficiente para ser [considerado] um adulto. E assim sucessivamente". Por derradeiro, o Deputado Federal conclui que a redução da maioridade penal "é uma boa lei que acabará com o senso de impunidade em nosso país" (DOUGLAS, 2015; FOLHA, 2015).

O registro das opiniões do Deputado Laerte Bessa, como expostas acima, exemplificam como setores expressivos do Poder Legislativo brasileiro têm pautado o tema da redução da maioridade penal. Mas vale lembrar que não são apenas os Deputados e Senadores que dão visibilidade à pauta dessa forma; também a grande mídia repercute a redução da maioridade penal como uma agenda prioritária e, na maioria

---

[75] Em um cenário futurista, o filme narra uma sociedade onde os crimes são previstos com antecedência, ao ponto de se permitir a punição dos seus autores antes mesmo que eles venham a praticar a conduta antevista.

das vezes, utiliza da dramatização da violência e do espetáculo como estratégias de convencimento da sociedade.

Conforme Almeida (2015, p. 11.588), "aos adolescentes infratores é atribuído esse papel de encarnação do mal absoluto que precisa ser combatido para restauração da ordem perdida". Assim, o destaque dos delitos de adolescentes, na condição de autores de crimes, tem gerado na sociedade conclusões rápidas e, em geral, simplificadas do problema: os jovens não são punidos; a legislação protege excessivamente as crianças e os adolescentes; e a redução da idade penal é capaz de diminuir a violência no país.

Segundo os artigos 228 da CF/88 e 27 do Código Penal de 1940, pessoas com idade inferior a 18 anos não podem ser julgadas segundo a legislação penal, mas sim por leis especiais, no caso, a Lei Federal nº 8.069, de 13 de julho de 1990, o ECA. Isso não quer dizer que pessoas com idade menor do que dezoito anos não tenham capacidade de discernimento sobre o que é certo ou errado, ou que sejam irresponsáveis e impunes pelos seus atos,

> (...) porquanto ficam sujeitos às medidas socioeducativas elencadas no Estatuto da Criança e do Adolescente, pois este estabelece medidas compatíveis com a condição de peculiar pessoa em desenvolvimento da criança e do adolescente. A diferença é que a medida socioeducativa traz conteúdo pedagógico, não é somente sanção, como é o caso da pena quando aplicada aos maiores de dezoito anos e, pelo fato de estarem em idade de transformação, é que necessitam de tratamento especial e diferenciado dos demais (GESKE, 2007, p. 213).

Prevalece a aplicação da doutrina da proteção integral à criança e ao adolescente, a qual defende que o ser humano, quando nasce, deve ter assegurado seu pleno desenvolvimento, sendo, portanto, sujeito de direitos especiais (GESKE, 2007, p. 213). Ressaltando, por sua vez, o compromisso do Estado, da sociedade e da família com a necessidade de reeducação e ressocialização desta parcela da população.

Por sua vez, o ECA, no seu artigo 112, elenca seis medidas socioeducativas que devem ser encaradas como "modo legal de responsabilização do adolescente autor de ato infracional, em face da prática de uma conduta inadequada e destinada a prevenir a prática de novas infrações e proporcionar a adequada inserção social e familiar" (RODRIGUES, 2006, p. 42). Assim, quando verificado o cometimento de determinado ato infracional, a autoridade competente pode aplicar ao adolescente, por exemplo, medidas socioeducativas proporcionais ao grau da infração praticada, sendo elas advertência, obrigação de reparar o dano, a prestação de serviço à comunidade, liberdade assistida, semiliberdade e internação.

Os defensores da redução da maioridade penal, representados no Congresso Nacional pelo conjunto de PECs propostas, reproduzem a tendência de expansionismo do sistema jurídico penal e da crença de que penas mais severas intimidam a prática de novos delitos. No debate da redução da maioridade penal alguns mitos devem ser escancarados, sendo o envolvimento da juventude com a criminalidade um deles. Como alerta Aleixo (2012), não existem pesquisas científicas, reconhecidas no Brasil, que verificam, por exemplo, que os crimes cometidos por adolescentes tornaram-se mais graves ao longo dos anos, ou que a participação desse público na criminalidade é muito maior em comparação às pessoas adultas. O que se percebe, nesses casos, é a negativa da condição de vítima de violência quando se trata de um adolescente em conflito com a lei, ficando em segundo plano a relação entre o discurso e os dados da realidade.

De acordo com os dados de 2011 da Secretaria Nacional de Segurança Pública (SENASP), apenas 10% do total de crimes cometidos são de autoria de pessoas abaixo dos dezoito anos de idade (LAVARELLO, 2011). Por outro lado, são alarmantes os dados que evidenciam a juventude não como os autores de crimes, mas sim como vítimas da violência.

> Agora, quem mais sofre com a violência? Todo mundo sofre, porém a juventude é a maior vítima da violência. Ao contrário do que se pensa a juventude não mata mais, e sim morre mais, especialmente a juventude pobre, negra e que mora nas periferias das grandes cidades. Todo dia são assassinadas 50 pessoas entre 15 e 24 anos no Brasil (84% são negros e 94% são homens). Isso nos faz o segundo país no mundo em número de mortes violentas de jovens (CAMPOS, 2007, p. 11).

Outra perspectiva importante de análise da SENASP é que 87% dos crimes cometidos por menores de dezoito anos são contra o patrimônio, como roubo e furto, e não contra a vida. De todos os atos infracionais praticados pelos adolescentes, o furto e o roubo juntos correspondem a cerca de 50%, e os atos contra a vida correspondem a 8% do total (LAVARELLO, 2011).[76]

---

[76] O "9º Anuário Brasileiro de Segurança Pública", de 2015, assim como a SENASP, indicam que a maior parte dos atos infracionais praticados pelos adolescentes em conflito com

Ainda, quando se fala na execução das medidas socioeducativas, vale lembrar da violência institucional exercida pelo Estado através da sua atuação irregular na administração da justiça juvenil, em especial, com a reprodução de práticas arcaicas do sistema penal *master* no âmbito mirim,[77] mas de uma forma ainda mais grave, pois muitas das vezes justifica ações reprováveis na internação de adolescentes em conflito com a lei a partir de uma justificativa utilitarista, em que o que se faz é em benefício do sujeito em desenvolvimento na tentativa de protegê-lo do mal e de si mesmo (ALEIXO, 2005; 2012). Tal cenário proporciona uma aparente permissividade ao Estado, que gera situações de grande violência ao público infantojuvenil, a exemplo do fato ocorrido recentemente na Fundação Casa de Campinas, no estado de São Paulo, em que um adolescente de dezesseis anos perdeu o baço e o pâncreas após ser agredido pelos agentes durante uma abordagem de rotina no centro de internação (HENRIQUE, 2019).

Assim, a ampliação do alcance da legislação penal não aponta para a resolução do problema da violência no Brasil; pelo contrário, a mudança da lei pode agravar a situação atual antecipando o ingresso do jovem em presídios superlotados e com índices maiores de reincidência em comparação com as pessoas no sistema socioeducativo. O que reforça a preocupação de Yarochewsky (2005, p. 33-34): "faz-se necessário que a sociedade entenda, de uma vez por todas, que o problema da delinquência juvenil ou, mesmo adulta, não se resolve com leis penais. (...) Não há como negar, goste ou não, que o crime é um problema social".

Questões fundamentais devem ser elucidadas no debate sobre a responsabilização penal da juventude, como: quais são as raízes do fenômeno da violência no Brasil? Por que, mesmo depois de quase 30 anos da publicação do ECA, a correta aplicação deste Estatuto é

---

a lei compreendem crimes contra o patrimônio. "Sobre os atos infracionais praticados, predominam o roubo, que representa 42% do total de atos infracionais registrados no ano de 2013 em todo o país, seguido pelo tráfico de drogas, que representa 24,8% dos atos infracionais registrados. Em seguida vem o homicídio, com 9,2%; o furto, com 3,6%; a tentativa de homicídio, com 3,1%; o porte ilegal de arma de fogo, com 2,4%; e o latrocínio, com 2,0%" (FBSP, 2015, p. 125).

[77] Ver Aleixo (2012); a autora analisa a reconfiguração do controle do crime e do ato infracional, considerando, por exemplo, as características principais desse modelo de controle que também estão presentes no campo do ato infracional: orientações ou pensamentos voltados para a gestão do risco como medidas de política criminal; a atenção especial aos interesses das vítimas; incremento significativo da participação comunitária na luta contra a delinquência; politização das iniciativas legislativas e revalorização da prisão como forma de neutralização.

inviabilizada? Como tem ocorrido a responsabilização do Estado, da comunidade e da família com o desenvolvimento dos jovens no Brasil? Sobre tais perguntas, a grande mídia pouco tem contribuído no seu aprofundamento, optando, em sentido oposto, por reproduzir a crença de que punições mais severas são capazes de solucionar a criminalidade.

> Em sua busca permanente por altos índices de audiência, a mídia não apenas informa – e contraria constantemente a necessidade de imparcialidade do texto jornalístico, agregando sensações, impressões ou opiniões do emissor – mas transforma fatos corriqueiros e relativamente destituídos de relevância em casos emblemáticos, capazes de justificar o discurso criminalizante que atualmente se espraia pela sociedade, produzindo e reproduzindo o temor ao delito, estilos agressivos de comportamento e a agravação das leis penais existentes. De contravenções penais a homicídios, tudo se torna motivo para, desproporcionalmente e irresponsavelmente, promover a intervenção penal (seja através da atividade legiferante ou judicante) como o mais eficiente remédio para se combater uma doença que afeta toda a sociedade (KROHLING; BOLDT, 2008, p. 03).

Dessa forma, a mídia assume um discurso de criminalização dos conflitos e promove uma dramatização da violência. Reiteradas manchetes dos jornais e chamadas da televisão destacam crimes cruéis, promovendo a insegurança e o medo da população. Para esses comunicadores, a mensagem é de que o Estado brasileiro está em constate guerra contra os criminosos, discurso reproduzido, muitas vezes, sem qualquer comprovação científica, que apenas reforça uma falsa ideia de aumento da criminalidade (FERREIRA, 2009, p. 04). Consequência disso é a legitimação da ideologia que sustenta o recrudescimento das regras penais e sua ampliação. O discurso midiático produz e reproduz "preconceitos e estereótipos que estigmatizam as populações mais pobres. O criminoso, quase sempre associado às classes subalternas, torna-se o bode expiatório da situação e passa de cidadão a inimigo" (KROHLING; BOLDT, 2008, p. 17).

A lógica do rebaixamento da idade penal para adolescentes, de acordo com Ângela Pinheiro, fortalece a concepção de crianças e adolescentes como delinquentes. Para essa autora, assim como na época do Código de Menores, permanece no imaginário da população e dos operadores jurídicos a primazia pela ideia de crianças e adolescentes como objeto de repressão social, onde milhares de crianças e adolescentes, não absorvidos pelo mercado de trabalho ou não adaptados às relações sociais hegemônicas (consumo, família, cultura etc.), são considerados ameaça, devendo ser retirados do convívio em sociedade (2004, p. 353). No Brasil pós-1988, todavia, crianças e adolescentes não podem ser vistos como meros objetos de direitos, sendo, na verdade, sujeitos de direitos em condição peculiar de desenvolvimento, que devem ter participação e seus demais direitos assegurados.

De um ponto de vista mais amplo, o professor Nilo Batista (2004), em seu texto "Novas tendências do Direito Penal", alerta como as tendências atuais que orientam o sistema penal relacionam-se, necessariamente, com o quadro de transição histórica do Brasil e as consequências da adoção de medidas influenciadas pelo modelo hegemônico da economia. Na visão do autor, a orientação das políticas socioeconômicas no Brasil baseadas na intervenção estatal mínima na economia e, consequentemente, na vida em sociedade, demonstra um discurso contraditório e uma realidade de desigualdades nocivas ao povo brasileiro, ou, pelo menos, à sua maior parte. Nilo Batista exemplifica a contradição de tal política com o paralelo entre o "estado mínimo" (caracterizado por frágeis programas sociais e descumprimento de direitos sociais básicos da maioria da população) e o "estado máximo" (dotado de instrumentos que garantem o controle social penal e a manutenção da situação de desigualdade). Nota-se, desse modo, a percepção do autor sobre uma tendência em curso no Brasil: a expansão de regras, leis e instituições de controle social penal.

Diante da ausência de conquistas típicas de um Estado de bem-estar social, como nos países centrais da Europa, ou de experiências inovadoras mais recentes ao "Sul do Globo", a exemplo da política de convivência não violenta no Uruguai,[78] o Brasil tem forjado um sistema penal em que o uso excessivo da sanção criminal mostra-se incapaz de proporcionar maior tranquilidade social. Em vez de garantir a responsabilização do indivíduo em conflito com a lei e reduzir o índice de delitos, o enrijecido aparato penal tem perdido legitimidade, representando algo negativo à sociedade. Esse projeto de desigualdades, como parte da formação do Brasil, também se faz presente na atualidade, afetando, principalmente, os mais jovens e vulneráveis da população.

---

[78] O caso uruguaio será analisado adiante, no capítulo 5, tópico 5.1, em particular, sobre a relação entre o pacote de medidas contra a criminalidade e os programas policialescos da TV exibidos nesse país.

3.5 Desigualdades: uma análise restrita à superfície do problema

Outra situação emblemática a ser analisada é a que relaciona o contexto de desigualdades do Brasil e a violação ou ameaça de violação de direitos das pessoas em desenvolvimento, isso sem perder de vista o olhar da mídia sobre tal assunto. Como se alertou no início deste capítulo, as noções de infância, adolescência ou juventude são categorias sociais construídas historicamente, que podem assumir características específicas a depender do tempo e do espaço nas quais são analisadas. O mesmo ocorre ao se estudar a desigualdade, que fez e faz parte da realidade de muitas crianças, adolescentes e jovens, principalmente quando lhes são negados os seus direitos sociais básicos.

Nesse sentido, de início propõe-se as seguintes questões: qual a percepção das condições de vida de crianças, adolescentes e jovens? Ela é a mesma de anos atrás? Esse público alcançou a proteção integral dos seus direitos básicos, assegurados desde a promulgação da Constituição de 1988? Qual a visão da mídia sobre tais questões e como ela contribui na significação dos reflexos da desigualdade na vida dos mais jovens?

No rastro dessas perguntas, resgata-se a alegoria proposta por Mia Couto no seu livro "E se Obama fosse africano? E outras intervenções", que descreve a aplicação de uma pesquisa por uma rede de televisão nacional de Moçambique aos seus telespectadores, com o objetivo de avaliar a resolutividade na vida das pessoas sobre o lema do governo: "Por um futuro melhor". Na ocasião, quando perguntado "Você sente que a sua vida está a melhorar?", um dos entrevistados respondeu assim: "Está a melhorar, sim, senhor. Mas está a melhorar muito mal". O que pode parecer uma resposta ambígua, mostra sua coerência quando explica como "o sim e o não podem se acomodar na mesma cama" (COUTO, 2011), isto é, podem fazer parte de uma mesma resposta quando se está diante de um problema complexo como aquele proposto pelo entrevistador.

Se, hipoteticamente, um jovem brasileiro fosse entrevistado segundo o exemplo acima, arrisca-se dizer que sua resposta se aproximaria daquela dada pelo cidadão moçambicano, afirmando que suas condições de vida, em comparação a gerações mais antigas da sua família, melhoraram, mas não superaram as contradições semelhantes do passado.

De fato, do século XX aos dias atuais, a realidade do público infantojuvenil foi bastante alterada. Hoje, diante dos marcos jurídicos nacionais e internacionais já positivados sobre o tema, algumas práticas não são mais consideradas apropriadas. A título de exemplo, cita-se o uso da "Roda dos Expostos", que representava a prática do sistema assistencial aos expostos, onde crianças indesejadas eram abandonadas anonimamente e deixadas sob os cuidados de Conventos e Casas de Misericórdia, tendo relatos de tal tratamento no Brasil até os anos de 1950.[79] Outro exemplo, muito comum na escravidão colonial ou nos anos iniciais de desenvolvimento da indústria no Brasil República, foi o uso indiscriminado da mão de obra de crianças, sendo preciso a elaboração de um conjunto de proteções jurídicas para tentar conter essa atividade laboral, como as regras da Constituição Federal de 1934, que proibiam o trabalho infantil a menores de quatorze anos, o trabalho noturno a menores de dezesseis anos e os trabalhos em indústrias insalubres a menores de dezoito anos (BRASIL, 1934).

Contudo, em muitas dessas situações de violação de direitos, o que ocorreu foi tão somente uma mudança na forma de sua incidência na medida em que ainda não foram adotados, com a devida profundidade, os meios de prevenção e de resolução dos problemas, principalmente aqueles que estão imbricados a processos históricos como do contexto de disparidades sociais presentes no Brasil. De volta aos dois exemplos anteriores, como explicar que, mesmo superado o uso da "Roda dos Expostos", o país, em 2018, constata cerca de 50 mil crianças, na maioria negras, em casas de acolhimento institucional (TVSENADO, 2018), ou que, apesar dos diversos impeditivos legais de combate ao trabalho infantil, em 2013 mais de três milhões de crianças e adolescentes trabalharam de forma irregular (FEIJÓ, 2013)? Certamente, a manutenção das contradições estruturais de desigualdade ganha centralidade na tentativa de entender tais questões.

Com a promulgação do ECA, na esteira da CF/88, muito se avançou na mudança do enfoque da criança, do adolescente e do jovem, que passaram a ser situados "na era dos direitos" como sujeitos em busca de seu desenvolvimento humano integral. Assim, criança fora da escola, explorada pelo trabalho infantil ou vítima da violência, não

---

[79] A "Roda dos Expostos" foi o tratamento dispensado à infância enjeitada a partir do século XVIII no Brasil-colônia, durante o Império e até os primeiros anos que seguiram à proclamação da República. Na Santa Casa de Misericórdia de São Paulo, contudo, existem relatos do uso da "Roda dos Expostos" até a década de 1950, período em que foi retirado tal mecanismo das paredes da instituição (SCILIAR, 2006; SANTACASASP, 2018).

se apresenta mais como um problema exclusivo do indivíduo, da sua família ou da sua comunidade, mas sim como algo que interessa a todos e, inclusive, ao conjunto de ações sociais e políticas públicas que compreendem o Estado. Apesar dessa mudança de perspectiva, ou melhor, de paradigma político e jurídico, quando se reflete sobre os grupos do público infantojuvenil que se deve atuar prioritariamente hoje, percebe-se que, na realidade, esses grupos são praticamente os mesmos, pois continuam sendo os mais vulneráveis aos efeitos da pobreza e da exclusão social e os que representam algum tipo de ameaça à sociedade, o que é incompatível com as propostas de garantia de direitos em curso (RIZZINI; BETTEGA; SILVA, 1998).

Duas pesquisas ajudam a demonstrar esse quadro de desrespeito de direitos em cenários de extrema desigualdade. A primeira, com o título "Pobreza na Infância e na Adolescência", publicada em 2018, trata do estudo realizado pela UNICEF com base nos últimos dados à época da Pesquisa Nacional por Amostragem de Domicílios (Pnad). Nessa pesquisa, foi constatado que seis em cada dez crianças no Brasil vivem em situação de pobreza. Em números gerais, o Brasil conta com dezoito milhões de pessoas até 17 anos, ou seja, 34,3% do total, que são afetados pela pobreza, vivendo com menos de R$346,00 *per capita* por mês na zona urbana e R$269,00 na zona rural. Dessas pessoas, seis milhões, o equivalente a 11,2%, têm privação apenas de renda. No que concerne aos outros 12 milhões, ou 23,1%, além de viverem com renda insuficiente, têm um ou mais direitos negados, tais como educação, informação, água, saneamento, moradia e proteção contra o trabalho infantil (UNICEF, 2018).

Esse estudo mostra-se relevante, entre outros aspectos, por apontar como a situação de pobreza não se restringe à perspectiva monetária, articulando, também, um conjunto de outros direitos que eventualmente podem ser negados a esses sujeitos em desenvolvimento.

A segunda pesquisa, chamada "Cenário da Infância e Adolescência 2018 – Recomendações aos Estados e ao Distrito Federal", proposta pela Fundação ABRINQ (2018b), de igual modo dialoga com o contexto de desigualdade do país na medida em que revela como as desigualdades regionais tornam-se mais severas para crianças e adolescentes. Segundo dados da pesquisa, enquanto 40% de pessoas com menos de 14 anos vivem em situação de pobreza no país, em estados como Alagoas, Maranhão, Ceará, Bahia e Pernambuco, esse número alcança quase 60% (ABRINQ, 2018b).

Nessa pesquisa, outros indicadores relacionados ao público infantojuvenil são analisados de maneira articulada, como a mortalidade, a nutrição, a gravidez na adolescência, a cobertura de creche, a escolaridade, o trabalho infantil, o saneamento básico entre outros. Todas essas dimensões acrescidas de reflexões sobre gênero, raça, território, classe etc., passam a compor, em seu conjunto, o universo de desigualdade no qual cada pessoa está relacionada.

Da leitura dessas duas pesquisas, algumas tendências podem ser apreendidas. A primeira, que, a partir de uma análise comparativa da última década, a pobreza monetária na infância e na adolescência foi reduzida em âmbito nacional;[80] a segunda, diferentemente da conclusão anterior, que as privações de direitos desse público não diminuíram na mesma proporção da questão monetária, mantendo números expressivos de negação de direitos sociais básicos (UNICEF, 2018; ABRINQ, 2018b).

Nesse sentido, os efeitos da desigualdade para crianças, adolescentes e jovens ensejam uma noção complexa e histórica de seus indicadores, pois revelam múltiplas dimensões e a privação de diferentes direitos, como se evidencia nos dados a seguir:

Educação: 20,3% das crianças e dos adolescentes de 4 a 17 anos têm o direito à educação violado. Os dados mostram que 13,8% estão na escola, mas são analfabetos ou estão em atraso escolar, estando em privação intermediária e 6,5% estão fora da escola, em privação extrema. **Informação**: 25,7% da população de 10 a 17 anos não tiveram acesso à internet nos últimos três meses antes da coleta da Pnad 2015, sendo considerados privados de informação; 24,5% não acessaram à internet, mas têm televisão em casa, estando em privação intermediária; 1,3% não acessou a rede e não tem televisão em casa, estando em privação extrema. Entre eles, 500 mil meninas e meninos não têm acesso a nenhum meio de comunicação em casa, seja rádio, televisão ou internet. **Trabalho infantil:** 6,2% das crianças e dos adolescentes de 5 a 17 anos exercem trabalho infantil doméstico ou remunerado; 3% das crianças de 5 a 9 anos e 7,4% de 10 a 13 anos, faixas etárias em que é ilegal, trabalham. Entre aqueles de 14 a 17 anos, 8,4% trabalham mais de 20 horas semanais, ou seja, acima do que determina a lei. **Moradia:** 11% vivem em uma

---

[80] Para a próxima década, o cenário da pobreza no Brasil tende a regredir diante da crise econômica e o alto nível de desemprego. Pesquisas ainda incipientes apontam para a tendência da ampliação da desigualdade e, consequentemente, da redução da renda das pessoas mais pobres. Os estudos do economista Marcelo Neri, FGV Social, apontam que nos últimos quatro anos a redução de renda já foi perceptível, registrando menos 17% do valor da renda entre os 50% mais pobres (AUGUSTO, 2019).

casa com quatro ou mais pessoas por dormitório e cujas paredes e tetos são de material inadequado; 6,8% vivem em casas de teto de madeira reaproveitada e quatro pessoas por quarto, em privação intermediária; e 4,2% em casas com cinco ou mais por dormitórios e teto de palha, em privação extrema. Água: 14,3% das crianças e dos adolescentes não têm o direito à água garantido; 7,5% têm água em casa, mas não filtrada ou procedente de fonte segura, estando em privação intermediária; e 6,8% não contam com sistema de água dentro de suas casas, estando em privação extrema. **Saneamento:** 24,8% das crianças e dos adolescentes estão em privação de saneamento; 21,9% das meninas e dos meninos brasileiros vivem em domicílios com apenas fossas rudimentares, uma vala ou esgoto sem tratamento; 3,1% não têm sanitário em casa (UNICEF, 2018, grifo nosso).

Na contramão do avanço da legislação infantojuvenil do final do século XX e início do XXI, metade das crianças e dos adolescentes do país não tem acesso, seja total ou parcialmente, à educação, à informação, à proteção contra o trabalho infantil, à moradia, à água e ao saneamento, sendo que mais de 34% deles vivem em casas com renda *per capita* insuficiente para comprar uma cesta básica, isto é, vivem com menos de R$350,00. O que se percebe, assim, não é a falta de leis que deem tratamento especializado e diferenciado ao público infantojuvenil, mas sim que o arcabouço jurídico seja traduzido na política e na vida dessas pessoas, o que exigiria prioridade na distribuição de recursos orçamentários, intersetorialidade das políticas públicas e, principalmente, ações que modificassem a desigualdade estrutural que perdura anos a fio na realidade do país. Essas são algumas medidas que, cada vez mais, estão distantes da agenda neoliberal e do discurso político baseado em respostas fáceis sobre problemas complexos que ganham eco na grande mídia.

Em entrevista, o economista Luiz Gonzaga Belluzzo (MARETTI, 2007), ao parafrasear Norberto Bobbio, afirma que se pode avaliar "o grau de civilidade de uma sociedade pela forma como trata as crianças, os velhos e os prisioneiros. Quanto mais selvagem e mais bárbara a sociedade, pior o tratamento que dá a essas categorias de pessoas". E, nesse ponto, como demonstrado nos parágrafos acima, hoje o tratamento dispensado aos mais jovens fica muito aquém daquilo que se espera de uma sociedade em termos de civilidade. Belluzzo, considerando a conjuntura recente do país, também aponta como o entrelaçamento entre economia e política ajudam a entender porque o Brasil persiste em um quadro de atraso social e de desigualdades, pois é dessa relação de interesses político-econômicos, em demasia capitaneada pela articulação entre o mercado financeiro e a mídia de massas, que a conformação do imaginário da maioria dos brasileiros se instala. Com isso, as pessoas ficam entregues ao que está posto, sem poder de reação ou com escassas possibilidades de se informar alternativamente. Essa é a principal força da reprodução das relações desiguais de poder nos tempos atuais: definir as margens pelas quais o rio deve seguir.

A mídia, por vezes, torna-se o nivelador de debates indesejáveis, como é o caso da desigualdade e de seus reflexos aos grupos mais vulneráveis, utilizando a fragmentação e a superficialidade da mensagem como instrumentos para tal finalidade. Mas a relação entre o *establishment*[81] econômico e a grande mídia é mais antiga e complexa do que aparenta. Nesse sentido, a leitura de Dardot e Laval (2016) apresenta um traço fundamental do neoliberalismo, que é "o desenvolvimento da lógica do mercado como lógica normativa generalizada, desde o Estado até o mais íntimo da subjetividade", constituindo, assim, "uma nova razão do mundo" (2016, p. 34).

Para tanto, foi preciso ao projeto neoliberal uma grande virada, pautada em uma estratégia deliberada de educação e formação da opinião pública capaz de estabelecer "uma reviravolta na crítica social":

> Até os anos 70, desemprego, desigualdades sociais, inflação e alienação eram patologias sociais atribuídas ao capitalismo; a partir dos anos 90, os mesmos males foram sistematicamente atribuídos ao estado. O capitalismo deixou de ser o problema e se tornou a solução universal. (...) Essa imensa onda (...) fabricou um consentimento, se não da população, ao menos das elites que tinham o monopólio da palavra pública, e permitiu que aqueles que ainda ousavam opor-se fossem estigmatizados como arcaicos (DARBOT; LAVAL, 2016, p. 205-206).

Nesse giro semântico em que a competição de mercado e a busca incessante por lucros passa a ser, sistematicamente, substituída por sinergia, empreendedorismo, eficácia de gestão, entre outros termos, o conjunto de significações de um mesmo projeto anterior é alterado, mesmo que apenas na sua aparência, como mais um simulacro. E, nessa perspectiva, o sistema privado dos meios de comunicação social no Brasil, assim como em grande parte dos países capitalistas do globo,

---

[81] Grupo de indivíduos com poder e influência sobre o campo econômico.

ajuda a naturalizar a construção hegemônica e torná-la praticamente invisível a essa "nova razão do mundo", da qual a desigualdade é parte fundante na medida em que alicerça uma sociedade baseada em relações desiguais de poder. Como bem lembra Avelãs Nunes (2013), a envolvente estrutura ideológica do neoliberalismo tem alimentado um excessivo pragmatismo no domínio da política, praticamente decretando morte à política e outras formas de se conceber os rumos da vida econômica, inclusive, mais socialmente igualitárias.[82]

Esse cenário também se reflete na forma de se compreender a cidadania, ao passo que o espaço público perde força, as decisões políticas são esvaziadas de conteúdo e a apatia social é estimulada com a pecha de perigosos para todos aqueles que suscitam questões indesejadas. E, nesse último aspecto, o estigma da juventude "rebelde", "desviada", "desocupada", "inconsequente" ou "sem causa", por muito aproxima-se desse contexto de preservação de consensos aparentes.

3.6 Cidadania para quê e para quem? Diferentes enfoques para diferentes temas e sujeitos

Quando se considera que crianças, adolescentes ou jovens são sujeitos de direitos e se constituem socialmente, consequentemente o entendimento sobre o ato de cidadania praticado por tais pessoas não pode se limitar a apenas uma fase da vida de acomodação da ordem social adulta, isto é, uma simples transição entre "ser-menor" e "ser-adulto", como se os mais jovens fossem meros objetos passivos e moldáveis à determinada socialização (MARCHI, 2009). Pouco há de se compreender das especificidades desse público se a reprodução de rótulos se perpetuar em substituição à análise crítica dos fatos que o envolve. Sobre a alcunha de um jovem "rebelde sem causa", por exemplo, precisa-se lembrar que toda rebeldia tem causa; por mais que ela não esteja evidente naquele momento, isso não significa que a causa não exista ou que ela seja ruim a *priori*.

Nesse sentido, aborda-se, a seguir, o direito à manifestação social protagonizado pelos mais jovens, considerando o panorama

---

[82] Avelãs Nunes (2013) observa um cenário paradoxal a ser superado: de um lado, enquanto a produtividade humana atinge níveis inimagináveis ainda há poucas décadas, por outro, vive-se um contagiante pessimismo teórico que se traduz na negação de alternativas ao neoliberalismo e à aceitação do fim do estado social, como se fosse uma fatalidade na atualidade.

histórico sobre o tema da cidadania do público infantojuvenil e suas representações midiáticas. Essas, por vezes, contribuem com a reprodução de uma condição estigmatizante de pré-cidadania ou não-cidadania. Desde já, assim como Oliveira (2019), vale esclarecer que esse direito ao protesto não se confunde com qualquer ato irrestrito de violência, mas deve ser entendido sob o olhar do exercício democrático das pessoas em reivindicar coletivamente seus direitos e pressionar pelo aperfeiçoamento das políticas públicas.[83]

A decisão da 1ª Vara da Infância e Juventude do Distrito Federal, de 30 de novembro de 2018, sobre a desocupação de estudantes secundaristas do Centro de Ensino Médio Asa Branca (CEMAB), na cidade-satélite de Taguatinga, mostra-se emblemática. Isso, não apenas por apontar contradições da estrutura burocrático administrativa do Poder Judiciário, que deveria zelar pelos direitos e garantias fundamentais de crianças e adolescentes, mas, também, por exemplificar, no caso concreto, a não superação da doutrina menorista, que insiste em tutelar os mais jovens "em perigo ou em perigo de ser". Nessa decisão, o juiz Alex Costa de Oliveira determinou a reintegração de posse da escola ocupada e, com o objetivo de acelerar a desocupação pelos manifestantes, determinou também o corte de água e energia, o isolamento físico e a utilização de instrumentos sonoros para impedir o sono; técnicas que, segundo o magistrado, auxiliariam no convencimento à desocupação – e que ficariam a cargo da Polícia Militar.

Nos termos da decisão judicial:

> Como forma de auxiliar no convencimento à desocupação, autorizo expressamente que a Polícia Militar utilize meios de restrição à habitabilidade do imóvel, tal como suspenda o corte do fornecimento de água; energia e gás. Da mesma forma autorizo que restrinja o acesso a terceiros, em especial parentes e conhecidos dos ocupantes, até que a ordem seja cumprida. Autorizo também que impeça a entrada de alimentos. Autorizo, ainda, o uso de instrumentos sonoros contínuos, direcionados ao local da ocupação, para impedir o período de sono. Tais autorizações ficam mantidas independentemente da presença de menores no local, os quais, a bem da verdade, não podem lá permanecer desacompanhados de seus responsáveis legais (ROVER, 2016).

---

[83] Ver Oliveira (2019, p. 16), que analisa os múltiplos olhares sobre o direito de protesto. Nas palavras da autora: "defende-se que as lutas, quaisquer sejam os seus formatos, não devem ser tratadas em primeiro lugar como uma questão de polícia, e definitivamente nunca de emprego das forças armadas. Elas são uma manifestação política, e como tal, devem ter respostas nas políticas públicas das mais variadas áreas, inclusive de segurança".

Tal decisão não ficou imune a críticas pelas entidades da sociedade civil de defesa de direitos humanos, especialmente quanto ao direito dos estudantes de se manifestarem contra a Proposta de Emenda à Constituição nº 55 (antiga PEC 241, do teto de gastos) e a Medida Provisória nº 746 (da reforma do Ensino Médio), bem como quanto à autorização, pelo Judiciário, da adoção de medidas similares à prática de tortura, em desacordo com o previsto no artigo 5º, parágrafo 3º, da CF/88: "ninguém será submetido a tortura nem a tratamento desumano ou degradante" (BRASIL, 1988). Tais críticas, contudo, não impediram que a escola fosse desocupada pela autoridade policial horas após a decisão judicial.

Sobre esse fato, em audiência referente ao assunto, realizada dias após a desocupação, uma das alunas da escola relatou da seguinte maneira o ocorrido:

> A desocupação não foi pacífica como a mídia falou. Eles chegaram já de forma autoritária, dizendo que queriam fazer um acordo, mas não foi bem isso que ocorreu. Eles não nos respeitaram, inclusive chegaram lá com ônibus e cerca de 300 policiais contra 40 alunos desarmados de um movimento que desde o início foi declarado pacífico (SAMPAIO, 2016a).

Do ponto de vista da grande mídia, a decisão do Juiz Alex Costa de Oliveira passou ilesa de crítica, não sendo sequer assunto dos principais jornais do país. Essa, inclusive, foi a postura da maior parte da mídia sobre o movimento de ocupações de escolas por estudantes secundaristas no final do ano de 2016, no qual imperou o silêncio.[84] Quando o número de ocupações de escolas alcançou a ordem de milhares, gradativamente a abordagem da imprensa foi revisada, passando a assumir uma narrativa de alinhamento aos veículos oficiais do governo e de reprodução da estratégia de criminalização dos manifestantes capitaneada pelo contexto de insegurança e medo de seus leitores, ouvintes e telespectadores.

Segundo o estudo do Intervozes (PITA, 2016), o editorial da Folha de São Paulo, um dos maiores jornais do país, considerou o tema

---

[84] Em estudo sobre o movimento das ocupações das escolas no Brasil, foi analisado um conjunto de matérias publicadas entre os anos de 2015 e 2016, que serviram de base para a conclusão da narrativa midiática nesse período da seguinte forma: "Fator que se torna ainda mais relevante quando se tem de outro lado, o silêncio da imprensa e, de outro, quando se tem a divulgação nos veículos de grande circulação, é feita com o intuito de criminalizar o Movimento de Ocupação das escolas" (CAMASMIE, 2018, p. 103).

das ocupações no dia 11/10/2016, tratando a questão como algo isolado e restrito ao estado do Paraná ("Estudantes ocupam cem escolas e professores aprovam greve no Paraná"). Uma semana depois, no dia 19/10/2016, com mais de 100 universidades e 1.100 escolas ocupadas no país, o silêncio no editorial da Folha de São Paulo foi rompido novamente, mas ainda de forma superficial e em defesa da ordem ("Ocupação em 181 escolas pode causar cancelamento de provas do Enem").

Já no texto da ANPED (CARVALHO *et al.*, 2016), a análise dos editoriais se concentrou na abordagem da TV Globo e suas afiliadas, durante o mês de novembro de 2016, sendo recorrentemente identificado o uso da linguagem estereotipada dos manifestantes ("radicais" e "invasores") e da manifestação em si ("guerra" e "tática de guerrilhas"), sempre privilegiando fontes oficiais em comparação a consulta de especialistas, professores, pais, familiares ou dos próprios jovens ocupantes.

Desse exemplo, que relacionou o direito à manifestação de estudantes secundaristas do Distrito Federal, entendido aqui em conexão com a noção de cidadania (no sentido amplo do termo), nota-se uma tensão entre a lógica formal das normas e a realidade de fato. Nesse ponto, vale chamar a atenção quanto ao processo histórico no qual se consolidou a ideia de cidadania que se tem hoje, pois, quando se trata de crianças, adolescentes e jovens, mesmo que se apreenda semelhanças com o movimento de conquista da cidadania que envolveu a sociedade em sua generalidade, também se identificam peculiaridades. Em diálogo com o que foi abordado no capítulo 1 deste livro, no tópico denominado "Um projeto de desigualdade(s) e não-cidadania", torna-se necessário dar alguns passos atrás na história da elaboração da significação do termo cidadania no país, para, então, anotar o que há de próprio na identidade e no protagonismo das pessoas mais jovens na formação de sua cidadania.

Desse modo, duas situações históricas são decisivas. A primeira refere-se ao processo de abolição da escravatura no Brasil, marcado pela não inclusão do negro tanto pela não inserção no processo produtivo, quanto pelo não compartilhamento dos mesmos valores e projetos que eram forjados no país naquele momento da história. Como lembra Caio Prado Jr., o negro não teve, no Brasil, a proteção de ninguém, "verdadeiro pária social, nenhum gesto se esboçou em seu favor. (...) As raças escravizadas e assim incluídas na sociedade colonial, mal preparadas e adaptadas, vão formar nela um corpo estranho e incômodo" (PRADO JR, 1961, p. 274).

Os reflexos desse rompimento despreocupado com o tecido social e com o ordenamento político necessário ao seu tempo também afetaram as crianças. Basta pensar nos desdobramentos da Lei do Ventre Livre, de 1871, publicada anos antes da abolição. As crianças negras e pardas nascidas após essa lei eram consideradas livres, mas, ao invés de autonomia e possibilidades de inclusão, o que se viu foi a permanência da dependência aos senhores de escravos e do abandono desses sujeitos à sua própria sorte.

Novas formas de trabalho infantil substituíram o modelo de escravidão anterior, inclusive como única forma de sobrevivência aos recém-libertos. Além disso, o traço da subordinação de grande parcela da sociedade brasileira adquiriu raízes profundas, desdobrando-se ao longo do tempo, mesmo que não mais como uma subordinação entre senhor de escravos e sua propriedade, mas, agora, como uma espécie de subordinação social pela pobreza (SOARES, 2018).

Já no Brasil República, período de crescente urbanização do país, o processo de ampliação de uma camada de pobres chocava-se com os planos estatais de urbanização e estabelecimento da ordem pública nas cidades. A instauração do regime republicano viveu um contexto de extrema confusão por parte do governo, que ao mesmo tempo exaltava esperança diante da recente libertação da escravatura, assim como possuía um temor pela expansão das classes populares e, consequentemente, de sua força política.

Conforme adverte Prado Jr., desde o início do século XX, uma massa de "desenraizados" chegava às cidades, "(...) que vai avultando com o tempo, dos desclassificados, dos inúteis e inadaptados, indivíduos de ocupações mais ou menos incertas e aleatórias ou sem ocupação alguma" (1961, p. 279-280). Impulsionados pelo temor da sociedade e do governo, esses novos perfis tornaram-se os indesejáveis, sendo eles os pobres, os desempregados, os moradores de rua, as prostitutas, os órfãos, os pivetes, etc. No governo Vargas, pós-revolução de 1930, o Brasil adquire as condições básicas que propiciam ao Estado estabelecer uma definição legal de cidadania, no qual a "cidadania regulada" passaria a ser associada ao local que a pessoa ocupa no processo produtivo, tal como reconhecido por lei (SANTOS, 1979). Aos demais, restaria tão somente a condição de pré-cidadania.

O público infantojuvenil não fica imune a esse processo. Vale lembrar que os primeiros passos da codificação de leis da infância datam desse período, como foi o caso do Código de Menores de 1927.

Aqui, como alertado anteriormente, a dicotomia entre criança e menor também se reproduz na percepção da cidadania, na medida em que para as crianças socialmente inseridas, sob os cuidados de suas famílias, era reservada a cidadania, enquanto aos menores caberia a tutela e a vigilância do Estado diante de sua restrita condição de pré-cidadãos.

Nesse grupo de menores, Carvalho (1991) utiliza o termo "estadania", que, segundo o autor, melhor capta a ação paternalista do Estado em contraposição da participação de cidadãos ativos no processo político nesses anos iniciais do Brasil República. Em suas palavras, como vetava "a ação política, tanto revolucionária quanto parlamentar, resultava em que os direitos sociais não poderiam ser conquistados pela pressão dos interessados, mas deveriam ser concedidos paternalisticamente pelos governantes" (1991, p. 51).

Desse ideário de cidadania que a legislação do público infantojuvenil foi se transformando, ora com recuos, ora com avanços. No Código de 1979, por exemplo, muito da influência da doutrina menorista do Código de 1927 foi conservada, sendo acrescida a isso, no sentido oposto aos direitos e às garantias fundamentais de crianças e adolescentes, a forte presença do conteúdo autoritário do Regime Militar, que, sem sombra de dúvida, incidiu no recrudescimento das regras de controle e vigilância do "menor" em nome da preservação da ordem pública defendida pelos militares. Com a redemocratização e a propulsão do debate social em torno da defesa do público infantojuvenil, consolida-se o marco atual da legislação sobre o tema com a promulgação do ECA em 1990.

Mesmo com os avanços institucionais e a alteração paradigmática da proteção integral, o Estatuto ainda guarda desafios no âmbito da consolidação dos direitos da criança-cidadã e do adolescente-cidadão: o primeiro, a difícil tarefa de superação de 21 anos de ingerência da Ditadura na vida política e social do país, que inspirou modelos burocrático administrativos na área da infância e juventude, bem como conquistou adeptos, no governo e na sociedade, de seus valores políticos, inclusive aqueles marcados pela arbitrariedade e pelo caráter desumanizante. O segundo, talvez o mais cotidiano dos desafios, a inaplicabilidade dos meios de proteção jurídica, administrativa e de atendimento das políticas públicas inclusivas propostas pelo Estatuto da Criança e do Adolescente, uma vez que caminham na contramão de uma dinâmica nacional e internacional que impõe à agenda social o modelo capitalista neoliberal.

Por todos esses aspectos, sejam históricos ou conjunturais, a expressão da cidadania das pessoas em desenvolvimento guarda questões que lhes são próprias, e, como se verá no tópico seguinte, essas especificidades também se desdobram no entendimento das situações que envolvem a exposição indevida de crianças, adolescentes e jovens e, assim, a violação ou ameaça de seus direitos personalíssimos.

3.7 A imagem e a identidade de crianças e adolescentes: uma violação diária de direitos

Todos os dias, a sociedade vê-se diante de uma grande quantidade de notícias e ideias difundidas por múltiplos veículos de comunicação que, por vezes, acabam violando direitos fundamentais durante a cobertura de determinado fato. Em diversas ocasiões, nota-se a exibição de crianças e adolescentes de maneira sensacionalista pelos programas da TV aberta, associados aos temas da violência ou da erotização infantil, como espetáculo para gerar audiência e arrecadar recursos financeiros. A título de ilustração, vale citar um conjunto de manchetes pelas quais a própria imprensa divulga situações de excesso na cobertura dos meios de comunicação sobre temas relacionados a crianças e adolescentes: "Apresentador de TV é multado por exibir imagens de adolescente infrator" (PORTAL IMPRENSA, 2013), "Justiça Federal condena TV em R$200 mil por Samuka Duarte exibir cenas de estupro de adolescente em Bayeux" (JORNAL DA PARAÍBA, 2013), "Justiça proíbe promoção da rádio Mix que escolheria o bundão da escola" (EXPRESSO DA NOTÍCIA, 2006), "Grupo RBS é condenado por danos morais causados à adolescente" (HAUBRICH, 2014), "Google deve indenizar em R$25 mil menor flagrada no *Street View* sem roupa" (GAMA, 2014).

De modo geral, no âmbito da cobertura da mídia, a infância e a adolescência são assuntos que merecem cautela, uma vez que a abordagem irresponsável por parte de um veículo de comunicação pode constranger e gerar impactos duradouros para a vida da criança ou do adolescente (VIVARTA, 2011, p. 55). Esse panorama da realidade brasileira reforça a ideia de que os direitos à imagem e à identidade de crianças e adolescentes não encontram proteção efetiva quando a mídia, no exercício do seu ofício, desconsidera os parâmetros democráticos, alinhavados no texto constitucional e na lei infraconstitucional. Alguns casos de violações dos direitos à imagem, à identidade, à honra e à privacidade podem ser percebidos, notadamente, no uso da imagem de crianças e adolescentes em reportagens diversas e na cobertura jornalística de adolescentes em conflito com a lei.

A regulação da exibição de imagens e da identidade de crianças e adolescentes ocupa lugar de destaque no ordenamento jurídico com vistas a proteger os direitos dessa faixa etária. Essa tendência pode ser identificada em diferentes países da América Latina na medida em que, em quatorze países desse continente, existem regras internas que restringem, sob circunstâncias determinadas, a veiculação da imagem e da identidade de crianças e adolescentes (ANDI; Rede ANDI América Latina, 2008, p. 3). Mesmo com essa tutela jurídica diferenciada, não são raros os programas de televisão e as matérias de jornais impressos ou virtuais que exploram a imagem de crianças e adolescentes e se destacam pela exposição pública do sofrimento físico e moral de pessoas em desenvolvimento (TCHORBADJIAN, 1999, p. 9).

Em janeiro de 2014, caso emblemático de desrespeito dos direitos da criança e do adolescente ocorreu quando a emissora cearense TV Cidade, afiliada da Rede Record, veiculou, em seu programa "Cidade 190", uma reportagem de dezessete minutos expondo o estupro de uma menina de 9 anos.[85] A cena foi repetida diversas vezes, e o único recurso utilizado para preservar a vítima foi o ofuscamento de suas genitais e de algumas partes do seu rosto. Além de expor a menina, a reportagem mostrou o local de residência da vítima e de seus familiares e vizinhos, acumulando diversas violações contra os direitos da criança e do adolescente dispostos no texto constitucional (artigos 1º, inciso III; 5º, incisos X e XLI; 227, da CF/88) ou na legislação infraconstitucional (artigos 5º, 17 e 18, do ECA).

No mesmo sentido, no Recurso Especial 509.968-SP, de relatoria do Ministro Ricardo Villas Bôas Cueva, discutiu-se afronta à dignidade das crianças com a veiculação de imagens contendo cenas de espancamento e tortura praticada por adulto contra infante (STJ, 2012). Nessa ocasião, o STJ decidiu que é vedada a veiculação de material jornalístico com imagens que envolvam crianças em situações vexatórias ou constrangedoras, ainda que não se mostre o rosto da vítima.

Em situações dessa natureza, certas recomendações construídas pelo Fundo das Nações Unidas para a Infância (UNICEF) e pela

---

[85] Esse exemplo será retomado adiante, no capítulo 4, tópico 4.1, a partir da análise aprofundada dos programas policialescos da TV aberta no Brasil. Trata-se de um caso emblemático tanto do ponto de vista da violação dos direitos à imagem e à intimidade de crianças e adolescentes, quanto da apropriação feita pelos programas policialescos de temas ligados à miséria humana e à banalização da violência.

Federação Internacional dos Jornalistas (FIJ) podem ser úteis aos jornalistas na elaboração das matérias, e consistem nos seguintes pontos: a) lembre-se de que o menino ou a menina tem direito à privacidade, ao sigilo e à proteção de situações de injúria (ofensa) e represálias; b) imagens ou relatos que possam colocar a criança, seus irmãos ou pessoas próximas em situação de risco (mesmo quando as identidades são trocadas ou omitidas) não devem ser publicadas; c) assegure-se de que a criança não será colocada em risco ou prejudicada pela exposição de sua casa, comunidade ou localização; d) não estigmatize a criança ou adolescente, evitando a categorização ou as descrições que acarretem futuros danos físicos ou psicológicos, ofensas e discriminação ou rejeição por parte da sua comunidade etc. (ANDI, 2011, p. 116-117).

Outro aspecto a ser analisado é o controle judicial de caráter preventivo, como pode ser visto no artigo 149 do Estatuto da Criança e do Adolescente:

> Art. 149. Compete à autoridade judiciária disciplinar, através de portaria, ou autorizar, mediante alvará:
>
> I - a entrada e permanência de criança ou adolescente, desacompanhado dos pais ou responsável, em:
>
> (...) e) estúdios cinematográficos, de teatro, rádio e televisão.
>
> II - a participação de criança e adolescente em:
>
> a) espetáculos públicos e seus ensaios;
>
> b) certames de beleza.
>
> §1º Para os fins do disposto neste artigo, a autoridade judiciária levará em conta, dentre outros fatores:
>
> a) os princípios desta Lei;
>
> b) as peculiaridades locais;
>
> c) a existência de instalações adequadas;
>
> d) o tipo de frequência habitual ao local;
>
> e) a adequação do ambiente a eventual participação ou frequência de crianças e adolescentes;
>
> f) a natureza do espetáculo.
>
> §2º As medidas adotadas na conformidade deste artigo deverão ser fundamentadas, caso a caso, vedadas as determinações de caráter geral (BRASIL, 1990).

O artigo 149 apresenta hipóteses taxativas de competência da Justiça da Infância e da Juventude em expedir portarias e alvarás judiciais (DIGIÁCOMO *et al.*, 2013, p. 236). No caso da participação de crianças e adolescentes nos meios de comunicação, o ECA diferencia as situações dispostas nos incisos I e II, que podem ser elucidadas a partir da seguinte decisão do STJ:

> PROCESSO CIVIL. ESTATUTO DA CRIANÇA E DO ADOLESCENTE. PARTICIPAÇÃO DE MENOR EM PROGRAMA DE TELEVISÃO. ALVARÁ JUDICIAL. NECESSIDADE. 1. O art. 149, I, do ECA aplica-se às hipóteses em que crianças ou adolescentes participam, na condição de espectadores, de evento público, sendo imprescindível a autorização judicial se desacompanhados dos pais e/ou responsáveis. 2. O art. 149, II, do ECA, diferentemente, refere-se à criança ou adolescente na condição de participante do espetáculo, sendo necessário o alvará judicial ainda que acompanhados dos pais ou responsáveis. 3. Os programas televisivos têm natureza de espetáculo público, enquadrando-se a situação na hipótese do inciso II do art. 149 do ECA. 4. A autorização dos representantes legais não supre a falta de alvará judicial. Agravo regimental improvido (STJ, 2006).

Percebe-se, assim, que na primeira hipótese (artigo 149, inciso I, alínea "e") é dispensável a intervenção judicial quando a criança ou o adolescente está acompanhado pelos pais ou responsáveis. O mesmo não ocorre na outra situação (artigo 149, inciso II), em que se exige a autorização do juiz competente, independentemente da autorização dos pais ou responsáveis. Da leitura do artigo 149, nota-se a preocupação do Estatuto da Criança e do Adolescente em atuar preventivamente, estabelecendo a ressalva da obrigatoriedade de antecipada autorização judicial para a participação de crianças e adolescentes em espetáculos públicos e seus ensaios em certames de beleza, porque a exposição da imagem, nesses casos, é direta, constituindo-se, em boa parte das vezes, núcleo central do trabalho artístico, cultural ou jornalístico (CURY JÚNIOR, 2006, p. 120).

O ECA disciplina, também, a identificação de adolescentes envolvidos com a prática de atos infracionais, que é expressamente proibida pelo seu artigo 143, abaixo transcrito:

> Art. 143. É vedada a divulgação de atos judiciais, policiais e administrativos que digam respeito a crianças e adolescentes a que se atribua autoria de ato infracional.
>
> Parágrafo único. Qualquer notícia a respeito do fato não poderá identificar a criança ou adolescente, vedando-se fotografia, referência ao nome, apelido, filiação, parentesco, residência e, inclusive, iniciais do nome e sobrenome (BRASIL, 1990).

O objetivo primordial desse dispositivo é evitar que o adolescente acusado da prática de ato infracional seja discriminado ou estigmatizado, tendo negadas as oportunidades de melhoria da sua vida (DIGIÁCOMO *et al.*, 2013, p. 228-229). Todavia, de maneira recorrente, os meios de comunicação descumprem o mandamento do artigo 143 do Estatuto. Para ilustrar tal situação, Carlos Birckmann (1995, p. 9) questiona quantas vezes os leitores de um jornal deparam-se com algo como: "Foi preso o menor F.J.C., conhecido como Chiquinho, filho de José Junqueira da Costa?". A criança, que não deveria ser identificada, e cuja identidade não tem centralidade na fundamentação da reportagem, acaba prejudicada, ao passo que o leitor em nada é beneficiado.

Nesses casos, a cobertura jornalística de adolescentes em conflito com a lei mostra-se excessivamente factual, descontextualizada, reprodutora de mitos e estereótipos. Pouco é dito sobre as políticas públicas e as causas da criminalidade infantojuvenil, privilegiando-se o foco da violência contra a pessoa (ANDI, 2012, p. 4). A vedação do artigo 143, do ECA, pode ser exemplificada, na jurisprudência, com a decisão do Tribunal de Justiça do Estado do Paraná, de 2009, que recusou a solicitação do Exército Nacional, que, com base no artigo 144[86] do mesmo diploma legal, pretendia ter acesso a informações relacionadas a adolescentes acusados de ato infracional. O objetivo da solicitação era impedir que adolescentes e jovens com antecedentes infracionais prestassem o serviço militar obrigatório (TJPR, 2009).

O artigo 247 do ECA, por sua vez, dispõe sobre a possibilidade de aplicação de multas no caso de descumprimento das regras do Estatuto, entre as quais aquela do artigo 143: "divulgar total ou parcialmente, sem autorização devida, por qualquer meio de comunicação, nome, ato ou documento de procedimento policial, administrativo ou judicial relativo à criança e ou adolescente a que se atribua ato infracional" (BRASIL, 1990). Tal exposição pressupõe atividade vexatória à criança ou ao adolescente, em flagrante desrespeito à regra contida no artigo 18 do Estatuto da Criança e do Adolescente (ROSSATO *et al.*, 2012, p. 592).

Ademais, nota-se que o artigo 247 do ECA visa a alcançar a proteção integral da identidade da criança e do adolescente, preservando não apenas seus nomes ou suas imagens, mas, fundamentalmente, as próprias pessoas, pois estas se encontram em uma condição peculiar de desenvolvimento.

---

[86] Segundo o artigo 144 do ECA: "A expedição de cópia ou certidão de atos a que se refere o artigo anterior somente será deferida pela autoridade judiciária competente, se demonstrado o interesse e justificada a finalidade" (BRASIL, 1990).

Em decisão do Recurso Especial nº 55.168-4/RJ, o Superior Tribunal de Justiça decidiu que, mesmo após o falecimento, os direitos à imagem e à identidade da criança e do adolescente devem ser resguardados:

> CRIANÇA E ADOLESCENTE - ECA - SANÇÃO ADMINISTRATIVA - ADOLESCENTE - FALECIMENTO. A criança e o adolescente têm direito ao resguardo da imagem e intimidade. Vedado, por isso, os órgãos de comunicação social narrar fatos, denominados infracionais, de modo a identificá-los. O fenômeno ganha grandeza singular quando a criança e o adolescente integram classe social menos favorecida. Adjetivos desairosos, então, passam a estigmatizar a pessoa. Ainda que agentes de conduta ilícita, não podem ser vilipendiados, expostos à execração pública. O falecimento não modifica o raciocínio. Também quando mortos são dignos de proteção, em homenagem à honra (STJ, 1995).

Luiz Gustavo Grandinetti Castanho de Carvalho (1994, p. 43) sugere cautela na interpretação do artigo 247 do Estatuto da Criança e do Adolescente, entendendo que o ECA alcançou muitas hipóteses de limitação à imprensa e graduou de modo drástico as penalidades sobre o tema. Para esse autor, a Lei Federal nº 8.609/1990 deveria tão somente preocupar-se com a proteção da identidade física e nominal do adolescente, e não com o ato praticado em si.

Por derradeiro, no caso do adolescente infrator, assim como do adulto condenado (GODOY, 2001, p. 89), há de se considerar também o princípio do esquecimento.[87] Não sem razão, a Lei de Imprensa, revogada parcialmente pelo STF na ADPF 130, em seu artigo 21, §2º, vedava a divulgação ou a transmissão de fato delituoso cujo autor já tivesse sido condenado e cumprido a respectiva sentença, salvo se presente o interesse público (BRASIL, 1967). Pelo efeito desse princípio, as marcas do ato inconsequente ou irrefletido praticado na infância ou na adolescência não permanecem ao atingir a maioridade, inclusive no que tange aos registros criminais. A pessoa em desenvolvimento, desse modo, tem a oportunidade de construir uma nova imagem moral sem

---

[87] Braga Netto (2016) adverte que a jurisprudência brasileira ainda se mostra incipiente na análise dos casos relativos ao "direito ao esquecimento", realidade que deve se alterar diante da tendência de maior integração entre os veículos de comunicação tradicionais (TV e rádio) e a internet. A título de ilustração, o autor cita a decisão do STJ, no qual entendeu que gera dano moral a veiculação de programa televisivo acerca de fatos antigos com ostensiva identificação de pessoa que tenha sido investigada e, posteriormente, inocentada em processo criminal (STJ, Resp 1.334.097, Rel. Min. Luis Felipe Salomão, 4ª T., DJ 10/09/2013).

o estigma da publicidade perniciosa, feita especialmente pelos meios de comunicação sensacionalistas que exploram a divulgação de fatos criminosos em todas as suas nuances (CURY JÚNIOR, 2006, p. 220). Desses dois exemplos de violação do direito à imagem e à identidade de crianças e adolescentes na relação com os meios de comunicação de massa, verifica-se que, mesmo com todo o movimento doutrinário e jurisprudencial na defesa da dignidade da pessoa humana, em muitas circunstâncias não se consegue satisfazer a necessidade da tutela integral e especializada dessas pessoas em desenvolvimento, sendo necessário um olhar mais atento aos direitos de crianças e adolescentes.

Quando analisados programas de TV e rádio do gênero discursivo da mídia policial, tema que será abordado no capítulo subsequente, a violação ou a ameaça de violação de direitos à imagem e à identidade entre os mais jovens, assim como outros elementos-chave abordados nos tópicos anteriores, mostram-se presentes na linguagem realística e na espetacularização nos fatos narrados por esses programas policialescos. Em tempos de questionamento do paradigma da proteção integral, como os dias atuais, eventuais abusos de direitos dessa natureza, protagonizados por programas de TV e rádio, tornam-se um campo fértil de embates e contradições entre a grande mídia e os direitos dos sujeitos em desenvolvimento, tanto por criticar fatores históricos, quanto práticas atuais que insistem em prevalecer, como a inclinação de uma parcela significativa dos meios de comunicação brasileiros ao clientelismo da política, a reprodução de autoritarismos típicos de regimes militarizados e a baixa criticidade diante da força da ideologia neoliberal pautada com a globalização dos mercados.

CAPÍTULO 4

OS PROGRAMAS POLICIALESCOS E O ESPETÁCULO DA BARBÁRIE

> *(Caveirinha finge que toma nota)*
>
> *Secretário – Lins Vasconcelos, rua tal, número tal. Escuta: você chega e aplica o golpe psicológico – não diz que o "Boca de Ouro" morreu. Ela não deve saber, você vai salivando a Guigui. O "Boca de Ouro" matou gente pra burro e quem sabe se ela não conta a você, com exclusividade, uma dessas mortes, um crime bacana? Hem, quem sabe?*
>
> *Caveirinha – Talvez.*
>
> *Secretário (aflito) – Agora vai! E capricha que a entrevista da Guigui é furo, rapaz! Vou abrir na primeira página! De alto a baixo e ainda sapeco uma manchete caprichada!*
>
> (RODRIGUES, Nelson. Boca de Ouro. 2004a)

4.1 Quando a barbárie vira o espetáculo da notícia

No dia 07 de janeiro de 2014, às 11 horas e 50 minutos, ao som de sirenes e luzes de emergência, como uma viatura policial em ação, o Programa de TV chamado "Cidade 190" (CNEWS, 2014), da emissora cearense TV Cidade, iniciou a sua programação diária destacando o estupro de uma criança, ocorrido em Pacatuba, cidade da região metropolitana de Fortaleza. Com uma reportagem volante no local dos fatos e o âncora do programa no estúdio, a narrativa da história seguiu uma dinâmica ofegante de perseguição policial, como se o crime estivesse ocorrendo ao vivo, de modo que cada tomada da câmera servisse para revelar uma pista ou um suspeito do ato criminoso.

Seguindo o comando do apresentador como um regente que dita o ritmo da música, a equipe de reportagem em Pacatuba dava uma visão detalhada das ruas que cercam as residências onde moravam a vítima e o agressor. Eram casas comuns, da periferia da cidade, que, naquele momento, já estavam cercadas por populares envoltos em curiosidade e indignação. Identificado o local do crime e os familiares da vítima, as imagens da TV voltaram ao estúdio, onde o apresentador, a postos no centro do palco, conclamava justiça como se fosse mais um entre os indignados da vizinhança da cidade, e, no ápice de sua narrativa, de olhos fixos na lente da câmera, ele revelava os detalhes sobre o crime. Como um "furo" de reportagem, o apresentador foi avisado pelo ponto eletrônico que existiam gravações esclarecedoras entregues pela própria família da vítima à produção, que imediatamente foram ao ar.

Por cerca de vinte minutos, a reportagem do "Cidade 190" exibiu o vídeo de um flagrante de estupro contra uma criança de 9 anos de idade dentro da sua casa, captado por uma câmera instalada pela família para outra finalidade. As imagens transmitidas receberam o mínimo de tratamento pela emissora, sendo embaçadas somente as genitais dos envolvidos, o que permitia aos telespectadores visualizarem a cena de violência sem grande dificuldade.

Mesmo após a exibição do vídeo, as imagens do abuso sexual continuaram a ser veiculadas, mas, agora, ao fundo da tela, enquanto a reportagem volante reproduzia as entrevistas com os familiares, que foram identificados pelo nome e como os pais da criança. A fala simples e comovida dos familiares, que exaltava dor e desejo por punição, misturava-se com a fala do apresentador, que, em termos igualmente populares, se colocava à disposição da família para ir até o fim dessa história, como se a sua figura ou a de seu programa representasse o meio capaz de dar solução à demanda da família, isto é, ser um instrumento de "justiça" e de pressão, assumindo uma função de utilidade pública.

Horas depois do programa "Cidade 190", a reportagem foi disponibilizada no *site* da emissora e passou a repercutir em programas de canais concorrentes, a exemplo do "Rota 22" (2014). Além da reprodução das cenas de violência contra a criança, os programas incluíram novas abordagens, agregando entrevistas e informações emotivas e espetaculares. Nesse cenário, foram exibidos os diálogos entre a vítima e o agressor, a história e a identificação das pessoas envolvidas, o desejo de linchamento da população, o risco de novos crimes, a culpabilização da família e da criança e, principalmente, o desespero dos familiares da vítima, chegando a exibir imagens da situação de extrema vulnerabilidade do pai da criança, que foi mostrado desmaiado no chão em frente à delegacia do município de Maracanaú, para onde o agressor havia sido encaminhado (DANTAS, 2014).

Em contraste com a grande aceitação do público da matéria, que alcançou altos índices de audiência, muitas entidades de defesa dos direitos de crianças e adolescentes criticaram a forma de exibição da notícia proposta pelo programa "Cidade 190", vez que incorreu em um conjunto de violações, como a exposição indevida da criança, a identificação dos envolvidos e a promoção de um justiçamento contra o agressor. O Ministério da Comunicação e o Ministério Público, cada qual de acordo com a sua forma de atuação, também apontaram irregularidades no caso concreto, indicando formas de responsabilização da emissora TV Cidade.

Por ora, mais do que analisar as bases legais e a eventual responsabilização desse tipo de situação, assunto prioritário do capítulo 5 deste livro, pretende-se aprofundar sobre as características dos programas do gênero policialesco e sua relação com os direitos do público infantojuvenil, perguntando, por exemplo, qual a linguagem e a técnica utilizada por esses programas? Como os temas que envolvem pessoas em desenvolvimento são abordados? Quais as principais violações de direitos que eles reproduzem? Por que, apesar desse contexto de violação e banalização, ainda são considerados fenômenos de audiência na TV? E, por último, como sua forma de discurso espetacular da violência ajuda a legitimar a barbárie na sociedade brasileira?

Hoje, as mudanças do modo de produção e de consumo dos meios de comunicação de massa alteraram os processos comunicativos de informar e informar-se e, nesse ponto, as narrativas que carregam consigo a notícia também se modificaram. As fronteiras que delimitavam a noção de tempo e espaço, por exemplo, alteraram o significado do que antes se chamava de "furo", "exclusividade" e "fatos de última hora". Essas categorias ainda existem, mas incidem sobre a realidade e a vida cotidiana das pessoas com outra velocidade. Além disso, os programas de TV assumem como tarefa principal prender a atenção de sua audiência, mesmo que para tanto seja preciso aplicar técnicas não convencionais que reforçam o culto à imagem e a relativização da privacidade das pessoas.

Se a mensagem informativa precisa ser continuamente nova e cativar seus receptores, torna-se necessário retirar dela tudo aquilo que exige maior reflexão e comparação entre diferentes fontes. O contrário poderia afetar a audiência e, consequentemente, os anunciantes desse veículo de comunicação social. Precisa-se de algo que agrade o gosto do grande público, isto é, que contemple uma narrativa de fatos de forte impacto emotivo e que possa gerar efeitos a qualquer pessoa, pelo menos, em expectativa.

Vive-se, assim, o tempo da urgência, em que o espetáculo da notícia deixa em segundo plano a objetividade dos fatos para dar visibilidade ao alarde social. E os programas policialescos, por excelência, proporcionam essa sensação.

> A urgência da notícia de "último momento", predominando sobre a informação e construída na maioria das vezes com casos fatais, simplifica os critérios de noticiabilidade, que agora residem na espetacularidade armada pelos efeitos da câmera, na gravidade e na proximidade dos eventos. Como a urgência está associada ao alarme e, até mesmo, à ameaça da vida cotidiana, são notícias que afirmam a dificuldade do exercício do governo e a necessidade de maior controle da sociedade. É uma informação indubitavelmente de sentido político: o mundo é o palco espetacular, e a geografia conflitiva, terrível, amedrontada por ser instantânea e aparente (MARTINI, 2008, p. 219).

Ao espetáculo alarmante da notícia, o "furo" e a "urgência" assumem a narrativa dos fatos pela brevidade e pela banalidade da violência. Pouco importa se existem informações fundamentadas que comprovem a alta probabilidade de as pessoas sofrerem algum tipo de violência ao saírem de casa; o que interessa, de fato, é a sensação de insegurança que se projeta na subjetividade das pessoas. E, nesse ponto, Vera Malaguti Batista (2012, p. 316) lembra: "Não por acaso é o medo, e não o risco, o grande avalizador das políticas públicas dirigidas ou não à questão criminal". Pensamento similar também se percebe em Bauman (2008), quando ele afirma que hoje existe uma sensação de medo que gera insegurança, insinuando, mesmo que instintivamente, que há um permanente perigo que ameaça e pode atacar a qualquer momento, sem aviso prévio.

Em uma sociedade pautada pelo medo e pelo sentimento de insegurança, a agenda dos programas policialescos acolhe temas de grande comoção – violência, miséria, dor, insegurança, corrupção, vingança e injustiça – tendo como foco principal a política pública de segurança e seus atores sociais. Um deles é o governo, geralmente abordado de forma distante e genérica, recebedor de queixas de todo tipo, às vezes, até de maneira paradoxal.

Cita-se, por exemplo, a política pública de atendimento ao adolescente infrator, que ao mesmo tempo em que recebe queixas pela falta de vagas nas casas de internação, é questionada quanto à priorização de recursos públicos na manutenção dessas políticas, isso sem qualquer contextualização ou conexão prévia entre as ideais.

Outro ator envolvido de forma recorrente com a pauta da segurança nos programas policialescos são aqueles que representam algum tipo de ameaça à "normalidade" social, ou seja, indesejáveis de toda ordem (infratores, suspeitos, moradores de rua, bandidos, pedintes, pivetes etc.), que, não raramente, também são associados às "soluções" dos problemas, tais como: o endurecimento das penas, a institucionalização do público infantojuvenil e a criminalização dos considerados diferentes.[88]

Mas, de onde vem a força do espetáculo? Ou, em outra perspectiva, como essas representações midiáticas de "soluções" simplificadoras tornam-se padrões que são aceitos e reproduzidos pela grande audiência desses programas? Nesse ponto, os programas policialescos devem ser entendidos dentro de um contexto maior, no qual a interação

---

[88] Nesse cenário, duas matérias de programas policialescos da TV aberta são ilustrativas. A primeira, do programa "Balanço Geral PR" (2018), exibida em 27/02/18, trata do centro socioeducativo da cidade de Maringá (CENSE), conforme o seguinte trecho: "Vamos ver a reportagem especial agora sobre o CENSE, aonde os menores infratores ficam apreendidos, internados, aqui, em Maringá. O governo é que mantém os meninos apreendidos ali. Muita gente chutou, para falar mais ou menos quanto o governo paga para manter um interno ali no CENSE. Você vai ver na reportagem agora. Chutou quanto?". Já a segunda, do "Balanço Geral Maringá" (2010), exibida em 21/04/2010, o apresentador aborda o tema das políticas públicas e do "menor" infrator, agora, com ênfase no governo: "Faltam políticas. O que é política: escola integral. A criança começar 7 e meia da manhã e sair às 6. Vai direto para casa, tomar um banhinho, descansar e dormir. Não tem que ficar vadiando na cidade ou no bairro. Isso aí é um ponto. O outro. A impunidade que leva o adolescente. Rela ne mim para você ver! Eu já ouvi isso aí. Rela ne mim para você ver! Falando para o policial. Eu sou de menor! Quantas vezes eu já vi uma cena dessa. Então, se pode votar com 16 anos, tem que pensar muito bem sobre nessa questão de idade para poder ser responsabilizado ou não. Isso aí abre precedente uma discussão sem tamanho. Mas não é só pra ficar na conversa. Só na matéria da televisão. A Promotora fala. A Conselheira Tutelar fala. Não. Nós temos que cobrar os políticos (...)".

entre os veículos de comunicação e a sociedade estabelecem relações assimétricas de poder, favorecendo a prevalência desta ou daquela visão de mundo.

Entretanto, no caso da mídia, apenas isso não explica por completo tal fenômeno. Para que determinados consensos sejam estabelecidos de forma hegemônica, também caberá aos meios de comunicação interagir com as experiências, convicções e expectativas do conjunto de pessoas que se pretende influenciar. No fim das contas, prevalece uma das teses indicadas por Guy Debord (2000, p. 14), a saber, "o espetáculo não é um conjunto de imagens, mas uma relação social entre pessoas, mediada por imagens".

O conceito de "sociedade do espetáculo", idealizado pelo autor francês nos anos de 1960, considera que, ao se analisar a sociedade capitalista, nota-se um acúmulo de imagens que estabelecem o predomínio da imagem sobre a coisa, da cópia sobre o original, da representação sobre a realidade, da aparência sobre o ser. Conforme Debord, o ponto inicial é o modo de produção, sendo seguido pelo consumo do espetáculo no qual as pessoas não vivem mais suas próprias experiências, mas os modelos dos quais a experiência se faz representada. Nas palavras do autor: "tudo o que era vivido se esvai na fumaça da representação" (DEBORD, 2000, p.13).

Para Debord, o espetáculo não é um conjunto de imagens, mas uma relação social entre pessoas, mediatizada por imagens, na qual a TV torna-se o canal privilegiado do espetáculo ao definir regras, conceitos, comportamentos e, principalmente, pelo poder de evidenciar ou silenciar determinados fatos. Inspirado na ideia de fetichismo da mercadoria de Karl Marx, segundo a qual as relações entre os homens passaram a ser mediadas pelas coisas,[89] Debord inclui o papel das imagens nessa relação. Se, em uma primeira fase, do domínio da economia sobre a vida, as relações sociais caracterizavam-se pela degradação do "ser" em "ter", no domínio do espetáculo chega-se ao reinado soberano da "aparência" (PATIAS, 2012, p. 93-94).

---

[89] No livro "O Capital", Vol. 1, Cap. I., seção 4: "O fetichismo da mercadoria: seu segredo", Karl Marx analisa o fetichismo da mercadoria e o modo pelo qual as formações econômicas capitalistas ocultam as relações a elas subjacentes. Nesse ponto, o trecho a seguir torna-se ilustrativo: "O caráter misterioso que o produto do trabalho apresenta ao assumir a forma de mercadoria, donde provém? Dessa própria forma, claro. A igualdade dos trabalhos humanos fica disfarçada sob a forma da igualdade dos produtos do trabalho como valores; a medida, por meio da duração, do dispêndio da força humana de trabalho, toma a forma de quantidade de valor dos produtos do trabalho; finalmente, as relações entre os produtores, nas quais se afirma o caráter social dos trabalhos, assumem a forma de relação social entre os produtos do trabalho" (MARX, 2004, p. 94).

Mais uma vez, Marilena Chaui e Venício A. Lima ajudam a estabelecer a relação do espetáculo da notícia em programas policialescos com questões analisadas em capítulos anteriores. Para Chaui, a cultura está impregnada de seu próprio espetáculo, do fazer ver e do deixar-se ver, não sendo o espetáculo por si só o problema central. "A questão, portanto, não se coloca diretamente sobre os espetáculos, mas com o que sucede ao espetáculo quando capturado, produzido e enviado pelos meios de comunicação de massa" (CHAUI, 2006, p.14). E, nesse sentido, agrega-se a contribuição de Lima (2006, p. 2012) sobre a relação fundante entre a comunicação e a política, de modo que a mídia, ao longo de muitos anos, desempenha um papel importante na construção da realidade através da representação que faz dos diferentes aspectos da vida humana, dando significado à construção simbólica da própria política.

Quando se analisa os programas de TV do gênero policialesco, o uso do espetáculo sem qualquer compromisso ético ou social ganha força a partir da passagem do espetáculo ao simulacro no qual a encenação do acontecimento, em grande medida, pode levar à manipulação dos fatos como mera representação do real e definir os sentidos que ditam a política. Esse cenário é um ambiente propício para que seja estimulado o senso comum e o que este anseia com maior voracidade: a punição e a contenção dos indesejáveis em resposta ao medo e à sensação de insegurança.

Vera Malaguti Batista (2012, p. 308-310), ao analisar os textos de Wacquant, chama atenção para o fenômeno atual de adesão subjetiva à barbárie como parte integrante da expansão e reorganização da prisão e de seus tentáculos institucionais. Segundo a autora, trata-se de uma reforma da paisagem sociossimbólica reconstruindo e reconfigurando o próprio Estado, que se converteu em Estado penal como "potente motor cultural", com seus próprios direitos, categorias, classificações e imagens. A adesão subjetiva à barbárie, por sua vez, passa a constituir-se conjuntamente com a crescente demanda coletiva por castigo e punição, tendo essa pulsante cultura punitiva a figura da vítima como seu principal dispositivo, e o medo, como sua potente metodologia. Desse medo, portanto, é que se funda e se reproduz o capital simbólico capaz de reproduzir subjetividades e assujeitamentos às pessoas.

A partir do quadro teórico apresentado acima, esta obra estabelece pontos de contato entre o estudo da Comunicação Social e do Direito, buscando compreender, a seguir, as raízes históricas do telejornalismo policial, as técnicas e estratégias discursivas que definem o conteúdo político do sensacionalismo, seja com o olhar sob o crime, ou do entretenimento como notícia, para, enfim, analisar casos emblemáticos que melhor contextualizam o enquadramento da mídia e das violações de direitos das pessoas mais jovens nos programas policialescos da televisão aberta no Brasil.

4.2 Da literatura policial ao policialesco dos programas de TV

A narrativa midiática dos programas policiais não é algo novo. Desde o século XVIII, o gênero policial já atraía a atenção das pessoas, guiado pelos valores e costumes do eurocentrismo ainda forte à época. Em uma associação entre literatura e informação jornalística, os relatos eram recheados de descrições detalhadas das cenas e dos personagens de crimes misteriosos e de julgamentos nos quais se exaltava a astúcia dos detetives e justificava-se a necessidade do controle por órgãos policiais e judiciais (GUIMARÃES, 2002, p. 21).

No Brasil, os primeiros registros desse modelo de jornalismo datam de meados do século XX, com destaque para o jornalista, cronista e dramaturgo Nelson Rodrigues, que fez diversas referências ao tema policial nas suas obras. De 1925 a 1930, Nelson Rodrigues atuou como repórter nos jornais "A Manhã" e "Crítica", ambos dirigidos pela sua família, tendo nesse período o primeiro contato com a reportagem policial. Sem a preocupação com a objetividade e a imparcialidade da imprensa escrita tradicional, Rodrigues conduziu o leitor a uma imersão completa na notícia, fazendo-o reviver o acontecimento como um telespectador que acompanha uma novela (CORRÊA, 2011).

Nessa época, o repórter policial criava uma simbiose com o fato misturando-se com a calamidade pública ou privada. "O atropelado acabava de estrebuchar na página do jornal. E assim o marido que matava a mulher e a mulher que matava o marido. Tudo tinha a tensão, a magia, o dramatismo da própria vida" (RODRIGUES, 2010). Desse modo, literatura e imprensa escrita se aproximavam na medida em que o fazer jornalístico assumia também uso das técnicas de melodrama e exagero, embaralhando real e ficcional em uma mesma narrativa.

Mais do que um grande jornalista, Nelson Rodrigues foi um repórter policial de referência nas décadas de 1920 e 1930 (CORRÊA, 2011), difundindo estratégias linguísticas que influenciam programas do gênero até os dias atuais. A título de exemplo, cita-se a crônica publicada em 1924, no jornal "A Manhã", na qual o autor conta sobre o seu fazer jornalístico e relembra o caso do "pacto de morte" da rua Pereira Nunes, no bairro da Tijuca, no Rio de Janeiro, quando um casal apaixonado ateou fogo ao corpo, simultaneamente, como resposta ao amor impossível.

> Rapidamente, deixei de ser apenas o repórter do atropelamento. Escrevera sobre o pacto de Pereira Nunes uma boa meia página. Desta vez, mais seguro de mim mesmo, inundei de fantasia a matéria. Notara que, na varanda da menina, havia uma gaiola com um canário. E fiz do passarinho um personagem obsessivo da história. Descrevi toda a cena: — a menina, em chamas, correndo pela casa, e o passarinho, na gaiola, cantando como um louco. E era um canto áspero, irado, como se o canarinho estivesse entendendo o martírio da dona. E fiz a coincidência: — enquanto a menina morria no quintal, o pássaro emudecia na gaiola. Quase, quase matei o canário. Seria um efeito magistral. Mas como matá-lo se a rua inteira ia vê-lo, feliz, vivíssimo, cantando como nunca, na sua irresponsabilidade radiante? O bicho sobreviveu. E foi um sucesso no dia seguinte. Lembro-me de que me perguntaram muito: — "Quem escreveu a história do passarinho?". Eu era apontado. Muitos vinham perguntar: — "Mas aquilo foi verdade mesmo?". Respondia, cínico: — "Claro!" (RODRIGUES, 2004b, p. 306-307).

Para relatar a dor e o sofrimento da morte, Rodrigues não se limita aos dados objetivos da realidade, acrescentando, em muito, o tom da fantasia que desperta no leitor um conjunto de emoções que, dificilmente, o texto da imprensa tradicional conseguiria ou se permitiria proporcionar. Nas décadas seguintes, a imprensa escrita deixa de ser a principal referência da narrativa de gênero policial, lugar que passa a ser ocupado pelo rádio, pelo menos entre as décadas de 1940 e 1960. Nesse período, os programas desse gênero tornam-se um fenômeno de audiência e ampliam seu alcance a todo território nacional.

Conforme Araújo (2003), existem dois modelos precursores dos programas policiais no rádio: o primeiro, dos anos de 1940, que se assemelha ao radiojornalismo, a exemplo do "Repórter Esso", e que se consagrou durante a Segunda Guerra Mundial ao transmitir as notícias sobre o conflito com um estilo de locução forte, em tom alto e associando credibilidade jornalística e emoção. O segundo modelo, com grande sucesso nos anos de 1960, combina a notícia de crimes com leituras e dramatizações de crônicas policiais, com crítica aos costumes e recheado de humor. A mescla desses dois formatos influenciou os programas policiais de anos posteriores, inclusive no âmbito da narrativa da TV.

Na década de 1960, com as cidades cada vez mais urbanizadas e submetidas a novas contradições sociais, o estilo alarmista dos radialistas sobre assuntos de violência e crime agradaram o grande público. Assim, o radiojornalismo transforma-se em verdadeiro espetáculo, no qual o âncora participa ativamente da condução da notícia dando dramaticidade aos fatos. A ele cabe ditar o ritmo narrativo: a introdução com músicas fortes e de suspense, seguida de efeitos sonoros que ajudam a estabelecer uma atmosfera de tensão e se misturam com o relato noticiado, para, enfim, concluir a reportagem em seu ápice, conservando a sensação de alarde nos ouvintes e, depois, com os programas televisivos, nos telespectadores.

Com a popularização do aparelho de televisão e a expansão do sistema de telecomunicações no Brasil, a era do rádio dá lugar ao predomínio do audiovisual, com desdobramentos na sociabilidade das pessoas, em especial, sobre o uso da imagem como elemento central para espetacularização da notícia. Nessa perspectiva, no final da década de 1960, o "Homem do Sapato Branco", do apresentador Jacinto Figueira Júnior, foi o primeiro programa de sucesso da TV brasileira a se identificar com esse estilo, isto é, retratar a miséria humana, os conflitos familiares e as histórias policiais. Em entrevista ao programa TV FAMA, o apresentador caracterizou assim o seu trabalho: "Eu pegava o cotidiano, polícia, pegava figuras grotescas, engraçadas, figuras que realmente marcavam época (...). O programa era o cotidiano, era aquilo que a cidade tinha e que ninguém tinha coragem de mostrar" (TV FAMA, 2001).

No final da década de 1970, a extinta TV Tupi conseguiu elevar seus índices de audiência com o programa "A Voz do Povo na TV", que era exibido durante o período vespertino e tinha como principal proposta representar uma espécie de prestação de serviços à população (PATIAS, 2012, p. 83). Pessoas vulneráveis, doentes, vítimas de violência ou descontentes com algum serviço público, buscavam o programa com a esperança de ter suas reclamações atendidas ou, minimamente, divulgadas pelo canal.

No período de 1964 a 1981, os programas policiais não ficaram imunes às influências e diretrizes do Regime Militar instaurado no Brasil. De fato, desde a origem desses programas no país, as redações dos jornais sempre adotaram o agente policial como fonte principal da notícia, bem como as informações do governo. Mas, a partir da Ditadura de 1964, além desse alinhamento com o discurso oficial, qualquer crítica à corporação policial e militar passou a ser vista como um ato de subversão (MARIA, 2002, p. 17).

Essa reorientação, tanto da reportagem, quanto dos programas de rádio e TV, incidiu, inclusive, na estrutura interna das redações dos jornais e direções das emissoras de rádio e televisão, confundindo o papel de jornalistas e policiais no fazer comunicativo. E, nesse aspecto, a tese "Cães de Guarda: Jornalistas e Censores, do AI-5 à Constituição de 1988", de Kushnir (2001), torna-se um estudo de referência por historicizar a rede de parcerias estabelecidas entre policiais, censores e jornalistas durante esse período, apontando que a intervenção autoritária do Estado não se rompeu totalmente com o fim da Ditadura, ao contrário, manteve-se viva por anos, ao ponto de criar raízes profundas.

Kushnir (2001) resgata a figura dos censores, geralmente recrutados pelo governo na polícia, no funcionalismo público ou por meio de concurso e que passaram a integrar organicamente o trabalho jornalístico. Em alguns casos, descobriu-se que os censores também foram contratados pelos próprios veículos de comunicação, a exemplo da Rede Globo e da Editora Abril, que imaginavam tal ação como forma de evitar maiores problemas com a polícia e prosseguir com seu trabalho. Segundo dados apresentados na pesquisa de Kushnir, em 1990, 116 censores ainda estavam na ativa, sendo, posteriormente, elevados à categoria de delegados diante da transição de regime.

Na redação ou na direção das emissoras de rádio e TV, as seções da reportagem policial foram os locais preferenciais desses novos profissionais. Nesse cenário, a história do jornal "Folha da Tarde" é emblemática, pois aponta como a orientação autoritária incidiu na estrutura da própria mídia. Se até 1968, o jornal "Folha da Tarde" era considerado um jornal contestador, a partir do AI-5 e da reconfiguração ampla do seu quadro de profissionais, ele passou a representar um caso exemplar de alinhamento com a imprensa oficial e de atuação policial na redação. Jornalistas e policiais atuavam de forma colaborativa, ao passo que o jornal enaltecia os agentes da segurança, e os policiais serviam de fonte privilegiada, às vezes informando fatos antes mesmo da deflagração de determinada operação – prática recorrente até hoje em jornais que priorizam o crime como notícia.

Com a redemocratização, na década de 1990, estabeleceram-se novas referências sob a égide da imprensa livre e contrária a qualquer forma de censura. Em maio de 1991, estreou o noticiário "Aqui Agora", apresentado pelo jornalista Gil Gomes, com o bordão: "Um telejornal vibrante que mostra, na TV, a vida como ela é". Com isso, o gênero policial passa a assumir o rótulo de programa do "mundo cão" e as características típicas da narrativa policialesca, inspirando programas de TV da atualidade, como é o caso do "Brasil Urgente", apresentado por José Luiz Datena, e "Cidade Alerta", apresentado por Marcelo Rezende, que faleceu no ano de 2017.

Mas como tais programas, ano após ano, continuam tão atrativos ao público? Possivelmente, dois elementos recentes potencializaram o *status* de "campeões de audiência":[90] a integração das mídias, beneficiada pela internet, e a articulação da notícia local e nacional, favorecida pela relação entre emissoras cabeças-de-rede e afiliadas. Para ilustrar tal cenário, cita-se a pesquisa de Barcellos e demais autoras (2017), que busca compreender como ocorrem os processos de recepção dos telespectadores em relação ao programa "Cidade Alerta", do estado do Espírito Santo, exibido pela TV Vitória, afiliada da Rede Record.

Para tanto, as pesquisadoras aplicaram questionários a telespectadores assíduos, escolhidos a partir do comportamento nas redes sociais, privilegiando os mais participativos. Um desses entrevistados, por exemplo, identificado pelas iniciais J. S., qualificado como mulher, de quarenta anos e dona de casa, relata que assiste ao programa todos os dias, seja pela TV ou pela internet. J. S. disse, ainda, sobre sua confiança no apresentador ("Ah, eu confio sim. Quando ele erra alguma coisa, ele sempre corrige depois") e os motivos da sua identificação com o conteúdo do programa ("Porque vejo problemas que acontecem no meu bairro, com o meu vizinho"; "Eu vou tentar falar com o programa para ver esse [problema] aqui da rua. A gente vê que os bairros que eles vão fazer matéria têm os problemas resolvidos"). Os outros telespectadores entrevistados, assim como o primeiro, confirmaram a preocupação com a questão local e a possibilidade, mesmo que em expectativa, de interação com o programa.

De fato, mesmo diante dessas novas características no comportamento dos telespectadores e na forma de produção da informação, nota-se que pouco do conteúdo editorial dos programas policialescos tem se diferenciado nas últimas décadas, ou como prefere dizer Maria

---

[90] O cenário de destaque da audiência dos programas policialescos na TV aberta pode ser exemplificado pelos diversos registros da mídia no ano de 2019 sobre os altos índices alcançados pelos programas desse gênero, a exemplo das seguintes notícias: "Cidade Alerta cresce 35% em audiência no primeiro trimestre de 2019" (OBSERVATÓRIO DA TELEVISÃO, 2019); "Com Sikêra Júnior no comando, Alerta Amazonas lidera audiência mais uma vez no Amazonas" (O CANAL, 2019); "Geraldo Luís agradece público após liderar ibope contra novo programa da Globo" (FOLHA, 2019); "Brasil Urgente retoma posto de maior audiência da Band" (RD1, 2019); "TV Ponta Negra é líder de audiência no horário nobre local" (OP9, 2019); entre outros exemplos.

(2002), eles têm mantido a "receita de bolo" de sempre: apresentador carismático, exploração de uma linguagem realística, a espetacularização dos fatos narrados, a supervalorização da punição do sujeito, a visão idealizada de agentes policiais e a defesa do uso da violência praticamente como única alternativa na guerra constante do Estado na contenção do crime. E, sobre esse último ponto, o tópico seguinte acrescentará mais elementos à discussão.

4.3 Entre abutres e heróis, o crime como discurso político

O "crime compensa!". Essa afirmação, por vezes acompanhada pela indicação do país do interlocutor ("no Brasil", por exemplo), tornou-se recorrente no cotidiano das pessoas e dos editoriais da grande mídia, entre os quais incluem-se os programas policialescos. Para melhor ilustrar esse ponto de vista, vale a menção ao posicionamento de José Luiz Datena, no programa "Brasil Urgente", uma vez que o apresentador aborda o tema do crime também na perspectiva dos mais jovens quando afirma que o país está "criando uma legião de bandidos":

> (...) Há pouco tempo ouvi que um sujeito que pratica um crime quando é menor tem mais direito do que aquele que está abandonado. Esses menores que vêm dessa formação, acobertados por essa lei, estão se tornando quadrilheiros da melhor espécie. Por terem ficado impunes a vida inteira, quando chegam à maioridade, eles pensam: "o crime compensa" (DATENA, 2012).

Causas, dados, contexto, argumentos, diferentes pontos de vista, registros históricos etc. Esses elementos argumentativos têm pouca relevância no debate na medida em que a conclusão já se apresenta pronta: é preciso punir, mesmo que para isso direitos sejam negados ("acobertados por essa lei"), preconceitos sejam legitimados ("quadrilheiros da melhor espécie") e ideias conservadoras sejam reproduzidas sem nenhuma preocupação com seus fundamentos ("há pouco tempo ouvi"; "imunes a vida inteira"). Este trabalho assume essa discussão como central e, na perspectiva de dar maior criticidade ao tema, transforma-a em perguntas em busca por respostas: Quando o crime compensa? Ou, a quem o crime compensa?

Em 2014, o filme "O Abutre", dirigido pelo diretor Dan Gilroy e protagonizado pelo ator Jake Gyllenhaal, levou às telas do cinema algumas provocações sobre as perguntas propostas acima, mas sob o olhar específico do fazer comunicativo dos meios de massa. Conforme o enredo, o jovem Lou Bloom, na busca desesperada por trabalho, depara-se com o jornalismo veloz e sensacionalista da cidade de Los Angeles. Nesse cenário marcado por um niilismo peculiar sobre a mídia tradicional,[91] Lou Bloom torna-se um cinegrafista independente à procura de acidentes, incêndios, assassinatos e outros registros da miséria humana, como forma de fornecer matérias inéditas e chocantes para a edição de um programa de notícias da TV.

Como um abutre à espreita da carniça para se alimentar, Bloom altera cenas de crimes, omite contextos, interfere na ação policial e troca favores com autoridades para receber informações em primeira mão, tudo como parte de uma dramaticidade pré-constituída pelo protagonista. As imagens sanguinárias, na maioria, crimes exagerados, projetam-se como estratégia capaz de superar a concorrência de outros telejornais, garantindo altos índices de audiência e as metas impostas pelos anunciantes, mesmo que em sentido oposto à ética jornalística e ao respeito à dignidade das pessoas expostas. Nesse caso, retoma-se as perguntas de antes: O crime compensa? Compensou para alguém? Possivelmente, sim, àqueles que exploram sem limites o jornalismo "mundo cão", a exemplo de Bloom e sua rede de financiadores e parceiros.

Da leitura da pesquisa de Martini (2008), na qual a autora analisou 15 anos da tradição dos jornais policiais na Argentina, percebe-se um conjunto de pontos que se assemelham à realidade brasileira e, desse modo, ajudam a compreender a importância da representação do crime em programas do tipo policialescos. Para a autora, desde os anos 2000, na Argentina, e, em larga medida, em outros países da América Latina, aconteceu um deslocamento na agenda policial presente nos meios de comunicação de massa, com o crime tornando-se o tema de referência. Com uma retórica do exagero, o crime assume o propósito principal de "ser moeda de mudança para governança e para o protagonismo social" (2008, p. 225). A notícia sobre o crime passa a descrever, qualificar e avaliar a vida cotidiana, incidindo diretamente nas reflexões sobre o espaço público e o comportamento de certos coletivos sociais.

Tal reflexão aproxima-se do raciocínio de Shecaria (2012, p. 284) segundo o qual, diante da intrínseca instabilidade econômica da sociedade neoliberal pós-1990, o crime passou a ocupar um papel central na estabilização da política na medida em que justifica a legitimação

---

[91] Ausência de finalidade ou busca de explicações pela mídia sobre o seu próprio fazer comunicativo.

do monopólio da violência pelo Estado e o controle político e legal de grande parte da população. A dimensão conflitiva resume-se a causas-explicativas do crime sem historicizar as relações estruturais que o cerca.

Nos últimos anos, contudo, a mídia policial latino-americana apresentou algumas alterações, mostrando capacidade de adaptação às novas exigências do mercado da comunicação. A informação sobre o crime amplia o seu alcance na descrição e qualificação do cotidiano das pessoas tanto no espaço público, quanto no privado, além de não mais se restringir a noticiar segmentos marginalizados da periferia das grandes cidades. Aliada às estratégias de publicidade e propaganda, a narrativa policial abre as "fechaduras da privacidade" para noticiar o crime e diversificar seus estereótipos, o que em grande medida tornou superada a divisão estanque de outrora, que, de um lado, continha a imprensa popular, e de outro, completamente distante, a imprensa da elite.

Isso não significa que o mercado da mídia desconsidere segmentos de consumo, pelo contrário, este atua, cada vez mais, a partir de pontos focais de rentabilidade; mas indica que o mercado conserva, em seu discurso geral, a centralidade do crime como elemento político.

> Nesse renovado contexto, na imprensa de referência, a equação vítimas de classe média e vitimáveis que habitam locais marginais – estrutura habitual do relato jornalístico sobre o crime comum – resume o denominador comum na notícia policial. Ao mesmo tempo, a pouca informação sobre a vitimização de sujeitos e geografias da pobreza nos fala sobre a necessidade de políticas informativas includentes e de como todo discurso sobre crime é um discurso político. A brecha informacional se coloca em evidência também nas classificações e explicações do crime, que são sustento da notícia jornalística (MARTINI, 2008, p. 226).

Nesse cenário, não há de se estranhar, por exemplo, que telejornais brasileiros considerados "sérios" e escalados para horários nobres da grade de programação reproduzam elementos que são típicos de um programa policialesco de TV. Exemplo disso foi a apresentação do editorial do Jornal do SBT, em fevereiro de 2014, no qual a âncora do programa abordou o caso de um adolescente negro que havia sido amarrado em um poste e em seguida espancado, na zona sul do Rio de Janeiro.[92] Além dessa centralidade do crime na narrativa, a mídia policial

---

[92] Ver o tópico 4.4 deste capítulo, que trata do editorial do Jornal do SBT "Adote um bandido".

também inspira recursos que asseguram a sua relevância, identificados por três táticas de maior efeito, a saber: o sensacionalismo como retórica dominante; a hipérbole narrativa e a explicação de pseudo-revelação (MARTINI, 2008), que, não representando técnicas totalmente novas, diferenciam-se da maneira pela qual eram utilizadas na origem do discurso narrativo policial.

Por intermédio do sensacionalismo que descreve horror, humilhações e misérias, a notícia policial aflige o público e intensifica o valor ou a função do acaso. A cotidianidade ligada ao acaso torna-se a marca da notícia policial, porque assim se apresenta o crime na vida das pessoas. Ninguém está imune: "o lar e as lojas onde se fazem compras diárias como geografias familiares; os menores, os idosos e as mulheres como vítimas ideais, os mais vulneráveis; o grau insuportável da violência, sequestros, violações, fuzilamentos, em qualquer horário" (MARTINI, 2008, p. 229). Com isso, a figura da vítima funciona como estímulo capaz de fixar o público à narrativa, pois as pessoas, em geral, se identificam com ela, mesmo que de forma associativa, imaginária, onde seus medos ou desejos cruzam com a história real ou aparente da notícia.

Não bastante, o sensacionalismo recorre também à hipérbole na medida em que a discussão sobre determinado problema assume termos mais anedóticos do que argumentativos. Cabe ao programa, assim, definir a quantidade e a forma pela qual cada cena noticiada terá horror, exagero ou escândalo social. Ao final, a narrativa policialesca deve concluir o seu roteiro apresentando algum tipo de explicação, mesmo que seja uma pseudo-revelação. Como a cobertura policialesca privilegia a "notícia de última hora", ela tende a iniciar o seu relato logo após a consumação do fato criminoso e insistir no seu acompanhamento apenas no período limite do interesse do público. Isso leva, na maioria das vezes, que a etapa da revelação da notícia resuma-se ao que foi dito pelas fontes oficiais, isto é, suspeitas e apreensões preventivas que não significam "justiça" ou resolução do problema. Na prática, o Estado penal máximo apresenta-se como uma panaceia autoexplicativa de soluções em que se engloba tudo de mais punitivo, sem explicar como essas medidas estão relacionadas à situação-problema geradora da discussão.

Diferentemente da narrativa policial de textos literários, da imprensa escrita ou do radiojornalismo, o uso articulado dos recursos do sensacionalismo, da hipérbole e da pseudo-revelação, quando inseridos na TV pelos programas policialescos, alcançam outro nível de incidência na vida das pessoas. Em uma sociedade pautada pelas imagens, a quantidade e a velocidade de informações da televisão ampliam o impacto da mídia sobre as pessoas, que pouco conseguem discernir entre o real e a sua representação, onde variadas sensações misturam-se e, às vezes, sobressaem-se ao processo racional de avaliação sobre determinado fato noticiado. Como lembra Klein (2006, p. 113): "o corpo e a mente não conseguem readequar suas reações diante do turbilhão de informações transmitidas".

Do texto de Martini (2008), cita-se um último e atual paralelo entre as experiências da Argentina e do Brasil: a notícia policial constrói a agenda política da democracia. Muitos aspectos desdobram-se dessa afirmação, tais como a incidência da mídia na elaboração legislativa, nas formas de controle social, na restrição de liberdades etc. Mas um deles chama maior atenção diante da força que demonstrou no período recente em terras brasileiras: a ampliação de representantes no Congresso Nacional e nas Assembleias Legislativas Estaduais ligados à pauta da segurança pública na eleição de 2018, na qual os programas policialescos e seus apresentadores, repórteres e comentaristas tiveram papel de destaque.

No recente contexto eleitoral brasileiro, os programas policialescos contribuíram, em geral, com a promoção de uma agenda política que reproduz o discurso político do crime, estimulado, em muito, pela demonização da política, pela espetacularização do combate à corrupção com a operação Lava-Jato (WARDE, 2018) e pela adoção de regras excepcionais na condução de processos democráticos (CASARA, 2017). Todos esses elementos fizeram parte do cenário político de 2018.

Além disso, como abordado nos capítulos anteriores, a relação de simbiose entre os interesses privados e os meios de comunicação também esteve presente na última eleição presidencial, com repetição de práticas irregulares na disputa eleitoral, que envolveram apresentadores de programas policialescos e seus associados.[93] Nada de novo, apenas mais uma entre as diversas facetas do coronelismo eletrônico que insiste em se fazer presente no sistema político do país.

---

[93] Cita-se o exemplo da família Castelo Branco, no estado do Amazonas, conhecida por utilizar da visibilidade dos programas policiais como forma de trampolim para a disputa eleitoral. À frente do programa "A voz da esperança", da TV Em Tempo, afiliada do SBT, Sabino e Reizo, pai e filho, ambos políticos filiados do PTB, respondem à justiça denúncias realizadas pelo Ministério Público Federal que apontam ilegalidades eleitorais. Os dois são acusados de doarem inúmeros bens à população por meio do programa televisivo que comandam. Porém, embora tenham sofrido processos do TRE local, ambos mantêm seus espaços na TV e na política (MOURA; AIRES, 2014).

Na campanha eleitoral, um grande número de profissionais ligados à segurança pública participou da disputa. A título de exemplo, segundo o levantamento realizado pelo Intervozes, em dez estados (PA, CE, PB, PE, BA, MG, RJ, ES, SP e PR) e no Distrito Federal, cerca de 800 profissionais, entre policiais militares e civis, bombeiros, militares reformados e membros das forças armadas, concorreram a cargos eletivos em 2018. Do total de candidatos, 170 estavam filiados ao PSL, e os demais, distribuídos entre outros 32 partidos políticos do país, sendo que apenas no estado de Rio de Janeiro foram 204 candidatos (BANDEIRA, 2018). Isso se refletiu no resultado final das eleições, que apresentou um número de profissionais da segurança eleitos para o Legislativo quatro vezes maior em 2018 quando em comparação com o ano de 2014 (GELAPE *et al.*, 2018).

No caso das candidaturas de apresentadores, repórteres e comentaristas de programas policialescos, a tendência foi semelhante. Também de acordo com o levantamento realizado pelo Intervozes, um total de 23 profissionais ligados a esses programas participaram da disputa eleitoral como candidatos a Deputados Estaduais e Federais e a Senadores, distribuídos entre 13 partidos de nove unidades da federação diferentes (PA, CE, PB, PE, MG, RJ, ES, SP e PR) e do Distrito Federal. Do total de 23 candidatos, destaca-se o número de oito profissionais vinculados à Rede Record, seguido por redes de TVs regionais (7), da Rede Band (4) e Rede SBT (4). Nesse quadro, cita-se o candidato Laudivio Carvalho, que tentou se reeleger como Deputado Federal pelo estado de Minas Gerais e é um caso emblemático nessa discussão, uma vez que, na sua longa trajetória como apresentador dos programas de gênero policial ("Tolerância Zero" e "Itatiaia Patrulha", da Rádio Itatiaia; "Aqui Agora" e "Alterosa Urgente", do SBT; e "Minas Urgente", da Band), recebeu um conjunto de denúncias de violação de direitos humanos pela sua atuação profissional[94] (BARBOSA, 2018).

Laudivio Carvalho não se elegeu em 2018, mas o mesmo não ocorreu com outros comunicadores ligados aos programas policialescos,

---

[94] Cita-se a pesquisa realizada pela ANDI em parceria com outras entidades que, em apenas 30 dias de monitoramento dos programas policialescos, foram identificadas narrativas de rádio e TV que promoveram violações de direitos, cometeram infrações a leis e desrespeitaram normas autorregulatórias. No caso do "Patrulha Itatiaia", sob o comando de Laudivio Carvalho, a pesquisa identificou 63 matérias violadoras de direitos humanos (VARJÃO, 2016). Recentemente, uma vez que não se elegeu no pleito de 2018, Laudivio retomou a atividade de radialista em Belo Horizonte, agora, no programa "Patrulha da Cidade", na rádio Super 91,7 FM.

como o caso de Mauro Tramonte, apresentador do programa "Balanço Geral MG", da TV Record, e filiado ao partido PRB, que foi eleito o Deputado Estadual mais bem votado de Minas Gerais (516.390 votos no total, cerca de 390 mil a mais que o segundo colocado), assim como Wilson Lima, apresentador do programa policial "Alô Amazonas" e filiado ao partido PSC, que foi eleito governador do estado do Amazonas, superando, na disputa eleitoral, o atual e o ex-governador do estado amazonense.

O exemplo das eleições de 2018 no Brasil reforça o que Martini (2008) alertou sobre a "mudança para governança e para o protagonismo social", ao passo que uma parcela da força da agenda política da notícia policial também se dá pela reorientação da participação social e das formas de se compreender a política. Uma característica desse contexto é o culto ao personalismo, prática já conhecida na história política do país e que também foi amplamente apropriada pela produção midiática do apresentador do programa policial como uma celebridade.

Desde os tempos de Jacinto Figueira Júnior, em que as câmeras em foco no sapato branco tentavam associar a imagem do apresentador à figura do "médico do povo", a pessoa do apresentador ganhou contornos de heroísmo, sempre a postos para pressionar governos, reivindicar "justiça" e combater malfeitos. Mas, hoje, a imagem do apresentador-herói assimila novas representações, por vezes, um papel "sacerdotal do mediador" (PATIAS, 2008). Como lembra Klein, dos gestos e da postura em frente às câmeras torna-se possível traçar um paralelo entre esses apresentadores e os pastores religiosos que há anos fazem sucesso na TV brasileira: "Nada é sutil aos sentidos da visão e da audição: os gestos e a movimentação corporal devem ser bastante visíveis, (...) a voz do pregador se eleva, retumba, repercute tatilmente em nossa pele" (2006, p. 177).

Apresentadas as bases pelas quais o crime torna-se um elemento central no discurso político, falta identificar, na narrativa policial, aqueles que são considerados culpados, isto é, os indesejáveis de toda ordem, que são lançados pela mídia como inimigos da famigerada sociedade de "cidadãos de bem". Tema que será abordado a seguir.

4.4 Quem é o inimigo? Para todo "cidadão de bem" existe o seu contrário

Nenhuma representação midiática acontece por acidente. Quando se retoma, por exemplo, a doutrina menorista estudada no capítulo 3 deste livro, lembra-se que para toda pessoa em desenvolvimento identificada como "menor" e, assim, associada ao conjunto de significados negativos que o termo lhe confere, existe algo que fica nas "entrelinhas", que, mesmo não dito, está lá. Afinal de contas, se existe um "ser menor", há de saber qual a representação do seu contrário, o "ser maior"? Ou, ainda, qual o padrão ou o comportamento médio, em cenários de notícia do crime, que classifica esta ou aquela pessoa como sujeito de direitos ou mero objeto?

Essa ilustração que parte da perspectiva do público infantojuvenil também pode ser reproduzida quando se analisa a sociedade atual, em que o processo classificatório das pessoas não é despretensioso, pois lhe confere uma função: gerir os indesejáveis, silenciar os conflitos, esvaziar o protagonismo, reorientar a governança, enfim, conter tudo aquilo que não se enquadra na representação hegemônica do correto, hoje, cristalizada na figura do "cidadão de bem". E o que resta ao outro, ao diferente? Sua representação oposta, de inimigo.

Em tempos de "adesão subjetiva à barbárie" (BATISTA, 2012), em que o medo e a sensação de insegurança permeiam as relações, inclusive, de violência das pessoas entre si, vive-se também um contexto suscetível ao empobrecimento subjetivo, inerente à razão neoliberal que organiza a sociedade. Conforme Casara (2017, p. 181), esse tipo de regressão revela-se tanto no modelo de pensamento bélico-binário, que ignora a complexidade dos fenômenos e divide as pessoas em "amigos" e "inimigos", quanto no incentivo à ausência de reflexão, não raro, gerado pelos meios de comunicação de massa que se apresentam como "verdades" que não admitem problematizações.

O que pode parecer um contrassenso de início, mostra-se algo possível ou até plausível diante de um espectro maior de reflexão. Cita-se novamente a imagem do "cidadão de bem", ou melhor, o cenário de representação no qual a mídia constrói esse significado simbolicamente. Esse "cidadão de bem" representa toda a idealização subjetiva daqueles que defendem valores morais e culturais amplamente aceitáveis em determinada época e tradição, bem como aderem à ordem estabelecida como forma de legitimação e proteção ao seu *status quo*.

Além daquilo que espera de si, o "cidadão de bem" projeta sua ideia sobre o que imagina do outro. Em um contexto como apontado por Vera Malaguti Batista (2012) e Casara (2018) acima, o outro deixa de ser visto apenas como um adversário, com ideias e valores diferentes dos seus, para se tornar um inimigo que deve ser destruído, aniquilado. O "cidadão de bem", assim como qualquer outra representação da mídia, constitui-se como realidade ao mesmo tempo em que conserva consigo controvérsias, que podem ser percebidas a depender da luz que se projeta a sua aparência.

Isso posto, volta-se à reflexão dos programas policialescos da TV que, neste ponto, apresentam-se como "ponta de lança" na formação de uma opinião pública pautada pelo alarde social e pela defesa da lei e da ordem, que conjuntamente reforçam a estigmatização e uma falsa representação de solidariedade que unifica todos os cidadãos na luta contra o "inimigo interno" comum (FERNANDES, 2015). Aqui, a expressão "bandido bom é bandido morto" encontra-se em um ambiente fecundo e de pouca crítica.

"CPF cancelado", "Vai comer capim pela raiz", "Faca na caveira", "Passa fogo", "Mensageiro da morte", "Fuzila", "Paredão", "Paga a bala, viu" etc., são alguns dos bordões e alcunhas que comumente integram a linguagem policialesca na TV, que, além de cativar o público, legitimam a ação de violência realizada. Uma reportagem sobre uma abordagem policial ou de justiçamento contra o agressor de uma vítima, por vezes, recebe do apresentador do programa o aval sobre aquele ato de violência, avocando para si o papel de juiz que decide, ao vivo, qual a melhor pena ao caso concreto, geralmente a sentença de extermínio da vida. Segundo Bucci e Kehl (2004, p. 244-245), de modo oportunista "eles [os programas policialescos] confundem inquérito com julgamento, fazem apologia (dissimulada ou nem tanto) da pena de morte como se ela prescindisse de julgamento justo, como se ela fosse uma execução sumária (solução relâmpago)".

Existe algo de muito perverso nessa abordagem em que a repetição das cenas brutais e do uso da "hiperemoção" no discurso (RAMONET, 1999) faz com que o telespectador, aos poucos, acostume-se e banalize a violência da mensagem, como se a forma com que os fatos são noticiados não representasse também algo extremamente violento. Com isso, soluciona-se uma contradição evidente: "o telejornal faz uma distinção entre violência real e violência exibida nos programas" (PATIAS, 2012, p. 99), e enquanto aquela é considerada repulsiva, porque choca as pessoas, a violência mostrada na tela da TV, para um número infinitamente maior de pessoas de todas as idades e em toda a cidade, é permitida.

O nível de tolerância das pessoas às imagens transmitidas com alto grau de violência e, não raramente, violação de direitos fundamentais, alarga-se a tal ponto, que não se chocam mais com sua narrativa. "Vamos nos acostumando à violência, como se fosse a única linguagem eficiente para lidar com a diferença; vamos achando normal que, na ficção, todos os conflitos terminem com a eliminação ou a violação do corpo do outro" (BUCCI; KEHL, 2004, p. 89). Pior que a representação dessa violência, sem dúvida, é a violência contra o imaginário do próprio telespectador, que uma vez amortizado, acredita que nada exposto ali pode lhe atingir de alguma forma.

Para ilustrar esse cenário de "violências invisíveis" dos programas policialescos, Pereira (2014a) relembra a cobertura midiática do "Caso Joaquim", de grande repercussão nos canais do gênero no final do ano de 2013. Nesse período, diversas reportagens foram produzidas sobre o desaparecimento do menino Joaquim, de três anos de idade, que morava com a mãe e o padrasto na cidade de Ribeirão Preto, estado de São Paulo. Cinco dias após o seu sumiço, o corpo da criança foi encontrado em Rio Pardo, a 100 quilômetros da casa da família. Na cobertura, os programas utilizaram de todos os recursos que lhe são habituais: sensacionalismo, exagero e apressadas conclusões.

O que chamou a atenção na cobertura da mídia foi a reprodução da forma bélico-binária (CASARA, 2017) e como o "Caso Joaquim" incidiu na agenda política geral. O programa "Brasil Urgente", aproveitando a repercussão desse caso, colocou no ar uma pesquisa na qual os telespectadores podiam participar por telefone. A pergunta era a seguinte: "Quem mata criança merece pena de morte?" Nos poucos minutos em que essa consulta permaneceu no ar, 5.980 optaram pelo sim, e 275 pelo não (PEREIRA, 2018). A participação do telespectador, assim como sua visão dual do problema, resumiu-se a responder sim ou não, ou, em termos diferentes, de qual lado o cidadão pretende estar – do bem ou do mal –, sendo que toda a representação do bem significa aqueles que combatem a violência brutal contra uma criança como Joaquim.

Hoje, a força dos recursos do telejornalismo sensacionalista, bem como sua agenda política prioritária em torno de temas relativos à segurança pública, não se restringem aos programas policialescos típicos, atingem também o dito jornalismo "sério" da TV. Em fevereiro de 2014, Rachel Sheherazade, âncora do Jornal do SBT, abordou o caso de um adolescente negro que havia sido amarrado e espancado na zona sul do Rio de Janeiro, iniciando a chamada a partir do título "Adote um bandido":

> O marginalzinho amarrado ao poste era tão inocente que em vez de prestar queixa contra os seus agressores ele preferiu fugir antes que ele mesmo acabasse preso. É que a ficha do sujeito está mais suja do

que pau de galinheiro. Num país que ostenta incríveis 26 assassinatos a cada 100 mil habitantes, que arquiva mais de 80% de inquérito de homicídios e sofre de violência endêmica a atitude dos vingadores é até compreensível. O Estado é omisso, a polícia desmoralizada, a justiça falha. O que resta ao cidadão de bem que ainda por cima foi desarmado? Se defender é claro! O contra-ataque aos bandidos é o que eu chamo de legítima defesa coletiva de uma sociedade sem Estado, contra um estado de violência sem limites. E aos defensores dos Direitos Humanos que se apiedaram do marginalzinho preso ao poste eu lanço uma campanha. Faça um favor ao Brasil! Adote um bandido!" (SBT, 2014).

Na sociedade movida pelo medo, nenhuma pessoa fica ilesa à lógica do "cidadão de bem", tampouco o adolescente infrator, representação mais enraizada da figura do "menor". Como visto no capítulo 3 deste livro, nos anos iniciais da República, o Brasil, em seu desejo incipiente de se constituir como nação, alimentava uma ideia salvacionista das crianças, influenciando toda a ordem jurídico, médica e assistencial que viria em sequência. Agora, em tempos de barbárie, a salvação não mais existe, ficando à mercê de uma "legítima defesa coletiva de uma sociedade sem Estado, contra um estado de violência sem limites" (SBT, 2014), mesmo que essa realidade não exista, pelo menos, não na forma pela qual ela é representada.

Mas, embora amortizados, o que leva tantos telespectadores a superarem um sentimento natural de repulsa a cenas tão violentas e a permanecerem, por horas, à frente da TV? A poça de sangue na calçada, as marcas de agressão na pele da vítima, o desespero dos familiares de uma criança desaparecida, a face pálida de um corpo já sem vida, os tiros à queima roupa durante a ação policial, o adolescente amarrado e espancado repetidamente, como forma de castigo público. De acordo com a narrativa policialesca, todas essas imagens devem ocorrer até o limite de serem consumidas, nada além disso, caso contrário, perdem sua força e o próprio sentido de existir em um mercado midiático. Para não errar a "dosagem" propícia ao gosto do público, um dos caminhos escolhidos por esses programas foi o de relacionar, em um único processo comunicativo, a produção de informação e de entretenimento, perpetuando, dessa maneira, o discurso do crime e da classificação das pessoas ("bem" *versus* "mal") como uma forma espetáculo.

4.5 Entre a informação e o entretenimento, o espetáculo do crime torna-se um grande negócio

O programa policialesco da TV, antes de qualquer classificação sobre seu conteúdo ou forma, consiste em empreendimento comercial na área de comunicação, um negócio cujo objeto principal nem sempre é informar os fatos, mas entreter da forma que lhe é peculiar. Nessa relação entre informar e entreter, a narrativa policialesca da violência extremada se faz presente dando ao crime o toque de horror e bizarrice que melhor convém ao gosto do público. Afinal de contas, o "crime vende", e quanto maior a audiência, maior será o retorno financeiro de seus programas e, também, a difusão de suas ideias como parte de uma agenda política.

Desde as contribuições de Debord sobre a sociedade do espetáculo, e de autores[95] que, antes dele, analisaram a indústria cultural de massa, não se surpreende que a informação, em determinado estágio da produção capitalista, tenha se transformado em mercadoria, assim como tenha se submetido à primazia do espetáculo perante o real. Isso, porque, quando a economia se expandiu em todas as áreas da vida humana, o espetáculo também passou a apresentar-se como "seu complemento moderno desenvolvido, no qual a totalidade do mundo mercantil aparece em bloco, como uma equivalência geral àquilo que o conjunto da sociedade pode ser e fazer" (DEBORD, 2000, p. 34).

Tanto na forma tradicional, quanto na forma policialesca, o jornalismo na sociedade capitalista está inserido nessas duas lógicas (informação como mercadoria e fonte de espetáculo), que podem ser complementares entre si. Com o desenvolvimento das telecomunicações e da sociedade de consumo no século XX, o telejornalismo, em geral, foi marcado pelo desmoronamento das barreiras entre a publicidade e a notícia, bem como pelos efeitos da padronização dos hábitos e costumes em bens de consumo. Mas, apesar dessas semelhanças, existem diferenças entre os dois tipos de narrativa jornalística; uma delas trata-se do nível de entrelaçamento entre informação e entretenimento presente na sua narrativa midiática.

Sobre tal relação, Bucci e Kehl avaliam que:

> (...) depois do aspecto da transformação do público em massa vendável, é o entrelaçamento e depois, de vinte anos para cá, a fusão orgânica

---

[95] Destaque para os autores da Escola de Frankfurt, tais como Adorno e Horkheimer (1985), que em 1947 publicaram o livro a "Dialética do Esclarecimento".

do jornalismo com o entretenimento. O jornalismo passa a obedecer, progressivamente, a uma ética de mercado, se me permitem o emprego de tão herética expressão, e trabalha cada vez menos para os direitos e cada vez mais para o consumo e para a extração do olhar (uma atividade extrativista primitiva). Disputa ou, como se diz no comércio, compete com os programas de ficção. A partir de então, quando incorpora procedimento ficcionais, passa fazê-lo não mais como um requinte estilístico ou como arte, mas como um incremento industrial, obrigatório. Trata-se de entreter ou morrer – o que digo sem nenhum espírito anedótico. A ética do telejornalismo não mais presidida pela verdade, mas pelo imperativo de extrair o olhar (2004, p. 138).

No caso dos programas policialescos da TV, a diferença é o alto grau desse entrelaçamento entre formas de entretenimento e informação da notícia em comparação ao modelo tradicional, na medida em que essa mistura passa a integrar o próprio estilo sensacionalista e de "hiperemoção" (RAMONET, 1999). Nessa perspectiva, ganha força a noção de "infoentretenimento" (MORAES, 2013b), termo abordado no capítulo 2 deste livro, que remete à sofisticação do espetáculo da era das multimídias e à criação de outras formas de entretenimento das massas. Com tantas mudanças, a narrativa do gênero policial também lançou mão de novas estratégias de propagação do espetáculo e do fascínio de seus consumidores.

Muitas situações ilustram como a pauta do entretenimento invade o ambiente da notícia em um processo de "ludicização" (GOMES, 2015) explícito ou implícito, que se torna parte fundante do programa policialesco da TV. Sobre a primeira perspectiva, nota-se um conjunto de práticas que se repetem, com frequência, nos programas policialescos de todo o Brasil que adotam estratégias similares, tais como: sorteios, premiações, entrevistas, atrações culturais, horóscopo, receitas, intimidades da vida de celebridades, teste de DNA, apresentações humorísticas e bizarrices de toda ordem, sempre associadas ao roteiro de notícias do programa. A partir de uma enquete ou uma pesquisa de opinião sobre determinado tema em pauta no programa, o apresentador-*show* convida o telespectador a participar de sorteios de brindes geralmente associados aos patrocinadores da emissora.[96] No "Balanço Geral SE"

---

[96] Cita-se o estudo "A publicidade como estratégia de financiamento dos programas policialescos", recentemente publicado pela ANDI e outras organizações da sociedade civil, a partir do monitoramento de 30 programas policialescos distribuídos em 10 capitais do país. Dentre os resultados dessa pesquisa, chama atenção a análise dos *merchandisings*, isto é, a exposição de determinado produto, marca ou serviço dentro dos blocos do programa,

(2018), o telespectador deve acertar o objeto na maleta para ganhar o seu prêmio; já no "Brasil Urgente" (DATENA, 2004), o apresentador lança o desafio "Pisque Band", em que os telespectadores piscam as luzes das suas casas enquanto o helicóptero do programa sobrevoa a região, e o cinegrafista escolhe uma das residências para receber um brinde.

O humor, mesmo de mau gosto ou associado ao bizarro, também faz parte do programa, como o "repórter anão", do "Balanço Geral SP" (2018), que invade o estúdio pilotando uma minimoto; a substituição do apresentador do "Plantão Alagoas" (2017) por seu sósia; o repórter volante do "Cidade 190" (CNEWS, 2018) que, fantasiado de super-herói, escuta as demandas das comunidades da periferia; a dança e o diálogo de Mauro Tramonte do "Balanço Geral MG" (2013) com a boneca de pano Zumira, ou José Luiz Datena que apresentou o programa "Brasil Urgente" (2014) de cueca após perder uma aposta sobre a Copa do Mundo de futebol.

Já sobre o entretenimento na sua forma mais sútil, notam-se dois recursos principais: a teatralidade do apresentador e a publicidade sem cortes. O apresentador-*show* desempenha a função de mediador na relação entre o programa e os telespectadores e, como parte de uma "*performance* cênica do mediador" (OLIVEIRA, 2008), ele define os gestos, as posições no palco, o tom de voz e, principalmente, a forma pela qual se estabelece o pacto com os receptores (a audiência). Em programas diários, como os policialescos da TV aberta, essa relação entre programa e audiência, ao longo do tempo, dá ao mediador uma maior familiaridade, por meio da qual ele passa a construir credibilidade no campo midiático.

Sikêra Jr., do programa "Plantão Alagoas" (2018), por exemplo, entre a chamada de uma matéria e outra, mistura a comoção da notícia sobre crimes brutais com as encenações de improviso típicas da comédia de *stand-up*,[97] o que lhe rende grande aceitação por parte do público, tendo mais de 600 mil seguidores nas redes sociais. Posicionado no centro do palco e com olhar fixo na câmera, Sikêra Jr. anuncia que, naquele dia, mais um "CPF foi cancelado!" Concomitantemente, a música de fundo muda e estimula a sensação de apreensão sobre os fatos a serem noticiados; em poucos instantes, a tensão se dissipa com a

---

que representam cerca de 25% do total dos recursos arrecadados na área de publicidade pelos programas analisados e estão diretamente ligados à imagem de credibilidade do apresentador (ANDI; ALANA; INTERVOZES, 2019).

[97] Modalidade de espetáculo de humor.

passagem de dois auxiliares do programa, pelo estúdio, carregando um documento de CPF gigante com uma tarja vermelha escrita 'cancelado'. Em certo programa, como um dos auxiliares não segurou o riso durante a encenação, o próprio apresentador tratou de retomar a linha de tensão necessária à matéria: "Fecha a cara, que isso não é convite de aniversário não, é uma morte, feche a cara!"

Tudo isso faz parte de um *show*, que também inclui seus patrocinadores e anunciantes. A venda de produtos não espera o momento do intervalo, sendo inserida entre as cenas numeradas no decorrer do programa. São associados a entrevistas, enquetes, sorteios, fatos noticiados e, principalmente, à imagem de credibilidade do apresentador, que, pessoalmente, assume usar o produto ou apenas recomenda o seu uso.

O programa "Balanço Geral GO" (2018), por exemplo, promoveu em 2018 o "Balanço Geral nos Bairros", uma campanha que articula, em uma única ação, entrega de prêmios, prestação de serviços e mobilização de milhares de pessoas que geralmente pertencem às mesmas comunidades que são abordadas no conteúdo diário do programa, isto é, das cenas de violência e violações de direitos que compõem a notícia. Assim, o porta-voz da dor e da violência torna-se, ao mesmo tempo, o canal de utilidade pública e cidadania. Ambiente publicitário preferencial das marcas regionais e populares interessadas no público segmentado e com poder de compra relativamente menor.

O programa policialesco, como produtor de "infoentretenimento", transforma o conteúdo tosco, fútil, superficial, bizarro, violento, violador etc. – ou seja, tudo aquilo que diz respeito à miséria humana – em uma imagem repetitiva e carregada de emoções, de afetividade e, muitas das vezes, de divertimento. Não que esses programas percam sua capacidade de banalização, pois continuam, como lembra Leal Filho (2006), a representar "verdadeiros infernos televisivos do final da tarde", mas agora estão inseridos em uma engrenagem narrativa que os retroalimenta diariamente.

> A conjunção entre violência realmente experimentada ou experimentável e a violência comunicativamente consumida se funde muitas vezes em um único bloco quase sem contradições. A violência consumida através do telejornal faz parte e ao mesmo tempo é alimentada pela violência real que ronda as nossas cidades (PATIAS, 2012, p. 94).

A mesma narrativa que amplia a brutalidade das imagens que fazem parte da notícia também esvazia a relevância do que foi dito, para que as pessoas retornem, no dia seguinte, ávidas por mais um programa de TV "engraçado e divertido". De nada interessa, ao mercado da mídia, um telespectador totalmente desiludido com a sociedade, ao ponto de não compartilhar valores e ideias, muitos dos quais são hegemonizados pelos próprios meios de comunicação de massa. O programa policialesco da TV, desse modo, precisa, além de estimular a sensação de medo e insegurança, "produzir o sentimento de bem-estar no espectador pacificado, sabedor de que, apesar dos pesares, o mundo vai bem, obrigado" (CHAUI, 2006, p. 49).

Aborda-se, enfim, a seguinte questão: o empreendimento comercial dos programas policialescos na TV enquadra-se no gênero comunicativo do jornalismo ou do entretenimento típico dos programas de auditório, organizados como passatempo de todas as tardes? O exemplo a seguir ajuda a contextualizar tal questionamento.

Em 2015, uma reportagem veiculada no programa "Tolerância Zero" (2015), da TV Atalaia, afiliada da Record em Sergipe, registrou a perseguição policial de três jovens suspeitos de um assalto na periferia de Aracaju que terminou em troca de tiros, duas prisões e uma morte. No local dos fatos, o repórter com o microfone na mão e a lente da câmera sobre os ombros, tentou entrevistar os três jovens que estavam deitados de bruços no chão ao lado da viatura policial. A dois deles, o repórter perguntou: "Você é maior ou menor?" Em seguida, questionou ao terceiro, que se encontrava morto – "E você, tem quantos anos?" – não obtendo qualquer resposta. Após alguns segundos de silêncio, o jornalista se deu conta da situação: "Esse daqui está ferido. Por incrível que pareça, eu ia entrevistar um cara que já está morto", completou, esboçando uma risada de constrangimento.

O que inicialmente ilustra mais um entre tantos outros exemplos de registro da cobertura desumanizante da mídia, também propicia reflexões igualmente preocupantes, em particular, quando se analisa a repercussão do ocorrido, na qual o "fato" ficou conhecido como o "mico do repórter", com direito a *hit* musical no YouTube,[98] *memes* nas redes sociais[99] e notícias jocosas sobre a abordagem do repórter. Para Brum (2018), mesmo considerando apenas esse recorte da matéria do programa, torna-se imprescindível perguntar "Por que a seriedade da morte de alguém é ignorada, e o que é identificado como 'fato', passível

---

[98] Música de grande popularidade.
[99] Disseminação de determinada informação na internet.

de virar 'notícia', é apenas o 'mico' do repórter?" Ao se analisar a notícia sobre a notícia, isto é, o "mico do repórter", vez que a morte do jovem praticamente desapareceu da cobertura midiática em questão, alguns portais de revistas e jornais consideraram que tal informação melhor se integrava à seção de entretenimento, TV ou diversão do que à seção de crimes ou gênero policial.

Disso se conclui que, tratando-se de programas policialescos, há mortos que viram entretenimento. Nesse exemplo, havia um jovem negro e da periferia morto na cena do crime, mas esvaziado de humanidade, a qual ninguém parecia reconhecer. Tudo o que se viu foi o "mico" ou a "gafe" do repórter.

Mais importante do que classificar os programas policialescos em gradações de maior ou menor teor jornalístico, tarefa hercúlea no estágio atual da mídia, o que se busca é entendê-los, inclusive, ao ponto de traçar limites democraticamente constituídos que os permitam existir sem a banalização e a violência de direitos. Em outros termos, a discussão proposta neste livro almeja apreender o sentido dos princípios constitucionais sobre a radiodifusão do país, entre os quais aquele que determina, no artigo 221 da CF/88, que esses serviços devem assegurar "preferência a finalidades educativas, artísticas, culturais e informativas" e o "respeito aos valores éticos e sociais da pessoa e da família" (BRASIL, 1988).

Por sua vez, a produção de entretenimento, isto é, de passatempo livre e desobrigado do tempo (por vezes, ilusório) (CHAUI, 2006), quando analisada à luz do contexto da comunicação de massa, não raramente tenta se esquivar das mesmas regras, valores e obrigações às quais o jornalismo está minimamente submetido, sejam aquelas definidas pela academia, pelos manuais de redação, pelos códigos de ética profissional ou pelos textos legais. Assim, os programas policialescos se escondem, com facilidade, de muitas das críticas que o jornalismo "sério" poderia receber – como a busca pela verdade e o respeito à dignidade das pessoas noticiadas. Quando interessa, contudo, o programa de cunho policial com fortes traços de entretenimento, como um pêndulo em movimento, volta-se a se identificar com o jornalismo, por exemplo, para se agarrar ao direito fundamental à informação jornalística contra qualquer esforço coletivo de regulação midiática, como um escudo ao "espetáculo público da barbárie" que insiste em promover (RAMIDOFF, 2011).

Em tempos de "infoentretenimento" em que, nas palavras de (CHAUI, 2006, p. 22), "o espetáculo se torna simulacro e o simulacro se põe como entretenimento", o discurso "engraçado e divertido" dos programas policialescos em nada é despretensioso, inofensivo, ao mesmo passo que o jornalismo tradicional também não se mostra tão "sério" quanto a sua representação hegemônica lhe apresenta historicamente, o que redobra o esforço do uso de seus parâmetro éticos e democráticos. Independentemente do modelo narrativo em questão, nenhuma abordagem é absoluta e não deveria deixar de responder pelos seus excessos.

No caso específico dos programas policialescos da TV, além da "cortina de fumaça" que os encobre na falsa ideia de um "jornalismo cultural" ou de "entretenimento do horror", o que se revela ao olhar atento é o predomínio de um "modelo de comunicação híbrido, pautado por interesse comercial, que alia características de propaganda ideológica com elementos de entretenimento" (VARJÃO, 2016, p. 12). Nem jornalismo propriamente dito, nem um programa de auditório, trata-se de um fenômeno próprio e, como tal, precisa avançar a delimitação de parâmetros mínimos com urgência e que contenham o seu discurso desumanizante, tão danoso ao tecido social do país. Esse debate dia após dia ganha relevância, em muito, pela expansão desses programas em suas versões locais e em múltiplas plataformas de mídia, bem como pela adoção das pessoas em desenvolvimento dentre seus principais assuntos.

4.6 Enquadramento dos mais jovens pela mídia policialesca

Na sociedade do espetáculo, da maneira que ensina Guy Debord, "o espetáculo nada mais seria que o exagero da mídia, cuja natureza, indiscutivelmente boa, visto que serve para comunicar, pode às vezes chegar a excessos" (2000, p.171). Quando se trata dos programas policialescos da televisão aberta no país, parece que o limite daquilo que se considera como exagerado foi alterado, uma vez que o trágico-cômico passou a ser cotidiano. Engana-se quem pensa que a violência e a violação de direitos humanos são atos isolados nesse modelo de negócio e de narrativa midiática.

Hoje, principalmente a partir de duas pesquisas protagonizadas pela ANDI e pelo coletivo Intervozes, é possível quantificar denúncias em todo o território nacional, visualizando milhares de situações que afrontam direitos fundamentais. Fala-se, até mesmo, de ocorrências de violações de tortura psicológica, tratamento desumano ou degradante contra pessoas expostas nesse tipo de programa. Esse foi o caso da reportagem do "Brasil Urgente BA" (2012), na qual a jornalista Mirela Cunha humilha um jovem acusado pelo crime de estupro durante uma entrevista ao vivo. O suspeito confundiu exame de corpo delito com exame de próstata, o que foi suficiente para ser ridicularizado pela jornalista. Com a grande repercussão do vídeo, conhecido nas redes sociais como "Chororô na delegacia", a TV Bandeirantes não ficou isenta de críticas da sociedade civil e dos órgãos públicos, como o Ministério Público Federal.

Dos números apresentados pela ANDI e por seus parceiros (VARJÃO, 2016) em relatório sobre os programas policialescos publicado em 2016, foram identificadas 1.938 narrativas violadoras de direitos e de regulamentos sobre o tema, cuja maioria congregava mais de um tipo de violação. O monitoramento ao longo de 30 dias considerou 28 programas veiculados por emissoras de televisão, em dez capitais de cinco regiões do país. Entre as violações registradas, destacaram-se 1.704 casos de exposição indevida de pessoa; 1.580 de desrespeito à presunção de inocência; 614 de violação do direito ao silêncio; 151 ocorrências de incitação à desobediência ou desrespeito às leis; 127 de incitação ao crime e à violência; 39 de identificação de adolescentes em conflito com a lei; 17 de discurso de ódio ou preconceito; e 09 de tortura psicológica e degradante.

Já o Intervozes (2018), a partir do lançamento da plataforma "Mídia sem Violações" no ano de 2016, agrupou em um *site* as reclamações dos cidadãos sobre possíveis abusos cometidos por emissoras de televisão durante a exibição dos programas policialescos. Sobre os dados reunidos no ano de 2015, a plataforma estabeleceu um "*Ranking* de Violações de Direitos Humanos na TV Aberta", contando com o total de 1.471 denúncias, conforme se verifica na tabela abaixo:

Tabela 1: *Ranking* de denúncias por programa

	Nome do Programa	Nº de Denúncias
1	Cidade Alerta	358
2	Brasil Urgente	235
3	Ronda Geral	158
4	DF Alerta	123
5	Metendo Bronca	118
6	Balanço Geral	100
7	SOS Cardinot	81
8	Cidade 190	67
9	O Povo na TV	61
10	Rota 22	59
11	Na Mira	40
12	Picarelli com Você	33
13	Tribuna do Massa	32
14	TV Verdade	6

Fonte: Intervozes (2018).

O *ranking* também pode ser analisado por meio de indicadores como: tipo de violação, denúncias por estado, programa ou canal de televisão. Essa ferramenta possibilita perceber a dimensão desse quadro de violações, uma vez que as denúncias evidenciam, muitas vezes, como o mesmo conteúdo denunciado retroalimenta outros programas parceiros, sendo reproduzidos em afiliadas da TV produtora em diferentes localidades do país. Em uma visão panorâmica do *ranking*, cita-se: i) apenas o canal da "Record DF" recebeu 458 denúncias; ii) o estado com maior número de denúncias no período foi São Paulo, com 1.309; iii) dos 14 programas identificados como violadores, o "Cidade Alerta", sozinho, registrou 358 casos; e iv) quanto ao tipo de violação, os resultados aproximaram-se dos dados da pesquisa da ANDI relatados acima, indicando também, como principal violação, a exposição indevida de pessoas e famílias, com 1.378 ocorrências.

Nesse cenário preocupante busca-se, em sequência, analisar qualitativamente a narrativa que compõe o universo dos programas policialescos na TV aberta, em particular quanto ao enquadramento que tal cobertura midiática faz da representação de crianças, adolescentes e jovens. Basicamente, a noção de enquadramento envolve a seleção e a saliência, isto é, a capacidade de uma informação tornar-se noticiável, significativa ou memorável para a audiência. Assim, enquadrar significa selecionar certos aspectos da realidade percebida e torná-los mais salientes na relação comunicativa de tal forma a promover a definição particular de um problema, de uma interpretação causal, de uma avaliação moral e/ou a recomendação de tratamento para o tema descrito (ENTMAN *apud* LIMA, 2006, p. 15).

Para tanto, a pesquisa considerou três programas policialescos de referência, selecionados dentre aqueles com maior destaque no *ranking* organizado pelo Intervozes na tentativa de demonstrar a narrativa dominante e o conjunto de omissões, saliências e distorções que fazem parte do discurso desses programas. Com isso, mais do que descrever os programas policialescos da TV aberta, busca-se perceber como eles avaliam determinado cenário e, por conseguinte, estabelecem um "alinhamento" do conteúdo hegemônico (ou contra-hegemônico) sobre a representação do público infantojuvenil na mídia policialesca.

Nessa perspectiva, analisa-se a abordagem de crianças, adolescentes e jovens nos programas "Cidade Alerta", "Brasil Urgente" e "Ronda Geral" tendo como primeiro recorte da pesquisa as matérias publicadas nos *sites* oficiais dos respectivos programas no intervalo de 30 dias, mais especificamente entre 15/11/2018 a 15/12/2018. Desse universo de conteúdo, foram contabilizadas 715 reportagens em formato de vídeo, o que corresponde a cerca de 70 horas ininterruptas de programação. Após a visualização dos programas, a pesquisa propôs um segundo recorte, selecionando as matérias associadas a palavras-chaves que remetem ao público infantojuvenil ("criança", "infância", "adolescente", "adolescência", "jovem", "juventude", "juvenil", "menor", "menino/a", "garoto/a", "estudante", "infrator", "moço/a", "rapaz"), o que resultou no número final de 45 matérias.

Em seguida, o conteúdo dos vídeos foi organizado pela nomenclatura de identificação, a chamada da matéria, a data de exibição e as unidades de enquadramento sobre o público infantojuvenil. A partir do conteúdo dessas matérias, assim como de três casos emblemáticos nelas apresentados, escolhidos entre as matérias de maior visualização na data final da amostragem, delimitou-se um conjunto de dados no qual será possível apontar os enquadramentos que se repetem na narrativa desses programas diretamente[100] e, consequentemente, identificar sentidos e significados que permeiam os cenários de representação em estudo.

Da análise das matérias selecionadas, como se verá adiante, o enquadramento dos programas policialescos na TV aberta mostra-se, por vezes, na contramão do sistema de proteção integral de crianças, adolescentes e jovens, uma vez que expressa, ao longo do tempo, uma narrativa carregada de comoção e sensacionalismo que retoma a caracterização da doutrina da situação irregular ou menorista do passado. Em tal enquadramento, o sujeito de direitos dá espaço ao ser coisificado em sua representação, prevalecendo, em grande medida, apenas a figura do indesejável de toda ordem. Em períodos marcados pela barbárie e pelo esvaziamento da agenda política dos direitos humanos, a "salvação da criança" já não confere a mesma preocupação de antes, e a representação midiática afasta-se do paradigma constitucional de referência.

Nessa narrativa policialesca, que acompanha o discurso dominante da política do crime e da visão binária sobre o funcionamento da sociedade, percebe-se a insistência de uma série de expressões e vocabulários pejorativos referentes ao público infantojuvenil, bem como a prevalência de "soluções" simplificadoras de problemas complexos aos quais essas pessoas estão diretamente relacionadas. Assim, mais do que descrever situações sensacionalistas e banais presentes na cobertura midiática, espera-se lançar questões que revelem contradições e estereótipos que, em última medida, deveriam ser combatidos por uma sociedade democraticamente comprometida com a realização dos direitos fundamentais das pessoas, em particular, daquelas em condição de desenvolvimento e detentoras de proteção "especializada, diferenciada e integral" (VERONESE, 2003, p. 439).

4.6.1 "Caso Mellanys" e o programa "Cidade Alerta"

"Jovem de 16 anos sai de casa para ir ao mercado e desaparece" (CIDADE ALERTA, 2018c). Essa foi a primeira chamada de uma

---

[100] Ver o detalhamento da metodologia no Apêndice organizado ao final deste livro. Além do quadro-síntese dos dados sobre as 45 matérias selecionadas (Tabelas 3, 4 e 5), também estão disponíveis as transcrições completas das narrativas que fazem parte dos três casos exemplares.

narrativa que passaria a ser conhecida como "Caso Mellanys", em referência ao nome da adolescente desaparecida em São José dos Campos, interior de São Paulo. Como um "caso de polícia", que clama por medidas rápidas e drásticas para se restabelecer a normalidade da ordem pública, o programa "Cidade Alerta" assume o cenário alucinante de uma operação policial, recheado de suspeitos e de cenas ao vivo que garantem o clima de apreensão e dinamismo do gênero policial. Mas o programa vai além: ao se utilizar de um conjunto de técnicas sensacionalistas carregadas de dramaticidade, passa a mostrar o "caso de polícia" como uma verdadeira novela do sofrimento humano.

Em meados de novembro de 2018, a família de Mellanys procurou o "Cidade Alerta" para solicitar ajuda para encontrar a filha desaparecida. O programa, ao bom estilo policialesco, apresenta o ocorrido com detalhes, enfatizando o desespero e a angústia da família com a falta de notícias, que, nas palavras da própria mãe, "é pior do que a perda de morte". As trilhas sonoras, o foco das câmeras, a seleção das falas e a postura do apresentador, tudo organizado para que a narrativa prenda a atenção do público, deixando em segundo plano o relato dos fatos em si.

No dia 15 de novembro de 2018, dois dias após a divulgação das imagens da adolescente, o programa exibe a chamada "Caso Mellanys: adolescente reaparece após sete dias sem dar notícias". Implicitamente, essa mensagem estimula o mistério e a suspeita de que algo terrível aconteceu com a jovem, possivelmente, vítima de um crime bárbaro. Nesse dia, a reportagem foi comandada pela jornalista Lilliany P. Nascimento, ou, como ela se intitula na TV e nas redes sociais, "Lilliany Capitão Nascimento" – em referência ao personagem do filme "Tropa de Elite". A título de ilustração, segue abaixo um trecho da transcrição dessa matéria filmada na casa da família:

> (Chamada) Mellanys: Fim do mistério agora.
> (Contexto) Cenas no interior da casa da família.
> (Repórter) Uma ligação! Uma denúncia do possível local onde ela está.
> (Contexto) Imagem do rosto da mãe, que está emocionada.
> (Repórter) Um momento de aflição!
> (Contexto) Outra cena, da repórter andando em uma rua, em direção a uma casa.
> (Repórter) A informação que a gente tem, que é preliminar, é que a Mellanys está aqui. Vou tentar perguntar para alguém.
> (Repórter) Em seguida, a angústia.

(Contexto) Música de tensão. Volta a cena de choro da mãe e, em sequência, a imagem de uma vizinha na porta de sua casa.

(Fala de uma vizinha) A gente pensou de tudo! Que ela estava morta, que ela estava sendo abusada.

(Repórter) E, finalmente, o reencontro emocionante!

(Contexto) A música muda e a tensão é minimizada. Mãe e filha se abraçam. Em seguida, a adolescente é entrevistada pala repórter na sala da casa.

(Repórter) E o relato da estudante que ficou sete dias desaparecida.

(Fala da adolescente) Chega uma idade na vida que, principalmente agora, na adolescência, que você quer mostrar que você é independente de tudo, e que você pode tudo. Então eu queria mostrar que eu sou adulta suficiente.

(Repórter) Mas a história por trás do desaparecimento é cada vez mais intrigante (...) (CIDADE ALERTA, 2018b).

A reportagem apresenta-se como um grande roteiro, com cenas numeradas e uma sequência de entonação conduzida pela narradora ("Uma ligação!"; "Em seguida, a angústia"; "E, finalmente, o reencontro emocionante"). E, como uma novela que anuncia o próximo capítulo, a reportagem não acaba com o encontro da adolescente; precisa manter o tema sempre em suspenso, em que a revelação do mistério do caso se choca com a fragilidade das informações e a suspeita sobre o que teria acontecido nesse período do desaparecimento ("Fim do mistério agora"; "preliminar"; "a história por trás do desaparecimento é cada vez mais intrigante"). O objetivo da família foi cumprido, isto é, Mellanys foi encontrada, mas, para o programa, ainda é preciso revelar qual o crime, quais os suspeitos e de quem é a culpa, sendo o "motor" de toda essa engrenagem o medo e a sensação de insegurança, também ilustrada na fala da vizinha da família ("A gente pensou de tudo! Que ela estava morta, que ela estava sendo abusada.").

O "Cidade Alerta", em diversas matérias, não opta pelo enquadramento explícito das pessoas em desenvolvimento pela figura do "menor", principalmente quando aborda uma situação na qual elas são vítimas. Isso não significa que não existem muitas contradições nesse tipo de representação. Como no "Caso Mellanys", a adolescente é a sub-representação da vítima, que não pode dizer ou fazer nada que fuja do roteiro preestabelecido. Nesse caso, prevalece a imagem de uma adolescente imatura e irresponsável diante de uma sociedade do crime. Essa representação é potencializada pelo espetáculo do drama familiar e pela exposição total da imagem e intimidade dos envolvidos.

Conforme a amostragem delimitada nesta obra, 13 matérias do programa "Cidade Alerta" foram analisados, sendo que 11 delas abordaram temas nos quais as pessoas em desenvolvimento foram identificadas, prioritariamente, como vítimas de crimes e de tragédias. Nesses casos, os termos utilizados pelo programa foram criança, adolescente, jovem, rapaz ou estudante. Contudo, isso não evitou que o programa adotasse uma abordagem estigmatizante e violadora de direitos, sendo recorrente o sensacionalismo ao retratar o "triângulo amoroso da morte" (CIDADE ALERTA, 2018d) ou descrever com detalhes a cena da "jovem ensanguentada" (CIDADE ALERTA, 2018g); a dramatização da violência ao noticiar desaparecimentos de crianças como uma novela policial (CIDADE ALERTA, 2018h) ou exibir as falas de desespero do pai depois de "perder o filho e o melhor amigo" (CIDADE ALERTA, 2018f).

Esse cenário se torna ainda mais complexo quando a exposição da identidade (parcial ou total) das pessoas noticiadas nos programas policialescos apresenta-se como uma prática recorrente dos mesmos. No caso do programa "Cidade Alerta", 10 das 13 matérias analisadas expuseram, de alguma forma, o nome, a imagem e/ou o endereço das pessoas mais jovens abordadas nas matérias. Por vezes, o uso de imagens embaçadas ou identificação restrita às iniciais do nome sequer foram uma preocupação da edição do programa. Ainda notou-se uma espécie de identificação indireta, com o uso das imagens da casa da família, do registro do nome da rua, da entrevista com familiares e dos profissionais do convívio de determinada criança, adolescente ou jovem objeto de atenção do programa. Nessa perspectiva, a transcrição da matéria do "Caso Mellanys", no apêndice deste livro, é ilustrativa.

Especificamente sobre as pessoas mais jovens em conflito com a lei, apenas duas matérias abordaram esse tema com centralidade. Nesses casos, o programa seguiu o discurso padrão punitivista, por exemplo, quando o apresentador fala aos brados: "É menor de idade", "A punição para menor não dá em nada", "É a mãe do bandido", "É machão até a página dois" (CIDADE ALERTA, 2018a) ou sentencia o suspeito como "assassino", independentemente de qualquer investigação prévia (CIDADE ALERTA, 2018e). Aqui, prevalece o imaginário social do inimigo.

Por último, vale citar a matéria com a seguinte chamada "Traficante preso mata jovem a facadas durante visita íntima". Apesar de noticiar um crime de homicídio ocorrido dentro de um estabelecimento prisional, isto é, sob os cuidados do Estado, a principal preocupação da reportagem era saber: "qual a ligação dessa menina com o traficante?" (CIDADE ALERTA, 2018g). Além do tratamento preconceituoso e acrítico sobre o contexto da visita íntima no presídio, o apresentador também relativiza a condição de vítima da jovem assassinada, ao ponto de deixar suposições sobre a sua conduta em aberto.

4.6.2 "Piratas do asfalto" e o programa "Brasil Urgente"

"Piratas do asfalto: menores aterrorizam capital paulista", esse é o texto da chamada do programa "Brasil Urgente" (2018h), que também conta com o seguinte resumo no *site* do canal: "Uma quadrilha composta por menores de idade fazem arrastões constantes na região do Butantã, zona oeste de São Paulo. Carros e casas são roubados com frequência". Da chamada e do resumo da matéria, um conjunto de significados já aponta suas conclusões antes mesmo de qualquer visualização do vídeo. Aqui, os suspeitos e as práticas estão qualificados e territorialmente localizados, com pouco espaço para dúvidas e problematizações, afinal de contas, são os "piratas do asfalto"!

Essa expressão não é nova. O próprio "Brasil Urgente" utiliza há anos para chamar atenção de roubos praticados individualmente ou em grupo no ambiente das ruas ou rodovias. Também não é nova a facilidade com que os programas policialescos apresentam suposições como fatos. Nessa matéria sobre a região da zona oeste paulista, a estratégia utilizada foi articular um conjunto de crimes de roubos, todos da mesma região, mas sem apresentar qualquer informação concreta de que os suspeitos dos crimes estão relacionados entre si.

(Repórter) O homem baleado na rua, de acordo com a polícia é um assaltante. O morador do bairro do Butantã, na zona oeste de São Paulo registra a chegada da Polícia. O suspeito fica ali no chão, até a chegada do resgate. Segundo a Polícia Civil, o homem tinha acabado de assaltar uma casa lotérica na região (...).

(Repórter) Nessa outra imagem. Uma estudante desce a rua enquanto é rendida por um homem armado. A jovem cai no chão e quase acaba estrangulada. Quando ela solta o celular, o homem pega o aparelho e foge. Os outros dois suspeitos descem a rua correndo. A jovem sai caminhando com a mão no pescoço e acaba socorrida por um morador da região (...).

(Repórter) Em outro assalto registrado pela câmera de segurança. Os bandidos chegam de carro. A mulher é rendida na calçada. Segurada e jogada no chão. Uma adolescente desce do carro e pega o dinheiro da

vítima e a dupla foge. O homem que subia a rua e volta para ajudar a mulher machucada no chão (...).
(Repórter) Nessa imagem, um motorista ao perceber que será assaltado. Acelera e derruba o assaltante de bicicleta. Ele corre, mas veja que o bandido ainda retorna e foge com a *bike* (...).
(Repórter) Em mais um assalto no bairro do Butantã, o bando armado chega de carro e rende o motorista que manobra na garagem. O grupo é rápido, troca de veículo e foge. A investigação dos policiais mostra que pelo menos alguns destes criminosos já tem passagens pela Fundação Casa. Eles usam motos e carros para praticar os crimes. A suspeita que se trata do mesmo grupo, que tem formas diferentes de praticar os roubos na região do Butantã, em São Paulo (BRASIL URGENTE, 2018h).

Em uma mesma reportagem, seis crimes são associados à "quadrilha de menores", os famigerados "piratas do asfalto". Contudo, a maioria dos relatos são protagonizados, aparentemente, por homens adultos, e as ações criminosas demonstram características diferentes, que podem ser percebidas pelo uso ou não de arma de fogo, o tipo de transporte utilizado na fuga, a forma de atuar em grupo ou individualmente etc. No último trecho da narrativa, o repórter recorre à fonte da Polícia Civil para tentar, sem sucesso, dar credibilidade ao fato relatado. O que se revela, com efeito, é a espetacularização da notícia antes mesmo da verificação criteriosa da informação ("A investigação dos policiais mostra que pelo menos alguns destes criminosos já tem passagens pela Fundação Casa").

Na linha editorial do "Brasil Urgente", o "menor" faz parte do vocabulário corrente para representar a infância pobre e associada à criminalidade. Essas representações de "delinquente juvenil" ou de "pré-delinquente", amplamente conhecidas no país desde os Códigos de Menores de 1927, reforçam a estigmatização dessas pessoas e legitimam discursos raivosos em defesa da ordem pública a qualquer custo. Aos "piratas" que se aventuram no "asfalto", as ruas e praças dos grandes centros urbanos tornam-se um *locus* de incômodo social e de não pertencimento ao lugar. No âmbito dos direitos violados, a presunção de inocência e a preservação da imagem apresentam-se como não-direitos para essas pessoas.

A literatura também ajuda a dar algumas pistas de como a representação dos "piratas do asfalto", como aquela abordada pelo "Brasil Urgente", ainda continua presa à lógica do paradigma "menorista" de quase um século atrás. Eles lembram, por exemplo, os "capitães de areia" de Jorge Amado, livro publicado com mesmo nome em 1937, no qual o autor aborda a história de um bando "meninos de rua" da década de 1930 que viviam no areal do cais de Salvador e dividiam entre si os espólios de seus furtos. Mais do que um relato das peripécias do bando de Pedro Bala, personagem caracterizado como líder do grupo, os "capitães de areia" de Jorge Amado também representavam um obstáculo à ordem pública almejada pela elite baiana da época, que exigia do Chefe de Polícia e dos Juízes de Menores a prisão desses "precoces criminosos" que insistiam em infestar a cidade e ocupar um local o qual não lhes pertencia, as ruas da cidade.[101] "Piratas do asfalto" e "capitães de areia", assim, guardam semelhanças, ao ponto que os motivos pela prática dos atos infracionais, ou o contexto de abandono dessas pessoas, passam despercebidos por uma sociedade pautada pelo medo e pela insegurança.

Segundo a amostragem nesta pesquisa, 26 matérias do programa "Brasil Urgente" foram analisadas, sendo que sete abordam crimes nos quais os "menores" são identificados como os autores de tais atos. Tanto na chamada quanto no conteúdo das reportagens, a expressão "menor" resumiu as representações de "delinquente juvenil", na maioria das vezes, jovens pobres e negros expostos de maneira indevida pelo programa. Nesse último aspecto, 16 matérias divulgaram o nome e/ou imagem dessas pessoas.

Ainda, percebeu-se a delimitação geográfica em que os "menores" foram submetidos, como se representassem um grupo de risco de determinado território. As matérias, desse modo, destacam que "menores infratores assustam motoristas" (BRASIL URGENTE, 2018g), que "quadrilha de menores rouba carros na Zona Sul" (BRASIL URGENTE, 2018j) e que a praça é vista como um "ponto de encontro de jovens infratores" (BRASIL URGENTE, 2018f). Uma estratégia que se repetiu em diversas matérias do programa foi o registro da opinião de moradores da região dos fatos, na maioria das vezes, aflitos pela falta de policiamento ostensivo e punição aos envolvidos em algum tipo de delito (BRASIL URGENTE, 2018h).

---

[101] No seguinte trecho da obra "Capitães de Areia", de Jorge Amado, o autor retrata a reportagem do "Jornal da Tarde", que fala do assalto à casa do Comendador por um bando de crianças, destacando, inclusive, o pedido da elite baiana pela ordem pública: "O que se faz necessário é uma urgente providência da polícia e do juizado de menores no sentido da extinção deste bando e para que recolham esses precoces criminosos, que já não deixam a cidade dormir em paz o seu sono tão merecido, aos institutos de reforma de crenças ou às prisões" (AMADO, 2008, p. 9).

Nesse programa, o tema sobre o desaparecimento de pessoas mais jovens foi recorrente, sendo identificadas nove matérias nesse sentido. Nas matérias notou-se uma preocupação na organização da narrativa, sempre dinâmica, recheada de suspense e associada a locais e rotinas comuns. A título de ilustração, citam-se alguns trechos das matérias: "adolescente desaparece após ir a uma festa" (BRASIL URGENTE, 2018a), "mais uma adolescente desaparecida, em um caso de mistério" (BRASIL URGENTE, 2018c), "duas crianças saíram para pedir um lanchinho" e desapareceram em seguida (BRASIL URGENTE, 2018e).

Por fim, constatou-se a matéria "Preso homem que violentou e matou garota de 15 anos", na qual a descrição minuciosa da violência sofrida pela adolescente ("estuprada várias vezes") tomou a centralidade na narrativa do programa ao ponto de deixar em segundo plano questões relativas às causas, ao contexto ou à denúncia do crime em si (BRASIL URGENTE, 2018i). O mesmo ocorreu em outras duas matérias ao retratar a vítima "agredida a pauladas" (BRASIL URGENTE, 2018d) ou "brutalmente morta pelo ex-namorado" (BRASIL URGENTE, 2018b).

4.6.3 O flagrante do adolescente esfaqueado e o programa "Ronda Geral"

Como último caso emblemático, cita-se a matéria do programa "Ronda Geral" (2018c), da TV Tribuna, afiliada da TV Bandeirantes em Pernambuco, na qual estão presentes algumas características explicativas do porquê os programas policialescos estão em franca expansão no país, a saber: a demanda pelo tema local, o uso da linguagem popular e a interação com o público.

Nesse cenário, segue abaixo a reprodução de uma passagem da reportagem intitulada "Vídeo mostra jovem sendo esfaqueado no Recife Antigo":

> (Contexto) Estúdio; música de suspense.
>
> (Âncora) Atenção! Atenção! Muita atenção a esses vídeos que mostrei aqui, no começo do programa, e que estão chamando muita atenção. São da reportagem que você vai ver por completo agora. Uma briga no Recife Antigo, na área da praça do Arsenal, gente sendo esfaqueado, um rapaz dando uma facada no outro, aí o que foi esfaqueado foi socorrido.

O que ficou lá, o pessoal vingou o crime que ele praticou e dando facada nele também. Portanto, dois rapazes esfaqueados em brigas sucessivas no Recife Antigo. Vejam aqui!

(Contexto) Imagens da praça feitas de uma câmera de celular; a voz do repórter abafa o grito das pessoas.

(Repórter) A briga entre os rapazes aconteceu durante a tarde na praça do Arsenal, que fica no bairro do Recife. Várias pessoas presenciaram a confusão e chegaram a registrar com o celular quando um dos jovens é esfaqueado. Foi Thales Henrique da Silva, de 22 anos, que está deitado, vestindo uma camisa azul. Veja que ele é espancado por três rapazes. O primeiro a se levantar foi o que desferiu uma facada na barriga de Thales. Observe que o rapaz está com a faca, mas solta quando se levanta. Repare que neste outro vídeo o jovem já parece sangrando e coloca a mão no ferimento para aguardar o socorro. As pessoas que estão por perto se aproximam para ajudá-lo.

(Contexto) Imagens da briga feitas por outra câmera de celular; por alguns segundos, o áudio do vídeo é ampliado para registrar o sofrimento da vítima.

(Repórter) Segundo a polícia, quem esfaqueou Thales foi um adolescente de 16 anos. O rapaz e os outros dois conseguiram escapar. O motivo teria sido uma vingança, porque Thales esfaqueou o primo do adolescente minutos antes da confusão (...) (RONDA GERAL, 2018c).

Às 11 horas e 55 minutos da manhã, horário de início do programa diário "Ronda Geral", a realidade "mundo cão" é noticiada sem filtro ou aviso prévio quanto às cenas de extrema violência na TV aberta. A "receita de bolo" (MARIA, 2002) dos programas policialescos se faz presente com o apresentador-*show* ("Atenção! Atenção!"; "Vejam aqui!"), a linguagem coloquial ("gente sendo esfaqueada") e as cenas de banalização da violência descritas mais de uma vez ("esses vídeos que mostrei aqui, no começo do programa") e com riqueza de detalhes ("o primeiro a se levantar foi o que desferiu uma facada na barriga"; "observe que o rapaz está com a faca, mas solta quando se levanta. Repare que neste outro vídeo o jovem já parece sangrando e coloca a mão no ferimento para aguardar o socorro"). Assim, a exposição do corpo ensanguentado do jovem caído no chão torna-se o ápice da narrativa policialesca.

Nota-se, ainda, que o registro de assuntos da cidade ganha centralidade na TV ("Recife Antigo", "praça do Arsenal"), bem como a convocação do telespectador a contribuir com a notícia pelos canais de interatividade do programa. Por meio da câmera de celular, o telespectador integra-se ao modelo "panóptico" de vigilância e controle social[102] (FOUCAULT, 2008), ou, no sentido mais atual do termo, ao modelo "sinóptico" no qual a relação de controle não pressupõe qualquer tipo de coerção, vez que as pessoas são seduzidas à vigilância[103] (BAUMAN, 1999). Nessa lógica, os vigilantes, de forma voluntária e conectados em todos os lugares, também se tornam alvos de controle, como se seus corpos fossem fisgados dentro das redes de informação.[104]

Em comparação com o filme "O Abutre", já mencionado nesta livro, percebe-se que o telespectador também pode se inserir no contexto sensacionalista, seja pelos motivos do cinegrafista independente do filme (dinheiro ou reconhecimento) ou pela simples sensação de "justiçamento", como se fosse um "caçador de criminosos" que denuncia a insegurança da sociedade com o compartilhamento de seus vídeos.

Se por um lado o programa humaniza a vítima e o agressor ao usar o vocabulário "jovem" ou "adolescente", por outro, não deixa de coisificá-los na medida em que se utiliza da exposição do sofrimento dessas pessoas como forma de alavancar sua audiência. Com isso, a cobertura policialesca atua como se não tivesse qualquer responsabilidade com o que veicula, inclusive, quando esse conteúdo produz consequências de ordem física, mental e ética para os sujeitos em desenvolvimento e toda a sociedade. Além da exposição indevida, a incitação à violência e à promoção de discursos discriminatórios também compõem esse cenário de violações.

Conforme a amostragem nesta pesquisa, seis matérias do programa "Ronda Geral" foram analisadas, sendo que quatro privilegiaram a articulação da notícia com a referência local e/ou regional. Sobre a identificação do público infantojuvenil pelo programa, mesmo sem

---

[102] A partir da noção de panóptico idealizada pelo jurista inglês Jeremy Bentham, Michel Foucault analisa os processos de vigilância e controle exercido sobre as pessoas (presos, operários, alunos etc.), que estabelecem nas sociedades modernas uma "anatomia política" cujo objeto e fim são as relações de disciplina. Nas palavras do autor: "O Panóptico funciona como uma espécie de laboratório de poder. Graças a seus mecanismos de observação, ganha em eficácia e em capacidade de penetração no comportamento dos homens; um aumento de saber vem se implantar em todas as frentes do poder, descobrindo objetos que devem ser conhecidos em todas as superfícies onde este se exerça" (2008, p. 169).

[103] Existe vida depois do panóptico? Dessa pergunta, Bauman desenvolve a sua ideia de modelo sinóptico. Com a ascensão crescente dos meios de comunicação de massa, sobretudo a televisão, leva-se à criação, junto com o panóptico, de outro mecanismo de poder, que chama de sinóptico. Aqui, não importa a distância ou quem são os vigiados, pois a conexão se dá pelo ciberespaço e tem como alvo os vigilantes, que voluntariamente participam dessa aparente interação (1999, p. 56-62).

[104] Ver Yarochewsky (2016, p. 151-157), que aprofunda essa relação entre os modelos panóptico e sinóptico propostos, respectivamente, nas obras de Foucault e Bauman.

optar pela expressão "menor", a caracterização dessas pessoas ocorreu de forma estigmatizada. Exemplo disso, na matéria "Adolescente abandona o recém-nascido em terreno baldio" (RONDA GERAL, 2018a), o apresentador retratou o assunto de forma jocosa, destacando a aparência física e a conduta religiosa da pessoa em desenvolvimento: "quando falo adolescente, estou me referindo a uma moça", "gordinha, evangélica" e "grávida de homem casado".

Ademais, a linguagem popular e cômica do apresentador sobre fatos trágicos e violentos também incidiram na caracterização do público infantojuvenil. Isso ocorreu explicitamente em duas matérias (RONDA GERAL, 2018a; 2018c), reforçando a naturalização da banalização da violência vivenciada por essas pessoas, seja como vítima ou ator de algum tipo de ato infracional. Não há preocupação por parte do programa em explicar contextos mais amplos que tentem, minimamente, apontar para as raízes dos problemas.

Por último, constatou-se a exposição das imagens e/ou nomes dos mais jovens ou seus familiares, prática que se repetiu em cinco matérias analisadas, bem como a abordagem sensacionalista do âncora do programa quando aborda temas relativo a crimes de violência sexual, como do "retrato falado do suspeito de estuprar adolescentes em Caixa D`água, Olinda" (RONDA GERAL, 2018b). Nesse caso, o acusado foi visto como a personificação do "mal" e, por estar à solta, todas as pessoas da região estariam correndo risco. Mais uma vez, o medo e a sensação de insegurança apresentam-se como a "força motriz" que retroalimenta a narrativa policialesca.

A partir das matérias analisadas dos programas "Cidade Alerta", "Brasil Urgente" e "Ronda Geral", que ajudam a pensar os cenários de representação do público infantojuvenil inscritos nos conteúdos de enquadramento desses programas policialescos, espera-se refletir a seguir sobre os limites, as possibilidades e os desafios da política de Classificação Indicativa para assegurar a proteção integral dessas pessoas em condição peculiar de desenvolvimento.

CAPÍTULO 5

CLASSIFICAÇÃO INDICATIVA E TV ABERTA NO BRASIL: A PROTEÇÃO INTEGRAL COLOCADA À PROVA, MAIS UMA VEZ

> *Qual o programa que você mais assiste? (...) O "Cidade 190", porque passa muita notícia ruim, aí pode passar alguém da nossa família lá e a gente nem fica sabendo, uma vez passou até o meu primo que morreu por causa de briga de gangue, a gente só soube porque eu vi primeiro na reportagem.*
>
> Trecho da entrevista com uma criança, moradora da periferia de Fortaleza/CE, telespectadora de programas policialescos.
> (FROTA *et al.* 2008)

5.1 Violência e violações de direitos na TV a qualquer hora do dia

A grande audiência dos programas policialescos na TV brasileira e, por conseguinte, os impactos dela decorrentes ao público infantojuvenil e à sociedade em geral, não ficaram imunes a críticas e processos de resistência por parte de entidades governamentais e da sociedade civil preocupadas com a expansão de tal modelo de entretenimento mascarado de telejornalismo sensacionalista. Da reflexão entre mídia e direitos humanos, ou, mais especificamente, entre ética e jornalismo, inciativas de debate público sobre a valorização dos direitos humanos nas transmissões das empresas concessionárias de TV e rádio no Brasil têm chamado atenção para o problema da falta de controle democrático dos excessos produzidos pelos programas policialescos.

Em 2003, um ano após a "VII Conferência Nacional de Direitos Humanos", que reuniu mais de 1.500 pessoas e levantou um conjunto de propostas referentes ao tema da comunicação social, foi lançada a campanha "Quem Financia a Baixaria é Contra a Cidadania". De iniciativa da Comissão de Direitos Humanos da Câmara dos Deputados, em parceria com entidades da sociedade civil, a campanha consiste no acompanhamento permanente da programação da televisão para indicar os programas que – de forma sistemática – desrespeitam convenções internacionais assinadas pelo Brasil, princípios constitucionais e legislação em vigor que protegem os direitos humanos e a cidadania. Periodicamente, *rankings* são produzidos e divulgados com o intuito de mostrar quais os programas e, recentemente, os anunciantes que receberam o maior número de reclamações dos telespectadores sobre a qualidade da programação da televisão aberta no país. A ideia, assim, é criar um polo de pressão às redes de televisão, identificando eventuais excessos na programação que precisam ser revistos na tentativa de qualificar aquilo que é transmitido diariamente.

Segundo o relatório da Comissão de Direitos Humanos da Câmara dos Deputados (FERREIRA, 2013) publicado em 2013, foi possível traçar um balanço dos dez anos iniciais da campanha "Quem Financia a Baixaria é Contra a Cidadania", sendo realizados 18 *rankings* até o ano dessa publicação, dos quais cinco grandes redes de televisão do país tiveram seus programas apontados pelo público como de baixa qualidade, a saber: Globo, Band, SBT, Rede TV e MTV, respectivamente nessa ordem. Além disso, dos 51 programas listados entre os que tiveram o maior número de reclamações, 47 foram exibidos em âmbito nacional pelas redes de emissoras abertas, adquirindo grande visibilidade no país.

Quando se considera o recorte específico da pesquisa sobre os programas policialescos da televisão, o campeão de denúncias foi o "Se Liga Bocão", transmitido pela TV Itapoan, afiliada da Rede Record na Bahia, seguido pelos programas "Na Mira", da TV Aratu, retransmissora do SBT também do estado baiano, "Bronca Pesada", de produção da TV Jornal, afiliada do SBT em Pernambuco, e, por último, "Chumbo Grosso", produzido em Goiânia pela retransmissora da Band. Como se percebe da leitura do relatório supracitado, na década que compreende o período de 2003 a 2013, o gênero policialesco já despontava como referência de baixa qualidade das concessionárias de serviço público, neste caso específico, das emissoras de TV aberta do país. O programa do "mundo cão" apresentado como entretenimento, por vezes, de humor bizarro e de péssimo gosto, vende aos telespectadores um modelo de informação aparentemente veloz e sem filtros da realidade, onde a apuração dos fatos e a consulta plural das fontes ficam em segundo plano. Além de uma qualidade questionável, destaca-se a banalização como tais programas são tratados na grade de programação dos canais de televisão, uma vez que são expostos a qualquer hora do dia e sem nenhum indicativo ou recomendação da faixa etária apropriada para aquele tipo de conteúdo.

Para ilustrar os horários de exibição desses programas, agora, de forma mais holística, segue abaixo uma tabela que identifica quais são os períodos de início e de término de cada um dos 14 programas policialescos identificados pelo "*Ranking* de Violações de Direitos Humanos na TV Aberta", produzido pelo Intervozes (2018) e já citado nesta obra no capítulo anterior.

Tabela 2: Horário dos programas do *ranking* de denúncias

	Nome do Programa	Horário
1	Cidade Alerta	16h45 – 18h15
2	Brasil Urgente	16h00 – 18h45
3	Ronda Geral	11h50 – 13h00
4	DF Alerta	11h50 – 13h05
5	Metendo Bronca	13h00 – 13h58
6	Balanço Geral	15h00 – 16h30
7	SOS Cardinot	07h00 – 09h00
8	Cidade 190	08h00 – 09h00
9	O Povo na TV	10h40 – 12h40
10	Rota 22	17h40 – 19h30
11	Na Mira	11h00 – 13h00
12	Picarelli com Você	12h00 – 13h30
13	Tribuna da Massa	11h50 – 13h00
14	TV Verdade	07h00 – 08h00

Fonte: Elaborada pelo autor.

Dessa tabela, nota-se que a maior parte dos programas policialescos na TV aberta são exibidos no horário do almoço, entre 11 e 14 horas. Exemplo disso, dos 14 programas qualificados entre os mais violadores, sete concentram-se no intervalo próximo ao meio dia. Em sequência, prevalece a exibição nos períodos da manhã, entre 7 e 9 horas, e da tarde, entre 14 e 18 horas, com três programas identificados em cada um desses intervalos. Apenas um dos 14 programas policialescos analisados consta na grade de programação como uma atração da TV no período noturno, entre 18 e 20 horas. Vale lembrar que alguns desses programas também contam com exibições aos sábados, a exemplo do "Brasil Urgente" e "O Povo na TV", ou *reprises* de matérias em outros horários na mesma grade de programação do dia, como é o caso do "Cidade 190", que apresenta programas de segunda a sexta, nas edições da manhã e tarde.

Percebe-se, assim, a reprodução de um perfil geral dos programas policialescos quanto ao horário de sua exibição, na maioria das vezes nos períodos da manhã e tarde. Não são horários escolhidos por acaso, ao passo que visam os intervalos nos quais as famílias, inclusive crianças, adolescentes e jovens, estão em frente da TV no seu momento de lazer e descanso. Antes ou depois do período escolar, os programas policialescos consolidam-se nas grades de programação das emissoras, momento em que pessoas em situação peculiar de desenvolvimento estão mais propensas ao consumo de conteúdos audiovisuais desacompanhadas dos seus responsáveis. A permissividade das cenas de violência potencializadas pela força da imagem e do espetáculo na construção do imaginário social das pessoas, leva as famílias, em particular as crianças, a naturalizarem atos de violência. Com isso, não se desperta nas pessoas um senso crítico sobre os impactos nocivos dos atos de agressividade e violência no convívio em sociedade.

Frota e outros autores (2012, p. 162), em estudo sobre audiência infantil dos programas de gênero policialesco, entrevistaram 15 crianças do ensino médio de uma escola da periferia da cidade de Fortaleza, no estado do Ceará, que, à época, afirmaram assistir diariamente esse tipo de programa. Da pergunta norteadora: Qual programa cada criança assiste com maior frequência?, citam-se três respostas de entrevistados distintos: "assisto Cidade 190, o 'Barra Pesada' e só às vezes o 'Linha Direta', mas não é muito não, porque passa muita gente morta de faca, de bala e até de pedra"; "eu assisto só de vez em quando o 'Barra Pesada', porque passa muita coisa ruim. Teve uma vez que passou um homem todo furado de bala por causa de uma briga com o pai dele. Foi feio demais, tinha muita gente olhando"; "é só o que assisto nas minhas férias é o 'Barra Pesada', eu acho é bom ver gente morta porque quem arruma confusão com os outros morre". Nesses trechos, o fascínio e o horror fazem parte do mesmo universo de fala das crianças entrevistadas, e, por que não, da própria representação da realidade dessas pessoas em desenvolvimento.

Em uma segunda pergunta norteadora desse estudo, questiona-se: Quem mora com a criança? Isso, na tentativa de buscar na narrativa dos entrevistados a percepção deles mesmos quanto ao comportamento familiar de assistir programas policialescos no ambiente doméstico. Nesse ponto, citam-se outras três respostas: "assisto todo dia, porque a gente sabe das coisas que acontecem de ruim em todo canto. O povo lá de casa dá valor em assistir também"; "eu assisto é muito, a minha mãe diz que é feio a pessoa não assistir porque aí não vê o que tem de ruim no mundo"; "eu assisto porque meu pai disse que não tem nada a ver a criança não poder assistir essas coisas, tem que assistir pra quando crescer não ter medo de nada" (FROTA *et al.*, 2012, p. 162-163). Desses relatos, nota-se que cenas diárias de violência, em contextos também violentos, adquirem uma sensação de habitualidade nos telespectadores, tanto nas crianças, quanto nos seus familiares. Esse cenário torna mais complexo o problema em tela e demonstra a fragilidade do argumento fácil, que diz "o melhor controle é o controle-remoto" ou "os incomodados têm o poder de desligar a televisão", como se o sujeito em desenvolvimento ou sua família fossem os únicos responsáveis por contraporem conteúdos violentos e violadores de direitos presentes na TV aberta.[105]

Da realidade exposta acima, o que a ordem constitucional brasileira tem a dizer? Quais caminhos ela aponta? Ou quais limites estabelece? Dessas perguntas iniciais, outras podem se desdobrar, inclusive com maior proximidade do problema central desta livro, por exemplo, considerando os termos do artigo 227 da CF/88 e o rol de responsabilidades compartilhadas na proteção do público infanto-juvenil, cabe ao Estado, ou àqueles nos quais ele concede a execução

---

[105] Essa argumentação reduzida sobre o problema da Classificação Indicativa também alcança espaços públicos de grande repercussão, como é o caso do STF. Nesse sentido, cita-se o trecho da decisão da Ministra Carmem Lúcia no voto da ADI 2.404/11: "Então eu acho que realmente isso é o contrário do que veio sendo dito e acho que a família, acho que as pessoas responsáveis pelos menores, pelos que precisam ser assistidos, têm um ótimo mecanismo, como já foi repetido aqui: desligue-se a televisão, desligue-se o programa. Não se deixe que se olhe" (STF *apud* VIVARTA, 2014).

de serviços públicos de radiodifusão, esclarecer ou alertar o público sobre conteúdos inadequados para crianças e adolescentes? Ou, ainda, estabelecer faixas etárias e os horários para a veiculação de programas de TV?

Essas são algumas questões que, muitas das vezes, incomodam o mercado midiático na medida em que sugerem obstáculos e responsabilidades ao modelo de negócio dos programas policialescos em franca expansão na TV aberta do país. Ou, em uma perspectiva mais ampla e igualmente crítica, por contraporem a representação midiática de uma realidade tradicionalmente baseada no medo, na insegurança, na violência seletiva, nas relações desiguais de poder e na contenção daqueles classificados como indesejáveis à ordem vigente.

Muitos países já têm se debruçado sobre tais problematizações. Hoje, fala-se com frequência do caso uruguaio e o pacote de medidas contra a criminalidade adotado pelo governo José Mujica em 2012. Na tentativa de conter o avanço do número de crimes no país, que à época apontava um aumento de 70% dos registros de homicídios, o governo uruguaio elaborou o documento *"Estrategia por la Vida y la Convivencia"*[106] (URUGUAY, 2018), contendo 15 medidas a serem adotadas nos anos seguintes. Entre elas, ganharam notoriedade mundial as ações relativas ao tráfico de drogas, em particular aquelas que anunciavam o papel estatal na gestão da produção e distribuição da maconha no país. Outra medida, não tão conhecida quanto a anterior, mas igualmente importante, foi a proibição da exibição de programas similares aos programas policialescos brasileiros entre o intervalo de 6 às 22 horas na grade de programação das emissoras de rádio e TV.

Para o governo Mujica, uma parte importante no combate à criminalidade consiste também em reestabelecer estratégias de convivência não pautadas na promoção de condutas violentas e discriminatórias, a exemplo das atrações televisivas policialescas que, até então, disseminavam tal conteúdo sem qualquer constrangimento. Questiona-se, assim, a falta de interesse dos "donos" da mídia tradicional em abordar temas diferentes da crônica policial, da violência e do crime,

---

[106] O documento *"Estrategia por la Vida y la Convivencia"* descreve as 15 medidas adotadas pelo governo do Uruguai e está disponível para consulta *on-line* no sítio eletrônico do *Ministério Del Interior*. Além desse documento, também é possível visualizar um quadro sobre o nível de cumprimento de cada uma das medidas adotadas. No caso específico da medida sobre o *"Horario de protección al menor"*, destaca-se o cumprimento dessa ação a partir da elaboração e vigência do Decreto 227/2012, bem como a posterior aprovação da *"Lei dos Meios"* no Uruguai, no ano de 2013 (URUGUAY, 2018).

dando pouca relevância na grade de programação desses veículos a outros temas, mais críticos, como a redução da fome, a busca por melhores condições de vida das pessoas, as políticas alternativas ao quadro de desemprego etc. Não se trata apenas de dar mais tempo a conteúdos importantes que são deixados de lado, mas também qualificar a sua programação. A força da imagem da TV nas sociedades atuais, por exemplo, além de representar a realidade, ainda é capaz de multiplicar e ampliar formas de violência e comportamentos agressivos, mesmo que isso não seja a sua intenção inicial. Com isso, a preocupação não é deixar de informar determinados assuntos, mas refletir sobre os impactos que determinadas formas sensacionalistas e irresponsáveis podem gerar à convivência social, particularmente de pessoas mais vulneráveis, quando a mídia privilegia o uso reiterado de imagens de violência excessiva e exaltação do sofrimento humano.

Na prática, o governo do Uruguai buscou dialogar com a sociedade, as empresas radiodifusoras e os profissionais da área de comunicação as possíveis formas de regulação da mídia em favor de crianças e adolescentes, reclassificando os programas de gênero policialesco a partir do seu conteúdo recorrente: cenas de violência, linguagem ofensiva e discurso estigmatizante. Claro que não se trata de algo simples, pois há um pano de fundo jurídico e político a ser considerado; em outras palavras, existe uma tensão a ser dirimida entre a liberdade de expressão e a proteção a crianças e adolescentes, duas normas amplamente asseguradas no texto constitucional. E esse é o cerne da questão, uma vez que não são normas que necessariamente se anulam entre si, pelo contrário, fazem parte de uma mesma ordem constitucional que precisa ser compreendida na sua integralidade. Ao analisar o texto constitucional brasileiro de 1988, Silva (1998, p. 252) lembra que a liberdade é um dos valores que a Constituição tem como supremos (preâmbulo), mas a mesma Constituição impõe à família, à sociedade e ao Estado o dever de preservar a criança e o adolescente (artigo 227). Isso possibilita tomar medidas para garantir os valores que a Constituição reconhece à criança e ao adolescente.

Se a CF/88 já prevê essa preocupação com o público infantojuvenil, o que leva os programas policialescos no Brasil a escaparem do alcance de instrumentos de proteção dessas pessoas na mídia? Muitos aspectos ajudam a contextualizar essa questão, principalmente quando se analisa a aplicação do mecanismo da classificação indicativa como forma de regulação de conteúdo da televisão aberta no país. De acordo com o artigo 21, inciso XVI, da Constituição Federal de 1988, compete à União "exercer a classificação, para efeito indicativo, de diversões públicas e de programas de rádio e televisão" (BRASIL, 1988), advertindo, ainda, no seu artigo 221, que as concessões públicas no setor de comunicação de massa também devem assegurar a "preferência a finalidades educativas, artísticas, culturais e informativas" e o "respeito aos valores éticos e sociais da pessoa e da família" (BRASIL, 1988). Contudo, os programas policialescos escapam desses institutos, em grande parte por conta de dois argumentos principais: a proteção constitucional da liberdade de informação jornalística, da qual arrogam para si o *status* de mensagem jornalística, mesmo que isso não signifique as responsabilidades e obrigações éticas inerentes ao fazer jornalístico; e a conveniência política do mercado midiático em afastar da agenda pública qualquer discussão sobre a regulação da comunicação de massa que não seja aquela realizada pela própria empresa titular da concessão de radiodifusão, praticamente restrita ao espectro liberal na compreensão e no exercício do direito à comunicação.

Tais temas serão aprofundados a seguir, na tentativa de romper o silêncio sobre o assunto da regulação de conteúdo da mídia, bem como não tratar o assunto da liberdade de informação como um tabu, como se toda análise sobre o assunto se resumisse à censura de tempos ditatoriais. Como adverte Canela (2008), no sistema de comunicações existem numerosos níveis intermediários, isto é, atores sociais com interesses múltiplos e diversos que se escondem dentro ou por trás dessa caixa preta da televisão. São representantes governamentais, empresas de comunicação, entidades profissionais, telespectadores etc., que não podem ser tratados como mocinhos e vilões de uma telenovela. São grupos ou pessoas com interesses distintos, mas que, uma vez inseridos em um mesmo espaço público democrático, compartilham de questões fundamentais para o melhor desenvolvimento do país e das pessoas que ali convivem.

5.2 Mas, afinal de contas, quem regula a mídia?

"Os radiodifusores sabem da missão que lhes cabe, confirmada solenemente no reencontro do país com a democracia, assim como conhecem as garantias acordadas, o que acarreta responsabilidades", esse trecho do artigo de Cavalcanti Júnior (2008, p. 172) traz à tona mais um "mito fundador" (CHAUI, 2013; LATTMAN-WELTMAN, 2008) do Brasil a ser problematizado adiante. Como qualquer narrativa mítica que fez (e faz) parte da formação do país e do imaginário social de seus habitantes, ao mesmo tempo em que se nega uma determinada realidade, há também uma tentativa de explicá-la simbolicamente. Isso que Cavalcanti Júnior, diretor-geral da Associação Brasileira de Emissora de Rádio e Televisão (Abert), faz quando resume no seu artigo o tema da regulação da mídia em apenas dois polos de discussão: democracia e liberdade de um lado, controle e restrição do outro. Para ele, a grande mídia no Brasil, historicamente, atua de forma harmoniosa com o ideal democrático, como se nunca tivesse se relacionado com regimes autoritários ou sobrepusesse seus próprios interesses em desfavor das finalidades públicas de uma concessão de radiodifusão, o que ao final aponta para um único caminho: a autorregulação e autofiscalização da mídia pelos seus radiodifusores.

Superado o silêncio, o preconceito e o conveniente reducionismo sobre o tema da regulação da mídia, ganha sentido o ensinamento de Silveira (2000): "se toda censura é controle, nem todo o controle é censura". Mas, o que consiste um controle democrático da mídia? Em termos gerais, esse controle pode ser compreendido quando a regulação da mídia não representa um veto ao debate público, pelo contrário, faz parte da agenda política principal do país diante da importância dos meios de comunicação de massa em uma sociedade democrática e plural; e, mais, estabelece restrições que não significam necessariamente um ato de violência contra a liberdade de expressão. Nessa perspectiva, Cavalcanti (2008) lembra que aos defensores todo controle é uma forma de censura, esquecem que a não-regulação não deixa de ser uma forma de regulação e de organização do sistema de comunicações do país.

Antes de analisar os instrumentos jurídicos que regulam a mídia no Brasil, torna-se necessário distinguir os mecanismos de regulação, ou a ausência deles, que perpetuaram nos últimos anos no sistema de comunicação de massa do país, inclusive naquilo que compreende a atuação da imprensa. Para tanto, recorre-se aos estudos de Lattman-Weltman (2008), que apontam para dois modelos típicos ideias que resumem as características principais desse processo no Brasil, sendo identificados como modelo "ultraliberal" e "liberal-republicano".

Grosso modo, segundo esse autor o modelo "ultraliberal" compreende sistemas políticos em que a única restrição à iniciativa privada, em termos de mídia eletrônica, opera na disciplina dos espectros de radiodifusão, impedindo que mais de uma emissora transmita seu sinal no mesmo canal. Já a imprensa não há propriamente uma regulação, resumindo tal atividade a leis genéricas contra a calúnia e a difamação. Embora em função das restrições técnicas da radiodifusão, seja necessário um mínimo de controle de acesso e de coordenação na utilização dos canais de rádio e de TV, nesse modelo prevalece a ausência de marcos regulatórios específicos, funcionando o mais próximo possível de um mercado livre. Controle esse que dificilmente poderá prescindir da figura de uma agência como o Estado, e do uso de formas de instrumentos jurídicos de concessão.

No modelo "liberal-republicano", por sua vez, existem formas jurídicas de regulação que atuam, predominantemente, sobre um sistema de propriedade privada de veículos de comunicação. A regulação, nesse caso, é exercida basicamente *a posteriori*, por intermédio da ativação privada do Sistema de Justiça. A sua forma usual se dá pela existência de leis específicas para a regulação da atividade jornalística, isto é, leis de imprensa que definem especificamente os eventuais delitos e as consequentes punições para abusos cometidos por órgãos de comunicação no exercício de suas atividades contra indivíduos ou grupos diversos da sociedade. Aqui, não se trata de cercear o caráter político inerente ao jornalismo, mas, principalmente, reconhecer o poder que os veículos de comunicação de massa possuem nas sociedades contemporâneas, bem como os efeitos negativos que estes podem gerar na vida das pessoas quando atuam de maneira inconsequente. Nesse cenário, apenas códigos genéricos de defesa a integridade moral e física dos cidadãos não são capazes de formar uma proteção jurídica às pessoas comuns da sociedade que, eventualmente, sejam prejudicadas pelo uso indevido desses meios.

Desses dois modelos, Lattman-Weltman (2008) retoma os marcos regulatórios do quadro brasileiro de comunicação. Inicialmente, o autor lembra que entre a Constituição de 1946 e os primeiros anos da Ditadura Civil-Militar de 1964, o Brasil viveu as linhas-mestras do modelo "ultraliberal" na área da comunicação, o que se alterou não por motivos necessariamente republicanos, com o governo militar e a promulgação da Lei de Imprensa nº 5.250, em 14 de março de 1967, período em que o Estado passou a ter maior controle sobre a difusão de informações no país. Com a redemocratização, agora diante de novos patamares políticos e jurídicos, a Constituição Federal de 1988 passa a estabelecer as linhas gerais sob as quais se deve operar o sistema de comunicação brasileiro, apresentado um cenário semelhante ao modelo "liberal-republicano" de Lattman-Weltman.

Exemplo disso, nos artigos relativos à comunicação social (Capítulo V do Título sobre a Ordem Social), a CF/88 reiterou a tradição liberal de garantia de ampla e irrestrita liberdade de expressão ao mesmo tempo em que introduziu (ou reestruturou) princípios novos e importantes que preveem, entre outras coisas, a defesa da pessoa e da família diante do poder da mídia (particularmente do rádio e da televisão) e uma série de princípios norteadores da produção audiovisual. Além disso, definiu o papel do Congresso Nacional na ratificação ou cancelamento na política de concessões e instituiu o Conselho de Comunicação Social para salvaguarda dos efeitos previstos em suas diretrizes. Na prática, em matéria de comunicação percebe-se que o conjunto de princípios moderadores de uma certa tradição liberal sofrem uma inflexão de caráter republicano ao longo da redemocratização, sendo acolhidos pela Assembleia Nacional Constituinte no sentido de reconstruir os princípios gerais da ordem democrática em formação. É desse cenário que o debate da regulação da mídia, ou a ausência dele, estrutura-se no país.

Nesse diapasão, um ponto decisivo não pode ser deixado de lado, a saber, a existência de uma relação assimétrica de poder, na qual a grande mídia congrega interesses privados de larga capilaridade e hegemonia, que, necessariamente, influenciam nos rumos do processo regulatório da comunicação de massa no país. Com efeito, em tempos de convenientes indefinições legislativas e um discurso maniqueísta que simplifica o tema do controle democrático da comunicação (liberdade *versus* censura), torna-se necessário dar um passo atrás sobre essa reflexão e questionar por que regular a mídia – por mais óbvio que isso pareça à primeira vista.

Nos termos do artigo 21, inciso XII, alínea a, da Constituição Federal de 1988, os serviços de radiodifusão são considerados serviços públicos a serem explorados pelo Estado ou por terceiros (BRASIL, 1988). Com isso, a ideia de serviço público traz consigo, por consequência, uma valorização dos interesses coletivos. Da doutrina sobre o assunto, duas justificativas principais podem ser apreendidas para tanto. A primeira delas sustenta-se na premissa de que as ondas radioelétricas são transmitidas por meio do espectro eletromagnético, um bem natural, limitado e de grande importância para o interesse público (BRITTOS; COLLAR, 2008). E, como lembra Canela (2008), mesmo que se quisesse, não se poderia ter, no mercado da comunicação social, tantos competidores como se tem, por exemplo, na atividade econômica de cargas ou transporte, pois ainda sofre restrições decorrentes do padrão tecnológico predominante.

A CF/88, nesse sentido, inovou, em comparação a legislações anteriores, ao romper com a dicotomia entre bem público e privado criando um terceiro gênero: bens ambientais, essenciais à qualidade de vida, destacando-se aí o espectro eletromagnético. É necessário, portanto, que o uso de tal bem, cedido pelo Estado a um terceiro, seja regulado de maneira criteriosa e a partir de normas que organizam a prestação de serviços públicos (BRITTOS; COLLAR, 2008). O espectro eletromagnético possui uma função social de tal relevância, que foi considerado um bem público, administrado pelo Estado, sendo essa administração cedida a empresas privadas através da atribuição de outorgar e renovar concessão, permissão ou autorização "para o serviço de radiodifusão sonora e de sons e imagens", tal como determinado pelo artigo 223 do texto constitucional (BRASIL, 1988).

A segunda justificativa encontra amparo na necessidade de haver um controle das entidades e pessoas capazes de explorar tal serviço, isso devido ao seu grande potencial de penetração em todas as camadas sociais e ao seu papel na formação pessoal dos cidadãos na construção de uma sociedade democrática. Esse serviço estatal, assim, é prestado pelo concessionário em lugar de outrem, no caso, do próprio Estado, o que leva as empresas de radiodifusão a assumirem um compromisso duplo. De um lado, pela condição de proprietárias de equipamentos e meios para realizar processos midiáticos, atendem às obrigações gerais de toda empresa; de outro, porque são concessionárias de serviço estatal, já que o canal em si continua sendo do Estado. Logo, é plenamente justificável cobrar das operadoras de radiodifusão o exercício de sua função social, ou seja, fornecer informação e entretenimento comprometidos com uma melhor qualidade de vida para a sociedade, garantindo assim o direito à comunicação (BRITTOS; COLLAR, 2008, p. 84).

Ainda em decorrência da justificativa anterior quanto a regulação da mídia, retoma-se os ensinamentos de Saraiva (2008), que adverte que a concentração da propriedade dos meios de comunicação de massa nas mãos de poucos donos também pode colocar em perigo a governabilidade e o exercício dos direitos dos cidadãos, além de ser uma ameaça à livre concorrência. Não sem propósito, o artigo 222 da Carta Magna dispôs sobre a atribuição regulatória do Estado no que confere a formação de oligopólios, cartéis e outras práticas lesivas ao mercado (BRASIL, 1988).

Hoje, contudo, existe uma grande defasagem na agenda regulatória no setor de comunicação social. Além das raízes históricas do país que tentam anular eventuais avanços legislativos na área, há de se considerar também o contexto de inovação tecnológica no qual a sociedade brasileira está inserida, e que torna frenética a troca de informações e capitais. Dessa realidade, o ambiente jurídico e político nem sempre é capaz de absorver todas as tensões dela decorrentes, o que suscita desafios específicos para a consolidação de uma agenda regulatória da mídia. Um dos caminhos apontados pela doutrina para antecipação dessas tensões é avançar no aspecto conceitual da regulação da mídia nas suas diferentes vertentes de atuação: institucional, econômica, política e social; e, nesse sentido, o uso de conceitos guarda-chuvas podem dar maior longevidade às normas jurídicas na área de comunicações, assim como atender de forma mais fidedigna à complexidade exigida ao tema (GORGEN, 2008).

Desse modo, a agenda regulatória pode ser reunida em cinco grupos prioritários, que ajudam a dar a real dimensão da questão.

> **Enfoque cultural** – controle público das comunicações, conceito da comunicação social e comunicação interpessoal, identicidades culturais, regionalização da produção e da programação dos meios, educação para as mídias incluída no currículo de ensinos fundamental e médio;
> **Enfoque político-social** – liberdade de expressão e de imprensa, direito à informação, direito de acesso, universalização dos serviços, diversidade de conteúdos, complementariedade dos sistemas público, privado e estatal, neutralidade da rede, preservação da identidade nacional e soberania;
> **Enfoque econômico** – concentração vertical e propriedade cruzada (controles e limites), monopólio/oligopólio, modelos de financiamento e incentivo, reestruturação da cadeia produtiva;
> **Enfoque tecnológico** – integração de redes, desagregação de serviços, plano nacional de serviços, plano nacional de banda larga, regulação de espectro, política de normalização de novas tecnologias, política industrial;
> **Aspectos da regulação** – centrada na infraestrutura/plataforma, centrada no conteúdo, por camadas, plano geral de outras e metas de qualidade, espectro aberto (GORGEN, 2008, p. 217-218, grifo nosso).

Como exposto acima, existem muitos aspectos que constituem o marco regulatório das comunicações, o que torna, de fato, um desafio mantê-lo atualizado e devidamente detalhado. Contudo, isso não pode representar uma paralisia na definição de sua agenda, estratégia preferida do jogo de interesses das empresas de comunicação e telecomunicação, uma vez que preserva o *status quo* de concentração da mídia ao longo do tempo.

Dessas diferentes áreas da comunicação que se pode verificar a necessidade de uma efetiva regulação por parte do Estado, uma delas ganha destaque neste livro, a saber: a regulação de conteúdo em função da proteção de segmentos da audiência, em particular, do setor infantojuvenil. Como exposto nos parágrafos anteriores, o argumento dos meios de comunicação de massa que qualquer regulação de conteúdo ou a ela relacionada é, em geral, prática de censura, influenciou(a) diretamente o tema em questão, causando retrocessos e obstáculos a serem superados.

Pieranti (2008), nesse sentido, aponta dois reveses principais na área de regulação do conteúdo nas três últimas décadas. O primeiro foi a não inclusão, por completo, da radiodifusão no novo modelo regulatório. A recém-criada ANATEL tornou-se responsável pela TV por assinatura, porém, em relação à radiodifusão, constata as frequências disponíveis e fiscaliza o funcionamento técnico das emissoras, mas não pode interferir na concentração da propriedade na maior parte dos meios de comunicação de massa do Brasil.[107] Já o segundo revés, mais constante, é a derrubada sistemática de iniciativas voltadas para regulação de conteúdo, ainda que existam princípios previstos expressamente na Constituição Federal de 1988 que demandam uma ação por parte do Estado nessa perspectiva. Assim, tanto ANATEL quanto ANCINE não conseguem efetivar parâmetros para a exibição de conteúdo no âmbito da radiodifusão.

Este é o cenário no qual se insere a discussão da classificação indicativa, que apesar de estar entre as atribuições da União nos termos do artigo 21 da Constituição Federal de 1988, também sofre resistência por atores poderosos no setor de comunicação, que impedem seu aprimoramento ou mesmo sua realização.

5.3 A regulação de conteúdo da mídia: classificação para efeito indicativo

Quando se fala em regulação de conteúdo, muitos muros são erguidos em torno desse tema, sendo provavelmente um dos pontos mais delicados no debate da regulação da mídia. Antes de levantar questões como "Por que regular o conteúdo da mídia?" ou "Qual a

---

[107] Nesse ponto, Clark (2006, p. 241) alerta para o início do neoliberalismo de regulação, que consiste em uma intervenção indireta através de normas e agências reguladoras que tão somente fiscalizam e regulam o mercado a partir de comandos meramente técnicos. Nesse cenário, permite-se a existência de empresas estatais, mas em número reduzido e sem incidência na vida econômica do país.

melhor maneira de propor essa regulação?", mais uma vez torna-se necessário contextualizar onde estão inseridas tais perguntas. Fala-se, aqui, de uma regulação em um contexto de bases democráticas no qual a ação do Estado se limita tão somente ao delineamento de diretrizes explicitamente previstas na Constituição Federal de 1988. Situação diversa, então, de um regime tipicamente autoritário em que o Estado fica incumbido de definir vetos prévios ao setor de comunicação de massa e, consequentemente, institucionaliza a censura como política estatal de controle e vigilância da população.

Mesmo em um cenário preocupado com os fundamentos constitucionais democráticos, a regulação de conteúdo da mídia guarda elementos próprios que a diferenciam de outras áreas sujeitas ao controle público e/ou privado. Canela (2018), por exemplo, adverte que regular a mídia, a despeito dos pontos congruentes com outras áreas de atuação da sociedade, não significa o mesmo que regular a indústria de petróleo ou de máquinas de lavar. A diferença reside, sobretudo, em um elemento central: o conteúdo veiculado pelos meios e suas implicações na vida das pessoas e da coletividade.

A comunicação de massa, em especial a partir da consolidação da era audiovisual, incide diretamente na construção da realidade e nas representações de mundo das pessoas, fato pelo qual leva a constituir ontologicamente a própria noção de democracia dessa sociedade, tendo no Estado um dos atores principais para assegurar parâmetros mínimos de pluralidade dos pontos de vista da agenda pública. Nas palavras de Fonseca (2004, p. 23), "pode-se dizer que os controles democráticos sobre a mídia incidem, na verdade, diretamente na própria ideia de democracia, isto é, nos tão requeridos, e tão pouco exercidos, freios e contrapesos". O que se visa é o equilíbrio do jogo democrático, não isento de conflitos e disputas, mas capaz de contrabalancear diferentes fontes de poder e, assim, evitar que os interesses de um determinado grupo de atores possam colocar em risco a qualidade do sistema como um todo.

De acordo com a doutrina especializada sobre regulação de conteúdo,[108] existem vários mecanismos para tanto, tais como cotas e limites para programas e publicidade; obrigações de distribuição de conteúdo específico; classificação da produção de acordo com princípios constitucionais; criação de fundo para financiamento de emissoras

---

[108] A título de exemplo, ver Canela (2008), Romão (2008) e Pieranti (2008).

segmentadas; restrições a abertura de capital estrangeiro na produção, distribuição e exibição de conteúdo; incentivo à produção independente, regional e/ou segmentada; novas cotas, limites e estímulos para outorgas de emissoras; estímulo a novas tecnologias de viés pluralistas; e, por último, como exemplo fundamental para efeito desta obra, as diretrizes indicativas de horários, especificamente a classificação indicativa da programação da televisão aberta.

A política de Classificação Indicativa, em termos gerais, trata-se de um modelo de regulação da mídia que permite, aos pais e responsáveis, estabelecerem um maior controle sobre as obras audiovisuais e jogos eletrônicos que seus filhos consomem, a partir de alertas que consideram seis faixas classificatórias (Livre, classificação não recomendada para menores de 10, 12, 14, 16 e 18 anos). Além da informação sobre determinado programa de TV, filme, DVD, aplicativo ou jogo eletrônico e de interpretação, no caso específico da TV aberta há que se considerar algumas regras, em relação ao horário de veiculação de determinados conteúdos, que podem ser prejudiciais ao desenvolvimento infantil. Com isso, nas palavras de Gonçalves (2014), cria-se um "horário protegido" justamente no período em que as crianças e adolescentes estão potencialmente mais expostos ao consumo de programas de televisão.

Baseado em critérios predefinidos no "Manual da Nova Classificação Indicativa" (MJ/SNJ, 2006) e atualizados no "Novo Guia Prático da Classificação Indicativa" (MJ/SNJ, 2018), o processo classificatório articula três procedimentos concomitantes: uma descrição fática da obra (em que se produz um relato descritivo e narrativo do conteúdo analisado), uma descrição temática (em que se faz levantamento do contexto e temáticas da obra relacionadas a princípios constitucionais) e uma análise de gradação (o último passo da classificação, em que fatos e temas são combinados para definir a adequação do conteúdo à sua faixa etária) (STEIBEL, 2014a, p. 124).

Com a competência prevista na CF/88 (artigo 21), a Classificação Indicativa também se faz presente no Estatuto da Criança e do Adolescente, sendo regulamentada nos seus artigos 76 e 254, em sintonia direta com o paradigma da proteção integral do público infantojuvenil.

> Art. 76. As emissoras de rádio e televisão somente exibirão, no horário recomendado para o público infantojuvenil, programas com finalidades educativas, artísticas, culturais e informativas.

Parágrafo único. Nenhum espetáculo será apresentado ou anunciado sem aviso de sua classificação, antes de sua transmissão, apresentação ou exibição.

Art. 254. Transmitir, através de rádio ou televisão, espetáculo em horário diverso do autorizado ou sem aviso de sua classificação:

Pena - multa de vinte a cem salários de referência; duplicada em caso de reincidência a autoridade judiciária poderá determinar a suspensão da programação da emissora por até dois dias (BRASIL, 1990).

Na prática, a Classificação Indicativa exprime um comando duplo: o primeiro, dirigido ao Estado, exige do Ministério da Justiça o cumprimento do dever de classificar e de estabelecer parâmetros para a produção de informação pública sobre o conteúdo de produtos audiovisuais; e o segundo, dirigido à sociedade, exige das emissoras de televisão, dos distribuidores de produtos audiovisuais e dos demais responsáveis, incialmente, a veiculação da classificação atribuída a cada programa e, em seguida, a não-exibição do programa em horário diverso a sua classificação (ROMÃO, 2008, p. 187). Nesse sentido, não se trata de impor determinada classificação, mas indicar sua melhor classificação segundo os preceitos constitucionais, entre os quais o artigo 227 da CF/88, bem como os artigos 76 e 254 do ECA, descritos acima.

Segundo Vivarta e Canela (2006), cinco questões principais devem perseguir o melhor entendimento sobre a Classificação Indicativa:

1) a Classificação pode e deve ser compreendida como um instrumento de proteção e promoção dos direitos humanos, assim como uma ferramenta importante de diálogo e de empoderamento da sociedade;

2) a criança e o adolescente, depositários de uma atenção absolutamente prioritária pelo Estado, pela sociedade e pela família, devem ser especialmente considerados neste processo;

3) a televisão, enquanto instituição emissora/produtora de conteúdos audiovisuais pode, e deve, ser democraticamente regulada pelos Estados nacionais;

4) a Classificação Indicativa é um modelo de regulação específico que será tão, ou mais eficiente, quanto mais desenvolvidos forem os outros parâmetros do marco regulatório;

5) a Classificação Indicativa não deve ser entendida como forma de censura ou como limitadora das visões mais avançadas acerca do conceito de liberdade de expressão (VIVARTA; CANELA, 2006, p. 7).

Nota-se que as questões acima em muito se diferenciam da ideia de censura, ou, em sentido oposto, da autorregulação dos veículos de comunicação como forma exclusiva de controle. Apesar disso, não raramente o mecanismo da Classificação Indicativa é associado a essas duas perspectivas de controle gerando confusão conceitual e/ou resistências *a priori*.

Por si só, a presença dos termos "classificação" e "para efeito indicativo", na descrição desse modelo classificatório, gera tensão na medida em que, de um lado, remete ao instituto da "censura classificatória", em vigor no país por 20 anos, a contar da publicação da Lei nº 5.536/68; do outro lado, associada à ideia descontextualizada quanto ao ato de indicar conteúdos na programação como se fosse uma mera sugestão sem maiores consequências àqueles que não a seguem, e, assim, restrita aos parâmetros éticos e de responsabilidade social das grandes corporações de mídia.

Um exemplo emblemático desse cenário de indefinição conceitual em torno da Classificação Indicativa foram as discussões acaloradas da Comissão Sistematizadora sobre comunicação social, durante a Assembleia Nacional Constituinte. À época, o Deputado Constituinte Artur da Távola já apontava a disputa no interior da comissão sobre o sentido, o alcance e a finalidade da ideia de Classificação Indicativa.

> (...) o texto da Constituição de 1987 garante o mais amplo exercício das liberdades. Portanto, a meu ver, e muito sinceramente, não há menor cabimento fazermos, neste momento, uma 'guerrilha' subjacente ao texto (...) o que nos divide, no momento, é o conceito de classificação (CÂMARA DOS DEPUTADOS, 1988, p. 1509-1513).

Passados mais de 30 anos, a polarização em torno do processo de Classificação Indicativa mudou de ângulo, embora a tensão continue em diferentes aspectos da análise. O paralelo entre Classificação Indicativa e a "censura classificatória" perdeu força no decorrer do tempo, diante da formulação de dois horizontes pelos quais o processo atual se guia: os princípios de processo democrático e de processo objetivo (STEIBEL, 2014b). O processo é democrático por definir que é obrigatória a "possibilidade de exercer a classificação numa rede de participantes e interessados", e objetivo por definir que "qualquer pessoa pode obter uma classificação semelhante se realizar a análise a partir dos mesmos critérios e indicadores" (MJ/SNJ, 2006, p. 4). Desse modo, as empresas de mídia sabem, de antemão, todas as regras do jogo, vez que os critérios são explicitados de forma objetiva e com a devida antecedência.

Além disso, a Classificação Indicativa também tem privilegiado mecanismos de autoclassificação de conteúdos por parte das empresas de mídia, o que se diferencia de um modelo exclusivo de autorregulação, isto é, do "salve-se quem puder" da lógica comercial dessas empresas, pois os manuais, guias e portarias sobre o tema indicam quando e sob quais critérios essa autoclassificação deve se dar, bem como a forma pela qual o monitoramento do Ministério da Justiça deve ocorrer. Em termos quantitativos, de 2010 a 2015, 6.931 (100%) das obras foram autoclassificadas e, por conseguinte, monitoradas pelo Ministério da Justiça, sendo que 1.381 (20%) apresentaram divergência entre MJ e empresas de mídia[109] (MJ/SNJ, 2015). Mesmo nesses casos, permite-se aos interessados discordarem do monitoramento e apresentarem recurso para um órgão superior no próprio Ministério. Uma vez persistindo a situação de divergência, é possível ainda provocar o Poder Judiciário para que se posicione, decidindo se houve exorbitância da autoridade no caso concreto. Se a decisão for positiva, restará a anulação do parecer do MJ e a prevalência dos critérios apresentados na autoclassificação.

Conforme Abrão (2014), antigo Secretário Nacional de Justiça, grande parte da classificação de conteúdos ocorre por autoclassificação, na qual o processo de classificação etária é feito pelo próprio interessado (emissora, canal, distribuidor ou produtor) e acompanhado pelo Ministério da Justiça, inserindo a corregulação entre sistemas de controle da Classificação Indicativa. Ainda segundo Abrão, nos anos de 2012 e 2013, por exemplo, o indeferimento das autoclassificações ficou em torno de 10% do total de obras analisadas. Desse percentual, metade ocorreu a partir da solicitação de redução da autoclassificação pelas próprias emissoras, ou seja, em muitos casos de indeferimento as emissoras foram mais rigorosas do que a equipe do MJ ao estabelecer a classificação etária da obra. Nota-se, assim, que autoclassificação e regulação de horários são possibilidades não excludentes e que podem fazer parte de um mesmo modelo classificatório.

---

[109] A título de exemplo, cita-se o caso da reclassificação do filme "Confissões de adolescente", dirigido por Daniel Filho e Cris D'Amato. Diversas pessoas que assistiram ao filme alertaram ao MJ, via os canais de ouvidoria do órgão, sobre o não cumprimento dos indicadores expressos no Manual. Isso fez com que a equipe técnica do Ministério da Justiça avaliasse novamente o filme e o reclassificasse como "não recomendado para menores de 14 anos" (MJ, 2014). A análise considerou as cenas de violência e o uso de drogas presentes no filme e chamou atenção do órgão sobre as possibilidades de controle social baseadas em critérios democráticos e conhecidos previamente pela população em geral.

Mas, na prática, quando as emissoras se recusam a seguir a Classificação Indicativa, o que ocorre? Romão (2008) lembra que caberá ao Ministério da Justiça abrir um processo administrativo solicitando justificativas pelo não cumprimento. Caso as questões não sejam superadas, a situação deve ser relatada, via ofício, ao Ministério Público Federal, que avaliará a necessidade de ações no âmbito judicial ou não. Nesse caso, sequer se fala em multa ou outra sanção por parte do Ministério da Justiça. Assim, a classificação deixará de ser indicativa a partir de uma avaliação do Poder Judiciário, que poderá, inclusive, aplicar sanção à luz do caso concreto. O mesmo raciocínio pode ser aplicado na perspectiva das produções audiovisuais comercializadas no cinema, por exemplo. A classificação é meramente indicativa, não tendo o poder de impedir o acesso a determinado conteúdo. Seja na compra de um jogo de *videogame*, DVD ou entrada no cinema, a política de Classificação Indicativa visa informar os pais e os responsáveis sobre a existência ou não de conteúdo inadequado para determinada faixa etária.

Vale lembrar, ainda, que a Classificação Indicativa não se limita a dialogar com a realidade das empresas de emissão, distribuição e produção de conteúdo de mídia, uma vez que também considera os pais e responsáveis de crianças, adolescentes e jovens como parceiros fundamentais na consolidação de um "horário protegido" na programação dos canais de TV, bem como a noção de corresponsabilidade apontada no paradigma da proteção integral previsto no art. 227 da CF/88. Guedes (2008), na tentativa de verificar qual a representação dos pais sobre a Classificação Indicativa e averiguar a relevância deste instrumento para as famílias, elaborou uma pesquisa com pessoas residentes em Fortaleza/CE, selecionando pais e/ou responsáveis por crianças com faixa etária de zero a dez anos de idade, pertencentes às classes socioeconômicas C2, C1, B2, B1, A2 ou A1.[110]

Dessa pesquisa, destacam-se os seguintes apontamentos:

> - Independentemente de sexo, faixa etária ou classe socioeconômica, os pais trabalham fora de casa. O fato de possuírem filhos menores de 5 anos de idade também não altera tal condição. Na amostra, 90% das pessoas com filhos de 0 a 5 anos revelaram trabalhar fora do ambiente residencial;

---

[110] O autor considerou indicativos nos quais A1 representa níveis mais altos de condições socioeconômicas, ao ponto que C2, os mais baixos.

- 46,8% das mulheres entrevistadas passam até 8hs fora de casa, diariamente, enquanto 45,7% dos homens passam até 12hs fora de casa por dia;

- A grande maioria dos entrevistados assiste televisão independentemente de faixa etária, sexo, ou classe socioeconômica;

- A metade dos entrevistados assiste TV todos os dias;

- Os filhos dos entrevistados têm contato com o meio televisivo. E a maioria deles conta com a presença da televisão em sua rotina, enfaticamente. 58% das crianças de 0 a 5 anos e 77,4% das crianças de 6 a 10 anos assistem TV todos os dias;

- 70% dos pais a partir de 46 anos têm algum tipo de regra para o consumo televisivo de seus filhos, enquanto entre os pais de 15 a 25 anos a porcentagem diminui para apenas 20%;

- 20% dos pais de 15 a 20 anos acreditam que os filhos cumprem as regras estabelecidas, contra 60% dos pais com idade a partir de 46 anos. Dentre os citados a pesquisa registra, ainda, variação nas respostas dadas por homens e mulheres, onde, 53,2% das mulheres acreditam na obediência dos filhos às regras de consumo televisivo pré-estabelecidas, e apenas 22,9% dos homens creem desta mesma forma;

- 63,9% dos entrevistados disseram ter o hábito de conversar com seus filhos sobre àquilo que se assiste na TV;

- Aproximadamente metade das pessoas abordadas achou (mediante a descrição da proposta da Classificação Indicativa) que o instrumento seria útil e válido às suas realidades. Dentre esta porcentagem 62% têm filhos de 0 a 5 anos;

- A maioria dos entrevistados reconhece a simbologia da Classificação Indicativa embora a porcentagem de entrevistados da classe socioeconômica C que reconhece a simbologia seja menor (33% da classe C contra 93,3% da A1). O que pode indicar uma menor atenção e, consequente, reflexão sobre os detalhes inclusos/exibidos na programação;

- A maioria das pessoas reconhece na simbologia a proposta da classificação Indicativa, apesar de não fazerem referência a esta nomenclatura, propriamente dita (90% das pessoas acima de 46 anos reconhecem a simbologia como tal). As classes A e B identificam mais como Classificação Indicativa a simbologia, enquanto 66,7% da classe C sequer a reconhecem. A mesma dificuldade se apresenta para a etapa de reconhecimento ou familiarização com a nomenclatura;

- E 52,6% dos entrevistados reconhecem a Classificação Indicativa como um recurso de auxílio à educação das crianças, no entanto, 15,5% dos entrevistados relacionaram a nomenclatura da Classificação Indicativa à censura (GUEDES, 2008, p. 10-11).

Os pais e/ou responsáveis, assim como as próprias crianças, adolescentes e jovens, cada qual a sua maneira, são agentes fundamentais na busca por uma mídia de maior qualidade, que, desse modo, considere a promoção de cidadania e a situação peculiar das pessoas em desenvolvimento. Afinal de contas, a Classificação Indicativa, além de ser um instrumento da liberdade de comunicação que envolve o conjunto de liberdades de expressão do emissor, também tem como perspectiva os direitos e liberdades da população. Nessa lógica, busca-se ao mesmo tempo fortalecer o poder de opção das famílias e, tão logo, proteger as crianças. Mas, para tanto, cabe ao Estado, isto é, o poder concedente, oferecer condições objetivas que asseguram tal procedimento.

Como exposto nas constatações de Guedes (2008), para que os pais e/ou responsáveis orientem seus filhos, de início eles precisam estar em casa, daí decorre a pertinência de se estabelecer "horários protegidos" em períodos que essa presença geralmente não é possível. Agora, uma vez diante da companhia dos filhos, também é interessante que esses pais e/ou responsáveis sejam avisados sobre quais conteúdos farão parte do programa em questão. As famílias precisam, entre outros aspectos, compreender os símbolos propostos pela política de Classificação Indicativa, confiar no sistema de classificação indicativa que lhes é oferecido e orientar o acesso da criança ou do adolescente a determinada obra audiovisual (BAPTISTA, 2014). Dito isso, fica evidente que nenhum desses aspectos do sistema classificatório prescinde da ação dos pais e/ou responsáveis em avaliar criticamente se a criança ou o adolescente sob seus cuidados precisa ser preservado da exposição a esse determinado conteúdo.

Para ilustrar esse entendimento, o estudo da ANDI (2006) apresenta uma analogia interessante: o Ministério da Saúde exige que os fabricantes de leite em pó exibam, em seus produtos, a recomendação de que os bebês sejam exclusivamente amamentados até os seis meses de vida. Não são todas as famílias que seguem tal sugestão. O mesmo vale para a Classificação Indicativa, na medida em que, felizmente, não haverá um fiscal na casa de cada cidadão impedindo que os filhos tenham acesso a este ou aquele programa. A palavra final estará sempre com as famílias, mas cabe ao Estado indicar o que pode ser potencialmente recomendado ou não, garantindo também as condições objetivas para que os responsáveis recebam essa informação em suas residências.

Fazem parte desse espectro de atuação da Classificação Indicativa elementos indicativos, mas também pedagógicos e de fortalecimento da participação da sociedade civil, sendo possível ao cidadão comum apresentar reclamações sobre os conteúdos inapropriados e utilizar de ferramentas de bloqueios de canais de TV que sincronizam critérios de classificação e horários de exibição. Dentro desse contexto, além da sensibilização de gestores públicos, empresas de mídia e famílias quanto à relevância da política pública de Classificação Indicativa, o próprio público protegido não deve ser deixado de lado. Com efeito, crianças, adolescentes e jovens são atores fundamentais nessa relação, pois, como sujeitos de direitos, devem fazer parte do diálogo tanto no seio da família quanto nos espaços ampliados de formulação e conscientização das políticas públicas na área de comunicação. Eles têm muito a dizer sobre aquilo que assistem na televisão e, assim, contribuir na escolha dos melhores caminhos de convivência social e respeito aos direitos de pessoas em condição peculiar de desenvolvimento.[111]

5.4 Reorientação da Classificação Indicativa em 2018: por um "horário desprotegido" na TV aberta

Em uma visão panorâmica, nota-se que a trajetória da política de Classificação Indicativa pode ser dividida em três grandes períodos: busca por sentido, experimentação e reorientação da política, que, por sua vez, acompanham as principais alterações das regras que disciplinam a prática de tal mecanismo. O primeiro período é compreendido entre o advento da Constituição Federal de 1988 e a definição do seu desenho classificatório, com a publicação do "Manual de Classificação Indicativa" em 2006. Trata-se de um longo período, cerca de 18 anos, no qual a política de Classificação Indicativa foi marcada pela busca de um sentido próprio, uma vez que faltava aos gestores públicos desta

---

[111] Nesse ponto, vale mencionar o papel dos conselhos, das conferências e das mobilizações sociais protagonizadas pela própria juventude. Na 9ª Conferência Estadual de Minas Gerais, por exemplo, crianças e adolescentes foram incentivados a participar como delegados eleitos e, assim, incidirem na agenda pública a partir da sua trajetória de vida e do seu ponto de vista (MINAS GERAIS, 2015). Mesmo que ainda sob forte tutela do estado e da direção de grupos políticos externos alheios à pauta das pessoas mais jovem, a presença de crianças e adolescentes nesse contexto minimamente aponta para essa contradição. Outro exemplo, decididamente mais atento às condições materiais fundamentais à garantia de direitos, considera ações como o "3º Acampamento Nacional do Levante Popular da Juventude", que em 2016 reuniu cerca de 10 mil jovens de 25 estados, na cidade de Belo Horizonte, sob o lema "A nossa rebeldia é o povo no poder" (LEVANTE, 2016). Tais exemplos foram percebidos pelo autor na qualidade, à época, de Diretor do Observatório de Direitos Humanos da SEDPAC.

política tanto a motivação para realmente implementá-la quanto o conhecimento técnico necessário à sua realização (BAPTISTA, 2014).

Nesse momento inicial foram consolidados os marcos gerais da política, assumindo uma estreita correlação entre a política de Classificação Indicativa e a proteção à criança e ao adolescente. A título de exemplo, cita-se o artigo 17 da Convenção sobre os Direitos de Crianças, promulgada no Decreto nº 99.710/1990, que dispõe que os Estados-Partes "promoverão a elaboração de diretrizes apropriadas a fim de proteger a criança contra toda informação e material prejudiciais ao seu bem-estar" (BRASIL, 1990). Na mesma linha, a CF/88 e o ECA também se atentaram ao tema da infância e a mídia, e, no caso específico da política de Classificação Indicativa, ganham destaque os artigos 221, incisos I, II, III e IV; 220, parágrafo 3º; art. 227 e 21, inciso XVI, todos da Constituição, e os artigos 74 a 76, 253, 254, 255, 256 e 258 da Lei nº 8069/90.

Apesar desse amplo respaldo legal sobre a Classificação Indicativa, nesse período as portarias que disciplinavam tal política não conseguiram traduzir, na prática, tudo aquilo que se esperava delas. Em 19 de outubro de 1990, o então Ministro da Justiça, Jarbas Passarinho, editou a portaria do MJ de nº 773 (BRASIL, 1990), sendo o primeiro ato normativo desse Ministério a disciplinar o tema da Classificação Indicativa. Essa portaria, entre outros pontos, tratou de diversões públicas e dos programas de rádio e televisão; estabeleceu quatro classificações etárias; reforçou a necessidade do aviso da classificação nos programas televisivos e a vinculação de suas exibições às faixas etária e horários. Além disso, nesse mesmo ano foi constituído um departamento de Classificação Indicativa no âmbito do Ministério da Justiça.

De 1990 a 2006, o Ministério da Justiça produziu um conjunto de regras e critérios na tentativa de disciplinar a política de Classificação Indicativa. Sob os cuidados do Departamento de Justiça, Classificação, Títulos e Qualificação (DEJUS), órgão da Secretaria Nacional de Justiça do MJ, foi possível traçar as linhas gerais da Classificação Indicativa construindo uma base unitária capaz de analisar as obras audiovisuais, ao ponto de publicar rotineiramente milhares dessas classificações no Diário Oficial da União. Porém, ainda faltava ao sistema de classificação elementos fundamentais que lhe dariam maior resultado concreto, tais como: a publicidade das classificações dadas às obras audiovisuais, que dependia da definição de símbolos relacionados à classificação nos programas televisivos e do monitoramento da programação televisiva;

e a edição de um manual com diretrizes mínimas para a classificação de obras audiovisuais. Na prática, seja pela falta de real intenção por parte do governo à época, seja pela resistência dos veículos de comunicação de massa, a Classificação Indicativa pouco incidiu no cotidiano das pessoas, sendo uma política meramente simbólica aos olhos dos telespectadores (ROMÃO, 2006).

No ano de 2006, na tentativa de dar maior concretude à Classificação Indicativa, publica-se o "Manual da Classificação Indicativa", um documento denso e amplamente discutido na sociedade, que contou com a contribuição de grupos técnicos e de voluntários,[112] bem como do acúmulo de consultas públicas em seis capitais do país (Rio Branco, Belo Horizonte, São Paulo, Porto Alegre, Recife e Rio de Janeiro) e de um Seminário Nacional para debater a Classificação Indicativa na TV. Dessas discussões, o Manual apreendeu os critérios da Classificação Indicativa, os quais foram descritos de forma objetiva e de modo que qualquer pessoa interessada sobre o tema pudesse compreendê-los e, dentro da sua realidade, utilizá-los. Nesse passo, seis foram os critérios escolhidos que balizam a classificação como adequada ou inadequada, a saber: conteúdo violento; conteúdo sexual; cenas envolvendo drogas; situações constrangedoras, cenas depreciativas ou humilhantes em relação a determinados grupos; adequação da linguagem e dos elementos de adequação (conteúdos desejáveis).

Com o advento do Manual, inaugura-se o segundo período da política de Classificação Indicativa – um momento de experimentação que perdura até o ano de 2018, diante da conclusão da decisão do Supremo Tribunal Federal da ADI 2.404/11 e da edição de novas portarias em sequência. Como qualquer processo de experimentação, a Classificação Indicativa foi colocada à prova e provocou disputas quanto a melhor maneira de sua aplicação, não poupando, inclusive, o posicionamento das Cortes Superiores da Justiça brasileira sobre o tema. No ano seguinte à publicação do Manual, o Ministério da Justiça editou a portaria de nº 1.220/2007 (BRASIL, 2007), que, praticamente por 11 anos, sedimentou o modelo classificatório no país. Nessa portaria constou a vinculação do horário, isto é, a determinação de que certos conteúdos somente poderiam ser exibidos a partir de determinado horário, criando assim um "horário protegido" na TV; além disso,

---

[112] Em 2005, o MJ constitui formalmente o "Grupo Permanente de Colaboradores Voluntários para Auxiliar na Atividade de Classificação Indicativa", sendo composto por qualquer interessado em contribuir com a política.

propôs canais de colaboração entre Estado e emissoras no âmbito da classificação, privilegiando o sistema de autoclassificação, no qual as emissoras indicam em qual faixa etária a programação exibida deve ser inserida. Para uma visão geral, a leitura do artigo 19 da portaria de nº 1.220 (BRASIL, 2007) torna-se ilustrativa:

> Art. 19. A vinculação entre categorias de classificação e faixas horárias de exibição, estabelecida por força da Lei nº 8.069, de 1990, dar-se-á nos termos seguintes:
>
> I – obra audiovisual classificada de acordo com os incisos I e II do artigo 17: exibição em qualquer horário;
>
> II – obra audiovisual classificada como não recomendada para menores de 12 (doze) anos: inadequada para exibição antes das 20 (vinte) horas;
>
> III – obra audiovisual classificada como não recomendada para menores de 14 (catorze) anos: inadequada para exibição antes das 21 (vinte e uma) horas;
>
> IV – obras audiovisual classificada como não recomendada para menores de 16 (dezesseis) anos: inadequada para exibição antes das 22 (vinte e duas) horas; e
>
> V – obras audiovisual classificada como não recomendada para menores de 18 (dezoito) anos: inadequada para exibição antes das 23 (vinte e três) horas.
>
> Parágrafo único. A vinculação entre categorias de classificação e faixas horárias de exibição implica a observância dos diferentes fusos horários vigentes no país (BRASIL, 2007).

Essa vinculação entre categorias de Classificação Indicativa e de determinadas faixas de horários ao mesmo tempo em que representou a principal inovação das regras que disciplinavam o assunto até então, também foi um dos pontos de maior impasse das emissoras de televisão com o governo, vez que utilizaram de todo o seu poder, em particular, do *lobby* político e do convencimento da opinião pública, para resistir às orientações da portaria de nº 1.220/2007. No ano de 2012, inclusive, na tentativa de informar e equacionar as demandas dos diferentes atores envolvidos na discussão do modelo classificatório, o MJ publicou o "Guia Prático da Classificação Indicativa" (MJ/SNJ, 2012). Esse guia, além de apresentar uma síntese das diretrizes da política de Classificação Indicativa, também incorporou sugestões das emissoras, dos especialistas e da sociedade civil organizada quanto aos critérios de adequação de conteúdo. Na mesma perspectiva, em 2014 a portaria do MJ de nº 368/2014 atualizou as regras sobre o "horário protegido".[113] Apesar disso, a queda de braço sobre a Classificação Indicativa persistiu nos anos seguintes, exigindo ao STF um posicionamento sobre tal assunto.

Em 2001, o Partido Trabalhista Brasileiro (PTB) propôs a Ação Direta de Inconstitucionalidade de nº 2.404, que teve seu julgamento iniciado dez anos depois, logo após o ingresso da Associação Brasileira de Emissoras de Rádio e Televisão (ABERT) na qualidade de *amicus curiae*, momento pelo qual sustentou ser inconstitucional o caráter impositivo conferido pela lei à Classificação Indicativa. Tal ADI questiona o artigo 254 do Estatuto da Criança e do Adolescente no trecho que anota "em horário diverso do autorizado", o que levaria ao fim da obrigatoriedade de horários em conformidade com as faixas etárias e, por conseguinte, às sanções a serem aplicadas em caso de descumprimento dessa norma. Desde novembro de 2011, meses após a apresentação da ADI 2.404, o relator, Ministro Dias Toffoli, já proferia seu voto favorável ao reconhecimento da inconstitucionalidade do trecho supracitado, sendo acompanhado por outros Ministros como Luiz Fux, Cármen Lúcia e Ayres Brito.

Do voto do relator, dois argumentos principais foram incisivamente questionados pelas entidades com participação da sociedade civil, a exemplo da ANDI Comunicações e Direitos e do Conselho Nacional da Criança e do Adolescente (CONANDA). Segundo o Ministro Dias Toffoli, a Classificação Indicativa com vinculação de horário não está presente na maioria dos países de tradição democrática, argumento refutado pelo estudo detalhado da ANDI, realizado no ano de 2013, que identificou que "Alemanha, Austrália, Espanha (com destaque para a região da Catalunha), EUA, Holanda, Nova Zelândia, Portugal, Reino Unido e Suécia, entre muitas outras nações, possuem sistemas de regulação de horários ou faixas de idades bastante sedimentados" (ANDI, 2013, p. 100).

---

[113] Segundo a portaria de nº 368/2014 : "I - faixa de proteção à criança: a) das seis às vinte horas: exibição de obras classificadas como livres ou não recomendadas para menores de dez anos; II - faixa de proteção ao adolescente: a) a partir das vinte horas: exibição de obras classificadas como não recomendadas para menores de doze anos ou com classificação inferior; b) a partir das vinte e uma horas: exibição de obras classificadas como não recomendadas para menores de catorze anos ou com classificação inferior; e c) a partir das vinte e duas horas: exibição de obras classificadas como não recomendadas para menores de dezesseis anos ou com classificação inferior; (...)." (BRASIL, 2014). Orientações que praticamente não se alteraram até o ano de 2018.

Outra consideração do voto do Ministro relator, que considera o modelo de Classificação Indicativa eminentemente estatal, também foi objeto de crítica. Em nota pública, o CONANDA lembra que esse ponto de vista do Ministro Dias Toffoli desconsidera a prática recorrente de autoclassificação do sistema classificatório brasileiro. A partir da portaria de nº 1.220/2007, as obras são classificadas *a priori* pelos seus próprios realizadores e, com efeito, não se confundem com qualquer acepção de censura prévia na medida em que não têm como objetivo proibir a veiculação de conteúdos, mas tão somente indicar o horário adequado para sua exibição (CONANDA, 2016). Assim, essa prática autoclassificatória daria ao modelo de Classificação Indicativa um caráter de corregulação.

Após o pedido de vista dos Ministros restantes, em 2018 decidiu-se pela inconstitucionalidade do dispositivo do Estatuto da Criança e do Adolescente (ECA) que estabelecia multa e suspensão da programação às emissoras de rádio e TV que exibissem programas em horário diverso do autorizado pela classificação indicativa. Assim, nos termos dessa decisão não há de se falar em horário autorizado, mas apenas em horário recomendado, na medida em que o caráter autorizativo, vinculativo e compulsório conferido à norma questionada não se harmonizaria com os artigos 5º, IX; 21, XVI; e 220, §3º, I, da CF/88. Contudo, vale frisar que a decisão não retirou das emissoras de rádio e de televisão o dever de exibir, ao público, o aviso de classificação etária antes e no decorrer da veiculação do conteúdo, prevalecendo a regra prevista no parágrafo único do artigo 76 do ECA, e que seu descumprimento pode ser tipificado como infração administrativa nos termos do artigo 224 do mesmo Estatuto.

Dos argumentos que fizeram parte da decisão do STF, também foram enfatizados os seguintes pontos: a importância do direito à programação sadia, reconhecido expressamente pelo artigo 221 da CF/88; o efeito pedagógico e indicativo na exibição de avisos aos telespectadores como forma de atuação da política de Classificação Indicativa; o protagonismo da sociedade na definição daquilo que deve ser assistido na TV; o dever do Estado em dar maior publicidade aos avisos de classificação, bem como desenvolver programas educativos acerca desse sistema; e que sempre será possível a responsabilização judicial das emissoras de radiodifusão por abusos ou eventuais danos à integridade das crianças e dos adolescentes, inclusive levando em conta a recomendação do MJ quanto aos horários em que a referida programação se mostre inadequada (STF, 2016).

Em uma perspectiva mais crítica, o voto-vista do Ministro Teori Zavascki alertou, ainda, para a ineficiência do modelo atual, na medida em que há a indicação da classificação apenas no início da programação, mas não ao longo dela, sendo algo que deveria ser revisto pelos atores envolvidos (NOTÍCIAS STF, 2016). De modo semelhante, também o Ministro relator sugeriu aperfeiçoamentos ao modelo vigente. Ao considerar a possibilidade de auxílio de meios eletrônicos no controle parental dos conteúdos da TV, o Ministro Dias Toffoli criticou a não implementação desses dispositivos pelas emissoras, concessionárias e permissionárias de serviços de televisão, apesar de serem mecanismos obrigatórios desde a data de 30 de junho de 2004 (STF, 2016).

Da decisão da ADI 2.404 inicia-se um novo período da Classificação Indicativa, marcado pela reorientação de tal política, o qual permanece até hoje. Fruto desse momento, o Ministério da Justiça propôs duas mudanças no ano de 2018: a edição da portaria de nº 1.189 e a atualização do Guia Prático. Além da desobrigação do "horário protegido", três inovações principais desse cenário podem ser citadas: 1) estabelece novos parâmetros de exercício do poder familiar no que diz respeito a autorização do acesso de crianças e adolescentes a diversões e espetáculos públicos não recomendados para sua faixa etária, por exemplo, nos espetáculos classificados como não recomendados para menores de 18 anos, o adolescente com idade igual ou superior a 16 anos terá seu acesso permitido desde que apresente autorização dos pais ou de um responsável;[114] 2) a exibição das chamadas na televisão passa a ser condicionada ao programa transmitido naquele momento, nesse caso, as chamadas nos intervalos dos programas infantis de classificação livre apenas poderão apresentar obras com classificação igual ou inferior à que está sendo exibida;[115] e 3) a exibição da descrição de conteúdo nas obras classificadas, dentro dos eixos temáticos de sexo, nudez, drogas e violência, independentemente de sua Classificação Indicativa, passam a ser obrigatórias.[116]

---

[114] Ver artigo 7º da portaria de nº 1.189/2018, que determina: "A autorização de acesso a obras classificadas como 'não recomendado para menores de 18 (dezoito) anos' poderá ser feita apenas para adolescentes com idade igual ou superior a 16 (dezesseis) anos" (BRASIL, 2018).

[115] Ver artigo 4º, parágrafo 3º da portaria de nº 1.189/2018, que diz: "O conteúdo das chamadas de programação de que trata o inciso III do *caput* deste artigo deverá, obrigatoriamente, ser compatível com a classificação indicativa atribuída ao programa em exibição" (BRASIL, 2018).

[116] Ver artigo 12, que afirma: "É obrigatória a exibição dos descritores de conteúdo das obras, quando houver, independentemente de sua classificação indicativa" (BRASIL, 2018).

Nesse cenário de reorientação da política da Classificação Indicativa, inclusive de esvaziamento do papel do Estado na consolidação de um "horário protegido" e de uma maior liberalização da grade de programação aos ditames do mercado e da audiência, assim como antes, continuam existindo conteúdos que sempre ficaram alheios à política de Classificação Indicativa, sendo excluídos de todo o processo classificatório os materiais de cunho publicitário, esportivo, jornalístico, noticioso ou aquele transmitido ao vivo. Isso se confirma na leitura do artigo 5º da portaria de nº 1.189, de 2018:

> Art. 5º - O disposto nesta Portaria não se aplica:
> I - às competições esportivas;
> II - aos programas e propagandas eleitorais;
> III - às propagandas e publicidades em geral; e
> IV - aos programas jornalísticos (BRASIL, 2018).

É exatamente por se ancorar na excepcionalidade dos conteúdos de ordem jornalística que os programas policialescos da TV aberta sequer se tornam objeto de análise e preocupação do Estado brasileiro por intermédio das ações do Departamento de Justiça, Classificação, Títulos e Qualificação (DEJUS).

Se, mesmo na reorientação da política da Classificação Indicativa, o mecanismo de classificação não perdeu seus fundamentos históricos sobre a defesa da qualidade da programação, ou seja, da observância dos direitos humanos, sobretudo, crianças e adolescentes, pelas empresas concessionárias de serviço público de radiodifusão, vale questionar: os programas policialescos estão submetidos à política de Classificação Indicativa? Ou, mais a fundo, os programas policialescos, diante de suas características, devem ser classificados como informações de cunho jornalístico e, consequentemente, receber igual tratamento jurídico?

5.5 A liberdade de informação jornalística como escudo ou lança

"A própria lança contra o próprio escudo", esse provérbio remete ao texto de Han Fei publicado há mais de 2000 anos na China. A partir da alegoria de um vendedor de lanças e escudos, o filósofo chinês fala da contraposição de termos conflitantes em uma mesma analogia e, assim, inaugura a ideia de contradição na literatura oriental. Mais do que identificar a alternância de um significado pelo outro, os textos clássicos chineses alertavam para aquilo que é transitório nos fenômenos sociais que envolvem uma relação entre opostos. Isso fica evidente na passagem:

> Era uma vez um homem que vendia lanças e escudos numa feira. Certo dia, pegou numa das suas lanças e disse para o povo que o rodeava: "Reparem! A minha lança é a mais aguçada, e fura qualquer coisa, por mais resistente que seja!" Passou, logo em seguida, a elogiar um dos seus escudos: "Comprem um dos meus escudos, que são os mais resistentes que pode haver! Não há arma que seja capaz de os perfurar!" Foi então que um dos presentes perguntou: "Então diga-me lá: o que acontece se atacarem com uma das suas lanças alguém que se defenda com um dos seus escudos?" (HAN FEI *apud* BUENO, 2015).

Desse trecho torna-se possível traçar um paralelo com o tema proposto neste tópico, pois, assim como a colisão entre a lança e o escudo indestrutíveis, um direito constitucional, como é o caso da liberdade de informação jornalística, quando considerado absoluto diante de um conflito com outro direito igualmente constitucional, também pode fracassar naquilo que se propõe a alcançar. Em um sistema jurídico, por mais liberal que ele seja, admitir a possibilidade de restrição de uma determinada liberdade constitucionalmente protegida "se justifica por não ser tal liberdade um fim em si mesmo" (CALDAS, 1997, p. 108).

No caso específico da liberdade de informação jornalística, assim como as demais liberdades, não é absoluta; contudo, vale lembrar que o texto constitucional assegura à atividade jornalística um *status* diferenciado diante do seu papel desempenhado na ordem democrática. Maiores poderes trazem consigo também maiores compromissos e responsabilidades, realidade que não pode ser esquecida quando se busca analisar a relação entre a Comunicação Social e o Direito. Caso contrário, o conteúdo jornalístico seria enfraquecido daquilo que lhe é peculiar; ou o conteúdo comunicacional de outra natureza, como, por exemplo, o entretenimento, receberia proteções maiores daquelas que deveria possuir.

Nesse sentido – e na perspectiva deste livro, que compartilha da esperança do convívio entre o direito à liberdade de informação e o dever de proteção dos direitos humanos de crianças, adolescentes e jovens em uma sociedade democrática –, três pontos de reflexão tornam-se necessários: o primeiro, caracterizar e contextualizar a liberdade de informação jornalística evidenciando aquilo que lhe é específico e se diferencia da narrativa midiática dos programas policialescos; o segundo, questionar o discurso harmônico e isento de contradições da imprensa, lembrando que a "grande mídia" não poupa esforços para defender seus interesses particulares, mesmo que para isso tenha que privilegiar, na sua grade de programação, programas de gênero policialesco notadamente conhecidos por violarem direitos humanos; e o terceiro, aprofundar sobre o uso conveniente do discurso das empresas de radiodifusão em atribuir aos programas policialescos da TV aberta um conteúdo típico de informação jornalística e, consequentemente, desobrigados de atender à política de Classificação Indicativa, o que se mostra contraditório com o caráter comercial e de entretenimento preponderante nesses programas. São eixos de reflexão que inserem o debate da comunicação social diante de contradições reais e, em muito, afastam-se de uma abordagem pela qual toda problematização sobre a mídia representa uma predisposição autoritária e de invocação à censura.

Dito isso, resgata-se o contexto de surgimento da imprensa e, por conseguinte, da atividade jornalística, que datam do início do século XIV. Com o desenvolvimento tecnológico da prensa de caracteres tipográficos em 1436, e, principalmente, a introdução do modo de produção capitalista, a notícia deixa de apenas acompanhar o trânsito das mercadorias para se e tornar uma delas na criação de mercados e feiras do capitalismo iniciante (MARCONDES FILHO, 1984). A partir de edições regulares de conteúdo puramente técnico, como dados climáticos, curiosidades, temas pitorescos e relatos econômicos, a comercialização da informação como notícia gradativamente adquire uma nova roupagem com a burguesia em ascensão, na qual a imprensa assume, além das preocupações de ganho econômico, compromissos ideológicos e políticos na realização da sua atividade.

> Dentro desta ordem política e social transformada durante a fase mer-
> cantilista (cuja forma em boa parte se expressa no fato de que nela os
> momentos do político e do social aparecem separados), o segundo
> elemento da relação de circulação capitalista iniciante desenvolve, então,
> uma força explosiva singular, a imprensa (MARCONDES FILHO *apud*
> HABERMAS, 1984, p. 15).

Nota-se, assim, que as origens da imprensa e da atividade jornalística foram influenciadas pelo cenário de consolidação da burguesia, sendo concebidas com o mesmo germe do liberalismo: o absoluto respeito à propriedade privada particular, o individualismo exacerbado e o Estado como mero assegurador desses valores (CARVALHO, 1994). Nos ordenamentos jurídicos à época, a exemplo das Declarações de Direitos dos séculos XVIII e XIX, esse entendimento se fez presente na valorização dos direitos de liberdade que, de alguma forma, limitavam o poder do Estado e asseguravam ao indivíduo, ou aos grupos particulares, uma esfera de liberdade em relação à ação estatal (BOBBIO, 1992).

No decorrer dos anos, os diferentes povos acrescentaram novas exigências ao Estado de Direito, as quais não poderiam ser compatibilizadas pela concepção liberal. Surgiu, desse modo, um processo de configuração do Estado Democrático de Direito que, no âmbito de liberdades e garantias, admite a possibilidade de uma perspectiva positiva do poder estatal. Mesmo que ainda secundária, tal postura do Estado contribui na organização, regulação e prestação de ações que têm em vista a função social consagrada no texto constitucional (STROPPA, 2010). Se, no passado, a principal preocupação do Estado liberal era contrapor o poder dos governos e seus instrumentos de censura à imprensa, no Estado Democrático de Direito contemporâneo há uma preocupação crescente com o conflito entre liberdades individuais, ou ainda, com os excessos de uma imprensa empresarial poderosa, que pode devassar intimidades e deturpar a opinião pública (CARVALHO, 1994).

A noção de imprensa, por sua vez, extrapola o sentido original de periódico impresso e passa a ser identificada com os processos de difusão jornalística realizados por veículos impressos ou eletrônicos, hoje melhor compreendidos a partir da expressão "grande mídia" (LIMA, 2012). Na perspectiva do direito, a liberdade de imprensa ultrapassa o direito de pessoas ou grupos externarem suas ideias, incluindo também o direito coletivo de ser bem informado. É desta concepção de liberdade de informação jornalística, centrada na liberdade de informação e com características modernas, que a velha noção de liberdade de imprensa modificou seu entendimento.

Na perspectiva do Direito Constitucional brasileiro, em especial com o advento da CF/88, percebe-se a preocupação do constituinte quanto à ampliação da garantia de liberdade de informação e ao enfrentamento de práticas de censura. Afinal de contas, o Brasil conviveu com um longo período ditatorial, em que foi comum o uso da força e dos institutos jurídicos para "silenciar" manifestações contrárias ao regime e censurar os meios de comunicação. Esse contexto refletiu-se diretamente na Carta Magna, que dispõe: "é livre a expressão da atividade intelectual, artística, científica e de comunicação, independentemente de censura ou licença"; bem como "é assegurado a todos o acesso à informação e resguardado o sigilo da fonte, quando necessário ao exercício profissional" (BRASIL, 1998).

Apesar da ampla proteção constitucional dada à atividade jornalística, vale enfatizar que os direitos constitucionais relacionados a liberdade de expressão, de informação ou de imprensa não são absolutos, encontrando limites no próprio texto da Constituição. O artigo 220, *caput*, por exemplo, prescreve que "a manifestação do pensamento, a criação, a expressão e a informação, sob qualquer forma, processo ou veículo não sofrerão qualquer restrição, observado o disposto nesta Constituição"; em igual sentido, o parágrafo primeiro dispõe que "nenhuma lei conterá dispositivo que possa constituir embaraço à plena liberdade de informação jornalística em qualquer veículo de comunicação social, observado o disposto no artigo 5º, incisos IV, V, X, XIII e XIV" (BRASIL, 1988). Verifica-se, desse modo, a menção a possibilidades de restrições definidas pelo próprio texto constitucional.

Não se propõe, assim, um "salvo-conduto" para que o proprietário do veículo de informação ou o jornalista agrida impunemente direitos atribuídos à pessoa, ou ainda, deixe de considerar, na atividade jornalística, princípios que lhe são próprios. Nessa linha, a doutrina[117] tem classificado esses limites em duas perspectivas, limites externos e internos à liberdade de informação jornalística. Os limites externos são aqueles que "encontram muros justamente nos limites de outros direitos de igual hierarquia constitucional" (CALDAS, 1997, p. 108), sendo, muitas das vezes, objeto de análise dos tribunais quando a liberdade de informação jornalística relaciona-se com direitos à imagem ou de outros direitos de igual proteção na CF/88. A título de exemplo, citam-se a proteção à identidade de pessoas investigadas por fato criminoso; o tratamento diferenciado entre fatos ocorridos em locais públicos e em âmbito privado; a proteção à infância e à juventude diante da exposição indevida pelos meios de comunicação social entre outros.

Já os limites internos à liberdade da informação jornalística estão relacionados às responsabilidades sociais e aos compromissos com a verdade no exercício dessa atividade, isto é, os meios de comunicação

---

[117] Pedro Frederico Caldas (1997, p. 105-112), Tatiana Stroppa (2010, p. 160-197), Rômulo Magalhães Fernandes (2018, p. 27-36), Felipe Peixoto Braga Netto (2016, p. 397-438) entre outros adotam, direta ou indiretamente, a classificação de limites internos e externos sobre os limites da liberdade de imprensa ou liberdade de informação jornalística.

e os jornalistas devem aceitar e cumprir certas obrigações para com a sociedade, estabelecendo um alto nível profissional e de informação com base na veracidade, na exatidão, na objetividade e no equilíbrio (CALDAS, 1997). Ao jornalista ou ao dono da empresa de mídia não basta possuir a informação, sendo preciso, também, buscar informar de maneira correta.[118]

Como lembra Silva (1998, p. 250), incide sobre esses atores o dever de informar à coletividade sobre "acontecimentos e ideias, objetivamente, sem alterar lhes a verdade ou esvaziar lhes o sentido original, do contrário, se terá não informação, mas deformação". Além disso, a atividade da liberdade jornalística também pressupõe atender o interesse público, contendo assuntos relacionados "às escolhas que a pessoa deve fazer, como membro de uma comunidade, que interessem às demais e nelas interfiram, bem como que influenciam no que pertine à sua organização política e social" (CARVALHO, 1999, p. 149).

No ofício do jornalista e da imprensa, o texto da CF/88 também assegura o sigilo das fontes. Com isso, o jornalista pode lançar luz a situações de injustiça ou ilegalidades sem temer represálias por parte dos grupos de poder afetados pela publicidade dessas informações. Assim como outros direitos conexos, trata-se aqui de uma enunciação constitucional de elevada proteção, mas não inexcedível, absoluta. Nesse ponto, Sampaio (2016c, p. 310) afirma que "não parece razoável a defesa da proteção absoluta da confidencialidade da fonte. Tampouco a franquia à discricionariedade administrativa judicial. Nem absoluto nem débil, trata-se, antes, de um sigilo profissional qualificado". Mais uma vez retoma-se a relação mencionada acima, em que a garantia de uma determinada liberdade concomitantemente gera ao seu titular uma expectativa de exercício responsável e socialmente comprometido.

Quando um comunicador usa da confidencialidade da fonte para, deliberadamente, encobrir a verdade e praticar ações criminosas, com efeito passa a esvaziar de significado jornalístico a própria atividade em si. Por esse ângulo, torna-se emblemático o caso do programa policialesco "Canal Livre", da TV Rio Negro, transmitido diariamente

---

[118] Quanto ao fazer comunicativo do "século XXI, já não faz sentido devotar à imprensa o olhar crédulo de que ela tanto se beneficiou no século XX, quando propalava as lendas da objetividade e da imparcialidade" (MODERNELL, 2012, p. 156). Isso não significa, contudo, que a produção de informação baseada em fatos sabidamente falsos passou a compor o universo conceitual do jornalismo atual, mas tão somente que a notícia tem dialogado com diferentes versões da realidade, exigindo maior criticidade do receptor diante de temas cada vez mais transitórios e permeáveis.

por mais de dez anos na cidade de Manaus. Ao estilo policialesco, isto é, explorando imagens de crimes bárbaros na TV, o apresentador Wallace Souza ganhou notoriedade e foi eleito deputado várias vezes pelo estado do Amazonas. Desde 2009, pessoas vinculadas ao programa respondem por um conjunto de crimes nos quais Wallace Souza foi qualificado como líder de organização criminosa que ordenava assassinatos na região de Manaus com objetivo de ampliar os índices de audiência de seu programa, o que possivelmente explicaria os inúmeros "furos" de notícia do "Canal Livre" e as informações privilegiadas recebidas pelo seu apresentador, sempre por fontes exclusivas e anônimas.[119]

De fato, a mensagem publicada ou transmitida por grupos de comunicação de massa, seja na forma de notícia, artigo, comentário, entrevista ou reportagem, passa a adquirir proteção jurídica e, como dito acima, sujeita a restrições quando diante de situações limite. Contudo, de forma recorrente, os interesses comerciais da mídia não se dão por satisfeitos com tal cenário, recorrendo a um discurso de desregulação do sistema de comunicação que afasta qualquer tentativa da sociedade e do Estado nessa seara, mesmo de evidente abuso. A estratégia é sempre a mesma: manter paralisado o debate no qual regulação e censura se confundem em uma aparente certeza.

Por consequência, a liberdade dos meios de comunicação social torna-se um mero apêndice do direito à propriedade, em que o mercado assume o papel de árbitro e mediador de limites do pluralismo (PIERANTI, 2008, p. 141). Quando se confere tal poder ao mercado midiático, a adoção de critérios econômicos decididamente passa a ser priorizada em detrimento da objetividade da notícia, da transmissão dos fatos com veracidade, da crítica jornalística consequente, da publicidade de opiniões diversas e do respeito à dignidade das pessoas. Em contrapartida, cabe, principalmente ao Estado e à sociedade, equilibrar essa relação, o que leva, na maioria das vezes, a questionar o próprio *status* hegemônico atribuído ao discurso democrático autorreferente da mídia como defensora da liberdade e dos direitos humanos em geral.

Duas questões ainda permanecem pendentes: a quem interessa enquadrar os programas jornalístico no campo de atuação da imprensa? E, por fim, os programas policialescos devem ser classificados como jornalísticos e, consequentemente, receber o mesmo tratamento jurídico?

---

[119] O caso de Wallace Souza é tema da série "Bandidos na TV", lançada em 2019 pela NETFLIX. O *trailer* da série está disponível no *site*: https://www.netflix.com/title/80217946.

Da explanação feita no capítulo anterior, nota-se que, em muito, os programas policialescos da TV diferenciam-se do jornalismo. Ambos se valem do contexto da busca incessante de mais audiência, mas se diferenciam, ou pelo menos deveriam se diferenciar, na forma de alcançá-la. Nos programas policialescos que registram a realidade do "mundo-cão", hoje prevalece o "vale-tudo" por mais índices de audiência, o qual ultrapassa os limites internos do próprio fazer jornalístico e assume elementos típicos de campos comunicacionais de outra natureza, notadamente, do entretenimento.

Além dos exemplos citados no capítulo 3, acrescentam-se outros que ganharam notoriedade nos tribunais brasileiros e contextualizam exatamente essa discrepância com as responsabilidades e os compromissos que competem ao jornalismo. O programa "Brasil Urgente", do grupo Band, convive com inúmeras ações na Justiça do estado de São Paulo, sendo que duas delas chamam atenção pela falta de preocupação desse programa com a verificação dos fatos. Em 2011, o apresentador José Luiz Datena e a TV Band foram condenados a pagar 100 mil reais de indenização por danos morais a Manoel Marques Pereira, que foi tachado como estuprador de 11 vítimas no ABC paulista, fato que não se confirmou após as investigações. Na ocasião da matéria, Datena se referiu a Manoel como "estuprador", "vagabundo", "canalha" e "tarado", sentenciando a pessoa ao vivo, antes de qualquer apuração dos fatos (CONJUR, 2012). Já em 2016, o mesmo programa foi condenado a pagar uma nova indenização por danos morais, agora por ter divulgado amplamente a imagem de um homem como se fosse o assassino de sua namorada. Nesse episódio, o programa não se preocupou em verificar as informações exibidas, trocando as imagens[120] do suspeito com a do seu irmão, que em nada tinha a ver com o ocorrido (CONJUR, 2016).

Nesses dois exemplos, não se trata de avaliar a qualidade do jornalismo, a questão vai além, pois nas narrativas prevalecem elementos de natureza distinta, não jornalística. O "Brasil Urgente", assim como outros programas policialescos da televisão, mais do que apresentar fatos e opiniões, preocupam-se em prender a atenção do seu telespectador, ao passo que a violência e a miséria humana desenvolvem-se,

---

[120] Na seção de agradecimentos deste livro, menciona-se uma situação semelhante ao caso citado do "Brasil Urgente", em que as fotos de um adolescente foram expostas por engano em um programa policialesco da TV aberta, gerando consequências graves à pessoa exposta, como a sua inclusão no Programa de Proteção a Crianças e Adolescentes Ameaçados de Morte (PPCAAM). À época, em meados do ano de 2015, o autor conviveu com exemplos dessa natureza na qualidade de advogado do PPCAAM.

na maioria das vezes, em um cenário de humor bizarro, sorteio de prêmios, atrações musicais, enquetes, celebridades convidadas, interação com mascotes, chamadas de programas de esporte, linguagem emotiva, sensacionalismo do cotidiano entre outros elementos típicos do conteúdo de entretenimento. Mais uma vez, vale a menção do capítulo 4, no qual se preocupou em contextualizar de forma detalhada os programas policialescos, citando, inclusive, as estratégias do "Brasil Urgente" na disputa pelos altos índices de audiência e na incidência da agenda pública sob a égide do discurso político do crime.

Afinal, a quem interessa afastar, dos programas policialescos, qualquer tipo de controle? As mesmas empresas de mídia que são favorecidas pela audiência do público infantojuvenil e pelos benefícios da adequação da grade de programação sem preocupações com o horário ou a qualidade do conteúdo exibido. Em nome da liberdade de expressão (das emissoras), a sobreposição à proteção integral de crianças, adolescentes e jovens assegura um "passe-livre" às emissoras para veicularem conteúdos inadequados de sexo, drogas e, principalmente, violência ao bel-prazer dos radiodifusores e seus interesses privados. Desde já, esse cenário precisa ser problematizado com a revisão da caracterização dos programas policialescos como não jornalísticos e, consequentemente, a aplicação da política de Classificação Indicativa a tais conteúdos. Não se trata simplesmente de alterar a legislação ou o desenho da política de regulação de conteúdo da mídia em âmbito nacional, mas sim de aplicar a Classificação Indicativa de acordo com aquilo que é o cerne das normas constitucionais e infraconstitucionais de direitos humanos e direitos da crianças e adolescentes já existentes no país.

Essa discussão sobre a aplicação da Classificação Indicativa, no fundo, traz à tona o debate histórico sobre a qualidade da programação, isto é, a observância dos direitos humanos, sobretudo de crianças e adolescentes, pelas empresas concessionárias de serviço público de radiodifusão (ROMÃO, 2008), assunto que, por todas as reflexões apresentadas nesta obra até aqui, não se concretizará quando compreendido de forma isolada, separado de outras questões importantes ao próprio processo democrático brasileiro. A Classificação Indicativa como mecanismo de controle democrático e defesa dos direitos humanos do público infantojuvenil, minimamente deve caminhar de mãos dadas com outras medidas de contrapoder que colocam a mídia hegemônica no centro do debate público, problematizando suas relações de poder historicamente constituídas no país. São exemplos dessas medidas a constituição de órgãos independentes de controle, a maior separação dos interesses públicos e privados nas definições do modelo de comunicação social, melhor definição da relação entre afiliadas e cabeças-de-rede, mais acurada definição dos papéis de diferentes atores do processo (sociedade civil organizada, judiciário, legislativo e executivo), a desconstrução da cultura punitivista retroalimentada pela grande mídia, uma séria discussão acerca da criação de um sistema público de radiodifusão e a consolidação de uma política de Classificação Indicativa da TV aberta com critérios objetivos e democráticos que assegurem a proteção de determinados horários na sua grade de programação, inclusive limitando os abusos decorrentes dos programas policialescos diariamente presentes na televisão brasileira.

CONCLUSÃO

Ao longo de seis capítulos, este livro buscou analisar os parâmetros teóricos e normativos relativos ao paradigma da proteção integral do público infantojuvenil e aos limites da liberdade de informação dos meios de comunicação de massa. Desde o princípio do livro, ganhou destaque a preocupação em estabelecer a realidade brasileira como ponto de partida da análise, uma vez que os caminhos adotados por cada país nem sempre são os mesmos na busca por soluções de seus problemas.

Como abordou-se no capítulo 1, o Brasil não é um país qualquer e possui contornos próprios: expressão continental, populacional, econômica, produtiva e cultural, mas se desacostumou a refletir sobre si mesmo e a apontar caminhos alternativos aos seus obstáculos, os quais, muitas vezes, são imperceptíveis aos modelos externos. Nesse sentido, antes de adentrar no problema central o livro, que envolveu os meios de comunicação social e os direitos do público infantojuvenil, foi preciso contextualizar a formação econômica, social e política que forjou a sociedade brasileira e, assim, desvencilhar-se da narrativa hegemônica assentada em um "mito fundador" de Brasil.

Em diálogo com Marilena Chaui, advertiu-se que o Brasil, desde suas raízes em 1500, foi assentado em um "mito fundador", o qual acarreta, até hoje, a prevalência de uma narrativa vinculada ao passado, que possui a função de legitimar a origem, o destino e a configuração de uma determinada realidade social. A partir do estabelecimento de um imaginário de país pacífico, alegre, otimista e de belezas naturais, nega-se a realidade de um país violento e excludente, com o objetivo de assegurar à sociedade sua autoconservação diante de transformações históricas. Mais do que contextualizar o país e suas determinações econômicas, sociais e políticas, o livro pretendeu romper com o processo de ocultamento dessa realidade, evidenciando as transformações e contradições constitutivas da formação brasileira.

Do esforço teórico de intérpretes do pensamento social brasileiro em caracterizar aquilo que César Benjamim denominou de "uma certa ideia de Brasil", quatro eixos essenciais da formação brasileira foram analisados, sendo o primeiro deles a concentração do poder econômico como elemento central do desenvolvimento do país. A partir da historiografia econômica de Celso Furtado, foi possível visualizar elementos estruturantes que, apesar de sucessivas e cumulativas fases modernizantes, continuam presentes na economia brasileira. Nesse ponto, o caráter concentrador da economia mostra-se emblemático, pois equivocadamente foi visto no decorrer do tempo como uma máxima do processo de industrialização do país, no qual o poder econômico resume-se a um dado da realidade isento de questionamentos. As contribuições de Furtado e de outros autores de tradição cepalina, quando associadas ao tema da comunicação social, lembram que tal atividade também guarda natureza tipicamente econômica e, como tal, sofre os efeitos das tendências concentracionistas e monopolizantes de empresas de jornalismo e de radiodifusão.

O segundo eixo de análise da formação brasileira considerou o processo histórico que conforma o sistema político do país. Das discussões sobre patrimonialismo e clientelismo, percebeu-se que, desde a formação do Estado moderno brasileiro existe uma extensa teia de relações sociais baseadas no personalismo, na qual a tradição política convive com a confusão entre o patrimônio privado e público, práticas de nepotismo e apropriação da riqueza social em proveito de uma elite. Mesmo após mudanças significativas do perfil social e econômico do país, tais práticas perduram no contexto atual, mas, agora, sob novas formas de expressão política. Algumas delas, inclusive, envolvendo o uso e o controle dos meios de comunicação de massa por poderosos conglomerados de televisão e rádio, seja pela prática do coronelismo eletrônico, seja pela influência de interesses privados na definição dos rumos das concessões públicas no setor.

Em sequência, também foram abordados o autoritarismo e a violência como traços que constituem a formação do Brasil. Além da descrição dos fatos históricos, a obra também se ateve às determinações materiais de exploração, discriminação e dominação presentes na sociedade, sejam visíveis ou dissimuladas. Como se viu, essas práticas não se resumiram a momentos específicos da história, referindo-se ao modo de ser da própria sociedade brasileira. Assim, a matriz senhorial da Colônia, as relações privadas fundadas no mando e na obediência, a indistinção entre o público e o privado, o simulacro de uma imagem ordeira da sociedade e o fascínio pelos signos de prestígio e de poder fizeram parte de uma sociedade que, por anos, estruturou-se de maneira violenta e autoritária, dando novo significado às velhas formas de dominação. Exemplo disso são os discursos neofascistas e antidemocráticos que recentemente ganharam projeção nas mídias do país.

O quarto e último eixo de estudo da formação brasileira abordou o contexto de desigualdades e de obstáculos no exercício da cidadania. O Brasil segue a tendência apresentada por Thomas Piketty, de que a desigualdade apresenta-se como um elemento comum no capitalismo mundial. Contudo, em terras brasileiras a articulação entre os fenômenos da desigualdade social e da pobreza tornam essa realidade desigual ainda mais perversa. Não se trata de simplesmente tachar o Brasil como um país desigual, mas sim de perceber a conservação de mecanismos pelos quais o país se constitui como desigual ao longo do tempo. E, nesse sentido, a cidadania ganha relevância, porque também pode significar um processo inclusivo capaz de romper com a naturalização da desigualdade e, assim, conquistar direitos e contribuir na construção de um projeto de vida melhor para sua população. Em perspectiva panorâmica, a partir do capítulo 1 o problema do exercício dos direitos do público infantojuvenil passou a prover questões mais profundas e socialmente contextualizadas, que foram desenvolvidas nos capítulos posteriores.

No capítulo 2, em diálogo com as considerações anteriores, a obra voltou-se à análise da comunicação dirigida ao grande público, que possui reflexos diversos no cotidiano das pessoas e nas disputas de poder de determinada representação hegemônica da realidade. No Brasil, em específico, constatou-se que a TV aberta continua tendo destaque no quadro geral da comunicação, caracterizada pelos altos índices de audiência, pela capilaridade nacional, pela capacidade de apropriação de novas tecnologias e pela manutenção da influência política de grupos familiares vinculados às elites locais e regionais que controlam esse setor.

Nessa simbiose entre mídia e política, na qual prevalece a moldura conceitual de "cenários de representação", a comunicação social apresenta-se como a construção pública de significações e valores da sociedade que constituem, ao mesmo tempo, o hegemônico e o contra-hegemônico, inclusive, na maneira pela qual os mais jovens são compreendidos. Desse modo, o livro considerou as relações de poder que fazem parte desse fenômeno social e como o controle da produção e da transmissão das mensagens é fundamental ao processo democrático, pois podem incidir para tornar (in)visível a coisa pública e questionar (ou não) as reproduções da realidade.

Nesse ponto, o caráter concentrador, tão recorrente em setores-chave da economia brasileira, também se fez presente na análise do sistema de comunicação do país. Desde o início, a comunicação social foi marcada pela integração vertical, horizontal e cruzada da cadeia de radiodifusão, onde poucos agentes privados definem os rumos desse setor. Dos casos emblemáticos da TV Tupi e da Rede Globo, o estudo demonstrou como as megaempresas de comunicação concomitantemente aproximam-se da realidade econômica de outras empresas privadas, pois possuem escopo eminentemente lucrativo, e como também se distanciam delas ao refutarem algumas das regras do regime jurídico geral que organizam essas atividades econômicas em sentido estrito. Com isso, por décadas o que se viu foi a consolidação de um modelo pautado na dominação de mercados, na eliminação de concorrência, no aumento arbitrário de preços e, principalmente, na falta de efetivo pluralismo de espaços nos quais diferentes ideias possam se manifestar.

Quanto aos regramentos específicos sobre a mídia no Brasil, que poderiam se contrapor ao cenário excessivamente concentrador na área de comunicação, pouco se avançou no âmbito legislativo. O sistema de concessões públicas de emissoras de rádio e televisão, por exemplo, admitiu a propriedade cruzada de diferentes tipos de emissora, que passaram a se organizar em redes e estabelecer uma relação assimétrica entre as cabeças-de-rede e as afiliadas na qual estas ficam subordinas àquelas. Com isso, o oligopólio nacional se disfarçou através de mediadores locais, esquivando-se da parca legislação que tenta limitar os processos de concentração e centralização da propriedade privada nesse setor. Na prática, hoje, seis redes nacionais da TV aberta estruturam a quase totalidade do mercado de mídia no Brasil.

Além do esvaziamento do debate público sobre as regras de outorgas de radiodifusão, que historicamente foram usadas como "moeda de troca" política, outras estratégias somaram-se no sentido de conservar a concentração e a desregulamentação dos meios de comunicação, sendo a principal delas a narrativa midiática que tacha toda forma de controle e fiscalização como uma iniciativa de censura.

A partir do exemplo da campanha publicitária da Associação Nacional de Jornais (ANJ), o livro apontou quatro ideias-chave que asseguram a reprodução de um discurso padrão sobre tal tema, a saber: toda forma de censura é ruim; a censura resume-se a uma forma de oposição à liberdade de imprensa; liberdade de imprensa é equivalente à liberdade de expressão; e, por último, o Estado é o inimigo natural da liberdade de imprensa.

Essa visão simplista tenta construir uma espécie de consenso e, por conseguinte, afastar da agenda pública a reflexão sobre qual o papel do Estado democrático na defesa de uma comunicação plural. Em direção oposta à narrativa da grande mídia, o que se tentou demonstrar neste livro foi o sentido aberto da expressão censura, dotado de múltiplos significados e que passa, necessariamente, pelo conjunto de relações políticas, econômicas e jurídicas que asseguram, ou não, o alicerce de determinadas formas de poder.

Ainda nessa linha de discussão, o capítulo 2 também considerou o ponto de vista do potencial da comunicação como prática de cidadania e pluralidade de ideias, vez que possibilita a organização de formas de contrapoder, tão necessárias ao atual sistema de comunicações do Brasil. Como se mostrou, a relação entre emissão e recepção de mensagens no país desenvolveu-se pautada no distanciamento entre as duas ações e pela diferença de conteúdo entre elas. E nesse contexto o exercício do direito à comunicação ganha relevância, pois, como parte integrante e fundamental do processo democrático, possibilita a existência de pontos de vista alternativos à grande mídia, em outros termos, proporciona a máxima dispersão da propriedade dos meios de comunicação.

Em uma sociedade como a brasileira, em que os meios de comunicação são extremamente concentrados, certos temas dificilmente recebem o devido destaque na mídia quando contrariam os interesses de seus "donos" e, por esse motivo, o direito à comunicação precisa também contar com espaços de contrapoder que estimulem o contraditório no debate coletivo. Nesse ponto, o Direito, em especial aquele consagrado na CF/88, pode contribuir na definição de parâmetros essenciais ao processo democrático, visíveis e não ocultadores da realidade.

No capítulo 3, por sua vez, acrescentou-se um novo leque de reflexões direcionadas à proteção da infância e juventude, tanto na perspectiva do Direito, quanto dos "cenários de representação" que permeiam de significados o imaginário social sobre esse público específico. Inicialmente, abordou-se como a noção de infância é complexa e heterogênea, exigindo um olhar amplo e interdisciplinar.

Tal entendimento também se aplica a outras categorias, como a adolescência e a juventude, vez que esses públicos compartilham uma tutela jurídica diferenciada por força da CF/88 e do ECA. São categorias que fazem parte da formação brasileira e, por isso, marcadas por tensões e contradições que incidem, por exemplo, na dimensão normativa do paradigma da proteção integral, seja na sua garantia ou violação.

Como se apreendeu do estudo do artigo 227 da CF/88, a doutrina da proteção integral apresenta-se como um marco teórico-pragmático que deve servir de orientação vinculativa a todas as ações governamentais e não governamentais que se realizam em prol do público infantojuvenil no país. Apesar disso, não são raros os exemplos que desprezam essas bases normativas de proteção integral, especializada e diferenciada. Nesse ponto, elencaram-se cinco situações emblemáticas que ajudam a contextualizar, histórica e conjunturalmente, os traços da formação brasileira e a sua relação com os meios de comunicação de massa na construção de representações sobre tal público. Por vezes, o que se viu foi a substituição da figura de sujeito de direitos por uma representação midiática dos mais jovens como pessoas temíveis e perigosas.

A primeira situação analisada foi o contexto de letalidade infantojuvenil no Brasil e a forma seletiva pela qual a mídia registra tal violência. Dados do Mapa da Violência, do IHA e da UNICEF revelaram que o Brasil é um dos países mais violentos do mundo e que tem entre os mais jovens, na maioria homens, negros e moradores de regiões periféricas das grandes cidades, as principais vítimas dessa triste realidade. A violência também se dá pela dimensão simbólica, por exemplo, quando a cobertura midiática e a comoção da opinião pública são pautadas segundo a cor da pele e a origem social do jovem vítima de violência.

A segunda situação considerou as propostas de emendas da CF/88 sobre a matéria da redução da maioridade penal, em grande medida, apresentadas como uma nova alternativa de controle social capaz de responder aos anseios de uma sociedade cada vez mais insegura e movida pelo medo. Essas PECs pela redução da maioridade penal reproduzem a tendência do expansionismo do sistema jurídico penal, o preconceito contra o adolescente em conflito com a lei e a crença de que penas mais severas intimidam a ação de novos delitos, o que nem sempre é verificado na prática. A mídia, por sua vez, pouco tem contribuído para qualificar o debate desse tema, assumindo um discurso de criminalização dos conflitos no qual a dramatização da violência reforça a tendência, em curso no Brasil, de expansão de regras, leis e instituições de controle social.

A terceira situação analisou o cenário de desigualdades das pessoas em desenvolvimento no Brasil e o olhar da mídia sobre tal cenário de violações de direitos. Com a promulgação do ECA, na esteira da CF/88, a criança, o adolescente e o jovem passaram a constituir, "na era dos direitos", sujeitos em busca de seu desenvolvimento humano integral e de interesse coletivo. Na contramão desse avanço legislativo, mais da metade das crianças e dos adolescentes do país não tem acesso, total ou parcial, à educação, à informação, à proteção contra o trabalho infantil, à moradia, à água e ao saneamento. Desse modo, o contexto de violação não se explica pela falta de leis que deem tratamento especializado e diferenciado ao público infantojuvenil, mas sim pela ausência de uma dimensão prática desse arcabouço jurídico na vida das pessoas mais jovens. E, nesse sentido, a mídia tem se afastado da discussão aprofundada e crítica sobre o tema, adotando um papel de nivelador de debates indesejáveis e que naturaliza o discurso hegemônico.

A quarta situação emblemática levou em conta os obstáculos no exercício da cidadania pelo público infantojuvenil. Do Brasil Colônia à República, o país conviveu com os efeitos deletérios de ordenamentos jurídicos baseados na subordinação social e na doutrina menorista. A partir do exemplo do direito à manifestação social protagonizado por estudantes, nos anos de 2016 e 2017, o estudo notou uma caracterização restritiva da cidadania dessas pessoas, como se tivessem que aguardar passivamente a fase da vida adulta para exercê-la. Nesse tema, assim como em outros assuntos correlatos, a grande mídia, com frequência, usa das estratégias do silêncio, do alinhamento aos veículos oficiais do governo e da reprodução de uma linguagem carregada de estereótipos para esvaziar de conteúdo a reivindicação desses sujeitos e, por conseguinte, entender a cidadania como um processo não inclusivo.

Por último, a quinta situação emblemática tratou da violação dos direitos à imagem e à identidade de crianças, adolescentes e jovens durante a cobertura de notícias pelos meios de comunicação social. Esses direitos, apesar de expressamente previstos no ECA, são recorrentemente desrespeitados em programas de TV que exploram a imagem e promovem a exposição pública dessas pessoas, gerando reflexos duradouros de sofrimento físico e moral. Chamou atenção, nesse ponto, a identificação do adolescente em conflito com a lei e a sua abordagem estigmatizante pela mídia.

Dessas cinco situações de violação de direitos e violência contra os mais jovens abordadas no capítulo 3, concluiu-se que, mesmo após a redemocratização, ainda se faz necessário reivindicar um sistema de direitos e garantias fundamentais presente e atuante na vida das pessoas em desenvolvimento. Entretanto, nos dias atuais o que se percebe é o crescimento da notoriedade na cena política brasileira de um discurso de questionamento do paradigma da proteção integral, ao ponto de que a grande mídia torna-se um campo fértil de embates e de contradições sobre o tema dos direitos dos sujeitos em desenvolvimento, particularmente nos programas policialescos da televisão.

Nesse cenário, o capítulo 4 deste livro abordou as raízes históricas do telejornalismo policial, a narrativa sensacionalista e os casos exemplares de enquadramento da mídia sobre as pessoas mais jovens nos programas policialescos da TV aberta no país, aproximando o conteúdo analisado até então com o objeto principal deste estudo. Inicialmente, viu-se que a narrativa midiática dos programas de gênero policial não é algo novo no Brasil, tendo seus primeiros registros em meados do século XX e relativo destaque com o jornalista, cronista e dramaturgo Nelson Rodrigues. Contudo, foi apenas nos anos de 1990, após um longo período ditatorial e de consolidação do modelo de telecomunicações nacional, que o gênero policial assumiu o rótulo de programa do "mundo cão", com características típicas da narrativa policialesca da atualidade. Nesse ponto, formou-se a base dos programas policialescos da TV aberta como uma verdadeira "receita de bolo": apresentador carismático, exploração da linguagem realística, espetacularização dos fatos narrados, supervalorização da punição do sujeito, visão idealizada de agentes policiais e defesa do uso da violência como única alternativa de controle social. Impulsionado pela abordagem sensacionalista, o crime passou a ter centralidade na programação da TV aberta do país. Além da retórica exagerada sobre fatos cotidianos das pessoas, ocorreu a organização de uma agenda política sobre temas importantes à sociedade (segurança, liberdades, direitos humanos etc.), agora pautados sob o crivo da notícia policial. Essas narrativas também geraram outros desdobramentos, tais como incidência na elaboração legislativa, novas formas de controle social, restrição de liberdades e alteração na composição dos representantes eleitos no Congresso Nacional e nas Assembleias Legislativas Estaduais.

Identificou-se, também, como a narrativa policial contribui na indicação de culpados para as principais mazelas da população, isto é, os indesejáveis de toda ordem que são lançados pela mídia como inimigos da sociedade de "cidadãos de bem". A partir das contribuições de Vera Malaguti Batista e Casara, viu-se como essa narrativa policialesca é potencializada pela adesão subjetiva à barbárie, em que o medo e a sensação de insegurança permeiam as relações da sociedade, inclusive de violência das pessoas entre si. Nesse contexto de empobrecimento subjetivo, típico da razão neoliberal, torna-se recorrente a reprodução de um pensamento bélico-binário e o incentivo à ausência de problematização das questões reais do país. Em uma sociedade midiatizada e movida pelo medo, nenhuma pessoa fica ilesa à lógica do "cidadão de bem", tampouco o público infantojuvenil, que tem na representação da figura do "menor" sua principal referência nas telas da TV.

Ainda na tentativa de entender a engrenagem por trás da narrativa policialesca, questionou-se o que motiva tantos telespectadores a continuarem consumindo cenas de violência por horas diante da TV. Sangue, dor, miséria, intolerância etc., imagens transmitidas até o limite de serem consumidas, nada além disso, pois, do contrário, perderiam sua força e o próprio sentido de existir em um mercado midiático. Para não errar a "dosagem" propícia ao gosto do público, um dos caminhos escolhidos por esses programas é o de relacionar, em um único processo comunicativo, a produção de informação e a produção de entretenimento, perpetuando, dessa maneira, o discurso do crime e da classificação das pessoas como uma forma de espetáculo. Como advertiu Chaui, o espetáculo se torna simulacro, e o simulacro se põe como entretenimento, ao ponto que o discurso "engraçado e divertido" dos programas policialescos não é inofensivo, pelo contrário, faz parte de uma estratégia narrativa que tenta se esquivar da responsabilidade pelos seus excessos.

No caso específico dos programas policialescos da TV aberta, além da "cortina de fumaça" que os encobre na falsa ideia de um "jornalismo cultural" ou de "entretenimento do horror", o que se revelou neste estudo foi o predomínio de um modelo de comunicação híbrido, pautado por interesse comercial, que alia características de propaganda ideológica com elementos acentuados de entretenimento. Nem jornalismo propriamente dito, nem um programa de auditório, esses programas mostram-se como um fenômeno próprio e, como tal, precisam, com urgência, da delimitação de parâmetros mínimos que contenham o seu discurso desumanizante, tão danoso ao tecido social do país.

Como se demonstrou, o espetáculo promovido por esses programas policialescos na TV aberta brasileira é marcado por abusos, ao ponto que a reprodução da violência e da violação de direitos humanos não é algo isolado, mas sim uma parte integrante dessa narrativa midiática. Da análise das pesquisas da ANDI e do coletivo Intervozes, foi possível identificar diversas situações que afrontam direitos fundamentais, inclusive, com ocorrências de violações mediante tortura psicológica, tratamento desumano ou degradante contra pessoas expostas a esse tipo de programa.

Nesse cenário preocupante, este livro buscou, também, analisar qualitativamente a narrativa que compõe o universo dos programas policialescos na TV aberta, em particular, do enquadramento que tal cobertura midiática faz da representação de crianças, adolescentes e jovens. Para tanto, o livro analisou a abordagem desse público infantojuvenil nos três programas de maior violação de direitos do *ranking* do coletivo Intervozes, considerando as matérias publicadas nos *sites* oficiais durante o intervalo de 30 dias.

Desse universo de conteúdo, que considerou 45 matérias e três casos emblemáticos, foi possível apontar que o enquadramento dos programas policialescos na TV aberta mostrou-se, muitas vezes, na contramão do sistema de proteção integral infantojuvenil, uma vez que expressou, ao longo do tempo, uma narrativa carregada de comoção e sensacionalismo que retoma a caracterização da doutrina da situação irregular do passado. Aqui, o sujeito de direitos deu espaço ao ser coisificado em sua representação, prevalecendo, em grande medida, apenas a figura do indesejável de toda ordem.

Nessa narrativa policialesca, que acompanha o discurso dominante da política do crime e da visão binária sobre o funcionamento da sociedade, percebeu-se a insistência de uma série de expressões e vocabulários pejorativos referentes ao público infantojuvenil, bem como a prevalência de "soluções" simplificadoras de problemas complexos aos quais essas pessoas estão diretamente relacionadas. Mais do que descrever situações sensacionalistas e banais da cobertura midiática, esperou-se demonstrar que, apesar de existir um amplo arcabouço teórico-jurídico com parâmetros específicos de proteção das pessoas em desenvolvimento, a violação recorrente de direitos desse público nos programas da TV aberta revela a manutenção das contradições e dos estereótipos que deveriam ser combatidos por uma sociedade comprometida com a democracia e com a realização dos direitos fundamentais.

Por último, o capítulo 5 considerou as medidas de regulação da mídia, voltando-se com maior ênfase ao tema-problema do livro, ao passo que buscou caracterizar o conteúdo da informação dos programas não jornalísticos, dentre os quais os programas policialescos da TV, e, por conseguinte, analisar como a política de Classificação Indicativa poderia evitar situações de abusos como as retratadas nos capítulos anteriores. Para tanto, considerou-se os horários desprotegidos na grade de programação da TV aberta, a regulação da mídia, a política pública de Classificação Indicativa no país e o uso da proteção jurídica da informação jornalística como escudo diante dos excessos da narrativa policialesca.

Como se verificou, existe no país certa banalização quanto ao horário de exibição dos programas policialescos na televisão, uma vez que são expostos a qualquer hora do dia e sem nenhum indicativo ou recomendação da faixa etária apropriada para aquele tipo de conteúdo. Do levantamento realizado, identificou-se que a maioria desses programas é exibida no horário do almoço (11h/14h), seguidos pelo período da manhã (7h/9h) e da tarde (14h/18h), ou seja, momentos em que as famílias, inclusive crianças, adolescentes e jovens, estão em frente da TV no seu momento de lazer e descanso. Em um cenário marcado pela falta de classificação dos programas policialescos a partir do seu conteúdo recorrente (cenas de violência, linguagem ofensiva e discurso estigmatizante), o que se viu foi um pano de fundo jurídico e político mais complexo, no qual persiste a tensão entre a liberdade de expressão e a proteção do público infantojuvenil, duas normas garantidas constitucionalmente e que não se anulam entre si.

Como abordado, a comunicação de massa incide diretamente na construção da realidade e nas representações de mundo das pessoas, fato pelo qual leva a constituir ontologicamente a própria noção de democracia dessa sociedade, tendo no Estado um dos atores principais para assegurar parâmetros mínimos de pluralidade de ideias. E nessa perspectiva apontou-se a relevância dos controles democráticos da mídia no Brasil, pois minimamente eles asseguram equilíbrio ao jogo democrático, contrabalanceando diferentes fontes de poder. No caso específico da regulação de conteúdo, a tradição brasileira convive com vários mecanismos nessa área, sendo as diretrizes indicativas de horários um dos exemplos mais importantes para as pessoas mais jovens.

Quanto à Classificação Indicativa como forma de regulação de conteúdo da TV aberta no país, retomou-se a análise do artigo 21, inciso XVI, da CF/88, que dispõem sobre a competência da União em exercer a classificação indicativa de programas de rádio e TV, bem como do artigo 221, que trata das concessões públicas no setor de comunicação de massa e como elas devem assegurar a preferência a determinadas finalidades e respeitar valores éticos e sociais. Contudo, os programas policialescos escapam dessas obrigações por conta de dois argumentos principais: a proteção constitucional da liberdade de informação jornalística, da qual arrogam para si o *status* de mensagem jornalística, mesmo que isso não signifique as responsabilidades e obrigações éticas inerentes ao fazer jornalístico; e a conveniência política do mercado midiático em afastar da agenda pública qualquer discussão sobre regulação da comunicação de massa que não seja aquela realizada pela própria empresa titular da concessão de radiodifusão.

No estudo da Classificação Indicativa, foi proposto, ainda, um paralelo com o capítulo 2 deste livro, ao lembrar que essa política também se faz presente no ECA (artigos 76 e 254), em clara sintonia com o paradigma da proteção integral previsto no artigo 227 da CF/88. Na prática, viu-se que a Classificação Indicativa estabelece um comando duplo, incialmente dirigido ao Estado e, em sequência, a toda a sociedade. Desse modo, o Ministério da Justiça não deve impor determinada classificação, mas sim indicar ao público a melhor classificação segundo os preceitos constitucionais e infraconstitucionais vigentes. Além disso, notou-se que, nas últimas décadas, a Classificação Indicativa tem privilegiado mecanismos de autoclassificação de conteúdos por parte das empresas de mídia, mas sem se reduzir a um modelo exclusivo de autorregulação.

Outro elemento analisado foi a reorientação da política de Classificação Indicativa a partir do ano de 2018, em especial, sobre o esvaziamento do papel do Estado na consolidação de um "horário protegido" e a maior liberalização da grade de programação da televisão aos ditames do mercado e da audiência. Essa reorientação, ilustrada pela portaria de nº 1.189/2018 do Ministério da Justiça, reforçou uma tendência anterior, a qual exclui de todo o processo classificatório os materiais de cunho publicitário, esportivo, jornalístico, noticioso ou aquele transmitido ao vivo. Isso ganhou destaque no livro, pois exatamente por se ancorarem na excepcionalidade dos conteúdos de ordem jornalística é que os programas policialescos sequer se tornam objeto de análise e controle do Estado brasileiro por intermédio das ações do Departamento de Justiça, Classificação, Títulos e Qualificação (DEJUS). E isso, por tudo o que foi apresentado até aqui, precisa mudar.

Apesar da reorientação em 2018, a Classificação Indicativa não perdeu seus fundamentos históricos sobre a defesa da qualidade da programação, ou seja, da observância dos direitos humanos, sobretudo, de crianças e adolescentes, pelas empresas concessionárias de serviço público de radiodifusão. Além disso, como se demonstrou nos capítulos 4 e 5, os programas policialescos da TV se diferenciam do jornalismo, pois ultrapassam os limites internos do próprio fazer jornalístico e assumem elementos típicos de campos comunicacionais de outra natureza, notadamente do entretenimento. Dito isso, percebeu-se a necessidade de revisão da caracterização dos programas policialescos como não jornalísticos e, consequentemente, a aplicação da política de Classificação Indicativa sobre tais conteúdos. Nada muito diferente daquilo que foi proposto pelo Uruguai por intermédio do documento *"Estrategia por la Vida y la Convivencia"* e que serve de exemplo aos demais países do continente latino-americano sobre a possibilidade de se apontar para alternativas de controle de regulação da mídia dentro de uma ordem democrática.

Em termos finais, o livro compartilhou a esperança do convívio entre o direito à liberdade e o dever-poder de proteção dos direitos humanos de crianças, adolescentes e jovens em uma sociedade democrática a partir dos seguintes pontos de reflexão: caracterizar e contextualizar a liberdade de informação jornalística evidenciando aquilo que lhe é específico e se diferencia da narrativa midiática dos programas policialescos; questionar o discurso harmônico e isento de contradições da imprensa, lembrando que a "grande mídia" não poupa esforços para defender seus interesses particulares, mesmo que para isso tenha que privilegiar, na sua grade de programação, programas de gênero policialesco notadamente conhecidos por violarem direitos humanos; e aprofundar sobre o uso conveniente do discurso das empresas de radiodifusão em atribuir aos programas policialescos da TV aberta um conteúdo típico da informação jornalística e, consequentemente, desobrigá-los de atender à política de Classificação Indicativa, o que se mostra contraditório com o caráter comercial e de entretenimento preponderante nesses programas.

Em última análise, entende-se que quando a Classificação Indicativa articula-se com outras medidas de contrapoder que colocam a mídia hegemônica no centro do debate público problematizando suas relações de poder historicamente constituídas no país, a política classificatória adquire uma capacidade real de atuar como mecanismo de controle democrático, de defesa dos direitos humanos do público infantojuvenil e limite dos abusos decorrentes dos programas policialescos diariamente presentes na TV aberta brasileira.

REFERÊNCIAS

A GUERRA se deu entre o preconceito e a verdadeira informação. *Carta Maior*. 2010. Disponível em: https://www.cartamaior.com.br/?/Editoria/Politica/-A-guerra-se-deu-entre-o-preconceito-e-a-verdadeira-informacao-/4/16254. Acesso em: 03 jun. 2019.

ABRÃO, Paulo. A evolução da política de Classificação Indicativa no Brasil. *In:* MACEDO, A. X. N. M.; PIRES, D. U. B. S.; ANJOS, F. A. dos (Org.) *A experiência da classificação indicativa no Brasil*. Brasília: Ministério da Justiça, Secretaria Nacional de Justiça, 2014.

ABRINQ. Fundação Abrinq. *Caderno legislativo da criança e do adolescente*. Agenda Prioritária em 2017. 2018a. Disponível em: https://www.fadc.org.br/noticias/770-caderno-legislativo-2017-publicacao-da-fundacao-abrinq-monitora-e-analisa-as-preposicoes-prioritarias-ligadas-a-infancia-e-adolescencia.html. Acesso em: 10 jul. 2019.

ABRINQ. Fundação Abrinq. *Cenário da infância e adolescência 2018*. Recomendações aos Estados e ao Distrito Federal. 2018b. Disponível em: http://www.fadc.org.br/cenariocrianca/. Acesso em: 10 jul. 2019.

ABRINQ. Fundação Abrinq. *Transformando nosso mundo*: a agenda 2030 para o desenvolvimento sustentável. 2015. Disponível em: https://nacoesunidas.org/pos2015/agenda2030/. Acesso em: 10 jul. 2019.

ADOLESCENTE abandona recém-nascido em terreno baldio. *Ronda Geral*. 2018a. Disponível em: http://tvtribunape.com.br/video/12676. Acesso em: 30 jul. 2019.

ADOLESCENTE desaparece após ir a uma festa. *Brasil Urgente*. 2018a. Disponível em: https://noticias.band.uol.com.br/brasilurgente/videos/16575208/adolescente-desaparece-apos-ir-a-uma-festa. Acesso em: 30 jul. 2019.

ADOLESCENTE é preso após fazer motorista de aplicativo refém. *Cidade Alerta*. 2018a. Disponível em: http://recordtv.r7.com/cidade-alerta/videos/adolescente-e-preso-apos-fazer-motorista-de-aplicativo-refem-17112018. Acesso em: 30 jul. 2019.

ADORNO, T. W.; HORKHEIMER, M. *Dialética do esclarecimento*. Rio de Janeiro: Jorge Zahar, 1985.

AGÊNCIA IBGE. *PNAD Contínua TIC 2016*: 94,2% das pessoas que utilizaram a Internet o fizeram para trocar mensagens. 2018. Disponível em: https://agenciadenoticias.ibge.gov.br/agencia-noticias/2013-agencia-de-noticias/releases/20073-pnad-continua-tic-2016-94-2-das-pessoas-que-utilizaram-a-internet-o-fizeram-para-trocar-mensagens.html. Acesso em: 16 set. 2019.

ALEIXO, Kleila Canabrava. *Ato infracional*: ambivalências e contradições no seu controle. Curitiba: Juruá, 2012.

ALEIXO, Kleila Canabrava. Paradigmas garantistas para a execução das medidas socioeducativas. *In*: HATEM, D. S.; STEFANI, E. F.; FAZZI, R. de C.; SOUZA, R. S. R.; CAMPOS, S. M. C.; LIMA, T. M. M de (Org.). *Estatuto da criança e do adolescente*: Conquistas e Desafios. Belo Horizonte: PUC Minas, 2005.

ALMEIDA, Bruna Gisi Martins. *Medo do crime e criminalização da juventude*. 2015. Disponível em: http://www.crianca.mppr.mp.br/arquivos/File/idade_penal/medo_do_crime.pdf. Acesso em: 26 jul. 2019.

AMADO, Jorge, *Capitães da areia*. Posfácio de Milton Hatoum. 6.ed. São Paulo: Companhia das Letras, 2008.

ANÃO chega atrasado e invade o estúdio do Balanço Geral SP com mini moto. *Balanço Geral SP*. 2018. Disponível em: http://recordtv.r7.com/balanco-geral/videos/anao-chega-atrasado-e-invade-o-estudio-do-balanco-geral-sp-com-mini-moto-21102018. Acesso em: 10 jul. 2019.

ANDI; ALANA; INTERVOZES. *A publicidade como estratégia de financiamento dos programas policialescos*. 2019. Disponível em: http://www.andi.org.br/publicacao/publicidade-como-estrategia-de-financiamento-dos-programas-policialescos. Acesso em: 10 out. 2019.

ANDI. *Adolescente em conflito com a lei*: Guia de referência para a cobertura jornalística. Brasília: ANDI, 2012.

ANDI. *Balas perdidas*: um olhar sobre o comportamento da imprensa brasileira quando a criança e o adolescente estão na pauta da Violência. Brasília: ANDI, 2001.

ANDI. *Classificação indicativa*: elementos para um debate plural. 2006. Disponível em: http://www.andi.org.br/publicacao/classificacao-indicativa-elementos-para-um-debate-plural. Acesso em: 10 jan. 2019.

ANDI. *Direitos da infância e direito à comunicação*: fortalecendo convergências nos marcos legais e nas políticas públicas. Brasília: ANDI, 2013

ANDI. *Estatuto da criança e do adolescente*: um guia para jornalistas. 2. ed. Brasília: Rede ANDI Brasil, 2011.

ANDI. *Imprensa e racismo*: uma análise das tendências da cobertura jornalística. 2012. Disponível em: http://www.andi.org.br/inclusao-e-sustentabilidade/publicacao/imprensa-e-racismo. Acesso em: 25 jul. 2019.

ANDI. *Mídia e infância*: impacto da exposição de crianças e adolescentes a cenas de sexo e violência na TV. Brasília: ANDI, 2012.

ANDI; Rede ANDI América Latina. *Regulação de mídia e direitos da criança e do adolescente*: uma análise do marco legal de 14 países Latino-americanos, sob a perspectiva da promoção e proteção. Brasília: ANDI, 2008.

ANISTIA INTERNACIONAL. *Diga não à execução*. 2015. Disponível em: https://anistia.org.br/campanhas/diga-nao-execucao/. Acesso em: 25 jul. 2019.

APÓS PROVOCAÇÃO de Bolsonaro, GloboNews estica programa e se desculpa por apoio à ditadura. *FORUM*. 2018. Disponível em: https://www.revistaforum.com.br/

apos-provocacao-de-bolsonaro-globonews-estica-programa-e-se-desculpa-por-apoio-a-ditadura/. Acesso em: 06 jul. 2019.

APRESENTADOR de TV é multado por exibir imagens de adolescente infrator. *Portal Imprensa*. João Pessoa, 03 de dezembro de 2013. Disponível em: http://www.portal imprensa.com.br/noticias/brasil/62577/apresentador+de+tv+e+multado+por+exibir+imagens+de+adolescente+infrator. Acesso em: 09 jul. 2019.

ARANTES, Geraldo Claret de. *Estatuto da criança e do adolescente*: manual do operador jurídico. Belo Horizonte: ANAMAGES, 2008.

ARAÚJO, Luiz Alberto David; NUNES JÚNIOR, Vidal Serrano. *Curso de direito constitucional*. 12 ed. São Paulo: Saraiva, 2008.

ARAÚJO, Marcos José de. *Programas policiais*: fenômenos de audiência no rádio. 2003. Dissertação (Mestrado). Programa de Pós-Graduação em Comunicação, Universidade Federal de Pernambuco, Recife, 2003.

ARCARY, Valério. *Uma nota sobre a desigualdade social no Brasil*. 2017. Disponível em: https://blog.esquerdaonline.com/?p=7800. Acesso em: 02 jun. 2019.

ARENDT, Hannah. *Eichmann em Jerusalém*: um relato sobre a banalidade do mal. Tradução José Rubens Siqueira. 14 ed. São Paulo: Companhia das Letras, 2013.

ARROYO, Miguel G.. Educação e exclusão da cidadania. *In*: BUFFA, E.; ARROYO, M. G.; NOSELLA, P. (Org.). *Educação e cidadania*: quem educa o cidadão? 13 ed. São Paulo: Cortez, 2007.

ASSOCIAÇÃO de Jornais e jornalistas divergem sobre autorregulação da mídia. *Agência Câmara de Notícias*. 2013. Disponível em: <https://www.camara.leg.br/noticias/405232-associacao-de-jornais-e-jornalistas-divergem-sobre-autorregulacao-da-midia/>. Acesso em: 09 jul. 2019.

AUGUSTO, Otávio. Brasil vive o ciclo mais longo de crescimento da desigualdade. *O Globo*. Economia. 2019. Disponível em: https://oglobo.globo.com/economia/brasil-vive-ciclo-mais-longo-de-aumento-da-desigualdade-23881027. Acesso em: 30 jul. 2019.

AVELÃS NUNES, António José. *Industrialização e desenvolvimento*: economia política do modelo de desenvolvimento brasileiro. São Paulo: Ed. Quatier Latin, 2005.

AVELÃS NUNES, Antônio José. O neoliberalismo, o ataque ao estado Social, os perigos do fascismo de mercado. *Revista Jurídica*, Curitiba, v. 3, n. 32, 2013. Disponível em: http://revista.unicuritiba.edu.br/index.php/RevJur/article/view/588. Acesso em: 21 nov. 2019.

BAGDIKIAN, Bem H. *O monopólio da mídia*. Trad. Maristela M. de Faria Ribeiro. São Paulo: Página Aberta, 1993.

BAKER, C. Edwin. *Media concentration and democracy*: why ownership metters. Cambridge: New York, 2007.

BALANÇO Geral discute os crimes que envolvem menores de idade. *Balanço Geral Maringá*. 2010. Disponível em: https://www.youtube.com/watch?v=DneyOt_Jl5Q. Acesso em: 10 dez. 2018.

BALANÇO Geral nos Bairros: Vai ser sábado no Parque das Nações. *Balanço Geral GO*. 2018. Disponível em: https://www.youtube.com/watch?v=CHM4SQayQkg. Acesso em: 10 dez. 2018.

BALKIN, Jack M. O futuro da liberdade de expressão na era digital. *In:* SAMPAIO, José Adércio Leite (Coord.). *Liberdade de expressão no século XXI*. Belo Horizonte: Del Rey, 2016.

BANDEIRA, Olívia. *Banalização da violência na mídia e nas urnas*. 2018. Disponível em: https://www.midiasemviolacoes.com.br/noticias/banalizacao-da-violencia-na-midia-e-nas-urnas. Acesso em: 10 dez. 2018.

BANDEIRA, Olívia; VALENTE, Jonas. Na internet, a combinação de novas e velhas formas de concentração. Especial Proprietários da Mídia Brasil. *Le Monde Diplomatique Brasil*. 2018. Disponível em: https://diplomatique.org.br/na-internet-a-combinacao-de-novas-e-velhas-formas-de-concentracao/Acesso em: 21 nov. 2019.

BAPTISTA, Gustavo Camilo. A família e a política pública de Classificação Indicativa: contribuições da psicologia. *In:* MACEDO, A. X. N. M.; PIRES, D. U. B. S.; ANJOS, F. A. dos (Org.). *Desafios e perspectivas da classificação indicativa*. Brasília: Ministério da Justiça, Secretaria Nacional de Justiça, 2014.

BARBOSA, Bia. *Apresentadores de programas policialescos usam a TV para ganhar seu voto*. 2018. Disponível em: https://www.midiasemviolacoes.com.br/noticias/apresentadores-de-programas-policialescos-usam-tv-para-ganhar-seu-voto. Acesso em: 10 dez. 2018.

BARCELLOS, Alice; FÉLIX, Laila; MENEGUELLI, Ana. Programa Cidade Alerta: processos de recepção dos telespectadores. *Revista Científica Faesa*, Vitória, ES, v. 13, n. 1, p. 14-17, 2017.

BASTIDE, Roger. Prefácio. *In:* FERNANDES, Florestan. *Folclore e mudança social na cidade de São Paulo*. São Paulo: Martins Fontes, 1979.

BATISTA, Nilo. *Novas tendências do direito penal*: artigos, conferências e pareceres. Rio de Janeiro: Revan, 2004.

BATISTA, Vera Malaguti. Adesão Subjetiva à Barbárie. *In:* BATISTA, Vera Malaguti (Org.). *Loïc Wacquant e a questão penal no capitalismo neoliberal*. Rio de Janeiro: Revan, 2012.

BAUER, Carlos. *A natureza autoritária do Estado no Brasil contemporâneo*. Elementos de história e questionamentos políticos. São Paulo: Editora José Luís e Rosa Sundermann, 2012.

BAUMAN, Zygmunt. *Medo líquido*. Rio de Janeiro: Zahar, 2008.

BEN JOR, Jorge. *País tropical*. LP Jorge Ben. Rio de Janeiro: Philips, 1969.

BENJAMIM, César. Uma certa ideia de Brasil. *In:* ARAÚJO, T. P.; VIANNA, S. T. W.; MACAMBIRA, J. (Org.). *50 anos de Formação Econômica do Brasil*: ensaios sobre a obra clássica de Celso Furtado. Rio de Janeiro: Ipea, 2009, p. 15-26.

BENJAMIN, César *et al*. *A opção brasileira*. Rio de Janeiro: Contraponto, 1998.

BEZERRA, Marcos Otávio. *Corrupção*: um estudo sobre poder público e relações pessoais no Brasil. Rio de Janeiro: Delume-Dumará/ANPOCS, 1995.

BIP. Boletim de informação para publicitários. *Cases de sucesso*. Publicação da direção-geral de negócios. 2016. Disponível em: https://negocios8.redeglobo.com.br/. Acesso em: 21 nov. 2019.

BIP. Boletim de informação para publicitários. *Globo Internacional*. Publicação da direção-geral de negócios. 2018. Disponível em: https://negocios8.redeglobo.com.br/. Acesso em: 21 nov. 2019.

BIP. Boletim de informação para publicitários. *O triunfo da televisão*. Publicação da direção-geral de negócios. 2015. Disponível em: https://negocios8.redeglobo.com.br/. Acesso em: 21 nov. 2019.

BIRCKMANN, Carlos. Fogueira só para índios. *In*: RIBEIRO, Alex. *Caso escola base*: os abusos da imprensa. São Paulo: Ática S.A., 1995.

BOBBIO, Norberto. *A era dos direitos*. Rio de Janeiro: Campus, 1992.

BOBBIO, Norberto. *Democracia e segredo*. São Paulo: Editora UNESP, 2015.

BOBBIO, Norberto. *Política e cultura*. Tradução Jaime Clasen. São Paulo: Editora Unesp, 2015.

BOTELHO, André; SCHWARCZ, Lilia Moritz. Esse enigma chamado Brasil: apresentação. *In*: BOTELHO, André; SCHWARCZ, Lilia Moritz (Org.). *Um enigma chamado Brasil*: 29 intérpretes e um país. São Paulo: Companhia das Letras, 2009, p. 10-17.

BRAGA NETTO, Felipe Peixoto. Imagem e imprensa na sociedade em rede: conexões temáticas na busca de critérios de ponderação. *In*: SAMPAIO, José Adércio Leite (Coord.). *Liberdade de expressão no século XXI*. Belo Horizonte: Del Rey, 2016.

BRASIL. *Código dos menores (1927)*. Decreto nº 17.943-a, de 12 de outubro de 1927. Disponível em: http://www2.camara.leg.br/legin/fed/decret/1920-1929/decreto-17943-a-12-outubro-1927-501820-publicacaooriginal-1-pe.html. Acesso em: 10 out. 2018.

BRASIL. *Constituição (1988)*. Constituição da República Federativa do Brasil. Disponível em: http://www.planalto.gov.br/ccivil_03/constituicao/constituicao.htm. Acesso em 10 out. 2018.

BRASIL. *Constituição da República dos Estados Unidos do Brasil (1934)*. Disponível em: http://www.planalto.gov.br/ccivil_03/Constituicao/Constituicao34.htm. Acesso em: 10 out. 2018.

BRASIL. Decreto nº 99.710, de 21 de novembro de 1990. *Promulga a convenção dos direitos das crianças*. Disponível em: http://www.planalto.gov.br/ccivil_03/decreto/1990-1994/D99710.htm. Acesso em: 10 jan. 2019.

BRASIL. *Estatuto da criança e do adolescente (1990)*. Lei nº 8.069, de 13 de julho de 1990. Disponível em: http://www.planalto.gov.br/ccivil_03/leis/l8069.htm. Acesso em: 30 out. 2018.

BRASIL. Ministério da Justiça. Secretaria Nacional de Justiça. *Portaria nº 1.189, de 3 de Agosto de 2018*. Regulamenta o processo de classificação indicativa de que tratam o art. 74 da Lei nº 8.069, de 13 de julho de 1990, o art. 3º da Lei nº 10.359, de 27 de dezembro de 2001, e o art. 11 da Lei nº 12.485, de 12 de setembro de 2011. Disponível em: http://justica.gov.br/seus-direitos/classificacao. Acesso em: 10 jan. 2019.

BRASIL. Ministério da Justiça. Secretaria Nacional de Justiça. *Portaria de nº 1.220, de 11 de Julho de 2007*. Regulamenta as disposições da Lei nº 8.069, de 13 de julho de 1990 (Estatuto da Criança e do Adolescente - ECA), da Lei nº 10.359, de 27 de dezembro de 2001, e do Decreto nº 6.061, de 15 de março de 2007, relativas ao processo de classificação indicativa de obras audiovisuais destinadas à televisão e congêneres. Disponível em: http://justica.gov.br/seus-direitos/classificacao. Acesso em: 10 jan. 2019.

BRASIL. Ministério da Justiça. Secretaria Nacional de Justiça. *Portaria nº 773, de 19 de Outubro de 1990*. Classificação indicativa. Disponível em: http://justica.gov.br/seus-direitos/classificacao. Acesso em: 10 jan. 2019.

BRASIL. Ministério da Justiça. Secretaria Nacional de Justiça. *Portaria nº 368, d 3 11 de Fevereiro de 2014*. Regulamenta as disposições da Lei no 8.069, de 13 de julho de 1990, da Lei no 10.359, de 27 de dezembro de 2001, e da Lei no 12.485 de 12 de setembro de 2011, relativas ao processo de classificação indicativa. Disponível em: http://justica.gov.br/seus-direitos/classificacao. Acesso em: 10 jan. 2019.

BRASIL. Secretaria-Geral da Presidência da República. Secretaria Nacional de Juventude. *Plano Juventude Viva*: Guia de Implementação para Estados e Municípios. Brasília: 2014. Disponível em: http://juventude.gov.br. Acesso em: 25 out. 2018.

BRASIL Urgente retoma posto de maior audiência da Band. *RD1*. 2019. Disponível em: https://rd1.com.br/brasil-urgente-retoma-posto-de-maior-audiencia-da-band/#forward. Acesso em: 21 nov. 2019.

BRASILEIROS passaram mais tempo em frente a TV em 2017, aponta pesquisa. *Folha*. 2018. Disponível em: https://f5.folha.uol.com.br/televisao/2018/02/brasileiros-passaram-mais-tempo-em-frente-a-tv-em-2017-aponta-pesquisa.shtml. Acesso em: 16 set. 2018.

BRECHT, Bertolt. A exceção e a regra: peça didática. *In*: BADER, Wolfgang; PEIXOTO, Fernando (Coord.) *Teatro completo em 12 volumes*. Tradução de Geir Campos. Rio de Janeiro: Paz e Terra, v. 04, 1990

BREDEL, M. G. Infância e culturas infantis: um diálogo com Florestan Fernandes. *Revista de Ciências da Educação*, UNISAL, Americana, SP, ano XVII no 33 p. 99-114 jul./dez. 2015.

BRESSER-PEREIRA, Luiz Carlos. *A construção da política brasileira*. Sociedade, economia e Estado desde a Independência. São Paulo: Editora 34, 2016.

BRINK, DAVID O. Princípios de Millian, liberdade de expressão e discurso de ódio. *In*: SAMPAIO, José Adércio Leite (Coord.). *Liberdade de expressão no século XXI*. Belo Horizonte: Del Rey, 2016.

BRITTOS, Valério Cruz; COLLAR, Marcelo Schmitz. Direito à Comunicação e democratização no Brasil. *In*: SARAIVA, E.; MARTINS, P. E. M.; PIERANTI, O. P. *Democracia e regulação dos meios de comunicação de massa*. Rio de Janeiro: Ed. FGV, 2008.

BRUM, Eliane. *O morto que denunciou o repórter*. Observatório da imprensa. 2015. Disponível em: http://observatoriodaimprensa.com.br/caderno-da-cidadania/o-morto-que-denunciou-o-reporter/. Acesso em: 10 dez. 2018.

BUARQUE, Chico. *A voz do dono e o dono da voz*. Intérprete: Chico Buarque. *In:* Almanaque. Faixa 4. [s/l]. 1981.

BUARQUE, Chico. *O meu guri*. Intérprete: Chico Buarque. *In:* Almanaque. Faixa 3. [s/l]. 1981.

BUARQUE, Cristovam. Reformador de mentes. *In:* ARAÚJO, T. P.; VIANNA, S. T. W.; MACAMBIRA, J. (Org.). *50 anos de formação econômica do Brasil*: ensaios sobre a obra clássica de Celso Furtado. Rio de Janeiro: Ipea, 2009, p. 11-14.

BUCCI, Eugênio; KEHL, Maria Rita. *Videologias*: ensaios sobre televisão. São Paulo: Boitempo, 2004.

BUENO, André. *Abolir o passado, reinventar a história*: a escrita histórica de Hanfeizi na China do século III a.C. 2015. Disponível em: https://www.historiadahistoriografia.com.br/revista/article/view/899/564. Acesso em: 10 mar. 2019.

CALDAS, Pedro Frederico. *Vida privada, liberdade de imprensa e dano moral*. São Paulo: Saraiva, 1997.

CÂMARA DOS DEPUTADOS. Destaque nº 003798-87, do Sr. Florestan Fernandes, "que suprime o inciso XV do art. 20 do Substantivo nº 2". *Diário da Assembleia Nacional Constituinte*. Brasília, DF, 27 jan. 1988, p. 1509-1513.

CAMARGO, Ricardo Antônio Lucas. *A mídia e a Constituição*. Programação de Rádio e TV e suas externalidades. Porto Alegre: Sérgio Antônio Fabris Ed., 2013a.

CAMARGO, Ricardo Antônio Lucas. Prefácio. *In:* CLARK, Giovani; CAMARGO, Ricardo Antônio Lucas (Org.). *Constituição econômica, direito econômico e direito comparado*. Estudos em homenagem ao professor Washington Peluso Albino de Souza pelo centenário de seu nascimento. Porto Alegre: Fabris Editor, 2018.

CAMARGO, Ricardo Antônio Lucas. *Regime jurídico-econômico da atividade de comunicação*. Porto Alegre: Sérgio Antônio Fabris Ed., 2013b.

CAMARGO, Ricardo Antônio Lucas; MENEGAT, Bruno. Livros, jornais, rádio e TV: o mercado de bens simbólicos na ótica das autoridades concorrenciais nos Direitos americana, italiano e brasileiro. *Revista de Direito Brasileira*, v. 3, p. 277-298, 2013.

CAMASMIE, Mariana Junqueira. *O movimento de ocupação das escolas e as novas formas de fruição da juventude escolarizada nas classes populares do Brasil*. Dissertação (Mestrado). Programa de Pós-Graduação em Ciências Sociais, Pontifícia Universidade Católica do Rio de Janeiro, Rio de Janeiro, 2018.

CAMPOS, Patrícia. *Redução da maioridade penal*. 2007. Disponível em: http://www.crianca.mppr.mp.br/arquivos/File/idade_penal/cartilha_reducao_cedeca_ce.pdf. Acesso em: 13 nov. 2018.

CÂNDIDO, Antônio. Louvação. *In:* FERNANDES, R. (Org.). *Chico Buarque do Brasil*: textos sobre as canções, o teatro e a ficção de um artista brasileiro. Rio de Janeiro: Garamond/ Fundação Biblioteca Nacional, 2004.

CÂNDIDO, Antônio. Prefácio. *In:* HOLANDA, Sérgio Buarque de. *Raízes do Brasil.* 26. ed. São Paulo: Companhia das Letras, 1995.

CANELA, Guilherme. Regulação das Comunicações: porquês, particularidades e caminhos. *In:* SARAIVA, E.; MARTINS, P. E. M.; PIERANTI, O. P. *Democracia e regulação dos meios de comunicação de massa.* Rio de Janeiro: Ed. FGV, 2008.

CANO, Ignácio; BROGES, Doriam (Org.). *Homicídios na adolescência no Brasil.* IHA 2014. 2017. Disponível em: http://www.crianca.mppr.mp.br/arquivos/File/publi/obs_favelas/iha_2014.pdf . Acesso em: 10 nov. 2018.

CARDIN, Valéria Silva Galdino; MOCHI, Tatiana de Freitas Giovanni. *Dos limites da liberdade de imprensa diante dos direitos fundamentais da criança e do adolescente.* 2012. Disponível em:http://galdino.adv.br/site/artigos/. Acesso em: 10 out. 2018.

CARVALHO, José Murilo de. *A Cidadania no Brasil.* 12 ed. São Paulo: Civilização Brasileira, 2009.

CARVALHO, José Murilo de. *Os bestializados*: o Rio de Janeiro e a República que não foi. 3. ed. Rio de Janeiro: Companhia das Letras, 1991.

CARVALHO, José Murilo de. *Pontos e bordados*: escritos de história e política, Belo Horizonte: Editora UFMG, 1998.

CARVALHO, Lucas Borges de. A política da radiodifusão no Brasil e seu marco legal: do autoritarismo ao ultraliberalismo. *RDA – Revista de Direito Administrativo*, Rio de Janeiro, v. 264, p. 245-277, set/dez. 2013. Disponível em: http://bibliotecadigital.fgv.br/ojs/index.php/rda/article/viewFile/14084/12952. Acesso em: 25 set. 2018.

CARVALHO, Luís Gustavo Grandinetti Castanho de. *Direito de informação e liberdade de expressão.* Rio de Janeiro: Renovar, 1999.

CARVALHO, Luís Gustavo Grandinetti Castanho de. *Liberdade de informação e o direito difuso à informação verdadeira.* Rio de Janeiro: Renovar, 1994.

CARVALHO, Tatiana; VEIGA, João Marcos; CARRANO, Paulo. *De olho na mídia*: ocupações das escolas em SP. 2016. Disponível em: http://www.anped.org.br/news/de-olho-na-midia-ocupacoes-das-escolas-em-sp. Acesso em: 10 out. 2018.

CASARA, Rubens R. R.. *Estado pós-democrático*: neo-obscurantismo e gestão dos indesejáveis. Rio de Janeiro: Civilização Brasileira, 2017.

CASO Mellanys: adolescente reaparece após sete dias sem dar. *Cidade Alerta.* 2018b. Disponível em: http://recordtv.r7.com/cidade-alerta/videos/caso-mellanys-adolescente-reaparece-apos-sete-dias-sem-dar-noticias-15112018. Acesso em: 10 dez. 2018.

CAVALCANTI JÚNIOR, Flávio. Radiodifusão, democracia e regulamentação da mídia. *In:* SARAIVA, E.; MARTINS, P. E. M.; PIERANTI, O. P. *Democracia e regulação dos meios de comunicação de massa.* Rio de Janeiro: Ed. FGV, 2008.

CAVALCANTI, Bianor Scelza. Prefácio. *In:* SARAIVA, E.; MARTINS, P. E. M.; PIERANTI, O. P. *Democracia e regulação dos meios de comunicação de massa*. Rio de Janeiro: Ed. FGV, 2008.

CENSE Maringá: alimentação para detentos estariam inadequadas. *Balanço Geral PR*. 2018. Disponível em: https://pr.ricmais.com.br/balanco-geral-maringa/videos/cense-maringa-alimentacao-para-detentos-estariam-inadequadas#gref. Acesso em: 10 dez. 2018.

CENSURA de Toga. *Folha*. 2018. Disponível em: https://www1.folha.uol.com.br/opiniao/2018/10/censura-de-toga.shtml. Acesso em: 06 out. 2018.

CERCA de 47 mil crianças e adolescentes vivem em abrigos e aguardam adoção. *TV Senado*. 2018. Disponível em: https://www.senado.gov.br/noticias/TV/Video.asp?v=449295. Acesso em: 10 nov. 2018.

CERQUEIRA, Thales Tácito. *Manual do estatuto da criança e do adolescente*: teoria e prática. 2. ed. Niterói: Impetus, 2010.

CHAUI, Marilena. *Manifestações ideológicas do autoritarismo brasileiro*. Organizador André Rocha. Belo Horizonte: Autêntica Editora; São Paulo: Editora Fundação Perseu Abramo, 2013.

CHAUI, Marilena. *Simulacro e poder*. Uma análise da mídia. São Paulo: Perseu Abramo, 2006.

CHOMSKY, Noam. *Mídia propaganda política e manipulação*. São Paulo: Editora WMF Martins Fontes, 2013.

CHORORÔ na delegacia: acusado de estupro alega inocência. *Brasil Urgente BA*. 2012. Disponível em: https://www.bonde.com.br/entretenimento/televisao/noticias/reporter-da-band-e-demitida-apos-debochar-de-entrevistado-224613.html. Acesso em: 10 dez. 2018.

CIDADE Alerta cresce 35% em audiência no primeiro trimestre de 2019. *Observatório da televisão*. 2019. Disponível em: https://observatoriodatelevisao.bol.uol.com.br/audiencia-da-tv/2019/04/cidade-alerta-cresce-35-em-audiencia-no-primeiro-trimestre-de-2019. Acesso em: 21 nov. 2019.

CLARK, Giovani; CORRÊA, Leonardo Alves; NASCIMENTO, Pontes do. A Constituição Econômica entre a efetivação e os bloqueios institucionais. *In:* CLARK, Giovani; CAMARGO, Ricardo Antônio Lucas (Org.). *Constituição econômica, direito econômico e direito comparado*. Estudos em homenagem ao professor Washington Peluso Albino de Souza pelo centenário de seu nascimento. Porto Alegre: Fabris Editor, 2018.

CLARK, Giovani. A Ditadura Pós-Moderna. *In:* SOUZA, W. P. A.; CLARK, G. *Questões polêmicas de direito econômico*. São Paulo: Editora LTR, 2008a.

CLARK, Giovani. *O Município em face do direito econômico*. Belo Horizonte: Del Rey, 2001.

CLARK, Giovani. O genocídio econômico. *In:* SOUZA, W. P. A.; CLARK, G. *Questões polêmicas de direito econômico*. São Paulo: Editora LTR, 2008b.

CLARK, Giovani. Política econômica e Estado. *In:* GALUPPO, Marcelo Campos (org.). *O Brasil que queremos: reflexões sobre o estado democrático de direito*. Belo Horizonte: Ed. PUC Minas, p. 239-248, 2006.

CLARK, Giovani; NASCIMENTO, Samuel Pontes do; CORRÊA, Leonardo Alves. *Estado regulador*: uma (re)definição do modelo brasileiro de políticas públicas econômicas. 2008. Disponível em: http://www.publicadireito.com.br/conpedi/manaus/arquivos/anais/salvador/giovani_clark1.pdf. Acesso em: 10 set. 2019.

CLARK, Giovani; NASCIMENTO, Samuel Pontes do; CORRÊA, Leonardo Alves. O Direito econômico, o pioneirismo de Washington Peluso Albino de Souza e o desafio equilibrista: a luta histórica de uma disciplina entre padecer e resistir. *Revista da Faculdade de Direito UFMG*, Belo Horizonte, n. 73, p. 301-324, jul./dez. 2018. Disponível em: https://www.direito.ufmg.br/revista/index.php/revista/article/view/1950. Acesso em: 21 nov. 2019.

CLARK, Giovani; OLIVEIRA, Fabiano Gomes de. Política Econômica para o Desenvolvimento na Constituição de 1988. In: SOUZA, Washington Peluso Albino de; CLARK, Giovani (Coord.). *Direito econômico e a ação estatal na pós-modernidade*. São Paulo: LTr, 2011.

CNDCA; SNPDCA. *Relatório avaliativo do ECA*. 25 anos. 2016. Disponível em: http://flacso.org.br/files/2016/10/Relatorio-Avaliativo-ECA.pdf. Acesso em: 10 nov. 2018.

COM SIKÊRA Júnior no comando, Alerta Amazonas lidera audiência mais uma vez no Amazonas. *O Canal*. 2019. Disponível em: ocanal.com.br/noticias-da-tv/com-sikera-junior-no-comando-alerta-amazonas-lidera-audiencia-mais-uma-vez-no-amazonas/. Acesso em: 21 nov. 2019.

CORRÊA, Leandro Morgado Pinto. *Nelson Rodrigues*: A reportagem policial no teatro e crônica. Rio de Janeiro, 2011. Monografia (Graduação em Comunicação Social/Jornalismo). Universidade Federal do Rio de Janeiro. UFRJ, Escola de Comunicação, ECO.

COUTO, Mia. *E se Obama fosse africano?* E outras intervenções. São Paulo: Companhia das Letras, 2011.

CPF Cancelado. *Plantão Alagoas*. 2018. Disponível em: https://www.youtube.com/watch?v=rG8nJmmULc4. Acesso em: 10 dez. 2018.

CURY JÙNIOR, David. *A proteção jurídica da imagem de crianças e adolescentes*. 2006. 284f. Tese (Doutorado) – Pontifícia Universidade Católica de São Paulo, Programa de Pós-Graduação em Direito. São Paulo.

DANTAS, Raquel. *Programa policial exibe vídeo com estupro de criança*. 2014. Disponível em: http://observatoriodaimprensa.com.br/caderno-da-cidadania/_ed782_programa_policial_exibe_video_com_estupro_de_crianca/. Acesso em: 10 nov. 2018.

DARDOT, Pierre; LAVAL, Christian. *A nova razão do mundo*. Ensaio sobre a sociedade neoliberal. São Paulo: Boitempo. 2016.

DATENA cumpre promessa e fica de cueca. *Brasil Urgente*. 2014. Disponível em: https://videos.band.uol.com.br/15111554/datena-cumpre-promessa-e-fica-de-cueca.html. Acesso em: 10 dez. 2018.

DATENA, José Luiz. *Estamos criando uma legião de bandidos*. 2012. Disponível em: https://noticias.band.uol.com.br/brasilurgente/noticias/100000544257/estamos-criando-uma-legiao-de-bandidos.html. Acesso em: 10 dez. 2018.

DATENA teve uma ideia brilhante. [Entrevista com José Datena cedida à Agência Estado]. *Gazeta Digital*. 2004. Disponível em: http://www.gazetadigital.com.br/suplementos/teve/datena-teve-uma-ideia-brilhante/42033. Acesso em: 10 dez. 2018.

DATENA vai indenizar homem confundido com estuprador. *Conjur*. 2014. Disponível em: https://www.conjur.com.br/2012-out-19/datena-band-sao-condenados-indenizar-homem-confundido-estuprador. Acesso em: 10 jan. 2019.

DEBORD, Guy. *A sociedade do espetáculo*. Rio de Janeiro: Contraponto, 2000.

DEMO, Pedro. *Cidadania tutelada, cidadania assistida*. Rio de Janeiro: Editores Associados, 1995.

DIGIÁCOMO, Murilo José et al. *Estatuto da criança e do adolescente*: anotado e interpretado. 6. ed. Curitiba: Centro de Apoio Operacional das Promotorias da Criança e do Adolescente, 2013. Disponível em: http://www.crianca.mppr.mp.br/arquivos/File/publi/caopca/eca_anotado_2013_6ed.pdf. Acesso em: 10 nov. 2018.

DOUGLAS, Bruce. Brazil's prison system faces 'profound deterioration' if youth crime law passes. *The Guardian*. 2015. Disponível em: https://www.theguardian.com/world/2015/jun/29/brazil-prisons-criminal-responsibility-law-overcrowded. Acesso em: 10 nov. 2018.

DREIFUSS, René A. *1964, a conquista do Estado*. Petrópolis: Vozes, 1981.

DUPRET, Cristiane. *Curso de direito da criança e do adolescente*. Belo Horizonte: Ius, 2010.

EBC e sindicatos de jornalistas, publicitários e radialistas participam de mediação no TST. *TST*. 2016. Disponível em: http://www.tst.jus.br/. Acesso em: 21 nov. 2019.

EMISSORA deve indenizar homem apontado como assassino no lugar de irmão. *Conjur*. 2016. Disponível em: https://www.conjur.com.br/2016-mar-22/emissora-indenizara-rapaz-apontado-assassino-lugar-irmao. Acesso em: 10 jan. 2019.

ENGENHEIROS DO HAWAII. *Ninguém=Ninguém*. In: GESSINGER, LICKS & MALTZ. Faixa 1. [s/l]. 1992.

ESTADOS UNIDOS. *Primeira emenda constitucional*. Washington, DC, 1791.

ESTUDANTE é morta brutalmente pelo ex-namorado. *Brasil Urgente*. 2018b. Disponível em: https://noticias.band.uol.com.br/brasilurgente/videos/16577365/estudante-e-morta-brutalmente-pelo-ex-namorado. Acesso em: 30 dez. 2018.

FAMÍLIA procura por adolescente desaparecida. *Brasil Urgente*. 2018c. Disponível em: https://noticias.band.uol.com.br/brasilurgente/videos/16575203/familia-procura-por-adolescente-desaparecida. Acesso em: 30 dez. 2018.

FBSP. Fórum Brasileiro de Segurança Pública. *9º anuário brasileiro de segurança pública*. 2015. Disponível em: http://www.forumseguranca.org.br/publicacoes/9o-anuario-brasileiro-de-seguranca-publica/. Acesso em: 10 jan. 2019.

FEIJÓ, Carmem. *Trabalho infantil atinge 3,7 milhões de crianças e adolescentes no Brasil*. 2013. Disponpível em: http://tst.jus.br/web/trabalho-infantil/programa/-/asset_publisher/y23X/content/trabalho-infantil-atinge-3-7-milhoes-de-criancas-e-adolescentes-no-brasil?inheritRedirect=false. Acesso em: 10 nov. 2018.

FERNANDES, André de Godoy. *Meios de comunicação social no Brasil*: promoção do pluralismo, direito concorrencial e regulação. 2009. Tese (Doutorado)– USP, São Paulo, 2009.

FERNANDES, Florestan. *A revolução burguesa no Brasil*: ensaio de interpretação sociológica. 5. ed. São Paulo: Globo, 2006.

FERNANDES, Florestan. A sociedade escravista no Brasil. *In:* FERNANDES, Florestan. *Circuito fechado*. São Paulo: Globo, 2010.

FERNANDES, Florestan. *Folclore e mudança social na cidade de São Paulo*. São Paulo: Martins Fontes, 1979.

FERNANDES, Rômulo Magalhães. *Criminologia e marxismo*: um diálogo necessário para a construção de uma política criminal alternativa. 2015. Disponível em: http://conpedi.danilolr.info/publicacoes/c178h0tg/23r885k0. Acesso em: 10 dez. 2019.

FERNANDES, Rômulo Magalhães. *Os limites da liberdade de informação jornalística e a proteção de crianças, adolescentes e jovens ameaçados de morte*. Belo Horizonte: Arraes Editores, 2018.

FERNANDO Haddad (PT) é entrevistado no Jornal Nacional. *G1*. 2018. Disponível: https://g1.globo.com/jornal-nacional/noticia/2018/09/14/fernando-haddad-pt-e-entrevistado-no-jornal-nacional.ghtml. Acesso em: 06 out. 2018.

FERREIRA, Aureliano Coelho. *Globalização e a expansão do direito penal*. 2009. Disponível em: http://www.conteudojuridico.com.br/?artigos&ver=2.24939. Acesso em: 10 out. 2018.

FERREIRA, Cláudio (Org.). *Qualidade na TV*: 10 anos da campanha Quem Financia a Baixaria é Contra a Cidadania. Brasília: Edições Câmara, 2013.

FERREIRA, Luiz Antônio Miguel. *O estatuto da criança e do adolescente e os direitos fundamentais*. São Paulo: APMP, 2008.

FLAUZINA, Ana Luiza Pinheiro. *Corpo negro caído no chão*. O sistema penal e o projeto genocida do Estado brasileiro. Rio de Janeiro: Contraponto, 2008.

FONSECA, Francisco. Mídia e democracia: falsas confluências. *Revista de Sociologia e Política*. 2004, n. 22, p.13-24.

FOUCAULT, Michel. *Vigiar e punir*: nascimento da prisão. Tradução de Raquel Ramalhete. 35. ed. Petrópolis: Vozes, 2008.

FRANÇA, V. R. V. Comunicação e política: edifica-se uma tradição? *Revista Eletrônica COMPÓS*. Salvador, 2000.

FRANCO, Alexandro Ditzel. *Democracia e regulação das redes eletrônicas de comunicação*. Rádio, televisão e internet. Belo Horizonte: Fórum, 2009.

FROTA, M.A.; NORONHA, C. V.; NOBRE, C. S.; NOGUEIRA J. L. A, BEZERRA L. L. A. L. Audiência infantil de programas policiais: uma abordagem reflexiva. *Enfermagem em Foco*. 2012; 3(4): p. 161-164.

FURTADO, Celso. *Formação econômica da América Latina*. Rio de Janeiro: Lia Editor, 1969

FURTADO, Celso. *Formação econômica do Brasil*. Rio de Janeiro: Ed. Fundo de Cultura, 2005.

GAMA, Aliny. Google deve indenizar em R$ 25 mil menor flagrado no Street Vier sem roupa. *UOL*. Recife, 24 de janeiro 2014. Disponível em: http://tecnologia.uol.com.br/noticias/redacao/2014/01/24/google-deve-indenizar-em-r-25-mil-menor-flagrada-no-street-view-sem-roupa.htm. Acesso em: 10 jul. 2019.

GASPARI, Elio. *A ditadura envergonhada*: as ilusões armadas. Vol. 1. São Paulo: Companhia das Letras, 2002.

GASPARI, Elio. *As ilusões armadas*. A ditadura escancarada. Rio de Janeiro: Intrínseca, 2014.

GELAPE, Lucas; MORENO, Ana Carolina; CAESAR, Gabriela. Número de Policiais Militares no Legislativo É Quatro Vezes Maior do que o de 2014. *G1*. 2018. Disponível em: https://g1.globo.com/politica/eleicoes/2018/eleicao-em-numeros/noticia/2018/10/08/numero-de-policiais-e-militares-no-legislativo-e-quatro-vezes-maior-do-que-o-de-2014.ghtml. Acesso em: 10 dez. 2018.

GERALDO Luís agradece público após liderar ibope contra novo programa da Globo. *Folha*. 2019. Disponível em: https://f5.folha.uol.com.br/televisao/2019/09/geraldo-luis-agradece-publico-apos-liderar-ibope-contra-novo-programa-da-globo.shtml. Acesso em: 21 nov. 2019.

GESKE, Marcela. *A imputabilidade do adolescente no direito penal*. 2007. Disponível em: http://www.esmesc.com.br/upload/arquivos/3-1247627699.PDF. Acesso em 13 de jul. de 2019.

GIRARD, René. O bode expiatório e Deus. *In*: GIRARD, R.; GOUNELLE, A.; HOUZIAUX, A. (Org.). *Deus: uma invenção?* São Paulo: Realizações Editora, 2011.

GODOY, Claudio Luiz Bueno de. *A liberdade de imprensa e os direitos da personalidade*. São Paulo: Atlas, 2001.

GOMES, Marcus Alan. *Mídia e sistema penal*: as distorções da criminalização nos meios de comunicação. Rio de Janeiro: Revan, 2015.

GOMES, Rodrigo. Se acabar com o ECA, Bolsonaro vai expor crianças a todo tipo de abuso. *Rede Brasil Atual*. 2018. Disponível em: https://www.redebrasilatual.com.br/eleicoes-2018/se-acabar-com-o-eca-bolsonaro-vai-expor-criancas-a-todo-tipo-de-abuso. Acesso em: 10 dez. 2018.

GONÇALVES, José Sérgio Rocha de Castro. *Resenha bibliográfica*: formação econômica da América Latina. 1970. Disponível em: http://www.scielo.br/scielo.php?script=sci_arttext&pid=S0034-75901970000200012. Acesso em: 09 jun. 2019.

GONÇALVES, Tamara Amoroso. Dez anos da política nacional de Classificação Indicativa no Brasil: uma conquista democrática. *In*: MACEDO, A. X. N. M.; PIRES, D. U. B. S.; ANJOS, F. A. dos. (Org.) *A experiência da classificação indicativa no Brasil*. Brasília: Ministério da Justiça. Secretaria Nacional de Justiça, 2014.

GÖRGEN, James. Apontamentos sobre a regulação dos sistemas e mercados de comunicação no Brasil. *In:* SARAIVA, E.; MARTINS, P. E. M.; PIERANTI, O. P. *Democracia e regulação dos meios de comunicação de massa*. Rio de Janeiro: Ed. FGV, 2008.

GRAMSCI, Antonio. *Cadernos do cárcere*. Tradução de Nelson Coutinho. Vol. 1. Rio de Janeiro: Civilização Brasileira, 1999.

GUEDES, Brenda Lyra. Os pais e a classificação indicativa: uma relação fundamental. *Revista Anagrama*. Revista Interdisciplinar da Graduação. Ano 2 - Edição 1 – Setembro-Novembro/2008.

GUIMARÃES, Cristina. O jornalismo policial no túnel do tempo. *In:* OFICINA DE IMAGENS. *A criança e o adolescente na mídia*: MG. Janeiro a dezembro de 2002. Belo Horizonte: Oficina de Imagens; Rede ANDI Brasil, 2002.

GUIMARÃES, Juarez. A trajetória intelectual de Celso Furtado. *In:* TAVARES, Maria da Conceição (Org.). *Celso Furtado e o Brasil*. São Paulo: Editora Perseu Abramo, 2000.

HAUBRICH, Alexandre. Grupo RBS é condenado por danos morais causados a adolescente. *Jornalismo B*. Porto Alegre, 07 de março de 2014. Disponível em: http://jornalismob.com/2014/03/07/grupo-rbs-e-condenado-por-danos-morais-causados-a-adolescente/. Acesso em: 05 jul. 2019.

HEIZ, Daniel. *A história secreta da Rede Globo*. "Sim, eu uso o poder" Roberto Marinho. Porto Alegre: Ed. TCHÊ!, 1987.

HEIZ, Daniel. Quem são os donos da Mídia. *Carta Capital*. 2002. Disponível em: www.donosdamidia.com.br/media/documentos?Donoscarta.pdf. Acesso em: 10 set. 2019.

HENRIQUE, Alfredo. Jovem perde o baço e parte do pâncreas após suposta agressão na Fundação Casa. *Folha*. 2019. Disponível em: https://agora.folha.uol.com.br/sao-paulo/2019/08/jovem-perde-baco-e-parte-do-pancreas-apos-suposta-agressao-na-fundacao-casa.shtml. Acesso em: 31 ago. 2019.

HINCAPÍE, Gabriel Méndez y RESTREPO, Ricardo Sanín. La Constitución Encriptada: Nuevas formas de emancipación del poder global. *Revista de Derecho Humanos y Estudios Sociales*. Ano IV, n. 8 Jul-Dec. 2012.

HOLANDA, Sérgio Buarque de. *Raízes do Brasil*. 26. ed. São Paulo: Companhia das Letras, 1995.

HOMEM, Wagner. *História de canções*: Chico Buarque. São Paulo: Leya, 2009.

HULLOT-KENTOR, Robert. Em que sentido exatamente a indústria cultural não mais existe. *In:* DURÃO, F. A.; ZUIN, A.; VAZ, A. F. (Org.). *A indústria cultural hoje*. São Paulo: Boitempo, 2018.

INCONSTITUCIONAL sanção a emissora por programa fora do horário indicativo, decide STF. 2016. *STF NOTÍCIAS*. Disponível em: http://www.stf.jus.br/portal/cms/verNoticiaDetalhe.asp?idConteudo=324287&caixaBusca=N. Acesso em: 10 jan. 2019.

INTERVOZES. *Observatório do direito à comunicação*: regulamentação da mídia. 2012. Disponível em: http://www.intervozes.org.br/direitoacomunicacao/?page_id=28556 . Acesso em: 24 set. 2019.

INTERVOZES. *Ranking de violações de direitos humanos na TV Aberta*. 2018. Disponível em: https://www.midiasemviolacoes.com.br/rankings. Acesso em: 10 dez. 2019.

IPEA; FBSP. *Atlas da violência em 2018*. 2018. Disponível em: http://www.ipea.gov.br/portal/index.php?option=com_content&view=article&id=33410&Itemid=432. Acesso em: 10 out. 2019.

JAMBEIRO, Othon. *A TV no Brasil do século XX*. Salvador: EDUFBA, 2002.

JESUS, Maurício de. *Adolescentes em conflito com a lei*. Prevenção e proteção integral. Campinas: Servanda, 2006.

JOVEM de 16 anos sai de casa para ir ao mercado e desaparece. *Cidade Alerta*. 2018c. Disponível em: https://recordtv.r7.com/cidade-alerta/videos/jovem-de-16-anos-sai-de-casa-para-ir-ao-mercado-e-desaparece-13112018. Acesso em: 10 dez. 2019.

JOVEM é assassinada após namoro secreto com o sogro, 31 anos mais velho. *Cidade Alerta*. 2018d. Disponível em: http://recordtv.r7.com/cidade-alerta/videos/jovem-e-assassinada-apos-namoro-secreto-com-o-sogro-31-anos-mais-velho-14122018. Acesso em: 30 dez. 2019.

JOVEM é encontrada morta em Atibaia. *Brasil Urgente*. 2018d. Disponível em: https://noticias.band.uol.com.br/brasilurgente/videos/16583076/jovem-e-encontrada-morta-em-atibaia. Acesso em: 30 dez. 2019.

JOVEM mata padrinho da namorada e esconde o corpo na geladeira. *Cidade Alerta*. 2018e. Disponível em: http://recordtv.r7.com/cidade-alerta/videos/jovem-mata-padrinho-da-namorada-e-esconde-o-corpo-na-geladeira-17122018. Acesso em: 30 dez. 2019.

JUSTIÇA Federal condena TV em R$ 200 mil por Samuka Duarte exibir cenas de estupro de adolescente em Bayeux. *Jornal da Paraíba*. João Pessoa, 02 de julho de 2013. Disponível em: http://www.clickpb.com.br/noticias/televisao/justica-federal-condena-tv-em-r-200-mil-por-samuka-duarte-exibir-cenas-de-estupro-de-adolescente/. Acesso em: 10 jul. 2019.

JUSTIÇA proíbe promoção da Rádio Mix que escolheria o Bundão da Escola. *EXPRESSO NOTÍCIA*. 2007. Disponível em: https://expresso-noticia.jusbrasil.com.br/noticias/136457/justica-proibe-promocao-da-radio-mix-que-escolheria-o-bundao-da-escola. Acesso em: 10 set. 2019.

JUSTIÇA reclassifica filme Confissões de Adolescente. 2014. MJ. Disponível em: http://www.brasil.gov.br/cidadania-e-justica/2014/01/justica-reclassifica-filme-confissoes-de-adolescente. Acesso em: 10 dez. 2019.

KLEIN, Alberto. *Imagens de culto e imagens da mídia*. Porto Alegre: Sulina, 2006.

KROHLING, Aloísio; BOLDT, Raphael. Entre cidadãos e inimigos: o discurso criminalizante da mídia e a expansão do direito penal como instrumentos de consolidação da subcidadania. *Revista Direitos Fundamentais e Democracia*, v. 4, n. 1, p. 16 – 30, jan./mar., 2008.

KUCINSKI, Bernardo. *A síndrome da antena parabólica*: ética no jornalismo brasileiro. São Paulo: Fundação Perseu Abramo, 1998.

KUSHNIR, Beatriz. *Cães de guarda: jornalistas e censores, do AI-5 a Constituição de 1988*. 2001. 428p. Tese (doutorado) - Universidade Estadual de Campinas, Instituto de Filosofia e Ciências Humanas, Campinas, SP.

LAPA, José Roberto do Amaral. *O sistema colonial*. São Paulo: Editora Ática, 1991.

LATTMAN-WELTMAN, Fernando. Comunicação e regulação na editoração multimídia: um enfoque histórico. *In*: SARAIVA, E.; MARTINS, P. E. M.; PIERANTI, O. P. *Democracia e regulação dos meios de comunicação de massa*. Rio de Janeiro: Ed. FGV, 2008.

LAVARELLO, Fernanda. *Redução da idade penal não combate as causas da violência*. 2011. Disponível em: http://www.recriando.org.br/ler.asp?id=13499&titulo=Paltas. Acesso em: 13 nov. de 2019.

LEAL FILHO, Laurindo Lalo. *A TV sob controle*: a resposta da sociedade ao poder da televisão. São Paulo: Summus, 2006.

LEAL, Victor Nunes: *Coronelismo, enxada e voto*: o município e o regime representativo, no Brasil. 6. ed. São Paulo: Alfa-Omega, 1975.

LEONEL JÚNIOR, Gladstone. A insuficiência das instituições e da atual concepção de Estado de Direito para uma análise jurídico-transformadora da América Latina. *In*: *Revista O Direito Alternativo*. Expressões do Direito Alternativo na América Latina. Vol. 2, Franca: UNESP, 2013.

LEONEL JÚNIOR, Gladstone. *O novo constitucionalismo latino-americano*: um estudo sobre a Bolívia. Rio de Janeiro: Lumen Juris, 2015.

LEVANTE. *Com rebeldia, a juventude do levante organiza terceira edição de seu Acampamento Nacional*. 2016. Disponível em: https://levante.org.br/blog/?tag=3-acampemnto. Acesso em: 31 ago. 2019.

LIBERATI, Wilson Donizeti. *O estatuto da criança e do adolescente*: comentários. Brasília: Instituto Brasileiro de Pedagogia Social, 1991.

LIMA, Venício A. de. A censura disfarçada. *In*: LIMA, V. A. de; GUIMARÃES, J.. *Liberdade de expressão*: as várias faces de um desafio. São Paulo: Paulus, 2013.

LIMA, Venício A. de. *Liberdade de expressão x liberdade de imprensa*: direito à comunicação e democracia. São Paulo: Publisher Brasil, 2012a.

LIMA, Venício A. de. *Mídia*: crise política e poder no Brasil. São Paulo: Fundação Perseu Abramo, 2006.

LIMA, Venício A. de. *Mídia*: teoria e política. São Paulo: Fundação Perseu Abramo, 2012.

LIMA, Venício A. de. *Os mídia e o cenário de representação política*. 1996. Disponível em: http://www.scielo.br/scielo.php?script=sci_arttext&pid=S0102-64451996000200012. Acesso em: 16 set. 2019.

LINZ, Juan José. Regimes autoritários. *In*: PINHEIRO, Paulo S. (Org). *O estado autoritário e movimentos populares*. Rio de Janeiro: Paz e Terra, 1979, p. 119-213.

LOPES, Aguiar Cristiano. *Regulação das outorgas de radiodifusão no Brasil*: uma breve análise. 2009. Disponível em: http://www2.camara.leg.br/a-camara/documentos-e-pesquisa/estudos-e-notas-tecnicas/areas-da-conle/tema4/2009_10868.pdf. Acesso em: 24 set. 2019.

MÃE de garoto desaparecido em SP reclama da falta de apoio. *Brasil Urgente*. 2018e. Disponível em: https://noticias.band.uol.com.br/brasilurgente/videos/16577971/mae-de-garoto-desaparecido-em-sp-reclama-da-falta-de-apoio. Acesso em: 30 dez. 2019.

MARCHI, R. C.. As teorias da socialização e o novo paradigma para os estudos sociais da infância. 2009. *Educação & Realidade*, n. 34, p. 227-246.

MARCONDES FILHO, Ciro. *Imprensa e capitalismo*. São Paulo: Kairós, 1984.

MARCONDES FILHO, Ciro. *Quem manipula quem*. 2 ed. Petrópolis: Vozes, 1987.

MARETTI, Eduardo. Belluzzo: Quanto mais selvagem a sociedade, pior trata crianças, velhos e prisioneiros. *Rede Brasil Atual*. 2018. Disponível em: https://www.redebrasilatual.com.br/economia/2017/01/belluzzo-quanto-mais-selvagem-a-sociedade-pior-trata-criancas-velhos-e-prisioneiros. Acesso em: 10 nov. 2019.

MARIA, Márcia. Violência: o tema mais presente. *In:* OFICINA DE IMAGENS. *A criança e o adolescente na mídia*: MG. Janeiro a dezembro de 2002. Belo Horizonte: Oficina de Imagens; Rede ANDI Brasil, 2002.

MARIONI, Bruno. *Concentração dos meios de comunicação de massa e o desafio da democratização da mídia no Brasil*. 2015. Disponível em: http://intervozes.org.br/publicacoes/concentracao-dos-meios-de-comunicacao-de-massa-e-o-desafio-da-democratizacao-da-midia-no-brasil/ . Acesso em: 10 set. 2019.

MARSHALL, T. H. *Cidadania, classe social e status*. Rio de Janeiro: Zahar, 1967.

MARTINI, Stella. Os Meios, Atores ou Gerenciadores da Comunicação Política? Reflexões Desde a Notícia Policial na Imprensa Gráfica Argentina. *In:* FAUSTO NETO, A.; GOMES, P. G.; BRAGA, J. L.; FERREIRA, J. *Midiatização e processos sociais na América Latina*. São Paulo: Paulus, 2008.

MARX, Karl. *Contribuição à crítica da economia política*. Tradução: Florestan Fernandes. 2 ed. São Paulo: Expressão Popular, 2008.

MARX, Karl. *Manuscritos econômicos-filosóficos*. São Paulo: Martin Claret, 2005.

MARX, Karl. *O capital*: crítica da economia política: livro I: o processo de produção do capital. Tradução: Rubens Enderle. São Paulo: Boitempo, 2014.

MASTRINI, G.; BECERRA, M. *50 años de concentración de medios en América Latina*: del patrimonio artesanal a la valorización en escala. 2003. Disponível em: www.saladeprensa.org. Acesso em: 24 jul. 2019.

MATHIESEN, Kay. Censura e acesso à expressão. *In:* SAMPAIO, José Adércio Leite (Coord.). *Liberdade de expressão no século XXI*. Belo Horizonte: Del Rey, 2016.

MATTELART, A.; MATTELART, M. *História das teorias da comunicação*. São Paulo: Edições Loyola, 1999.

MATTOS, Sérgio. *Mídia controlada*: a história da censura no Brasil e no mundo. São Paulo: Paulus, 2005.

MELO, José Marques de. *Os caminhos cruzados da comunicação*: política, economia e cultura. São Paulo: Paulus, 2010.

MENORES aterrorizam motoristas na zona oeste de SP. *Brasil Urgente*. 2018f. Disponível em: https://noticias.band.uol.com.br/brasilurgente/videos/16579690/menores-aterrorizam-motoristas-na-zona-oeste-de-sp. Acesso em: 30 dez. 2019.

MENORES infratores assustam motoristas. *Brasil Urgente*. 2018g. Disponível em: https://noticias.band.uol.com.br/brasilurgente/videos/16577325/sp-menores-infratores-assustam-motoristas. Acesso em: 30 dez. 2019.

MICHAELIS. *Dicionário brasileiro da língua portuguesa*. 2018. Disponível em: http://michaelis.uol.com.br/busca?id=Pqyzk. Acesso em: 10 nov. 2018.

MINAS GERAIS. 9ª Conferência Estadual dos Direitos da criança e do Adolescente Minas Gerais. Participação de Crianças e Adolescentes. *Documento Orientador*. 2015. Disponível em: http://www.social.mg.gov.br/cedca/images/conferencia/doc_orientador-adolescentes.pdf. Acesso em: 10 ago. 2019.

MINAYO, M. C. S.; *et al*. *Fala galera*: juventude, violência e cidadania na cidade do Rio de Janeiro. Rio de Janeiro: Garamond, 1999.

MJ/SNJ. *Classificação indicativa 25 anos*. 2015. Disponível em: http://justica.gov.br/seus-direitos/classificacao. Acesso em: 10 jan. 2019.

MJ/SNJ. *Guia prático da classificação indicativa*. 2012. Disponível em: http://justica.gov.br/seus-direitos/classificacao. Acesso em: 10 jan. 2019.

MJ/SNJ. *Manual da nova classificação indicativa*. 2006. Disponível em: http://justica.gov.br/seus-direitos/classificacao. Acesso em: 10 jan. 2019.

MJ/SNJ. *Novo guia prático da classificação indicativa*. 2018. Disponível em: http://justica.gov.br/seus-direitos/classificacao. Acesso em: 10 jan. 2019.

MODERNELL, Renato. *A notícia como fábula*. Realidade e ficção se confundem na mídia. São Paulo: Summus, 2012.

MONACO, Gustavo Ferraz de Campos. *A atribuição da guarda e suas consequências em Direito Internacional Privado*. 2008. 212f. Tese (Doutorado) – Universidade de São Paulo, Faculdade de Direito. São Paulo.

MORAES, Dênis de. Agências Alternativas em Rede e Democratização da Informação na América Latina. *In*: MORAES, D.; RAMONET, I.; SERRANO, P. (Org.). *Mídia, poder e contrapoder*: da concentração monopólica à democratização da informação. Rio de Janeiro: Boitempo, 2013a.

MORAES, Dênis de. Sistema Midiático, Mercantilização Cultural e Poder Mundial. *In*: MORAES, D.; RAMONET, I.; SERRANO, P. (Org.). *Mídia, poder e contrapoder*: da concentração monopólica à democratização da informação. Rio de Janeiro: Boitempo, 2013b.

MOURA, Iara Gomes de; AIRES, Janaíne. *A TV e o rádio como trampolim político*. 2014. Disponível em: http://www.intervozes.org.br/direitoacomunicacao/?p=28812. Acesso em: 10 dez. 2018.

MUÑOZ CONDE, Francisco. *As reformas da parte especial do direito penal espanhol em 2003*: da tolerância zero ao direito penal do inimigo. Disponível em: http://www.revista.ampem.org.br/. Acesso em: 13 nov. de 2019.

NA HORA do Almoço, tem Mauro Tramonte na Tela da Record Minas. *Balanço Geral MG*. 2013. Disponível em: https://www.youtube.com/watch?v=J8D8Fi7wpIw. Acesso em: 10 dez. 2018.

NABUCO, Maria Regina. Estado e projeto nacional nas obras iniciais de Celso Furtado. *In*: TAVARES, Maria da Conceição (Org.). *Celso Furtado e o Brasil*. São Paulo: Editora Perseu Abramo, 2000.

NERY JÚNIOR, Nelson; MACHADO, Martha de Toledo. O Estatuto da Criança e do Adolescente e o Novo Código Civil à luz da Constituição Federal: princípios da especialidade e de intertemporal. *Revista de Direito Privado*, v. 12, 2002.

NETO NOGUEIRA, Wanderlino. Instrumentos e mecanismos de promoção e proteção dos Direitos Humanos de geração: direitos de crianças e adolescentes. *In*: HATEM, D. S.; STEFANI, E. F.; FAZZI, R. de C.; SOUZA, R. S. R.; CAMPOS, S. M. C.; LIMA, T. M. M de (Org.). *Estatuto da criança e do adolescente*: conquistas e desafios. Belo Horizonte: PUC Minas, 2005.

NICODEMO, Thiago Lima. Sérgio Buarque de Holanda. *In*: PERICÁS, Luiz Bernardo; SECCO, Lincoln Ferreira (Org.). *Intérpretes do Brasil*: clássicos, rebeldes e renegados. São Paulo: Boitempo, 2014.

NO AR, a Voz do Dono. *Jornal do Brasil*. Rio de Janeiro, p. 1(Especial), 07 dez. 1980.

NOTA Pública: Conanda lança nota sobre decisão do STF referente à classificação indicativa. *CONANDA*. 2016. Disponível em: http://www.crianca.mppr.mp.br/2018/02/20050,37/NOTA-PUBLICA-CONANDA-lanca-nota-sobre-decisao-do-STF-referente-a-classificacao-indicativa.html. Acesso em: 10 jan. 2019.

NUNES, Lydia Neves Bastos Telles. *Respeito aos direitos da personalidade das crianças e adolescentes*. 2011. Disponível em: http://seer.fclar.unesp.br/seguranca/article/view/5027. Acesso em: 10 jul. 2019.

OLIVEIRA, Ana Amélia Penido. *As ruas em disputa*: entre o direito ao protesto e a perturbação da ordem. 2019. 168 f. Tese (Doutorado) – UNESP/UNICAMP/PUCSP, Programa de Pós-graduação San Tiago Dantas. São Paulo.

OLIVEIRA, Dannilo Duarte. *Jornalismo policial, gênero e modo de endereçamento na televisão brasileira*. 2008. Disponível em: http://www.tverealidade.facom.ufba.br/coloquio%20textos/Dannilo%20Duarte.pdf. Acesso em: 30 ago. 2019.

O HOMEM do Sapato Branco. [Entrevista com Jacinto Figueira Jr à TV FAMA]. *TV FAMA*. 2001. Disponível em: http://www.youtube.com/watch?v=Ry8BVszRpP4&NR=1. Acesso em: 10 dez. 2019.

PAULINO, Fernando Oliveira; GOMES, Pedro. Lei e direito à comunicação: padrões normativos e judiciais no Brasil. *In*: SOARES, Murilo César (org.); VICENTE, Maximiliano Martin (org.); NAPOLITANO, Carlo José (org.); ROTHBERG, Danilo (org.) *Mídia e Cidadania*. São Paulo: Cultura Acadêmica, 2012.

PATIAS, Jaime Carlos. O espetáculo no telejornal sensacionalista. *In:* COELHO, Cláudio Novaes Pinto; CASTRO, Valdir José de. *Comunicação e sociedade do espetáculo.* 2. ed. São Paulo: Paulus, 2012.

PEREIRA, Adgélzira Capeloti. *A violência invisível nos programas policiais.* 2014a. Disponível em: http://www.uel.br/eventos/encoi/anais/. Acesso em: 10 dez. 2019.

PEREIRA, Jane Reis Gonçalves. Classificação Indicativa e vinculação de horários na programação de TV: a força das imagens e o poder das palavras *In:* MACEDO, A. X. N. M.; PIRES, D. U. B. S.; ANJOS, F. A. dos (Org.) *Liberdade de expressão e os direitos de crianças e adolescentes.* Brasília: Ministério da Justiça, Secretaria Nacional de Justiça, 2014b.

PEREIRA, Tânia da Silva. *Direito da criança e do adolescente:* uma proposta interdisciplinar. 2. ed. São Paulo: Renovar, 2008.

PERICÁS, Luiz Bernardo; SECCO, Lincoln Ferreira (Org.). *Intérpretes do Brasil:* clássicos, rebeldes e renegados. São Paulo: Boitempo, 2014.

PIERANTI, Octavio Penna. Censura versus Regulação de Conteúdo: Em Busca de uma Definição Conceitual. *In:* SARAIVA, E.; MARTINS, P. E. M.; PIERANTI, O. P. *Democracia e Regulação dos Meios de Comunicação de Massa.* Rio de Janeiro: Ed. FGV, 2008.

PIKETTY, Thomas. *O capital no século XXI.* Tradução: Mônica Baumgarten de Bolle. Rio de Janeiro: Intrínseca, 2014.

PINHEIRO, Ângela. *A criança e o adolescente, representações sociais e processo constituinte.* 2014. Disponível em: http://www.scielo.br/pdf/pe/v9n3/v9n3a02.pdf. Acesso em: 10 nov. 2019.

PINHEIRO, Paulo Sérgio. *Violência, crime e sistemas policiais em países de novas democracia.* 1997. Disponível em: https://www2.mppa.mp.br/sistemas/gcsubsites/upload/60/violencia%20crime%20e%20sistemas%20policiais.pdf. Acesso em: 09 jun. 2018.

PIRATAS do asfalto: menores aterrorizam capital paulista. *Brasil Urgente.* 2018h. Disponível em: https://noticias.band.uol.com.br/brasilurgente/videos/16579898/piratas-do-asfalto-menores-aterrorizam-capital-paulista. Acesso em: 30 dez. 2019.

PITA, Marina. A cobertura midiática das escolas ocupadas: silêncio e criminalização. *Carta Capital.* 2016. Disponível em: https://www.cartacapital.com.br/blogs/intervozes/a-cobertura-das-escolas-ocupadas-silencio-e-criminalizacao. Acesso em: 10 nov. 2019.

PNUD. Programa das Nações Unidas para o Desenvolvimento. *Relatório de Desenvolvimento Humano (RDH) 2016:* Desenvolvimento humano para todos. 2017. Disponível em: http://www.br.undp.org/content/dam/brazil/docs/RelatoriosDesenvolvimento/undp-br-2016-human-development-report-2017.pdf. Acesso em: 09 jun. 2019.

POMAR, Pedro Estevam da Rocha. O modismo "civil-militar" para designar a Ditadura Militar. *Brasil de Fato.* 2012. Disponível em: https://www.brasildefato.com.br/node/10300/. Acesso em: 21 nov. 2019.

POLÍCIA prende último criminoso envolvido no assassinato de jovem em hospital. *Cidade Alerta.* 2018f. Disponível em: http://recordtv.r7.com/cidade-alerta/videos/policia-prende-ultimo-criminoso-envolvido-no-assassinato-de-jovem-em-hospital-15122018. Acesso em: 30 dez. 2019.

POPULAÇÃO revoltada tenta linchar pedreiro acusado de estuprar criança. *Rota 22.* 2014. Disponível em: http://tvdiario.verdesmares.com.br/videos/detalhes-de-videos?id =a0142ed4a797d01487f7be050508fa3d. Acesso em: 10 dez. 2019

PRADO JR, Caio. *Formação do Brasil contemporâneo.* 6. ed. Brasília: Brasiliense, 1961.

PRADO JR., Caio. *Formação do Brasil contemporâneo.* 29. ed. São Paulo: Brasiliense, 2000.

PRESO homem que violentou e matou garota de 15 anos. *Brasil Urgente.* 2018i. Disponível em: https://noticias.band.uol.com.br/brasilurgente/videos/16579910/preso-homem-que-violentou-e-matou-garota-de-15-anos. Acesso em: 30 dez. 2019.

QUADRILHA de menores rouba carros na Zona Sul de SP. *Brasil Urgente.* 2018j. Disponível em: http://recordtv.r7.com/cidade-alerta/videos/traficante-preso-mata-jovem-a-facadas-durante-visita-intima-17112018. Acesso em: 30 dez. 2019.

RABAÇA, Carlos Alberto; BARBOSA, Gustavo Guimarães Barbosa. *Dicionário de comunicação.* São Paulo: Ática, 1987.

RACHEL fala sobre o adolescente vítima de justiceiros no Rio. *SBT.* 2014. Disponível em: https://www.youtube.com/watch?v=unVIpQHLDwE. Acesso em: 10 dez. 2019.

RAMIDOFF, Mário Luiz. *Lições de direito da criança e do adolescente.* Ato infracional e medidas socioeducativas. 3. ed. Curitiba: Juruá, 2011.

RAMONET, I. *A tirania da comunicação.* 3. ed. Rio de Janeiro: Vozes, 1999.

RAMONET, Ignacio. A Explosão do Jornalismo na Era Digital. *In:* MORAES, D.; RAMONET, I.; SERRANO, P. (Org.). *Mídia, poder e contrapoder*: da concentração monopólica à democratização da informação. Rio de Janeiro: Boitempo, 2013a.

RAMONET, Ignacio. Informarse cuesta. *Le Monde Diplomatique.* Español. 2002. Disponível em: http://www.mondiplo.net/Informarse-cuesta. Acesso em: 28 set. 2019.

RAMONET, Ignacio. Meios de comunicação: um poder a serviço de interesses privados? *In:* MORAES, D.; RAMONET, I.; SERRANO, P. (Org.). *Mídia, poder e contrapoder*: da concentração monopólica à democratização da informação. Rio de Janeiro: Boitempo, 2013b.

REIS, Leonardo Borges. Mídia brasileira: engajamento psíquico e dominação estrutural. *In:* GOBBO, B. A.; PIMENTEL FILHO, J. E.; GONÇALVES, M. A. de P. (Org.). *O poder da mídia.* (Re)editando outras verdades. Rio de Janeiro: Lamparina, 2016.

RELATOR da redução da idade penal defende aborto de bebê com tendência criminosa. *Folha.* 2015. Disponível em: https://www1.folha.uol.com.br/paywall/signup.shtml?https:// www1.folha.uol.com.br/cotidiano/2015/07/1659628-relator-da-reducao-da-idade-penal-defende-aborto-de-bebe-com-tendencia-criminosa.shtml. Acesso em: 10 nov. 2019.

REPÓRTER "entrevista" rapaz morto. *Tolerância Zero.* 2015. Disponível em: https://www.youtube.com/watch?v=1AyyhsJ7geU. Acesso em: 10 dez. 2018.

RESTREPO, Ricardo Sanín. *Teoría crítica constitucional*: la democracia a la enésima potencia. Valencia: Tirant lo Blanch, 2014.

RETRATO falado de suspeito de estuprar adolescente em Caixa D'água, Olinda. *Ronda Geral*. 2018b. Disponível em: http://tvtribunape.com.br/video/12775. Acesso em: 30 dez. 2019.

RIBEIRO, Darcy. *O povo Brasileiro*: a formação e o sentido do Brasil. São Paulo: Companhia das Letras, 1995.

RICUPERO, Bernardo. *Sete lições sobre as interpretações do Brasil*. 2. ed. São Paulo: Alameda, 2011.

RIDING, Alan. Rio Journal; One Man's Political Views Color Brazil's TV Eye. *The New York Times*. 1987. Disponível em: https://www.nytimes.com/1987/01/12/world/rio-journal-one-man-s-political-views-color-brazil-s-tv-eye.html. Acesso em: 22 set. 2019.

RIZZINI, I.; BETTEGA, M. O.; SILVA, P. V. B. da. *Criança, adolescente e integração social*. Curitiba: Secretaria Municipal da Criança, 1998.

RIZZINI, Irene. *O século perdido*. Raízes históricas das políticas públicas para a infância no Brasil. São Paulo: Editora Cortez, 2011.

ROCHA, Tony. A luta dos movimentos sociais pela efetivação de direitos e o compromisso ético-político-jurídico da rede nacional de advogados e advogadas populares. *Revista da Faculdade de Direito da Universidade Federal do Paraná*, v. 43, n. 0, p. 01-13, 2005.

RODRIGUES, Nelson. Ao cretino fundamental, nem água: relato de um encontro com o gênio Nélson Rodrigues. Em dia de jogo da seleção brasileira. Entrevistador Geneton Moraes Neto. *G1*. 2010. Disponível em: http://g1.globo.com/platb/geneton/2010/06/03/ao-cretino-fundamental-nem-agua-relato-de-um-encontro-com-o-genio-nelson-rodrigues-em-dia-de-jogo-da-selecao-brasileira/. Acessado em: 10 dez. 2019

RODRIGUES, Nelson. *O baú de Nelson Rodrigues*: os primeiros anos de crítica e reportagem (1928-35). São Paulo: Companhia das Letras, 2004a.

RODRIGUES, Nelson. *Teatro completo*: peças psicológicas. Vol. 1. 2. ed. Rio de Janeiro: Nova Fronteira, 2004b.

RODRIGUES, Valeria da Silva. O princípio da excepcionalidade: como evitar que a exceção se torne regra? *In: 1º Seminário Estadual de Medidas Socioeducativas do Estado Minas Gerais*. 2009. Belo Horizonte: 2009, p. 75-82.

RODRÍGUEZ, A. Los científicos sociales latinoamericanos como nuevo grupo de intelectuales. *El Trimestre Económico*. Vol. I, n. 2, abril-junio, México D. F., p. 939-962, 1983.

ROMÃO, José Eduardo Elias. A nova Classificação Indicativa: construção democrática de um modelo. *In:* CHAGAS, C. M. F.; ROMÃO, J. E. E.; LEAL, S. *Classificação indicativa no Brasil*: desafios e perspectivas. Brasília: Ministério da Justiça, 2006.

ROMÃO, José Eduardo Elias. Todos ganham com a Classificação Indicativa (até mesmo os que afirmam perder dinheiro). *In:* SARAIVA, E.; MARTINS, P. E. M.; PIERANTI, O. P. *Democracia e regulação dos meios de comunicação de massa*. Rio de Janeiro: Ed. FGV, 2008.

ROSA, Guimarães. *Grande sertão*: veredas. 21 ed. Rio de Janeiro: Nova Fronteira, 1986.

ROSSATO, Luciano Alves; et al. *Estatuto da criança e do adolescente comentado*: Lei 8.069/1990. 4. ed. São Paulo: Editora Revista dos Tribunais, 2012.

ROVER, Tadeu. Contra estudantes, juiz autoriza uso de técnica de tortura usada pela CIA. *CONJUR*. 2016. Disponível em: https://www.conjur.com.br/2016-nov-01/estudantes-juiz-autoriza-tecnica-tortura-usada-cia. Acesso em: 10 nov. 2019.

SAMPAIO, Cristiane. Decisão judicial que autoriza "técnicas de tortura" em ocupações é debatida no DF. *Jornal Brasil de Fato*. 2016a. Disponível em: https://www.brasildefato.com.br/2016/11/07/decisao-judicial-que-autoriza-tecnicas-de-tortura-em-ocupacoes-e-debatida-no-df/. Acesso em: 10 nov. 2019.

SAMPAIO, José Adércio Leite. Do mercado de ideias a ideias do mercado: a Liberdade de Expressão no século XXI. *In:* SAMPAIO, José Adércio Leite (Coord.). *Liberdade de expressão no século XXI*. Belo Horizonte: Del Rey, 2016b.

SAMPAIO, José Adércio Leite. Quebra do sigilo das fontes jornalísticas. *In:* SAMPAIO, José Adércio Leite (Coord.). *Liberdade de expressão no século XXI*. Belo Horizonte: Del Rey, 2016c.

SANTACASASP. *Roda dos expostos*. 1825-1961. 2018. Disponível em: http://www.santacasasp.org.br/portal/site/quemsomos/museu/pub/10956/a-roda-dos-expostos-1825-1961. Acesso em: 10 nov. 2018.

SANTOS, Milton. *A natureza do espaço*: técnica e tempo, razão e emoção. São Paulo: Edusp, 2006.

SANTOS, Suzy dos. *E-Sucupira: o coronelismo eletrônico como herança do coronelismo nas comunicações de massa*. 2006. Disponível em: http://fndc.org.br/download/e-sucupira-o-coronelismo-eletronico-como-heranca-do-coronelismo-nas-comunicacoes-brasileiras/documentos/168774/arquivo/ecompos07-dezembro2006-suzydossantos.pdf . Acesso em: 24 set. 2019.

SANTOS, Suzy dos. Os Prazos de Validade dos Coronelismos: Transição do Coronelismo e do Coronelismo Eletrônico. *In:* SARAIVA, E.; MARTINS, P. E.; PIRANTI, O. P. (Org.). *Democracia e Regulação: dos Meios de Comunicação de Massa*. Rio de Janeiro: Editora FGV, 2008.

SANTOS, Wanderley Guilherme dos. *Cidadania e justiça*: a política social na ordem brasileira. Rio de Janeiro: Editora Campus, 1979.

SARAIVA, Enrique. O novo papel regulatório do Estado e suas consequências na mídia. *In:* SARAIVA, E.; MARTINS, P. E. M.; PIERANTI, O. P. *Democracia e regulação dos meios de comunicação de massa*. Rio de Janeiro: Ed. FGV, 2008.

SARTORI, Giovanni. *Elementos de Teoria Política*. Madrid: Alianza, 1992.

SCHWARZ, Roberto. *Ao vencedor as batatas*: forma literária e processo social nos inícios do romance brasileiro. São Paulo: Duas Cidades; Editora 34, 2007.

SCLIAR, Moacyr. Roda dos Expostos. *Folha*. 2006. Disponível em: https://www1.folha.uol.com.br/fsp/cotidian/ff0602200609.htm. Acesso em: 10 nov. 2018.

SEDLER, Robert A. Um ensaio sobre a liberdade de expressão: os Estados Unidos versus o resto do mundo. *In:* SAMPAIO, José Adércio Leite (Coord.). *Liberdade de expressão no século XXI*. Belo Horizonte: Del Rey, 2016.

SEREZA, Haroldo Ceravolo. Florestan Fernandes. *In:* PERICÁS, Luiz Bernardo; SECCO, Lincoln Ferreira (Org.). *Intérpretes do Brasil*: clássicos, rebeldes e renegados. São Paulo: Boitempo, 2014.

SERRANO, Pascual. Democracia e Liberdade de Imprensa. *In:* MORAES, D.; RAMONET, I.; SERRANO, P. (Org.). *Mídia, Poder e Contrapoder*: Da Concentração Monopólica à Democratização da Informação. Rio de Janeiro: Boitempo, 2013.

SHECAIRA, Sérgio Salomão. *Criminologia*. 4. ed. São Paulo: Revista dos Tribunais, 2012.

SIKÊRA Jr perde o programa Plantão Alagoas para o clone!!?? Nada disso! *Plantão Alagoas*. 2017. Disponível em: https://www.youtube.com/watch?v=BbkEmzabMPs. Acesso em: 10 dez. 2018.

SILVA, José Afonso da. *Curso de Direito Constitucional Positivo*. 16. ed. São Paulo: Malheiros, 1998.

SILVA, Nivaldo Correia da. A Colonização da Política: mídia, ideologia e poder. *In:* GOBBO, B. A.; PIMENTEL FILHO, J. E.; GONÇALVES, M. A. de P. (Org.). *O Poder da Mídia*. (Re)editando outras verdades. Rio de Janeiro: Lamparina, 2016.

SILVEIRA, Domingos Sávio Dresch da. Controlar não é censurar: algumas reflexões sobre os meios de comunicação social e a verdade nos processos eleitorais. *Cadernos de Advocacia Pública*: Direito Eleitoral e eleições 2000. nº 1, jul./2000. Porto Alegre: Escola Superior de Direito Municipal, 2000.

SOARES, Danilo José Viturino. A Cidadania de Crianças e Adolescentes no Brasil: Caminhos e Desafios. *Revista Eletrônica de Ciências Sociais*. Juiz de Fora, n. 26, 2018.

SOARES, Elza. *Hienas na TV*. Composição: Kiko Dinucci e Clima. *In:* Deus é Mulher. Faixa 6. [s/l]. 2018.

SOARES, Jussara. Bolsonaro diz que ECA deve ser "rasgado e jogado na latrina". *Jornal O Globo*. 2018. Disponível em: https://oglobo.globo.com/brasil/bolsonaro-diz-que-eca-deve-ser-rasgado-jogado-na-latrina-23006248. Acesso em: 05 dez. 2019.

SOUZA, Jessé. *A modernidade seletiva*: uma reinterpretação do dilema brasileiro. Brasília: Editora da Universidade de Brasília, 2000.

SOUZA, Jessé. *A tolice da inteligência brasileira*: ou como o país se deixa manipular pela elite. São Paulo: Leya, 2015.

SOUZA, Jessé. *Ralé brasileira*: quem é e como vive. Belo Horizonte: Editora UFMG, 2009.

SUSPEITO de estuprar criança de 9 anos é liberado. *CNEWS*. 2014. Disponível em: http://cnews.com.br/cnews/noticias/49050/suspeito_de_estuprar_crianca_de_9_anos_e_liberado. Acesso em: 10 dez. 2019.

STEIBEL, Fabro. Classificação indicativa no Brasil: quinze anos de pesquisa sobre regulação dos conteúdos de mídia. *Revista Compolítica*. N. 4, vol. 1, ed. jan-jul, ano 2014a.

STEIBEL, Fabro. Classificação indicativa: uma análise do estado da arte da pesquisa sobre o tema no Brasil. *In:* MACEDO, A. X. N. M.; PIRES, D. U. B. S.; ANJOS, F. A. dos. (Org.) *A experiência da classificação indicativa no Brasil*. Brasília: Ministério da Justiça. Secretaria Nacional de Justiça, 2014b.

STF. Supremo Tribunal Federal. *ADI 2404 DF*, Relator (a): Ministra Dias Toffoli, Tribunal do Pleno, julgado em: 31/08/2016. Disponível em: http://www.stf.jus.br. Acesso em: 10 jan. 2019.

STF. Supremo Tribunal Federal. *RE 511.961 / SP*. Relator (a): Ministro Gilmar Mendes, Julgado em: 17/06/2009. Disponível em: http://www.stf.jus.br. Acesso em: 21 nov. 2019.

STF. Supremo Tribunal Federal. *SL 1178 / PR*. Relator (a): Ministro Luiz Fux, Julgado em: 28/09/2018. Disponível em: http://www.stf.jus.br. Acesso em: 10 out. 2019.

STF. Supremo Tribunal Federal. *SL 1248 MC / RJ*. Relator (a): Ministro Dias Toffoli, Julgado em: 08/09/2019. Disponível em: http://www.stf.jus.br. Acesso em: 10 out. 2019.

STJ. Superior Tribunal de Justiça. *AgRg no Ag*: 663273 RJ, Rel. Min. Humberto Martins, Julgado em: 03/10/2006, DJ 17.10.2006. Disponível em: http://www.stj-jus.br. Acesso em: 05 jul. 2019.

STJ. Superior Tribunal de Justiça. *REsp. 509.968 SP*, Rel. Ministro Ricardo Villas Bôas Cueva, Terceira Turma, julgado em: 06/12/2012, DJe 17/12/2012. Disponível em: http://www.stj-jus.br. Acesso em: 05 jul. 2019.

STJ. Superior Tribunal de Justiça. *REsp. nº 124621/SP*. Rel. Min. Sálvio de Figueiredo Teixeira, Julgado em: 13/04/1999, DJ 28.06.1999. Disponível em: www.stj.jus.br. Acesso em: 10 jul. 2019.

STJ. Superior Tribunal de Justiça. *REsp: 55168 RJ*. Rel. Min. Luiz Vicente Cernicchiaro, Julgado em: 28/08/1995, DJ 09.10.1995. Disponível em: http://www.stj-jus.br. Acesso em: 05 jul. 2019.

STROPPA. Tatiana. *As dimensões constitucionais do direito de informação e o exercício da liberdade de informação jornalística*. Belo Horizonte: Fórum, 2010.

TIBURI, Marcia. *Como conversar com um fascista*. 4. ed. Rio de Janeiro: Record, 2015.

TELESPECTADORA acerta objeto da maleta premiada do Balanço Geral Manhã. *Balanço Geral SE*. 2018. Disponível em: https://a8se.com/tv-atalaia/balanco-geral/video/2018/10/147016-telespectadora-acerta-objeto-da-maleta-premiada-do-balanco-geral-manha.html. Acesso em: 10 dez. 2019.

TJPR. Tribunal de Justiça do estado do Paraná. *Ap. Cív. nº 556.152-8*, da Vara de Adolescentes Infratores de Curitiba. Rel. Juiz Conv. D'Artagnan Serpa Sá, Julgado em: 10/06/2009. Disponível em: www.tjpr.jus.br. Acesso em: 10 jul. 2019.

TJRJ. Tribunal de Justiça do estado do Rio de Janeiro. *M.S. nº 0056683-91.2019.8.19.0000*, da 5ª Câmara Cível do Rio de Janeiro. Rel. Juiz Heleno Ribeiro Pereira Nunes, Julgado em: 06/09/2019. Disponível em: www.tjrj.jus.br. Acesso em: 10 jul. 2019.

TJSP. Tribunal de Justiça do estado de São Paulo. *Tutela Antecipada Antecedente – Liminar nº 1016422-86.2017.8.26.0309*, da 1ª Vara Cível da Comarca de Jundiaí. Juiz Luiz Antônio de Campos Júnior, Julgado em: 15/09/2017. Disponível em: www.tjsp.jus.br. Acesso em: 10 jul. 2019.

TRAFICANTE preso mata jovem a facadas durante visita íntima. *Cidade Alerta*. 2018g. Disponível em: https://recordtv.r7.com/cidade-alerta/videos/traficante-preso-mata-jovem-a-facadas-durante-visita-intima-17112018. Acesso em 30: dez. 2019.

TRASPADINI, Roberta; STÉDILE, João Pedro. *Ruy Mauro Marini*: Vida e Obra. São Paulo: Expressão Popular, 2005.

TRÊS CRIANÇAS desaparecem após deixar a escola. *Cidade Alerta*. 2018h. Disponível em: http://recordtv.r7.com/cidade-alerta/videos/tres-criancas-desaparecem-apos-deixar-a-escola-04122018. Acesso em: 30 dez. 2019.

TREVISAN, Maria Carolina. *O racismo que mata*. 2014. Disponível em: http://www6.ensp.fiocruz.br/radis/radis-na-rede/o-racismo-que-mata. Acesso em: 20 jul. 2019.

TV Cidade Lança o Super Babão. *CNEWS*. 2018. Disponível em: http://cnews.com.br/tvcidade/noticias/122702/tv_cidade_lanca_super_babao. Acesso em: 10 dez. 2019.

TV Ponta Negra é líder de audiência no horário nobre local. *OP9*. 2019. Disponível em: https://www.op9.com.br/rn/pop9/tv-ponta-negra-atinge-audiencia-historica-no-rio-grande-do-norte/. Acesso em: 21 nov. 2019.

UNESCO. *Um mundo e muitas vozes*: comunicação e informação na nossa época. Rio de Janeiro: FGV, 1983.

UNICEF. FUNDO DAS NAÇÕES UNIDAS PARA A INFÂNCIA. *ECA 25 anos*: avanços e desafios para a infância e a adolescência no Brasil. 2015. Disponível em: http://www.unicef.org/brazil/pt/ECA25anosUNICEF.pdf. Acesso em: 20 jul. 2019.

UNICEF. FUNDO DAS NAÇÕES UNIDAS PARA A INFÂNCIA. *Pobreza na infância e na adolescência*. 2018. Disponível em: https://www.unicef.org/brazil/pt/pobreza_infancia_adolescencia.pdf. Acesso em: 20 jul. 2019.

URUGUAY. *Estrategia por la Vida y la Convivencia*: 5 medidas. Ministerio Del Interior. 2018. Disponível em: https://www.minterior.gub.uy/index.php/documentos-y-legislacion/21-documentos-y-legislacion/reglamentos-y-documentos/588-estrategia-por-la-vida-y-la-convivencia. Acesso em: 10 dez. 2019.

VARJÃO, Suzana. *Violações de direitos na mídia brasileira*: Pesquisa detecta quantidade significativa de violações de direitos e infrações a leis no campo da comunicação de massa. Brasília, DF: ANDI, 2016.

VERONESE, Josiane Rose Petry. Humanismo e infância: a superação do paradigma da superação do sujeito. *In*: MEZZAROBA, Orides (org.). *Humanismo latino e Estado no Brasil*. Florianópolis: Fundação Boiteux; Treviso: Fondazione Cassamarca, 2003.

VICENTE, M. M. *História e comunicação na nova ordem internacional*. São Paulo: Editora UNESP, 2009.

ZOCCHI, Paulo. Jornalista sob tutela. *Observatório da imprensa*. 2018. Disponível em: http://observatoriodaimprensa.com.br/edicao-brasileira-da-columbia-journalism-review/jornalista-sob-tutela/. Acesso em: 21 nov. 2019.

VÍDEO mostra jovem sendo esfaqueado no Recife Antigo. *Ronda Geral*. 2018c. Disponível em: http://tvtribunape.com.br/video/12632. Acesso em: 30 dez. 2019.

VIVARTA, Veet (coord.). *Infância e comunicação*: referências para o marco legal e as políticas públicas brasileiras. Brasília: ANDI, 2011.

VIVARTA, Veet; CANELA, Guilherme (Org.) *Classificação indicativa*: Construindo a Cidadania na tela da Tevê. Brasília: ANDI; Secretaria Nacional da Justiça, 2006.

WAISELFISZ, Júlio J. *Mapa da violência 2015*: mortes matadas por arma de fogo. Brasília: 2015. Disponível em: www.juventude.gov.br/juventudeviva. Acesso em: 20 jul. 2019.

WANDERLEY, Sonia. O campo televisivo e a política nacional. *In*: XXVIII *Congresso Brasileiro de Ciências da Comunicação*. 2005. Rio de Janeiro: Congresso Brasileiro de Comunicação – Anais, 2005.

WARDE, Walfrido. *O espetáculo da corrupção*. Como um sistema corrupto e o modo de combatê-lo estão destruindo o Brasil. Rio de Janeiro: Leya, 2018.

WEBER, Max. *Economia e sociedade*: fundamentos da sociologia compreensiva. Vol. 1. Brasília: Editora Universidade de Brasília, 1991.

WILLIAMS, Raymond. *Marxismo e literatura*. Rio de Janeiro: Zahar; 1979.

WIMMER, Mirian. *O direito à comunicação na Constituição de 1988*: o que existe e o que falta concretizar. Eco-Pós (UFRJ), v.11, p. 146-165, 2009.

YAROCHEWSKY, Leonardo Isaac. Imputabilidade aos dezesseis anos. *In*: HATEM, D. S.; STEFANI, E. F.; FAZZI, R. de C.; SOUZA, R. S. R.; CAMPOS, S. M. C.; LIMA, T. M. M de (Org.). *Estatuto da criança e do adolescente*: Conquistas e Desafios. Belo Horizonte: PUC Minas, 2005.

YAROCHEWSKY, Leonardo Isaac. *Reflexão de um criminalista*. Belo Horizonte: Letramento, 2015.

YAROCHEWSKY, Leonardo Isaac. *O direito penal em tempos sombrios*. Florianópolis: Empório do Direito, 2016.

ŽIŽEK, Slavoj. *Violência*. Tradução: Miguel Serras Pereira. São Paulo: Boitempo, 2014.

APÊNDICE

SÍNTESE DA PESQUISA QUALITATIVA DOS PROGRAMAS POLICIALESCOS

1 APRESENTAÇÃO

Em breve síntese, esta metodologia tem como objetivo auxiliar na análise da mídia quanto à abordagem de crianças, adolescentes e jovens, considerando o enquadramento desse público durante a cobertura dos programas policialescos da TV aberta. Nesse sentido, apresentam-se o levantamento de matérias realizado, bem como a transcrição completa das narrativas midiáticas que compõem os três exemplos emblemáticos escolhidos.

2 SELEÇÃO E QUALIFICAÇÃO DAS MATÉRIAS

Segundo o *"Ranking* de Violações de Direitos Humanos na TV Aberta",[1] os três programas policialescos identificados com maior quantidade de denúncias foram, respectivamente, "Cidade Alerta", "Brasil Urgente" e "Ronda Geral". Por questões operacionais, diante do volume de dados gerados, foram escolhidos apenas os três programas com maior número de denúncias, tomados como referências na seleção das matérias e, consequentemente, dos casos emblemáticos. Uma vez selecionados os programas e definido o intervalo da amostragem de 30 dias, visualizaram-se os vídeos disponíveis nos *sites* oficiais dos programas, estabelecendo o recorte que priorizasse a identificação

---

[1] Disponível para consulta no *site*: www.midiasemviolacoes.com.br/ranking.

do público infantojuvenil. Essas informações foram organizadas em tabelas, de forma a facilitar a análise dos dados.

2.1 Programa "Cidade Alerta"

No *site* oficial da TV Record,[2] foram identificados 137 vídeos no intervalo da pesquisa, sendo 13 selecionados como prioridade do estudo.

TABELA 3

Dados do programa "Cidade Alerta"

(continua)

"Cidade Alerta", TV Record			
Indicador	Chamada	Data	Unidades de Enquadramento
Adolescente/s	Caso Mellanys: adolescente reaparece após sete dias sem dar notícias	15/11/18	"Mãe e filha"; "[Nome completo]"; "a adolescente é entrevistada"; "o relato da estudante": "na adolescência, que você quer mostrar que você é"; "adulta suficiente".
Adolescente/s	Adolescente é preso após fazer motorista de aplicativo refém	16/11/18	"É menor de idade"; "A punição para menor de idade não dá em nada"; "comparsas"; "O menor que está armado"; "É a mãe do bandido": "Ele é machão até a página 2"; "É adulto"; "Vê se um menino desse tamanho"; "Imagina que esse moleque não tem noção".
Adolescente/s	Adolescente morre após ser alvo de ataque	16/11/18	"Vítima"; "Um rapaz de 17 anos tinha acabado de receber um golpe de faca"; "o estado de saúde do jovem era gravíssimo"; "encaminharam o rapaz ao hospital".
Jovem/ns	Traficante preso mata jovem a facadas durante visita íntima	17/11/18	"Uma garota de 18 anos, chamada Lídia, morta dentro da cela"; "temo a foto da menina já"; "essa é menina que foi morta"; "qual a ligação dessa menina com o traficante"; "jovem ensanguentada".
Jovem/ns	Jovem mata e rouba pertences de idoso	30/11/18	"Essa de 22 anos"; "Essa aqui [imagem]"; "moça"; "as mulheres"; "a dupla fez a limpa da casa"; "duas jovens"; "[Nome completo]".

---

[2] Disponível para consulta no *site*: http://recordtv.r7.com/cidade-alerta.

(conclusão)

Jovem/ns	Jovem de 17 anos desaparece misteriosamente	03/12/18	"Filho"; "A notícia chegue antes de [Nome completo]"; "O corpo dele"; "Apenas 17 anos, com quase 2 metros de altura. Como esse rapaz pode ter desaparecido"; "Ele tá vivo"; "Ele pode estar com problema na mente"; "Ele já apanhou muito dos outros"; "Ele falou que tava namorado"; "Ele é muito brincalhão".
Criança/s	Três crianças desaparecem após deixar a escola	04/12/18	"Filho"; "[Nome completo]"; "Dois garotos"; "Para esses meninos"; "os meninos"; "desaparecimento do garoto"; "o filho nunca"; "[Nome]"; "Ele não voltou"; "outros dois garotos"; "Este menino tem problemas de saúde".
Jovem/ns	Jovem morre após se submeter a procedimento estético	04/12/18	"Alertaram o jovem que o procedimento era perigoso"; "[Nome] era vaidoso"; "Nosso primo entrou em contato"; "O jovem começou a passar mal"; "Estudante".
Jovem/ns	Polícia investiga morte de jovem de 26 anos após desaparecimento	14/12/18	"[Nome completo]"; "[Imagem]"; "[Apelido]"; "Ela já chegou com agressão"; "Vítima"; "Desaparecida".
Jovem/ns	Jovem é assassinada após namoro secreto com o sogro, 31 anos mais velho	14/12/18	"Ex-namorada do filho dele"; "Se apaixonou pela bela"; "[Nome completo]"; "nora"; "vítima"; "à época, tinha 15 anos"; "[Imagem]"; "triângulo amoroso da morte"; "namorada do filho"; "a menina termina o namoro"; "novinha"; "mostrar a menina nova, bonita".
Jovem/ns	Polícia prende último criminoso envolvido no assassinato de jovem em hospital	15/12/18	"Assassinado por engano"; "[Nome completo]"; "Executado"; "[Nome completo]"; "Vítima"; "Jovem morto por engano"; "perdeu o filho e o melhor amigo"; "[Imagem]".
Jovem/ns	Jovem morre após aplicação no corpo feita pelo 'doutor bumbum de Osasco'	17/12/18	"Vítima"; "Jovem de 19 anos"; "[Nome completo]; "[Imagem]"; "Casa da mulher".
Jovem/ns	Jovem mata padrinho da namorada e esconde o corpo na geladeira	17/12/18	"Rapaz"; "namorado da afilhada"; "o assassino"; "[Nome completo]"; "Foragido"; "namorado".

Fonte: Elaborado por esta pesquisa a partir de vídeos relativos à amostra.

2.2 Programa "Brasil Urgente"

No *site* oficial da Band,[3] foram identificados 471 vídeos no intervalo da pesquisa, sendo 26 selecionados como prioridade do estudo.

TABELA 4

Dados do programa "Brasil Urgente"

(continua)

"Brasil Urgente", TV Band			
Indicador	Chamada	Data	Unidades de Enquadramento
Criança/s	Três crianças morrem afogadas em represa	20/11/18	"Essas meninas"; "irmãs e das colegas"; "outras duas meninas"; "um grupo com duas crianças; e outro com três crianças"; "vítimas"; "[imagem]"; "[nome completo]"; "sobrinha"; "adolescente de 16 anos".
Adolescente/s	Colega agride adolescente após jogo de futebol	22/11/18	"Menino otimista"; "[Nome]", "[Imagem]", "muito bonzinho"; "vítima"; "estudante"; "habilidoso"; "muito machucado, lutando pela vida".
Criança/s	Van escolar sofre acidente com crianças a bordo	24/11/18	"Muitas crianças"; "vítimas"; "[Imagens]".
Adolescente/s	Adolescente é morta por bala perdida no RJ	24/11/18	"[Imagem]", "[Nome]", "Adolescente"; "Vítima"; "menino baleado no peito, enquanto soltava pipa".
Adolescente/s	Adolescente desaparece após ir a uma festa	28/11/18	"Adolescente"; "Casa de [Apelido]"; "[Imagem]"; "[Nome completo]"; "Garota sumiu"; "Traía o rapaz"; "[Endereço da casa]"; "moleque adolescente".
Adolescente/s	Família procura por adolescente desaparecida	28/11/18	"[Apelido]"; "[Imagem]"; "Modelo desaparecida"; "ela é religiosa, estudiosa e investe na carreira de modelo"; "mais uma adolescente desaparecida, em um caso de mistério".
Adolescente/s	Adolescente some a caminho da festa	28/11/18	"[Apelido]"; "Modelo desaparecida"; "[Voz]"; "Vítima".
Estudante	Desaparecida há dez dias, estudante é encontrada morta	29/11/18	"Estudante"; "Colega"; "[Apelido]"; "[Imagem]"; "Informações sobre o paradeiro da jovem".
Jovem/ns	Jovem desaparecida é encontrada morta	01/12/18	"Estudante"; "Usuária de droga".

---

[3] Disponível para consulta no *site*: www.noticias.band.uol.com.br/brasilurgente/videos/.

(continua)

Estudante	Estudante é morta brutalmente pelo ex-namorado	03/12/18	"Universitária assassinada"; "Estudante brutalmente morta"; "[Imagem]"; "[Nome completo]"; "Filha única, neta única".
Menor/es	Menores infratores assustam motoristas	03/12/18	"Menores"; "Bandidos atacam"; "Viram alvos dos bandidos"; "Marginais"; "Criminosos".
Criança/s	Homens, mulheres e crianças ficam na mira de assaltantes	03/12/18	"Reféns"; "Vítimas"; "escudo humano".
Garoto/s	Mãe de garoto desaparecido em SP reclama da falta de apoio	04/12/18	"Garoto"; "Adolescentes"; "Três crianças perdidas; "[Imagem]"; "Só sei que vi os garotos por aqui".
Garoto/s	Garoto de 12 anos está desaparecido	04/12/18	"Garoto desaparecido"; "[Nome]"; "Duas crianças saíram para pedir um lanchinho"; "Dois meninos já conhecidos por pedir"; "Meu filho".
Menino/s	Três meninos são encontrados após cinco dias desaparecidos	05/12/18	"[Nome]"; "Irmãos hoje estão bem"; "Os garotos foram reconhecidos em uma lanchonete"; "[Nome] se machucou e precisará em cuidados".
Rapaz	Rapaz é assassinado após assalto em ônibus	05/12/18	"Menino trabalhador, não usa droga"; "Rapaz"; "Atiram no peito do jovem"; "o jovem estava no fundo do ônibus"; "o jovem caiu no asfalto"; "o jovem mais uma vítima da violência"; "[Imagem]".
Criança/s	Crianças são encontradas após cinco dias desaparecidas	05/12/18	"[Nome]"; "Pensei que tinha perdido o meu filho"; "O garoto e outros dois adolescente foram encontrados"; "Mostraram a foto de onde esses meninos estavam"; "Já em casa, eles não conseguiam ficar em pé de tanto sono"; "Parecia que era adulto"; "Quer ser jogador de futebol".
Menor/es	Menores aterrorizam motoristas na zona oeste de SP	07/12/18	"Menores"; "Adolescente, parece irritado"; "Essa praça virou ponto de encontro de jovens infratores"; "dois adolescentes e apontam a arma"; "a correria deles".
Garota	Preso homem que violentou e matou garota de 15 anos	08/12/18	"Violentou e matou garota"; "vítimas"; "estuprada várias vezes"; "[Nome completo]".
Menor/es	Piratas do asfalto: Menores aterrorizam capital paulista	08/12/18	"Menores aterrorizam"; "Uma adolescente desce do carro e pega o dinheiro da vítima"; "suspeitos"; "dois alunos da escola municipal"; "que pelo menos alguns dos criminosos têm passagem na Fundação Casa".

(conclusão)

Garota	Garota é assassinada após sair de festa	10/12/18	"Uma de suas quatro filhas"; "menina divertida"; "assassinada"; "[Nome completo]"; "atirou cinco vezes contra a garota"; "sua filha ainda foi socorrida"; "a morte da filha é um mistério"; "menina nova, tudo pela frente".
Rapaz	Bandido atira em rapaz na saída de supermercado	12/12/18	"Vítima"; "noivo"; "o rapaz acabou atingido na barriga".
Jovem/ns	Jovem é encontrada morta em Atibaia	13/12/18	"[Nome completo]"; "Jovem é encontrada morta"; "Vítima estava vestida"; "Ela foi agredida a pauladas"; "Jovem poderia estar grávida"; "a menina não merece um coisa dessa"; "a hipótese do envolvimento de Camila com o tráfico de drogas não está descartada".
Criança/s	Casal é indiciado após agredir criança	14/12/18	"Criança"; "[Nome]"; "Menino tropeça e cai"; "Obriga o filho a bater no menino"; "Eles acreditavam que meu sobrinho bateu no filho deles"; "O menino passou por corpo de delito".
Menor/es	Quadrilha de menores rouba carros na Zona Sul de SP	15/12/18	"São menores prestes a roubar um carro"; "três menores apreendidos".
Adolescente/s	Adolescente de 16 anos mata irmão mais novo a facadas	15/12/18	"Jovem de 14 anos morto pelo irmão de 16 anos"; "o menor foi morto"; "irmão que mata irmão".

Fonte: Elaborado por esta pesquisa a partir de vídeos relativos à amostra.

2.3 Programa "Ronda Geral"

No *site* oficial da TV Tribuna,[4] afiliada da TV Bandeirantes em Pernambuco, foram identificados 107 vídeos no intervalo da pesquisa, sendo seis selecionados como prioridade do estudo.

TABELA 5

Dados do programa "Ronda Geral"

"Ronda Geral", TV Tribuna			
Indicador	Chamada	Data	Unidades de Enquadramento
Adolescente/s	Retrato falado de suspeito de estuprar adolescente em Caixa D'água, Olinda	11/12/18	"[Imagem]"; "Moça de 16 anos"; "Moça arrastada"; "Assaltar e estuprar uma adolescente de"; "Essa adolescente estava na frente de casa [endereço]"; "Vítima"; "três meninas vítimas de estupro".
Jovem/ns	Vídeo mostra jovem sendo esfaqueado no Recife Antigo	26/11/18	"Gente sendo esfaqueado"; "Dois rapazes esfaqueados"; "Jovem de 15 anos"; "Rapaz com a faca"; "Jovem sangrando"; "Adolescente de 16 anos"; "Indivíduo de nome"; "[Nome completo]"; "o jovem esfaqueado"; "não espera o cara receber alta".
Jovem/ns	Jovem é executado em Jardim Atlântico, Olinda	27/11/18	"Rapaz assassinado com 8 tiros"; "A vítima é o adolescente"; "[Nome completo]"; "corpo da vítima"; "tinha passagem".
Adolescente/s	Adolescente abandona recém-nascido em terreno baldio	29/11/18	"Adolescente que abandonou"; "Quando falo adolescente, estou me referindo a uma moça"; "Mãe"; "Gordinha, evangélica"; "Grávida de homem casado"; "menina de uma família religiosa".
Jovem/ns	Jovem é assassinado dentro de escola em São Lourenço da Mata	12/12/18	"Jovem foi assassinado na escola"; "corpo do jovem ao lado da bicicleta"; "[Nome completo]"; "Rapaz se encontrava com amigos no fundo da escola".
Estudante	Mãe de estudante morta na Nicarágua fala da condenação	13/12/18	"Estudante de medicina"; "[Nome completo]"; "[Imagem]"; "[Assassinada]"; "filha".

Fonte: Elaborado por esta pesquisa a partir de vídeos relativos à amostra.

---

[4] Disponível para consulta no *site*: http://tvtribunape.com.br/videos.

3 EXEMPLOS EMBLEMÁTICOS

Após a análise das 45 matérias expostas acima, três exemplos emblemáticos foram escolhidos, um de cada programa selecionado. A escolha considerou matérias de referência, tendo em vista o número de visualização das matérias até a data final da amostragem (15/12/2018).

A seguir, os vídeos foram transcritos integralmente, para que se possa visualizar o conteúdo da narrativa de modo detalhado.

3.1 Exemplo 1: "Cidade Alerta" e o "caso Mellanys"

Programa: "Cidade Alerta".
Canal: TV Record (São Paulo/Nacional).
Título: Caso Mellanys: fim do mistério agora.
Data: 15/11/2018.
Horário: 16h45 às 18h15.

Transcrição da matéria:

(Chamada) Mellanys: fim do mistério agora.
(Contexto) Cenas no interior da casa da família.
(Repórter) Uma ligação! Uma denúncia do possível local onde ela está.
(Contexto) Imagem do rosto da mãe, que está emocionada.
(Repórter) Um momento de aflição!
(Contexto) Outra cena; a repórter andando em uma rua, em direção a uma casa.
(Repórter) A informação que a gente tem, que é preliminar, é que a Mellanys está aqui. Vou tentar perguntar para alguém.
(Repórter) Em seguida, a angústia.
(Contexto) Música de tensão. Volta a cena de choro da mãe e, em sequência, a imagem de uma vizinha na porta de sua casa.
(Fala de um vizinho) A gente pensou de tudo! Que ela estava morta, que ela estava sendo abusada.
(Repórter) E, finalmente, o reencontro emocionante!
(Contexto) A música muda, e a tensão é minimizada. Mãe e filha se abraçam. Em seguida, a adolescente é entrevistada pala repórter na sala da casa.
(Repórter) E o relato da estudante que ficou sete dias desaparecida.
(Fala da adolescente) Chega uma idade na vida que, principalmente agora, na adolescência, que você quer mostrar que você é independente

de tudo e que você pode tudo. Então eu queria mostrar que eu sou adulta suficiente.
(Repórter) Mas a história por trás do desaparecimento é cada vez mais intrigante. A pedido de Danielle, fomos até a sua casa para continuar a procura por Mellanys.
(Contexto) Novamente, imagens da casa da família.
(Repórter) Agora, passa das nove da manhã, a gente acabou de chegar aqui na casa da Mellanys para entrevistar a mãe e as amigas. Porém, a Danielle acabou de receber uma ligação. Saiu às pressas daqui. Uma denúncia de um local, possível, onde ela pode estar. E nós vamos seguir para lá agora. Estou até com a amiga da Danielle aqui, que está um pouco aflita, né.
(Fala da amiga) Eu sou Rosana, comadre dela.
(Repórter) E receber essa notícia assim dá uma aflição?
(Fala da amiga) Dá muito, porque a expectativa. A gente está rezando todos os dias, não sabia onde ela estava, e saber que ela está bem e que essa notícia é verdadeira. Então, isso, a gente não sabe nem o que falar, não tem como mensurar a alegria.
(Repórter) Agora, o que vai acalmar o coração é vê-la, né? Porque a Danielle já está indo para lá e ainda não viu. A gente vai seguir pra lá também.
(Fala da amiga) Exatamente, acho que hoje, o que menos importa são os motivos, mas a prioridade é saber que ela está bem.
(Repórter) Então tá bom. A Adriane Freire acompanha a gente aqui então. Vamos seguir agora para o endereço. A gente já tem o nome da rua. Danielle já tá ali. A gente vai sair às pressas agora, para acompanhar se dessa vez a denúncia é verdadeira, e se finalmente haverá esse encontro da Danielle com a filha depois de sete dias de sufoco. Bora lá!
(Contexto) A equipe de reportagem vai pela rua em direção a uma casa.
(Repórter) Desesperada, Danielle foi na frente. No caminho, só pensava em todos os detalhes do desaparecimento. A mensagem misteriosa. O vídeo do ensaio da filha. Será mesmo que todo esse sofrimento estava perto de um fim? Então nós vamos até este endereço agora. Lembrando que já são sete dias do desaparecimento da Mellanys. Que foi vista pela última vez, aqui, nesta rua, pegando ônibus, em um ponto que fica logo ali na frente, a cerca de 150 metros de distância da casa onde ela mora com os pais. Depois disso, o mistério só aumentava. De um número muito estranho, um outro prefixo, ela mandou uma mensagem. Teria sido a Mellanys mandando uma mensagem dizendo que estava bem. Bem seca a mensagem, no final, assinando com o próprio nome.

Porém, a mãe não se convenceu sobre aquela mensagem. Ontem ela fez um apelo, ao vivo, muito emocionada, pedindo por notícias da filha. A grande audiência do "Cidade Alerta" fez com que essa informação, a foto da Mellanys aparecesse em vários locais. E, agora, a mãe recebeu essa denúncia de que ela estaria em um certo endereço. Nós vamos para lá agora. Vamos com um parente, um tio da Mellanys até o local, para saber se isso realmente aconteceu. E se finalmente mãe e filha irão se encontrar. E se isso acontecer, saber por que a Mellanys sumiu? Quem estava com ela este tempo todo? Onde ela estava? Por que mandou aquela mensagem enigmática? Onde o celular já não atendia mais. Nós vamos seguir para lá agora. Vamos mostrar todos os detalhes do que aconteceu e do que vai acontecer. E se tiver esse encontro, com certeza, será emocionante. Nossa equipe vai acompanhar. Até então, Mellanys não tinha sido vista em nenhum lugar. O que deixou a família ainda mais desesperada. Será que desta vez a informação levaria ao encontro de mãe e filha?
(Contextos) Novas imagens, em uma nova casa. Aos poucos, repórter e familiares entram no interior da casa.
(Repórter) Nós chegamos agora neste endereço. É da irmã da Danielle, a informação que a gente tem preliminar é de que a Mellanys está aqui. Vou tentar perguntar para alguém. Mellanys está aqui?
(Fala de familiar 1) Está, está graças a Deus, ela está aqui com a gente.
(Repórter) Estou vendo o seu sorriso no rosto. Alegria?
(Fala de familiar 1) Muito, muito emocionada, dela tá aqui com a gente, né. Porque eu, como mãe, eu sinto no lugar da mãe dela.
(Repórter) O sofrimento de todos esses dias, né?
(Fala do familiar 1) Com certeza. Com certeza.
(Repórter) Você pode nos levar lá?
(Fala do familiar 1) Com certeza. Por favor.
(Repórter) Vamos lá, Adriane. Então aqui é o endereço da tia. Bom dia. Como é que ela chegou aqui? A que horas mais ou menos?
(Fala do pai) Então, ela chegou a, aproximadamente, uns 40 minutos. Ela apareceu do nada na casa da sogra, da mãe do meu cunhado. E, imediatamente, eles ligaram para Gracille, que é minha cunhada. Aí eles a trouxeram para cá, porque ela queria ver primeiro a minha cunhada. Aí, ela me ligou, e a gente correu pra cá.
(Repórter) E ela apareceu do nada na casa?
(Fala do pai) Do nada. Do nada. E agora a gente está aguardando, porque como foi feito o boletim de ocorrência, a gente precisa esperar a

polícia para poder desenrolar essa história. Até porque a gente precisa descobrir onde ela estava ficando.
(Repórter) Ela chegou a falar alguma coisa ou está em estado de choque?
(Fala do pai) Ela está em estado de choque.
(Repórter) Aparentemente, ela está bem?
(Fala do pai) Aparentemente, está bem.
(Fala de familiar 2) O importante é o resultado. Ela voltou! E a gente agradece a Record. Porque eu acho que vocês ajudaram muito. Muito mesmo! Vocês não tem noção do quanto vocês ajudam as famílias, gente. É muito mesmo. Muito obrigado. E dá um abraço no Bacci por mim. Muito obrigado! Eu agradeço de coração, tá.

3.2   Exemplo 2: "Brasil Urgente" e os "piratas do asfalto"

Programa: "Brasil Urgente".
Canal: TV Band (São Paulo/Nacional).
Título: Piratas do asfalto: menores aterrorizam capital paulista.
Data: 08/12/2018.
Horário: 16h às 19h.

Transcrição da matéria:

(Contexto) Imagens do celular de um morador da rua no bairro Butantã, que flagrou a ação policial e o suspeito de assalto ferido.
(Repórter) O homem baleado na rua, de acordo com a polícia é um assaltante. O morador do bairro do Butantã, na zona oeste de São Paulo, registra a chegada da polícia. O suspeito fica ali no chão, até a chegada do resgate. Segundo a Polícia Civil, o homem tinha acabado de assaltar uma casa lotérica na região. Na fuga, trocou tiros com a polícia e acabou baleado.
(Contexto) Imagem do cinegrafista do "Brasil Urgente", com foco no rosto do entrevistado. A entrevista acontece em uma das ruas do bairro.
(Repórter) Para o presidente do Conselho de Segurança do bairro, a criminalidade aumentou de junho a novembro deste ano.
(Entrevistado) Eles entram na frente dos veículos, normalmente eles estão a pé ou de bicicleta, eles agem de várias formas. Eles procuram, principalmente, mulheres e pessoas de mais idade, porque são pessoas mais frágeis e tem um receio maior e, assim, de estar colocando em risco, até mesmo o pedestre.

(Contexto) Outra cena, agora, com imagens em preto e branco de uma câmera de segurança de uma rua do bairro.

(Repórter) Nessa outra imagem uma estudante desce a rua enquanto é rendida por um homem armado. A jovem cai no chão e quase acaba estrangulada. Quando ela solta o celular, o homem pega o aparelho e foge. Os outros dois suspeitos descem a rua correndo. A jovem sai caminhando com a mão no pescoço e acaba socorrida por um morador da região.

(Contexto) Retorna a imagem do cinegrafista do "Brasil Urgente" para o entrevistado, no mesmo modelo de antes.

(Entrevistado) Os moradores tem relatado muita insatisfação sobre a segurança. Muita insatisfação. Tanto que tem uns grupos de *WhatsApp*. Todos estão indignados com a ação que tem sido tomada aqui no bairro.

(Contexto) Outra cena, uma nova câmera de segurança flagra outro assalto na região.

(Repórter) Em outro assalto registrado pela câmera de segurança, os bandidos chegam de carro. A mulher é rendida na calçada. Segurada e jogada no chão. Uma adolescente desce do carro e pega o dinheiro da vítima e a dupla foge. O homem que subia a rua e volta para ajudar a mulher machucada no chão.

(Contexto) Em outra cena, o cinegrafista filma o repórter em frente ao prédio da Delegacia da Polícia Civil do bairro. Em certo momento, o rosto da testemunha aparece, enquanto a voz do repórter aborda o que ela relatou à polícia.

(Repórter) A motorista de uma van conseguiu identificar, pelo menos, dois suspeitos que vem praticando roubos na região. Seriam alunos de uma escola municipal. Já a Polícia Civil está analisando as imagens das câmeras de segurança para tentar dar um basta nesses "piratas do asfalto".

(Contexto) Outra imagem de câmera de segurança instalada em uma das ruas da região.

(Repórter) Nessa imagem, um motorista, ao perceber que será assaltado, acelera e derruba o assaltante de bicicleta. Ele corre, mas veja que o bandido ainda retorna e foge com a *bike*.

(Contexto) Outra imagem de câmera de segurança instalada em uma das ruas da região.

(Repórter) Em mais um assalto no bairro do Butantã, o bando armado chega de carro e rende o motorista que manobra na garagem. O grupo é rápido, troca de veículo e foge. A investigação dos policiais mostra que pelo menos alguns destes criminosos já tem passagens pela Fundação

Casa. Eles usam motos e carros para praticar os crimes. A suspeita que se trata do mesmo grupo, que tem formas diferentes de praticar os roubos na região do Butantã, em São Paulo.
(Contexto) Retorna a imagem do cinegrafista do "Brasil Urgente" para o entrevistado, no mesmo modelo de antes.
(Entrevistado) Eu acho que tá faltando, que estamos sentindo falta, é o policiamento preventivo. Policiamento preventivo, a viatura circulando pelo bairro, isso inibe a ação dos bandidos. E nós não estamos tendo essa opção. Por falta de viaturas, por falta de policiais, enfim, é uma estrutura da polícia militar que tem que ser revista.

3.3 Exemplo 3: "Ronda Geral" e o flagrante do adolescente esfaqueado

Programa: "Ronda Geral".
Canal: TV Tribuna, afiliada da TV Band (Pernambuco/Regional).
Título: Vídeo mostra jovem sendo esfaqueado no Recife Antigo.
Data: 26/11/2018.
Horário: 11h50 às 13h.

Transcrição da matéria:

(Contexto) Estúdio; música de suspense.
(Âncora) Atenção! Atenção! Muita atenção a esses vídeos que mostrei aqui, no começo do programa, e que estão chamando muita atenção. São da reportagem que você vai ver por completo agora. Uma briga no Recife Antigo, na área da praça do Arsenal, gente sendo esfaqueado, um rapaz dando uma facada no outro, aí o que foi esfaqueado foi socorrido. O que ficou lá, o pessoal vingou o crime que ele praticou e dando facada nele também. Portanto, dois rapazes esfaqueados em brigas sucessivas no Recife Antigo. Vejam aqui!
(Contexto) Imagens da praça feitas de uma câmera de celular; a voz do repórter abafa o grito das pessoas.
(Repórter) A briga entre os rapazes aconteceu durante a tarde na praça do Arsenal, que fica no bairro do Recife. Várias pessoas presenciaram a confusão e chegaram a registrar com o celular quando um dos jovens é esfaqueado. Foi Thales Henrique da Silva, de 22 anos, que está deitado, vestindo uma camisa azul. Veja que ele é espancado por três rapazes. O primeiro a se levantar foi o que desferiu uma facada na barriga de Thales. Observe que o rapaz está com a faca, mas solta quando se

levanta. Repare que neste outro vídeo o jovem já parece sangrando e coloca a mão no ferimento para aguardar o socorro. As pessoas que estão por perto se aproximam para ajudá-lo.
(Contexto) Imagens da briga feitas por outra câmera de celular; por alguns segundos, o áudio do vídeo é ampliado para registrar o sofrimento da vítima.
(Repórter) Segundo a polícia, quem esfaqueou Thales foi um adolescente de 16 anos. O rapaz e os outros dois conseguiram escapar. O motivo teria sido uma vingança, porque Thales esfaqueou o primo do adolescente minutos antes da confusão.
(Contexto) Imagens do cinegrafista do programa entrevistando o policial da ocorrência.
(Fala do policial) Primeiro o indivíduo de nome Alexsandro foi esfaqueado. E no momento a GE estava lá. Fizeram o socorro, para o Hospital da Restauração. E ele declarou que quem havia feito o tal acometimento do crime era um tal de Thales. E voltaram lá no local para procurar e também fazer rondas no local, e localizaram já o Thales, esfaqueado também pelo primo do primeiro esfaqueado, o Alexsandro.
(Repórter) Thales e o jovem que ele teria esfaqueado foram socorridos para o Hospital da Restauração.
(Fala do policial) Todas os dois foram "cirurgiados" e já estão fora de perigo. E está sendo custodiado agora também por nós, pelo Batalhão de Rádio Patrulha.
(Contexto) Imagens do cinegrafista do programa filmando o repórter na porta do hospital.
(Repórter) O adolescente só foi localizado porque, horas depois da briga, ele veio até o HR para visitar o primo, que tem 20 anos de idade. Os guardas municipais da prefeitura do Recife, que estavam aqui na recepção, reconheceram o rapaz. Ele foi detido, levado para a DCPA e, em seguida, para o Departamento de Homicídios e Proteção à Pessoa, o DHPP.
(Contexto) A imagem volta para o estúdio.
(Âncora) Tem que ter cuidado até para não botar os dois, um do lado do outro, lá na enfermaria né. Porque senão é capaz dos dois quererem se matar, terminado de se matar lá dentro do Hospital mesmo. O Thales Henrique da Silva passou por cirurgia e está na sala de recuperação do Hospital da Restauração, em estado grave. Ele foi já autuado pela tentativa de homicídio e, é assim, já autua é, oh! Não espera o cara receber alta para levar pra delegacia não, já autua. Ele foi autuado pela tentativa de homicídio contra Alexsandro e está custodiado.

Já o próprio Alexsandro, este encontra-se estável, em observação, na unidade de trauma. Um adolescente que apareceu nas imagens, atenção! Um adolescente que apareceu nas imagens, envolvido nas agressões contra Thales, vai responder pelo ato infracional equivalente ao crime de tentativa de homicídio contra Thales Henrique. Os outros dois envolvidos no crime conseguiram fugir.

4 PROGRAMAS CONSULTADOS
4.1 Programa "Cidade Alerta"

ADOLESCENTE é preso após fazer motorista de aplicativo refém. *Cidade Alerta*. 2018. Disponível em: http://recordtv.r7.com/cidade-alerta/videos/adolescente-e-preso-apos-fazer-motorista-de-aplicativo-refem-17112018. Acesso em: 30 dez. 2018.

ADOLESCENTE morre após ser alvo de ataque. *Cidade Alerta*. 2018. Disponível em: http://recordtv.r7.com/cidade-alerta/videos/adolescente-morre-apos-ser-alvo-de-ataque-16112018. Acesso em: 30 dez. 2018.

CASO Mellanys: adolescente reaparece após sete dias sem dar notícias. *Cidade Alerta*. 2018. Disponível em: http://recordtv.r7.com/cidade-alerta/videos/caso-mellanys-adolescente-reaparece-apos-sete-dias-sem-dar-noticias-15112018. Acesso em: 30 dez. 2018.

JOVEM de 17 anos desaparece misteriosamente. *Cidade Alerta*. 2018. Disponível em: http://recordtv.r7.com/cidade-alerta/videos/jovem-de-17-anos-desaparece-misteriosamente-03122018. Acesso em: 30 dez. 2018.

JOVEM é assassinada após namoro secreto com o sogro, 31 anos mais velho. *Cidade Alerta*. 2018. Disponível em: http://recordtv.r7.com/cidade-alerta/videos/jovem-e-assassinada-apos-namoro-secreto-com-o-sogro-31-anos-mais-velho-14122018. Acesso em: 30 dez. 2018.

JOVEM mata e rouba pertences de idoso. *Cidade Alerta*. 2018. Disponível em: http://recordtv.r7.com/cidade-alerta/videos/jovem-mata-e-rouba-pertences-de-idoso-01122018. Acesso em: 30 dez. 2018.

JOVEM mata padrinho da namorada e esconde o corpo na geladeira. *Cidade Alerta*. 2018. Disponível em: http://recordtv.r7.com/cidade-alerta/videos/jovem-mata-padrinho-da-namorada-e-esconde-o-corpo-na-geladeira-17122018. Acesso em: 30 dez. 2018.

JOVEM morre após aplicação no corpo feita pelo 'doutor bumbum de Osasco'. *Cidade Alerta*. 2018. Disponível em: http://recordtv.r7.com/cidade-alerta/videos/jovem-morre-apos-aplicacao-no-corpo-feita-pelo-doutor-bumbum-de-osasco-17122018. Acesso em: 30 dez. 2018.

JOVEM morre após se submeter a procedimento estético. *Cidade Alerta*. 2018. Disponível em: http://recordtv.r7.com/cidade-alerta/videos/jovem-morre-apos-se-submeter-a-procedimento-estetico-04122018. Acesso em: 30 dez. 2018.

POLÍCIA investiga morte de jovem de 26 anos após desaparecimento. *Cidade Alerta*. 2018. Disponível em: http://recordtv.r7.com/cidade-alerta/videos/policia-investiga-morte-de-jovem-de-26-anos-apos-desaparecimento-14122018. Acesso em: 30 dez. 2018.

POLÍCIA prende último criminoso envolvido no assassinato de jovem em hospital. *Cidade Alerta*. 2018. Disponível em: http://recordtv.r7.com/cidade-alerta/videos/policia-prende-ultimo-criminoso-envolvido-no-assassinato-de-jovem-em-hospital-15122018. Acesso em: 30 dez. 2018.

TRAFICANTE preso mata jovem a facadas durante visita íntima. *Cidade Alerta*. 2018. Disponível em: https://recordtv.r7.com/cidade-alerta/videos/traficante-preso-mata-jovem-a-facadas-durante-visita-intima-17112018. Acesso em 30: dez. 2018.

TRÊS CRIANÇAS desaparecem após deixar a escola. *Cidade Alerta*. 2018. Disponível em: http://recordtv.r7.com/cidade-alerta/videos/tres-criancas-desaparecem-apos-deixar-a-escola-04122018. Acesso em: 30 dez. 2018.

4.2 Programa "Brasil Urgente"

ADOLESCENTE de 16 anos mata irmão mais novo a facadas. *Brasil Urgente*. 2018. Disponível em: https://noticias.band.uol.com.br/brasilurgente/videos/16586372/sp-adolescente-de-16-anos-mata-irmao-mais-novo-a-facadas. Acesso em: 30 dez. 2018.

ADOLESCENTE desaparece após ir a uma festa. *Brasil Urgente.* 2018. Disponível em: https://noticias.band.uol.com.br/brasilurgente/videos/16575208/adolescente-desaparece-apos-ir-a-uma-festa. Acesso em: 30 dez. 2018.

ADOLESCENTE é morta por bala perdida no RJ. *Brasil Urgente.* 2018. Disponível em: https://noticias.band.uol.com.br/brasilurgente/videos/16573456/adolescente-e-morta-por-bala-perdida-no-rj. Acesso em: 30 dez. 2018.

ADOLESCENTE some a caminho da festa. *Brasil Urgente.* 2018. Disponível em: https://noticias.band.uol.com.br/brasilurgente/videos/16575196/adolescente-some-a-caminho-da-festa. Acesso em: 30 dez. 2018.

BANDIDO atira em rapaz na saída de supermercado. *Brasil Urgente.* 2018. Disponível em: https://noticias.band.uol.com.br/brasilurgente/videos/16581693/sp-bandido-atira-em-rapaz-na-saida-de-supermercado. Acesso em: 30 dez. 2018.

CASAL é indiciado após agredir criança. *Brasil Urgente.* 2018. Disponível em: https://noticias.band.uol.com.br/brasilurgente/videos/16585991/casal-e-indiciado-apos-agredir-crianca. Acesso em: 30 dez. 2018.

COLEGA agride adolescente após jogo de futebol. *Brasil Urgente.* 2018. Disponível em: https://noticias.band.uol.com.br/brasilurgente/videos/16572664/colega-agride-adolescente-apos-jogo-de-futebol. Acesso em: 30 dez. 2018.

CRIANÇAS são encontradas após cinco dias desaparecidas. *Brasil Urgente.* 2018. Disponível em: https://noticias.band.uol.com.br/brasilurgente/videos/16578553/criancas-sao-encontradas-apos-cinco-dias-desaparecidas. Acesso em: 30 dez. 2018.

DESAPARECIDA há dez dias, estudante é encontrada morta. *Brasil Urgente.* 2018. Disponível em: https://noticias.band.uol.com.br/brasilurgente/videos/16575738/desaparecida-ha-dez-dias-estudante-e-encontrada-morta. Acesso em: 30 dez. 2018.

ESTUDANTE é morta brutalmente pelo ex-namorado. *Brasil Urgente*. 2018. Disponível em: https://noticias.band.uol.com.br/brasilurgente/videos/16577365/estudante-e-morta-brutalmente-pelo-ex-namorado. Acesso em: 30 dez. 2018.

FAMÍLIA procura por adolescente desaparecida. *Brasil Urgente*. 2018. Disponível em: https://noticias.band.uol.com.br/brasilurgente/videos/16575203/familia-procura-por-adolescente-desaparecida. Acesso em: 30 dez. 2018.

GAROTA é assassinada após sair de festa. 2018. *Brasil Urgente*. Disponível em: https://noticias.band.uol.com.br/brasilurgente/videos/16580399/garota-e-assassinada-apos-sair-de-festa. Acesso em: 30 dez. 2018.

GAROTO de 12 anos está desaparecido. *Brasil Urgente*. 2018. Disponível em: https://noticias.band.uol.com.br/brasilurgente/videos/16577935/garoto-de-12-anos-esta-desaparecido. Acesso em: 30 dez. 2018.

HOMENS, mulheres e crianças ficam na mira de assaltantes. *Brasil Urgente*. 2018. Disponível em: https://noticias.band.uol.com.br/brasilurgente/videos/16577312/homens-mulheres-e-criancas-ficam-na-mira-de-assaltantes. Acesso em: 30 dez. 2018.

JOVEM desaparecida é encontrada morta. *Brasil Urgente*. 2018. Disponível em: https://noticias.band.uol.com.br/brasilurgente/videos/16576536/jovem-desaparecida-e-encontrada-morta. Acesso em: 30 dez. 2018.

JOVEM é encontrada morta em Atibaia. *Brasil Urgente*. 2018. Disponível em: https://noticias.band.uol.com.br/brasilurgente/videos/16583076/jovem-e-encontrada-morta-em-atibaia. Acesso em: 30 dez. 2018.

MÃE de garoto desaparecido em SP reclama da falta de apoio. *Brasil Urgente*. 2018. Disponível em: https://noticias.band.uol.com.br/brasilurgente/videos/16577971/mae-de-garoto-desaparecido-em-sp-reclama-da-falta-de-apoio. Acesso em: 30 dez. 2018.

MENORES aterrorizam motoristas na zona oeste de SP. *Brasil Urgente*. 2018. Disponível em: https://noticias.band.uol.com.br/brasilurgente/

videos/16579690/menores-aterrorizam-motoristas-na-zona-oeste-de-sp. Acesso em: 30 dez. 2018.

MENORES infratores assustam motoristas. *Brasil Urgente*. 2018. Disponível em: https://noticias.band.uol.com.br/brasilurgente/videos/16577325/sp-menores-infratores-assustam-motoristas. Acesso em: 30 dez. 2018.

PIRATAS do asfalto: menores aterrorizam capital paulista. *Brasil Urgente*. 2018. Disponível em: https://noticias.band.uol.com.br/brasilurgente/videos/16579898/piratas-do-asfalto-menores-aterrorizam-capital-paulista. Acesso em: 30 dez. 2018.

PRESO homem que violentou e matou garota de 15 anos. 2018. *Brasil Urgente*. Disponível em: https://noticias.band.uol.com.br/brasilurgente/videos/16579910/preso-homem-que-violentou-e-matou-garota-de-15-anos. Acesso em: 30 dez. 2018.

QUADRILHA de menores rouba carros na Zona Sul de SP. *Brasil Urgente*. 2018. Disponível em: http://recordtv.r7.com/cidade-alerta/videos/traficante-preso-mata-jovem-a-facadas-durante-visita-intima-17112018. Acesso em: 30 dez. 2018.

RAPAZ é assassinado após assalto em ônibus. *Brasil Urgente*. 2018. Disponível em: https://noticias.band.uol.com.br/brasilurgente/videos/16578597/rapaz-e-assassinado-apos-assalto-em-onibus. Acesso em: 30 dez. 2018.

TRÊS CRIANÇAS morrem afogadas em represa. *Brasil Urgente*. 2018. Disponível em: https://noticias.band.uol.com.br/brasilurgente/videos/16571575/sp-tres-criancas-morrem-afogadas-em-represa. Acesso em: 30 dez. 2018.

TRÊS MENINOS são encontrados após cinco dias desaparecidos. *Brasil Urgente*. 2018. Disponível em: https://noticias.band.uol.com.br/brasilurgente/videos/16578635/tres-meninos-sao-encontrados-apos-cinco-dias-desaparecidos. Acesso em: 30 dez. 2018.

VAN escolar sofre acidente com crianças a bordo. *Brasil Urgente*. 2018. Disponível em: https://noticias.band.uol.com.br/brasilurgente/

videos/16573468/van-escolar-sofre-acidente-com-criancas-a-bordo. Acesso em: 30 dez. 2018.

4.3 Programa "Ronda Geral"

ADOLESCENTE abandona recém-nascido em terreno baldio. *Ronda Geral*. 2018. Disponível em: http://tvtribunape.com.br/video/12676. Acesso em: 30 dez. 2018.

JOVEM é assassinado dentro de escola em São Lourenço da Mata. *Ronda Geral*. 2018. Disponível em: http://tvtribunape.com.br/video/12790. Acesso em: 30 dez. 2018.

JOVEM é executado em Jardim Atlântico, Olinda. *Ronda Geral*. 2018. Disponível em: http://tvtribunape.com.br/video/12653. Acesso em: 30 dez. 2018.

MÃE de estudante morta na Nicarágua fala da condenação. *Ronda Geral*. 2018. Disponível em: http://tvtribunape.com.br/video/12797. Acesso em: 30 dez. 2018.

RETRATO falado de suspeito de estuprar adolescente em Caixa D'água, Olinda. *Ronda Geral*. 2018. Disponível em: http://tvtribunape.com.br/video/12775. Acesso em: 30 dez. 2018.

VÍDEO mostra jovem sendo esfaqueado no Recife Antigo. *Ronda Geral*. 2018. Disponível em: http://tvtribunape.com.br/video/12632. Acesso em: 30 dez. 2018.

Esta obra foi composta em fonte Palatino Linotype, corpo 10
e impressa em papel Offset 75g (miolo) e Supremo 250g (capa)
pela Paulinelli Serviços Gráficos, em Belo Horizonte/MG.